**Il turco**
Collana Senza Sforzo

di Dominique Halbout
e Gönen Güzey

**Adattamento italiano
di Enrico Orsingher**

Illustrazioni di J.-L. Goussé

10034 Chivasso (TO) - ITALIA
+390119131965 - info@assimil.it
www.assimil.it

© Assimil Italia 2023
ISBN 978-88-85695-26-9

I nostri metodi

sono completati dall'audio in lingua di tutti i dialoghi.

Inquadra il codice QR per acquistare l'audio di questo corso su **assimil.it**:

Senza Sforzo

Arabo, Cinese, Ebraico, Francese, Giapponese, Greco moderno, Greco antico, Inglese, Inglese americano, Latino, Neerlandese, Persiano, Polacco, Portoghese, Portoghese brasiliano, Romeno, Russo, Spagnolo, Svedese, Tedesco, Turco, Ungherese

Perfezionamenti

Francese - Inglese - Russo - Spagnolo - Tedesco

Affari

Inglese

E-Metodi

Francese
Greco moderno
Inglese americano
Inglese britannico
Perfezionamento dell'inglese
Russo
Spagnolo
Perfezionamento dello spagnolo
Tedesco
Perfezionamento del tedesco

Titolo dell'edizione originale francese:
Le turc – Collection Sans Peine © *Assimil France 2011*

Prefazione

In questi ultimi decenni, il ruolo della Turchia nello scacchiere geopolitico mondiale è diventato sempre più importante. Le grandi città si modernizzano e le relazioni con i paesi dell'Europa e dell'Asia centrale si intensificano. Una grande effervescenza economica e culturale emerge nel paese degli stretti.

In tale contesto, imparare il turco non è più solo un piacere riservato al turista curioso, attirato dalle bellezze di questa grande cultura, ma diventa una necessità per i professionisti, per tutte le donne e gli uomini che lavorano nel mondo degli affari.

Il turco, Collana Senza Sforzo, tratto dall'edizione originale francese e adattato per il pubblico italiano, mira a fornire rapidamente le conoscenze per esprimersi senza problemi in turco, in ogni circostanza della vita quotidiana.
A causa della rapida evoluzione della società turca, la vita quotidiana tende a uniformarsi a quella delle città occidentali. Pertanto, alcuni dettagli del quotidiano, evocati a volte nei dialoghi, si possono allontanare dalla realtà d'oggigiorno. Non preoccupatevi, questi momenti saranno per voi l'occasione per scoprire la Turchia di una volta e vedere che, dopo tutto, i turchi, nelle pratiche della vita quotidiana, non sono poi così diversi da noi italiani… In breve, vi renderete conto che essi non rappresentano altro che una delle varie sfumature della grande koinè mediterranea di cui facciamo parte!

La lingua presentata in questo corso è quella usata nel quotidiano, ma per scelta degli autori i neologismi di origine straniera sono stati, ove possibile, evitati.

Con questo libro avrete a portata di mano le infinite sfaccettature della lingua turca e numerosi riferimenti chiari e concisi riguardanti la storia, le tradizioni e la cultura di questo paese, che fa da ponte tra Oriente e Occidente… Che il viaggio abbia inizio!

*Questo libro è dedicato
alla seconda Roma,
per scoprire cosa lega
Oriente e Occidente,
ma soprattutto a Filippo,
che della prima Roma
è fiero discendente.*

Sommario

Introduzione XI

Lezioni da 1 a 71

1	İki genç	1
2	Denize gidelim!	5
3	İstanbul'da	11
4	Trende meraklı bir yolcu	17
5	Balıkçılar	21
6	Bahçede	27
7	*Gözden geçirme*	31
8	İki fıkra	39
9	Boğaz'a gidelim	45
10	Lokantada	51
11	Biraz dedikodu	57
12	Önemli bir misafir	63
13	Bir öğrenciden mektup	67
14	*Gözden geçirme*	73
15	Otelde	81
16	Halıcıda	87
17	İki eski arkadaş	93
18	Telefonda	99
19	Yeni zenginler	103
20	Türkiye'de bir yabancı	109
21	*Gözden geçirme*	115
22	İşe geç kalan memur	125
23	Arnavutköy'deki çarşı	131
24	Ergin Bey Avrupa'da	137
25	Doktorda	141
26	Tembel öğrenci	147
27	Köyde	151

28	*Gözden geçirme*	157
29	Yaz tatili	165
30	Side'de	173
31	Bir müdürlükte	179
32	Cihangir'de bir ev sahibi	187
33	Bakkalda	193
34	Dolmuşta acelesi olan bir hanım	201
35	*Gözden geçirme*	207
36	Cağaloğlu hamamında	217
37	Geciken misafirler	227
38	Radyoevinde bir konuşmacı	233
39	Acı bir haber	241
40	Kıskanç koca	249
41	Tanrı'nın evi	257
42	*Gözden geçirme*	265
43	Adalara giderken	273
44	Büyükada'da bir gezinti	279
45	Leyla Hanım hazırlanırken	287
46	Koyuncular yalılarını yeniliyorlar	295
47	Postanede	301
48	Gösteriler, kültür etkinlikleri	311
49	*Gözden geçirme*	317
50	Tahtakale'de	325
51	Bayramlar	335
52	Bir gezi tasarısı	341
53	Küçük eski bir araba	349
54	Suya düşen evlilik	357
55	Boğaz'da tekneyle gezinti	365
56	*Gözden geçirme*	373
57	Yeni eve taşınırken	379
58	Bir aşk mektubu	389
59	Karakolda	395
60	Bir aile	403
61	Kararsız bir adam	411

62	Bizim mahalledekiler	419
63	*Gözden geçirme*	425
64	Türkiye'nin başkenti Ankara	431
65	Kapadokya'ya giderken	439
66	Alış verişe giden karı koca	449
67	Ev sahibi hanım zor durumda	459
68	Bin bir hünerli küçük meslek yaratıcıları	469
69	İstanbul'un gizli büyüsü	479
70	*Gözden geçirme*	489
71	Yetmiş birinci ve son ders	499

Appendice grammaticale 506

Indice grammaticale e lessicale 521

Indice dei nomi di luogo, personaggi e feste 526

Bibliografia 531

Elenco delle locuzioni ed espressioni 536

Lessici 538
  Lessico turco-italiano 538
  Lessico italiano-turco 593

1 Süleymaniye Camisi
2 Beyazıt Üniversitesi
3 Beyazıt Kulesi
4 Kapalı Çarşı
5 Sultanahmet Meydanı
6 Sultanahmet Camisi
7 Ayasofya
8 Topkapı Sarayı
9 Cağaloğlu Hamamı
10 Büyük Postane
11 Sirkeci Garı
12 Mısır Çarşısı
13 Rüstempaşa Camisi
14 Galata Köprüsü
15 Yolcu Salonu
16 Galata Kulesi
17 Tünel
18 Mevlevihane
19 İstiklal Caddesi
20 Balık Pazarı ve Çiçek Pasajı
21 Galatasaray Lisesi
22 Taksim Meydanı
23 Atatürk Kültür Merkezi
24 Açık Hava Tiyatrosu
25 Devlet Tiyatrosu
26 Dolmabahçe Sarayı
27 Deniz Müzesi
28 Barbaros Hayrettin Paşa'nın heykeli
29 Üsküdar iskelesi
30 Haydarpaşa Garı
31 Kadıköy iskelesi

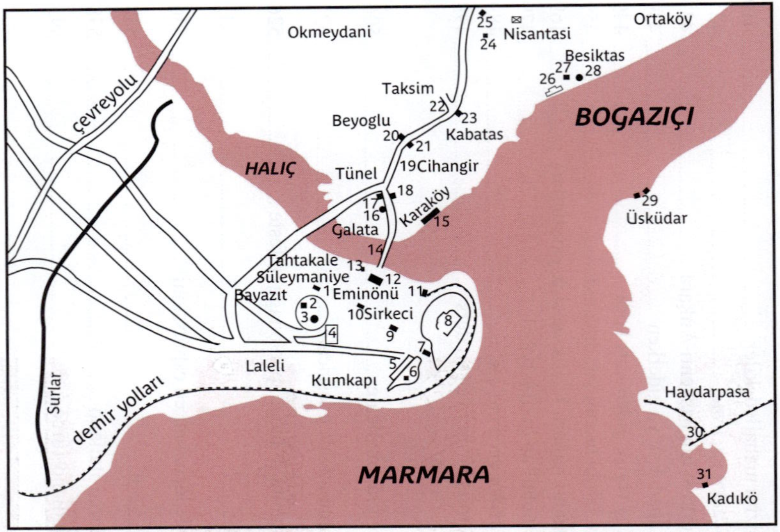

İSTANBUL HARİTASI

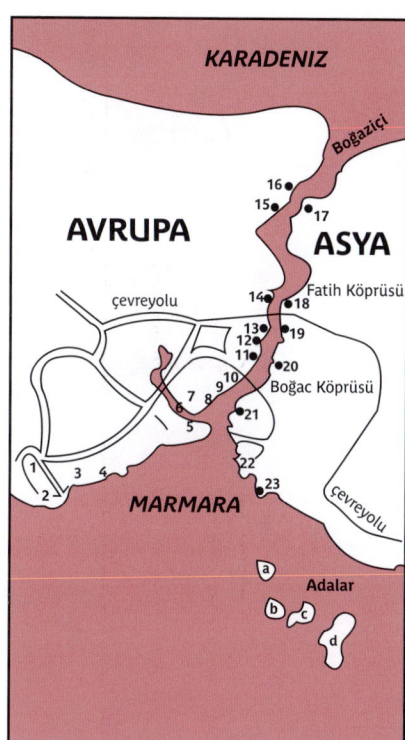

AVRUPA YAKASI

1 Havalimanı
2 Yeşilköy
3 Ataköy
4 Bakırköy
5 Eminönü
6 Haliç
7 Beyoğlu
8 Kabataş
9 Beşiktaş
10 Ortaköy
11 Arnavutköy
12 Bebek
13 Rumeli Hisarı
14 Emirgan
15 Sarıyer
16 Rumeli Kavağı

ASYA YAKASI

17 Anadolu Kavağı
18 Kanlıca
19 Anadolu Hisarı
20 Çengelköy
21 Üsküdar
22 Kadıköy
23 Fenerbahçe
a. Kınalıada
b. Burgazada
c. Heybeliada
d. Büyükada

Ringraziamenti

L'autore italiano ringrazia Daniela e Rosetta, le migliori insegnanti di lingua turca che una persona possa avere; Dennis e Marco, per il regalo in preparazione all'autunno berlinese, e più di tutti vuole ringraziare Laura, grazie alla quale ha conosciuto Istanbul, per essere sempre stata al suo fianco nelle divagazioni turco-ottomane e per aver creduto, nel primo degli infiniti novembri parigini, al *metodo rivoluzionario per l'apprendimento delle lingue* (cit.).

Introduzione

Il turco parlato al giorno d'oggi in Turchia, quello che vi proponiamo con *Il Turco, Collana Senza Sforzo*, appartiene a una grande famiglia di lingue la cui area geografica si sviluppa dai Balcani sino alla Cina e si concentra principalmente in Asia Centrale, area di provenienza delle popolazioni turche.

La lingua turca fa parte del gruppo linguistico uralo-altaico. Oltre ai circa 85 milioni di abitanti della Turchia, molti altri milioni di kazaki, uzbeki e azeri parlano lingue appartenenti allo stesso ceppo linguistico del turco; nel caso dell'azero, addirittura le differenze sono essenzialmente di pronuncia.

Quando i turchi dell'Asia Centrale arrivarono in Iran, adottarono la religione musulmana, la scrittura araba e una grande quantità di vocaboli arabi e persiani. Una parte di questa popolazione turca, i Selgiuchidi del Sultanato di Rum, s'installò nella regione anatolica, seguita in breve tempo dai turchi di Osman che diedero vita alla dinastia ottomana. Durante i sei secoli di vita dell'Impero ottomano (1300-1923), il turco subì ulteriori influssi stranieri, in particolare dal persiano, diventando una lingua complicata, ampollosa e poco accessibile.

Una delle importanti riforme che seguirono la fondazione della Repubblica di Turchia (1923) fu l'adozione dell'alfabeto latino. Atatürk andò egli stesso nei villaggi a mostrare come leggere e scrivere i nuovi caratteri. Questa riforma fu accompagnata da un tentativo di epurazione linguistica, tuttora perseguito allo scopo di ricostituire una lingua pura, **öz Türkçe** (il puro turco), eliminando ogni influenza straniera. Tale impresa risulta assolutamente utopica; se prendiamo infatti in considerazione una tipica frase turca, si può constatare come più della metà delle parole sia di origine "straniera", benché assimilata da svariati secoli, come per esempio ***cep***, *tasca* (arabo); ***can***, *anima* (persiano); ***efendim***, *signore*, *signora* (greco) ecc.

La **Türk Dil Kurumu**, *Società della Lingua Turca*, dopo aver più volte intrapreso svariate riforme linguistiche, si vede attualmente sostituita nel suo ruolo dai media, che creano senza sosta neologismi la cui struttura non sempre rispetta le regole di costruzione del turco. In questo modo ogni giorno nascono nuove parole e non è raro sentire alla radio e alla televisione, oppure leggere sui giornali, parole che non figurano ancora nei dizionari.

Questo è dunque uno dei fenomeni caratteristici del turco attuale, assieme alla convivenza di due ceppi etimologici distinti, uno di derivazione arabo-persiana e uno propriamente turco. Ecco perché, nella scelta dei vocaboli, ci si può trovare di fronte a due scelte, come **tefsir** o **yorum** per *commento*; **fedakarlık** o **özveri** per *sacrificio*; **ithalat ihracat** o **dış alım satım** per *import-export*; **misafir** o **konuk** per *ospite*; ecc.

D'altro canto la lingua turca, in costante evoluzione lessicale, non possiede regole fisse per quanto riguarda l'ortografia: i termini composti si possono trovare attaccati o staccati e gli accenti che si usavano una volta per evidenziare le vocali lunghe, proprie alle parole di origine straniera, tendono a scomparire. Alcune norme sono state fissate dalla TDK (nell'**İmla kılavuzu** - *Manuale d'ortografia*), ma queste cambiano periodicamente, a seconda delle correnti di pensiero. In questo libro, abbiamo pertanto cercato di adottare la scrittura e il linguaggio comunemente utilizzati dalla stampa, evitando sia gli anacronismi che i neologismi: un equilibrio a volte difficile da raggiungere.

Queste osservazioni riguardanti l'evoluzione della lingua, segno senz'altro di un certo dinamismo, non devono comunque darvi un'immagine negativa del turco. Al contrario, si tratta di una lingua che possiede molti aspetti positivi e incoraggianti! La grammatica turca è infatti semplice e assolutamente logica. Essendo una lingua agglutinante, essa si basa su un sistema di suffissi che si aggiungono l'uno dopo l'altro alla fine della parola e permettono di esprimere in un solo termine ogni concetto: **karşıdakilere** (**karşı-da-ki-ler-e**), *a quelli che sono di fronte* (una parola turca per sei italiane, partendo dall'avverbio **karşı**, *di fronte*); **yaptıramayacağız** (**yap-tır-a-ma-y-acağ-ız**), *non potremo far fare* (una parola turca per quattro italiane, partendo dalla radice verbale **yap-** del verbo *fare*). Il genere, femminile o maschile, non esiste; vi è un unico articolo vero e proprio, l'indeterminativo **bir**, *un, uno, una* e non ci sono neppure irregolarità. Dopo aver appreso i primi rudimenti, si riesce già a comporre correttamente delle brevi frasi, cosa non possibile nelle lingue europee come il tedesco, il greco o il francese, dove ci si scontra con lo scoglio del neutro, degli articoli o delle concordanze di genere... senza parlare delle infinite eccezioni! L'unica difficoltà, facilmente superabile, risiede nell'armonia vocalica, norma che regola le vocali dei suffissi, le quali cambiano adeguandosi all'ultima vocale della parola in questione. State tranquilli: ciò che a prima vista può sembrare una stranezza, in poco tempo si rivelerà musica soave per le vostre orecchie! La fase più delicata sarà, senza dubbio, riuscire a pronunciare una sequenza di suffissi senza inciampare su una vocale o una sillaba; ma, come avviene per le scale del pianoforte, ascoltando e ripetendo più volte delle parole ornate di suffissi, diverrete abilissimi in questo gioco!

Come imparare con Assimil

La regolarità è alla base di un apprendimento efficace. Vi consigliamo di dedicare almeno mezz'ora al giorno allo studio del turco. Se avete meno tempo a disposizione, è meglio diminuire la "dose quotidiana" anziché eliminarla del tutto.

Il piacere non deve essere tralasciato: non dimenticate mai che ogni parola nasconde un universo tutto da scoprire. Fate in modo che la lezione non si esaurisca nel testo stampato, ma usatela come un tappeto volante che vi porterà ogni giorno verso nuove avventure.

Come procedere

1 Ascoltate la registrazione e leggete la pronuncia sotto il testo.
2 Leggete lentamente il testo turco facendo continuo riferimento alla traduzione letterale e alle note; leggete in seguito la traduzione libera.
3 Ascoltate nuovamente la registrazione.
4 Leggete **ad alta voce** ogni frase, più volte se necessario, fino a ripeterla senza guardare il testo.
5 Ascoltate un'altra volta la registrazione.

• La pronuncia

La trascrizione fonetica italiana delle parole turche accompagna ogni dialogo, dapprima integralmente, per poi diventare parziale con l'avanzare delle lezioni. **I caratteri in grassetto indicano le sillabe su cui cade l'accento tonico**. Per quanto riguarda le regole di accentazione, sono spiegate all'inizio della lezione 29.

• La traduzione

Poiché la struttura sintattica della frase turca è diversa rispetto a quella italiana, nelle prime tre serie di lezioni troverete sempre la traduzione letterale (indicata tra parentesi tonde), oltre a quella corretta in italiano.

La traduzione letterale, nonostante possa subito apparire strana o macchinosa, vi permetterà di capire a quale parola o gruppo di parole italiane corrisponda esattamente l'omologo turco, per abituarvi rapidamente e intuitivamente alla sintassi turca.

L'equivalente italiano di ogni particella o suffisso sarà unito alla parola con un trattino, in modo da permettervi di distinguere agevolmente la radice dai diversi suffissi.

Esempio: **ev-ler-de**, *nelle case* (casa-suffisso del plurale-in).

Saranno invece indicate fra parentesi quadre le parole necessarie per una corretta costruzione della traduzione in italiano, ma che non compaiono nella frase in turco.

Nei casi in cui non vi sia una corrispondenza esatta tra le due lingue, la traduzione italiana sarà indicata tra virgolette. È questo il caso di **haydi!**, traducibile con l'italiano *"dai!"* nonostante l'espressione non abbia nulla a che vedere con il verbo "dare".

A partire dalla lezione 22, la traduzione letterale diventerà saltuaria e la troverete solo quando si rivelerà necessaria.

Non preoccupatevi, vi abituerete presto alle convenzioni grafiche, che sono state ideate per permettervi di capire meglio la costruzione della frase turca e di memorizzare le espressioni idiomatiche.

Infine, negli esercizi proposti, le frasi italiane corrispondono sempre a una traduzione libera del testo turco.

• Le note

Le note che accompagnano ogni lezione hanno diverse funzioni:
• facilitare la comprensione delle espressioni e delle parole nuove;
• chiarire alcuni aspetti grammaticali;
• consolidare e incrementare il vocabolario introducendo o richiamando altri termini e/o espressioni legati alla parola in questione;
• conoscere alcuni aspetti della cultura turca.

Le note sono uno strumento molto importante che vi aiuterà nell'apprendimento, leggetele attentamente!

• Gli esercizi

Ogni lezione (tranne quelle di ripasso) presenta due esercizi. Nel primo vi cimenterete con piccole traduzioni dal turco all'italiano, mentre nel secondo vi sarà richiesto di completare le traduzioni dall'italiano al turco. In quest'ultimo esercizio, ogni puntino corrisponde a una lettera.

• **Le lezioni di ripasso**

Ogni sette lezioni, una è dedicata al ripasso di quanto appreso nelle sei precedenti. Non lasciatevi spaventare dal loro aspetto un po' austero! Esse sono infatti un complemento indispensabile e vi guideranno come pietre miliari nel vostro viaggio alla scoperta della lingua turca.

• **Le registrazioni**

Le registrazioni presentano il testo integrale di ogni lezione seguito dal primo esercizio (**1. alıştırma** – **Çeviriniz**).
Le prime sei lezioni sono lette due volte: prima lentamente, poi a velocità naturale.

• **Nota bene: i casi**

Il turco possiede sei casi, cinque dei quali si compongono mediante l'aggiunta di suffissi:
• il nominativo è la parola usata nella sua forma base, così come la si trova nel dizionario;
• il genitivo serve a esprimere il complemento di specificazione;
• il dativo permette d'indicare la direzione, il cosiddetto moto a luogo;
• l'accusativo è il caso corrispondente al complemento oggetto;
• l'ablativo indica la provenienza, ossia il moto da luogo;
• il locativo indica lo stato in luogo.

L'alfabeto turco e la pronuncia

Il turco non ha suoni particolarmente difficili da riprodurre e soprattutto, come l'italiano, si pronuncia sempre come si scrive, senza alcuna eccezione. L'alfabeto è composto da 29 lettere. Rispetto a quello italiano, manca la lettera **q** e vi sono in più la **ç**, la **ğ**, la **ı**, la **j**, la **k**, la **ş**, la **ö**, la **ü** e la **y**; Notate che alcune lettere possono essere contraddistinte da particolari segni grafici aggiuntivi.

Segnaliamo nella tabella seguente solo le lettere supplementari e quelle che hanno un suono diverso dall'equivalente italiano. Tutte le altre lettere si pronunciano come in italiano.

Consonanti	Pronuncia	Vocali	Pronuncia
c	*g* dolce come in *gioco*	ı	detta "i senza puntino", per la pronuncia riferitevi alle osservazioni che seguono la tabella
ç	*c* dolce come in *ciao* *[č]* nella nostra trascrizione fonetica	ö	corrisponde alla *eu* francese o alla *ö* tedesca; si ottiene articolando una *e* con le labbra in posizione di *o* *[œ]* nella nostra trascrizione fonetica
g	*g* dura come in *gatto*	ü	corrisponde alla *u* francese o alla *ü* tedesca; si ottiene articolando una *i* con le labbra in posizione di *u* *[ue]* nella nostra trascrizione fonetica
ğ	sempre muta	y	corrisponde alla *y* in *yogurt* o alla *j* in *Juventus*
h	leggermente aspirata		
j	corrisponde alla *j* francese, come la seconda *g* di *garage*		
s	*s* sorda come in *sasso*		
ş	corrisponde al suono *sc* come in *sciare* *[š]* nella nostra trascrizione fonetica		
z	corrisponde alla *s* sonora come in *sbaglio*		

Osservazioni:

• La **ğ yumuşak** ("g morbida") non si pronuncia, ma provoca spesso un leggero allungamento della vocale che la precede, come in **öğrenci** (v. lezione 1). La **ğ** sarà trascritta nella pronuncia figurata col segno ":".

• Per allenarsi a pronunciare correttamente la **ı** senza puntino, leggete i vocaboli seguenti cercando di staccare la prima consonante dal resto della parola. Il suono che otterrete corrisponde alla **ı** turca. Esempio: prato, p rato = p **ı** rato; tram, t ram = t **ı** ram.

• La **g** e la **k**, quando precedono una vocale lunga in parole di origine araba o persiana, si pronunciano facendole seguire da una "i" molto attenuata. Questo fenomeno viene definito palatalizzazione. Così, **rüzgar** si pronuncia *[rue̲zghiar]*, e **hikaye**, *[hikiaye]*.

Attenzione, le **maiuscole devono avere gli stessi segni grafici delle minuscole** corrispondenti:

ç Ç; ş Ş; ğ Ğ (ğ non si trova mai all'inizio di una parola);

ö Ö; ü Ü; ı I; İ è la maiuscola di **i**.

L'ordine delle lettere nell'alfabeto turco è il seguente:
a, b, c, ç, d, e, f, g, ğ, h, ı, i, j, k, l, m, n, o, ö, p, r, s, ş, t, u, ü, v, y, z.

L'accento dei locutori che sentirete nelle registrazioni è quello di Istanbul, ma esistono ovviamente diverse varianti regionali.

1 Birinci ders [biringi ders]

İki genç ① ②

1. Meh**met i**yi bir ③ genç. **O** ④ öğren**ci** ⑤.
2. Ay**şe** gü**zel** bir kız. **O** da öğrenci.
3. On**lar** öğren**ci** ⑥. ⑦
4. **Bu** ⑧ öğrenci**ler** ⑨ ze**ki** ve çalış**kan**.
5. Bu i**ki** genç **için**, ders**ler** ⑩ **çok** önemli.

Pronuncia
iki ghenč **1** meh**met i**yi bir ghenč. **o** œ:ren**gi 2** ai**še** gue**zel** bir kız. **o** da œ:rengi **3** on**lar** œ:ren**gi 4** bu œ:rengi**ler** ze**ki** ve čališ**kan 5** bu i**ki** ghenč i**čin** ders**ler** **čok** œnemli

Note

① **genç** significa *giovane*; questa parola può fungere da aggettivo o da sostantivo. A seconda del contesto, può essere tradotta *ragazzo, ragazza* o, al plurale, *ragazzi* o *giovani*.

② **iki genç** si traduce *due ragazzi*. La parola **genç** rappresenta qui un plurale, anche se non ne porta la desinenza. Dopo un numero infatti, il sostantivo resta sempre al singolare.

③ **bir**, *un, una, uno*, rappresenta il numero e l'articolo indeterminativo, come in italiano. Attenzione, se il sostantivo è accompagnato da un aggettivo, **bir** si colloca tra l'aggettivo e il sostantivo. **İyi bir genç**, *un bravo ragazzo*, **güzel bir kız**, *una bella ragazza* (v. frase 2).

④ **o** è il pronome personale di terza persona singolare con funzione di soggetto, significa *ella* o *egli*. Come l'italiano, il turco il più delle volte sottintende il soggetto.

⑤ **öğrenci** vuol dire *allievo* o *studente*. Come **genç** può designare una *ragazza* o un *ragazzo*, allo stesso modo **öğrenci** può significare *studentessa* o *studente* (v. frase 1 e 2). In turco, infatti, gli aggettivi e i sostantivi non hanno genere.

Prima lezione 1

Due ragazzi

1 Mehmet [è] un bravo ragazzo *(buon un ragazzo)*.
   È uno studente *(Egli studente)*.
2 Ayşe [è] una bella ragazza *(bella una ragazza)*.
   Anche lei *(Ella anche)* [è una] studentessa.
3 Loro *(Essi)* [sono] studenti.
4 Questi studenti [sono] intelligenti e studiosi.
5 Per questi due ragazzi, le lezioni [sono] molto
   importanti. *(Questi due ragazzo per, lezioni-le
   molto importanti)*

⑥ **onlar öğrenci**, *Loro (Essi) [sono] studenti*. **Öğrenci** designa qui una categoria generica di persone. In questo caso la parola resta al singolare. Ci ritorneremo.

⑦ In queste prime frasi, come nelle seguenti del resto, avrete certamente notato che il verbo *essere* non viene mai espresso. Al presente, infatti, raramente viene usato alla terza persona singolare e plurale, soprattutto nel linguaggio parlato.

⑧ **bu** significa *questa, questo, queste, questi*; non si accorda né in genere né in numero con il sostantivo che accompagna. **Bu öğrenciler** può dunque significare *queste studentesse* o *questi studenti*. **Öğrenciler**, l'avrete certamente capito, è il plurale di **öğrenci**.

⑨ **öğrenci-ler**, *gli studenti*; **ders-ler**, *le lezioni* (v. frase 5): **-ler** è la desinenza del plurale e si aggiunge al singolare, soprattutto per oggetti o persone determinati.

⑩ **ders** significa *lezione* o *corso*.

iki • 2

1   6   Bu gen**ler** iç**in**, ha**yat** da **çok** güzel!

> 6 bu ghen**čler** ič**in** ha**yat** da **čok** gu**e**zel

***

1. alıştırma – Çeviriniz
Esercizio 1 – Traducete

❶ İyi bir ders. ❷ İki güzel kız. ❸ Mehmet çok zeki. ❹ Bu gençler çalışkan. ❺ Ayşe için, bu ders çok önemli. ❻ Öğrenciler için, hayat güzel.

2. alıştırma – Tamamlayınız
Esercizio 2 – Completate
Ogni puntino rappresenta una lettera.

❶ Una bella ragazza.
. . . . . bir kız.

❷ Due studenti.
İki . . . .

❸ Le lezioni sono molto importanti.
. . . . önemli.

❹ Mehmet è un bravo ragazzo.
Mehmet, ... genç.

Questo primo contatto con il turco vi ha riservato due belle sorprese: avete constatato che i sostantivi, gli aggettivi, gli articoli, i pronomi non hanno né maschile né femminile, aspetto che facilita considerevolmente l'utilizzo di questa lingua. Adesso che lo sapete, non ci sarà più bisogno di segnalarvelo. Nella traduzione letterale, li accorderemo dunque secondo il contesto, facilitando

6   Per questi ragazzi, anche la vita [è] molto bella!   **1**
          (Questi ragazzi per, vita anche molto bella)

***

Soluzioni dell'esercizio 1
❶ Una buona lezione. ❷ Due belle ragazze. ❸ Mehmet è molto intelligente. ❹ Questi giovani sono studiosi. ❺ Per Ayşe questo corso è molto importante. ❻ Per gli studenti la vita è bella.

Soluzioni dell'esercizio 2
❶ Güzel – ❷ – öğrenci ❸ Dersler çok – ❹ – iyi bir –

così la vostra lettura. Inoltre il verbo essere *non viene utilizzato alla terza persona, da cui la possibilità di formare una frase composta solo da soggetto e attributo. Infine, come sapete, il turco è una lingua che fa ampio uso dei suffissi e voi ne avete già trovato uno, quello che designa il plurale. Fin qui, insomma, tutto è semplice!*

2 İkinci ders [ikingi ders]

Denize gidelim! ①

1 – **Mer**haba ② Mehmet. **Na**sılsın ③?
2 – **Çok** iyiyim ④. Teşek**kür** ederim ⑤. **Sen** nasıl**sın** ⑥?
3 – **Ben** de ⑦ iyiyim. Ne var ne **yok**?
4 – Bugün hava **çok** güzel ⑧, de**ğil** mi ⑨?

> **Pronuncia**
> denize ghidelim **1 mer**haba mehmet. **na**sılsın **2 čok** iyiyim. tešek**kuer** ederim. **sen** nasıl**sın 3 ben** de iyiyim. ne var ne **yok 4** bug**uen** hava **čok** g**uez**el de:**il** mi

Note

① **deniz-e gidelim**, *andiamo al mare*: la **-e** indica la direzione, il movimento verso un luogo o una persona. **Denize** è dunque il caso dativo. La forma base della parola, **deniz**, senza aggiunta di alcun suffisso, è al caso nominativo, che si utilizza quando la parola ha funzione di soggetto. **Gidelim**, *Andiamo!*: per il momento imparate questa forma così com'è. È l'imperativo del verbo **gitmek**, *andare*, che compare nella frase 6.

② **merhaba** significa *ciao* o *salve*. Si usa quando si incontra qualcuno.

③ **nasıl-sın** vuol dire letteralmente "come-sei", ossia *come stai*; **-sın** è il suffisso della seconda persona singolare del verbo *essere*: *[tu] sei*. Il pronome personale è sottinteso.

④ **çok iyi-y-im**, letteralmente "molto bene-sono", ossia *sto molto bene*. **İyi** può corrispondere a *buono* o a *bene*. **-im** è il suffisso della prima persona singolare del verbo *essere*: *[io] sono*. Si interpone una **y** fra **iyi** e **im** perché l'aggettivo termina con una vocale. Quando, invece, l'aggettivo termina con una consonante, si aggiunge direttamente il suffisso **-im**: **güzel-im**, *io sono bella/bello*.

Seconda lezione   2

Andiamo al mare! *(Mare-al andiamo)*

1 – Ciao, Mehmet. Come stai *(Come-sei)*?
2 – [Sto] molto bene. Grazie. Tu come stai? *(Molto bene-sono. Ringraziamento faccio. Tu come-sei?)*
3 – Anch'io sto bene. Che c'è di nuovo? *(Io anche bene-sono. Che c'è che non-c'è?)*
4 – Oggi il tempo è molto bello, no? *(Oggi tempo molto bello, non-è?)*

▶ ⑤ **teşekkür ederim**, letteralmente "ringraziamento faccio", da cui *rendere grazie, ringraziare*, o semplicemente *grazie*. Imparate questa formula nel suo insieme.

⑥ **sen nasıl-sın?**, *Tu come stai?* Come potete constatare, i pronomi personali vengono utilizzati come in italiano, solo per insistere sul soggetto dell'azione, ma non per precisarlo, dal momento che esso è già indicato dalla desinenza (v. lezione 1, nota 4). Attenzione, poiché il suffisso del verbo *essere* non compare solitamente alla terza persona, risulta più chiaro, in questo caso, esplicitare il pronome: **o öğrenci**, *lui è [uno] studente* e **onlar öğrenci**, *loro sono studenti* (v. lezione 1).

⑦ La particella **de** è una variante di **da**, che significa *anche, pure, e*. L'avete già trovata nella lezione precedente: **O da öğrenci**, *Anche lei è [una] studentessa*. Vedremo più avanti come scegliere tra una forma e l'altra.

⑧ **hava çok güzel**, *il tempo è molto bello*. Anche in questo caso il verbo *essere* è sottinteso (v. lezione 1, nota 7).

⑨ **değil mi?** significa *No?, Non è vero?* Letteralmente, **değil** vuol dire "no", e il verbo *essere* alla terza persona singolare è sottinteso. La particella **mi** indica la domanda. Non esistono equivalenti in italiano.

altı • 6

2
5 – Evet, **çok** güzel.
6 – Deni**ze** gitmek istiyorum ⑩. **Ha**di bera**ber** gidelim.
7 – Hayır müm**kün** değil. Ben **ders** çalışmak ⑪ istiyorum.
8 – **Pe**ki ⑫, i**yi** günler.
9 – Gü**le** güle ⑬.

---

*5 evet **čok** g<u>ue</u>zel 6 deni**ze** ghitmek istiyorum. **ha**di bera**ber** ghidelim 7 hayır m<u>ue</u>m**kuen** de:il. ben **ders** čalıšmak istiyorum 8 **pe**ki i**yi** g<u>ue</u>nler 9 g<u>ue</u>**le** g<u>ue</u>le*

Note

⑩ **istiyorum**, *voglio*: imparate, per il momento, questo verbo così com'è. La persona è già indicata nella desinenza.

⑪ **ders çalışmak**, letteralmente "lezione lavorare", significa *studiare la lezione*, o più semplicemente *studiare*.

⑫ **peki** può voler dire *bene, d'accordo, ebbene, allora*.

***

1. alıştırma – Çeviriniz
Esercizio 1 – Traducete

❶ Nasılsın? Ne var ne yok? ❷ Teşekkür ederim. ❸ Hava güzel değil. ❹ Beraber denize gidelim. ❺ Derse gitmek istiyorum. ❻ Bugün ders çalışmak mümkün değil.

5 – Sì, molto bello.
6 – Voglio andare al mare. Dai, andiamo insieme! *(Mare-al andare voglio. Dai insieme andiamo)*
7 – No, non è possibile. Io voglio studiare. *(No possibile non-è. Io lezione lavorare voglio)*
8 – Allora, buona giornata! *(Bene buoni giorni)*
9 – Ciao ciao! *(Ridendo ridendo)*

▶ ⑬ **güle güle** è un saluto di commiato: letteralmente significa "ridendo ridendo" e sottintende l'azione dell'andar via. Questa formula, molto usata e ricca di fascino, ha dunque il senso di *vai* o *andate nella gioia* e non ha un vero equivalente in italiano. La si può dunque tradurre *Ciao* o *Arrivederci*, a seconda della situazione o degli interlocutori. D'altronde, anche in italiano quando ripetiamo due volte "ciao" vuol dire che qualcuno sta partendo!

***

Soluzioni dell'esercizio 1

❶ Come stai? Che c'è di nuovo? ❷ Grazie. ❸ Il tempo non è bello. ❹ Andiamo insieme al mare. ❺ Voglio andare a lezione. ❻ Oggi non è possibile studiare.

2 2. alıştırma – Tamamlayınız
Esercizio 2 – Completate
Ogni puntino rappresenta una lettera.

❶ Come stai?
.... ?

❷ Andiamo al mare!
...... gidelim!

❸ Sto molto bene.
Çok ....

❹ Grazie.
.... ederim.

❺ Che c'è di nuovo?
Ne ... .?

❻ Non è possibile.
Mümkün ......

❼ Buona giornata. – Arrivederci.
İyi .... – Güle .....

Soluzioni dell'esercizio 2

❶ Nasılsın ❷ Denize – ❸ – iyiyim ❹ Teşekkür – ❺ – var ne yok ❻ – değil ❼ – günler – güle

3 Üçüncü ders [uečuengiue ders]

İstanbul'da ①

1 – **Affeder**siniz ②, beyefendi ③. **Bu**ralarda ④ i**y**i bir otel **var** mı?
2 – **Ha**yır, **hiç** yok.
3 – **Ne**rede **var**?
4 – **Tak**sim'de.
5 – Taksim u**zak** mı ⑤?
6 – Çok uzak **de**ğil. Ama oto**büs**le ⑥ gitmek lazım.

Pronuncia
istanbulda **1** af**fe**dersiniz beyefendi. **bu**ralarda i**yi** bir otel **var** mı **2 ha**yır **hič** yok **3 ne**rede **var 4 tak**simde **5** taksim u**zak** mı **6** čok uzak **de**:il. ama oto**bues**le ghitmek lazım

Note

① **İstanbul'da**, *a Istanbul*: **-da** è il suffisso che indica la localizzazione di un oggetto o di una persona (lo stato in luogo); la sua presenza indica che la parola è al caso locativo. Quando si unisce a un nome proprio, si mette un apostrofo prima del suffisso.

② **affedersiniz** corrisponde a *Scusate, Scusi*. Per il momento imparate questa espressione senza cercare di analizzarla.

③ **beyefendi**, formula di cortesia per rivolgersi a un signore.

④ **bura-lar-da**, letteralmente "qui-plurale-in", ossia *nei paraggi*, **-lar** è la marca che contraddistingue il plurale, come **-ler**, nelle parole **ders-ler**, **öğrenci-ler** (v. lezione 1, nota 9).
Un certo numero di suffissi, come quelli del plurale e del locativo, hanno due forme: una con la vocale **e** e una con la vocale **a**. Per sapere quale delle due vocali scegliere esiste una regola: l'armonia vocalica semplice. Quando l'ultima sillaba della parola comporta le vocali **e, i, ö, ü**, il suffisso utilizzato avrà la vocale **e**; quando la vocale dell'ultima sillaba della parola è ▶

Terza lezione 3

A Istanbul *(Istanbul-in)*

1 – Scusi, signore. Nei paraggi, c'è un buon albergo? *(Scusate, signore. Qui-plurale-in buon un albergo c'è* **mı***)*
2 – No, non c'è niente. *(No, niente non-c'è)*
3 – Dove ce ne sono? *(Dove-in c'è)*
4 – A Taksim. *(Taksim-in)*
5 – È lontano Taksim? *(Taksim lontano* **mı***)*
6 – Non è molto lontano. Ma bisogna andarci con l'autobus. *(Molto lontano non-è. Ma autobus-con andare bisogna)*

▸ **a, ı, o, u**, la vocale del suffisso è **a**. Per esempio, il plurale di **otel** è **otel-ler**, di **taksi**, **taksi-ler** e quello di **kız**, **kız-lar**. Allo stesso modo, le varianti del locativo sono **-da** e **-de**: **nere-de** e **Taksim'de**, nelle frasi 3 e 4, ne sono un esempio.

⑤ La particella **mı** è la marca dell'interrogazione e si colloca dopo la parola che qualifica, che sia un nome, un aggettivo, un avverbio o un verbo. Anche **mı** segue una regola di armonia vocalica. Per il momento, sappiate che si usa **mi** dopo una parola che ha la vocale **i** nell'ultima sillaba, come **değil mi?** (v. lezione 2, frase 4); **mı** viene invece usata dopo le parole che hanno la **a** nell'ultima sillaba, come **var mı?** (v. frase 1) e **uzak mı?** (v. frase 5).

⑥ **otobüs-le**, *con l'autobus* o *in autobus*: la preposizione **ile**, che significa *con*, si unisce alla parola diventando **-le**, oppure **-y-le** con una **y** che funge da unione se la parola termina in vocale: **taksi-y-le**, lett. "taxi-con", ossia *in taxi* (v. frase 7). Questo suffisso varia seguendo la regola che abbiamo visto alla nota 4. Non preoccupatevi, ci ritorneremo!

3
7 – **Ben tak**siyle ⑦ gitmek istiyorum. **Çok** yorgunum ⑧.
8 – Fakat, **şu** anda ⑨ taksi **yok**. Şim**di** oto**büs** geliyor ⑩.
9 Bu oto**büs Tak**sim'e kadar ⑪ gidiyor.
10 – **Çok** naziksiniz ⑫. Teşek**kür** ederim. **İyi** günler.

---

*7 ben tak*siyle ghitmek istiyorum. **čok** yorgunum *8 fakat šu anda taksi* **yok**. šim**di** oto**bues** gheliyor *9 bu oto**bues** tak*sime kadar ghidiyor *10* **čok** naziksiniz. tešek**kuer** ederim. **iyi** g̲u̲e̲nler

---

Note

⑦ Oltre all'autobus e al taxi, la Turchia offre un mezzo di trasporto originale e insolito, il **dolmuş** (lett. "riempito"), una sorta di taxi collettivo che non parte sino a che non è pieno.

⑧ **yorgun-um**, *sono stanco*: **-um** è una variante di **-im**, desinenza del verbo *essere* alla prima persona singolare, come in **iyi-y-im**, *sto bene* (v. lezione 2, nota 4). Questa desinenza, come la particella interrogativa **mı**, segue una regola di armonia vocalica un po' più complessa di quella presentata alla nota 4. Per il momento, ricordatevi che **-im** viene dopo **i** e **-um** dopo **u**.

⑨ **şu an-da**, *in questo momento, per il momento*; **şu** è un aggettivo dimostrativo che designa una cosa più lontana rispetto a **bu**. In quest'espressione, si usa correntemente **şu**. Per il suffisso **-da**, tornate alla nota 4.

⑩ **geliyor**, *arriva*: ecco il presente alla terza persona singolare. **Gel-iyor**, dal verbo **gel-mek**, *arrivare* e **gid-iyor** (v. frase 9), dal verbo **gitmek**, *andare*.

⑪ **Taksim'e kadar**, *fino a Taksim*. **Kadar** si mette dopo il nome, che risulta dunque al caso accusativo (nota 1 della lezione 2). ▸

7 – Io voglio andarci in taxi. Sono molto stanco.
    (Io taxi-con andare voglio. Molto stanco-sono)
8 – Ma, in questo momento, non ci sono taxi.
    Adesso arriva un autobus. *(Ma questo
    momento-in taxi non-c'è. Adesso autobus
    arriva)*
9   Questo autobus va fino a Taksim. *(Questo
    autobus Taksim-a fino va)*
10 – È molto gentile. Grazie. Buona giornata. *(Molto
    gentile-siete. Ringraziamento faccio. Buoni
    giorni)*

▸ **Kadar** come **için**, *per*, sono delle preposizioni in italiano, ma vengono definite posposizioni in turco, in quanto seguono e non precedono il nome: **deniz-e kadar**, *fino al mare*; **Mehmet için**, *per Mehmet*.

⑫ **nazik-siniz**, *Lei è gentile (siete gentile)*: **-siniz** è la desinenza del verbo *essere* alla seconda persona plurale. Si colloca dopo una parola la cui ultima sillaba comporta la vocale **i**, così come **-sın** segue la **ı**, in **nasıl-sın** (v. lezione 2, nota 3).

on dört • 14

3 1. alıştırma – Çeviriniz

❶ Bu otobüs Taksim'e gidiyor. ❷ Taksim çok uzak. ❸ Bu otel iyi değil. ❹ Otele gitmek lazım. ❺ Otobüs var mı? – Şu anda yok. ❻ Mehmet taksiyle derse gidiyor. ❼ Ben Taksim'e kadar gitmek istiyorum.

2. alıştırma – Tamamlayınız

❶ Scusi, signore.
. . . ., beyefendi.

❷ Dove ci sono degli alberghi?
Otel . . . .?

❸ Taksim è lontano?
Taksim . . . . . .?

❹ Bisogna andarci in autobus.
Otobüs . . gitmek . . . . . .

❺ In questo momento, non ci sono taxi.
Şu . . . ., taksi . . . .

❻ È *(Siete)* molto gentile.
Çok . . . .

Soluzioni dell'esercizio 1

❶ Questo autobus va a Taksim. ❷ Taksim è molto lontano. ❸ Questo albergo non è buono. ❹ Bisogna andare all'albergo. ❺ Ci sono autobus? – Per il momento, non [ce ne] sono. ❻ Mehmet va al corso in taxi. ❼ Io voglio andare fino a Taksim.

Soluzioni dell'esercizio 2

❶ Affedersiniz – ❷ – nerede var ❸ – uzak mı ❹ – le – lazım ❺ – anda – yok ❻ – naziksiniz

*Taksim è la piazza centrale della Istanbul moderna, cioè la parte situata a nord del Corno d'Oro. Da Taksim, parte **İstiklal Caddesi**, una delle vie più famose per lo shopping che scende fino al quartiere di Galata, dove era situata l'antica colonia genovese. Adiacente alla via, si trova il consolato italiano, situato nel **Venedik Sarayı** (Palazzo di Venezia), antica sede di rappresentanza del bailo veneziano, l'ambasciatore della Serenissima.*

> *Questa terza lezione vi ha fatto scoprire non solamente dei nuovi suffissi, il cui uso è relativamente semplice, ma anche la regola dell'armonia vocalica. Non lasciatevi impressionare da questo sistema della lingua turca, che di primo acchito può sembrare difficile. Pian piano vi diventerà familiare e in men che non si dica vi risulterà totalmente naturale. Come si può notare nelle frasi 1 e 10, il Lei di cortesia italiano viene reso in turco col Voi.*

on altı • 16

4 Dördüncü ders [dœrduengiue ders]

Trende meraklı bir yolcu

1 – **Af**federsiniz. **Ne**relisi**niz** ①?
2 – Ben, Türk değilim ②. **Fran**sızım ③.
3 – **Ne**reden ④ geliyorsu**nuz** ⑤?
4 – **İz**mir'den. İs**tan**bul'a ⑥ gidiyorum.

> **Pronuncia**
> tren**de** meraklı bir yol**giu 1 af**federsiniz. **ne**relisi**niz 2** ben turk de:ilim. **fran**sızım **3 ne**reden gheliyorsu**nuz 4 iz**mirden. is**tan**bula ghidiyorum

Note

① **nere-li**, *di dove, di che luogo, di che regione*. Il suffisso **-li** indica l'origine; per esempio **Roma-lı**, *di Roma, romano*. **Nere-li-siniz** presenta dunque due suffissi, l'ultimo dei quali è il verbo *essere* coniugato (v. lezione 3, nota 12). Quando il verbo è coniugato alla seconda persona plurale per esprimere la formula di cortesia (dare del *Voi*), abbiamo deciso di renderlo con il *Lei*, ossia con la terza persona singolare, uso oggi standard in italiano.

② **değil-im**, *non sono*: il suffisso **-im**, *sono* viene aggiunto a **değil** (v. lezione 2, nota 9) come in **iyi-y-im**, *sto bene* alla lezione 2, nota 4. Ovviamente si può pure dire **değil-sin**, *non sei* (**-sin** con **i**, lo vedremo in seguito) e **değil-siniz**, *non siete*; come **nazik-siniz**, *Lei è gentile (siete gentile)*, alla lezione 3, nota 12.

③ **fransız-ım**, *sono francese*: in questo caso il suffisso della prima persona è **-ım**. Finora la vocale del suffisso è la stessa dell'ultima sillaba: **iyi-y-im, fransız-ım, yorgun-um** (ma non è sempre così, come abbiamo visto alla nota 1, **Roma-lı**).

Quarta lezione   4

Un passeggero curioso in treno
(Treno-in curioso un passeggero)

1 – Scusi. Di dov'è?
   (Scusate. Dove-di-siete)
2 – Io non sono turco. Sono francese. *(Io turco non-sono. Francese-sono)*
3 – Da dove viene? *(Dove-da venite)*
4 – Da Smirne. Vado a Istanbul. *(Smirne-da. Istanbul-a vado)*

▶ ④ **nereden**, *da dove*; ugualmente alla frase 4, **İzmir'den**, *da Izmir*: **-den** è il suffisso che indica la provenienza (il moto da luogo). Questo è il caso ablativo. In base alla regola di armonia vocalica che abbiamo visto alla nota 4 della lezione 3 (cercate di ricordarvela bene sin da adesso), la variante di **-den** è **-dan**: **İstanbul'dan**, *da Istanbul*; **Ankara'dan sonra**, *dopo Ankara* (v. anche frase 7 e nota 8).

⑤ **gel-iyor-sunuz**, *venite*: conoscete già il verbo **gel-mek**, *venire, arrivare*, e la terza persona singolare del presente, **geliyor**; **-sunuz** è il suffisso che indica la seconda persona plurale; cosiccome **istiyor-sunuz**, *volete* (v. frase 5). Il suffisso della prima persona singolare è **-um**: **istiyor-um**, *voglio* (v. frase 6); **gid-iyor-um**, *vado* (v. frase 4).

⑥ **İstanbul'a**, *a Istanbul*; **Erzurum'a**, *a Erzurum* (v. frase 7); **Ankara'ya**, *a Ankara* (v. frase 6): in questo caso si aggiunge una **y** poiché la parola finisce in vocale (come in **iyiyim**). Questo è il caso dativo, di cui avete già trovato la variante in **-e**: **deniz-e gidelim**, *andiamo al mare*; **Taksim'e kadar gidiyor**, *va fino a Taksim*. Anche qui siamo in presenza della ormai famosa regola dell'armonia vocalica, con l'alternanza della **e** e della **a**. **Nere-y-e**, *dove, verso dove* si usa per esprimere un movimento (moto a luogo).

on sekiz • 18

4   5 – İstanbul'da, **kaç** gün ⑦ kalmak istiyorsu**nuz**?
   6 – **Dört** gün. Son**ra**, An**ka**ra'ya gitmek istiyorum.
   7   An**ka**ra'dan son**ra** ⑧ **Er**zurum'a. U**zun** bir yol.
   8   Acaba ⑨, sizde harita **var** mı ⑩? Bir şe**ye** bakmak ⑪ istiyorum.
   9 – Ma**a**lesef, bende yok.

*5 istanbulda **kač** g*u*en kalmak istiyorsu**nuz** 6 d**œ**rt g*u*en. son**ra** an**ka**raya ghitmek istiyorum 7 an**ka**radan son**ra** er**zu**ruma. u**zun** bir yol 8 agiaba sizde harita **var** mı? bir še**ye** bakmak istiyorum 9 ma**a**lesef bende yok*

Note

⑦ **kaç gün**, *quanti giorni*; dopo **kaç**, il nome resta al singolare, come quando segue un numero: **dört gün**, *quattro giorni* (v. frase 6), **iki genç**, *due giovani* (v. lezione 1).

⑧ **Ankara'dan sonra**, *dopo Ankara*: quando si usa la posposizione **sonra**, il nome va all'ablativo. **Sonra** può anche essere usato da solo a inizio frase, col senso di *dopo, in seguito*, come nella frase 6.

⑨ **acaba** accompagna e enfatizza le frasi interrogative e corrisponde più o meno all'italiano *Chissà...?, Non è che...?* A seconda dei casi può anche non essere tradotto in italiano.

⑩ **Siz-de harita var mı?**, letteralmente "è con voi/su di voi una mappa?", ossia *Ha/Avete una mappa (con Lei/voi)?* Allo stesso ▸

***

1. alıştırma – Çeviriniz

❶ Türk değilsiniz. ❷ İstanbul'dan geliyorum. ❸ Trenle İzmir'e gidiyorsunuz. ❹ Trende dört yolcu var. ❺ Erzurum'a kadar yol uzun. ❻ Bende iki harita var. ❼ Haritaya bakmak lazım. ❽ Erzurum'dan sonra, Van'a gidiyorum.

5 – A Istanbul, quanti giorni vuole restare? 4
   (Istanbul-in quanti giorno restare volete)
6 – Quattro giorni. Dopo, voglio andare a Ankara.
   (Quattro giorno. Dopo, Ankara-a andare voglio)
7   Dopo Ankara, a Erzurum. È un lungo viaggio.
   (Ankara-da dopo Erzurum-a. Lungo un viaggio)
8   Non è che avrebbe una mappa? Voglio guardare
   una cosa. *(Non-è-che voi-in mappa c'è mı? Una
   cosa-a guardare voglio)*
9 – Purtroppo, non [ce l'] ho. *(Purtroppo me-in non-c'è)*

▶ modo, alla frase 9, **ben-de yok**, *non ce l'ho (con me)*. Attenzione, *avere* non è qui utilizzato nel senso di "possedere", ma di *avere con sé*. Attualmente non siete ancora in grado di esprimere l'idea di possesso.

⑪ **bakmak**, *guardare*, si costruisce col dativo: **bir şeye bakmak**, *guardare qualcosa*; **Mehmet güzel kıza bakıyor**, *Mehmet guarda la bella ragazza*.

***

Soluzioni dell'esercizio 1

❶ Lei non è turco. ❷ Vengo da Istanbul. ❸ Andate a Smirne in treno. ❹ In treno ci sono quattro passeggeri. ❺ Il viaggio è lungo fino a Erzurum. ❻ Ho due mappe con me. ❼ Bisogna guardare la mappa. ❽ Dopo Erzurum, vado a Van.

5 2. alıştırma – Tamamlayınız

❶ Da dove viene?
 . . . . geliyorsunuz?

❷ Di dove è Lei?
 . . . . ?

❸ Vado a Istanbul.
 İstanbul'a . . . .

❹ Non sono francese.
 Fransız . . . .

❺ Quanti giorni vuole restare a Istanbul?
 İstanbul' . . , . . . gün . . . . . . istiyorsunuz?

❻ Ha con Lei una mappa?
 . . . . . harita . . . . ?

---

5 Beşinci ders [bešingi ders]

Balıkçılar ①

1 **Bu** sabah Boğaz'da **çok** balıkçı ② var.

Pronuncia
*balıkčılar **1 bu** sabah bo:azda **čok** balıkčı var*

Note

① **balık-çı-lar**, *i pescatori*: **balık** significa *pesce*; il suffisso **-çı** indica la professione o l'occupazione; **-lar** è il plurale, anche esso segue la regola dell'armonia vocalica presentata alla nota 4 della lezione 3.

Soluzioni dell'esercizio 2

❶ Nereden – ❷ Nerelisiniz ❸ – gidiyorum ❹ – değilim ❺ – da kaç – kalmak – ❻ Sizde – var mı

Non dimenticate di imparare i numeri che compaiono nei testi delle lezioni (conoscete già le cifre da 1 a 4: **bir**, **iki**, **üç**, **dört**), *ma anche quelli che sono in fondo a ogni pagina. Provate pure a imparare gli ordinali: primo,* **birinci**; *secondo,* **ikinci**; *ecc. Presto vi spiegheremo come si formano.*

Vi suggeriamo inoltre di fare spesso riferimento alla mappa della Turchia e di allenarvi a inventare dei tragitti sul modello di questa lezione: **Ben Ankara'dan geliyorum, İstanbul'a gidiyorum; İstanbul'dan sonra İzmir'e gitmek istiyorum; orada** (laggiù) **beş gün kalmak istiyorum, sonra…** *E poi fate domande:* **Nereden geliyorsunuz?… Nereye gitmek istiyorsunuz?** *ecc., e formulate ovviamente anche le risposte!*

Quinta lezione 5

I pescatori

1   Questa mattina, sul Bosforo, ci sono molti pescatori. *(Questa mattina Bosforo-in molti pescatore c'è)*

▶ ② **çok balıkçı**, *molti pescatori*: come avrete certamente notato, il nome resta al singolare dopo **çok**, così come accade con **kaç** o con un numero. All'opposto, **bazı** che significa *alcuni* è seguito dal plurale: **bazı balıkçılar** (v. frase 3).

yirmi iki • 22

5 **2** Onlar sandallarla ③ balık tutuyorlar ④.
Rüzgar yok.
3 Bazı balıkçılar balık tutmak ⑤ **için** Karadeniz'e gidiyorlar.
4 Tekneler yavaş yavaş ⑥ geçiyor ⑦.
5 **Biz** onlara bakıyoruz. Merak ediyoruz ⑧:

> **2** onlar sandallarla balık tutuyorlar. ruezghiar yok **3** bazı balıkčılar balık tutmak ičin karadenize ghidiyorlar **4** tekneler yavaš yavaš gečiyor **5** biz onlara bakıyoruz. merak ediyoruz

Note

③ **sandal-lar-la**, *con le barche*: **-la** è la seconda forma che può prendere **ile**, *con*, quando questa posposizione si unisce al nome. Ricordatevi **otobüs-le** e **taksi-y-le** alla lezione 3 (nota 6). Pure questo suffisso segue la regola dell'alternanza vocalica **-e**, **-a** (v. lezione 3, nota 4).

④ **balık tut-uyor-lar**, lett. "prendono/afferrano il pesce", ossia *pescano*, dal verbo **balık tutmak**, che spieghiamo nella nota successiva. La forma **tut-uyor-lar** ci permette di osservare due cose. Innanzitutto, **-lar** è la desinenza della terza persona plurale al presente: alla frase 3 troverete **gidiyor-lar**, *vanno*. Per formare il presente, nelle lezioni precedenti avete imparato che si aggiunge **-iyor** alla radice verbale, seguito dalle desinenze delle persone. Dopo **ist-iyor**, *vuole;* **gel-iyor**, *arriva;* **gid-iyor**, *va, parte*, trovate adesso **tut-uyor**, *prende, afferra* e, alla frase 5, **bak-ıyor**, *guarda*. La vocale che precede **-yor** non è sempre la stessa e presto vi spiegheremo perché. Intanto, vi consigliamo di imparare la forma verbale in **-yor** di ogni verbo che trovate.

⑤ **balık tutmak**, *prendere/afferrare il pesce*, cioè *pescare*. **Tut-mak** significa alla base *tenere*. **Balık tutmak** è un verbo composto, come ne esistono tanti altri in turco.

⑥ **yavaş** vuol dire *piano, lento, lentamente*; gli aggettivi in turco sono spesso impiegati come avverbi. Raddoppiato, questo avverbio ha il senso di *molto lentamente* e in altri contesti può rendere l'espressione *man mano*.

2 Loro pescano con le barche. Non c'è vento. *(Loro barche-con pesce prendono. Vento non-c'è)*

3 Alcuni pescatori vanno nel Mar Nero per pescare. *(Alcuni pescatori pesce prendere per Mar-Nero-a vanno)*

4 Gli scafi transitano piano piano. *(Scafi piano piano passa)*

5 Noi li guardiamo. [E] ci incuriosiamo: *(Noi loro-a guardiamo. Curiosità facciamo)*

▶ ⑦ **tekneler geçiyor**, *gli scafi transitano*: un verbo il cui soggetto rappresenta un plurale di cose resta in generale al singolare. **Tekne** è una piccola imbarcazione, uno scafo adibito alla pesca o al trasporto dei passeggeri.

⑧ **onlar-a bak-ıyor-uz**, *li guardiamo*: ricordatevi che **bakmak** regge il dativo (v. lezione 4, nota 11). Al presente, la desinenza della prima persona plurale è **-uz**: **bakıyor-uz** e **merak ediyor-uz**, "curiosità facciamo", cioè *ci incuriosiamo*. **Merak etmek** è un verbo composto da un nome e da **etmek**, *fare*. Questo tipo di verbo composto è molto frequente in turco.

5   6   Acaba **ne** zaman dönecekler ⑨?
    Bilmiyoruz ⑩.
    7   Belki **bu** akşam, bel**ki ya**rın.

6 agiaba ne zaman dœnegekler? bilmiyoruz 7 belki bu akşam belki yarın

Note

⑨ **dönecekler**, *ritorneranno*. Non cercate per ora di analizzare questa forma.

***

1. alıştırma – Çeviriniz

❶ Bu sabah çok rüzgar var. ❷ Acaba, balık var mı? ❸ Çok sandal var. ❹ Biz sandallara bakıyoruz. ❺ Balıkçılar ne zaman Karadeniz'e gidiyorlar? ❻ Onlar balık tutmak istiyorlar. ❼ Tekneler Karadeniz'e gidiyor. ❽ Geçmiyoruz. Gelmiyoruz.

2. alıştırma – Tamamlayınız

❶ Questa mattina, ci sono molti pescatori.
   Bu . . . . . , çok . . . .

❷ Vanno per pescare.
   Balık . . . . gidiyorlar.

❸ Le barche transitano molto lentamente.
   Sandallar . . . . geçiyor.

❹ Ci incuriosiamo.
   . . . . . ediyoruz.

❺ Non sappiamo.
   . . . .

6 Chissà quando ritorneranno? Non [lo] sappiamo. *(Chissà che tempo ritorneranno? Non-sappiamo)*

7 Forse stasera, forse domani.

▶ ⑩ **bil-m-iyor-uz**, *non sappiamo*: forma negativa di **bil-iyoruz**. Per fare la forma negativa di un verbo, si interpone una **-m-** tra la radice (quando termina con una consonante) e **-iyor**, **-ıyor**, **-uyor**. **Bak-m-ıyoruz**, *non guardiamo*; **tut-m-uyor-lar**, *non prendono*.

***

Soluzioni dell'esercizio 1

❶ Questa mattina c'è molto vento. ❷ Non è che c'è del pesce? ❸ Ci sono molte barche. ❹ Noi guardiamo le barche. ❺ I pescatori, quando vanno nel Mar Nero? ❻ Loro vogliono prendere del pesce. ❼ Le imbarcazioni vanno nel Mar Nero. ❽ Non passiamo. Non veniamo.

❻ Forse stasera, forse domani.
 Belki .. . . , belki . . . . . .

Soluzioni dell'esercizio 2

❶ – sabah – balıkçı var ❷ – tutmak için – ❸ – yavaş yavaş – ❹ Merak – ❺ Bilmiyoruz ❻ – bu akşam – yarın

Boğaz *è il celeberrimo stretto del* Bosforo *che separa l'Europa dall'Asia e congiunge il Mar di Marmara col Mar Nero. Istanbul è costruita a cavallo delle due rive e si estende per una lunghezza di più di 20 km. In questo corridoio marittimo transitano imbarcazioni di tutte le dimensioni, dall'enorme cargo al minuscolo peschereccio. Questa è anche una delle passeggiate più suggestive di Istanbul, che sia effettuata via terra o via mare.*

6 Altıncı ders [altıngı ders]

Bahçede

1. Nil**gün** bahçe**de** yal**nız** oturuyor ①. Ki**tap** okuyor ②.
2. **O** sıra**da** ③ Ah**met** geliyor ④.
3. Ah**met** geve**ze** bir çocuk. So**ru** sormaya ⑤ başlıyor.
4. – **Ne** okuyor**sun** ⑥? Ro**man** mı ⑦?
5. – Roman **değil**, hika**y**e. "Bin **Bir** Gece" ⑧ adlı kitap.

> **Pronuncia**
> bahçede 1 Nil**guen** bahçede yalnız oturuyor. kitap okuyor
> 2 o sırada Ah**met** gheliyor 3 Ah**met** gheveze bir čogiuk. soru
> sormaya bašlıyor 4 ne okuyorsun? roman mı 5 roman de:il
> hikiaye. bin **bir** ghege adlı kitap

Note

① **otur-uyor** è il presente di **otur-mak**, *essere seduti*, **ok-uyor** quello di **oku-mak**, *leggere*, e **başl-ıyor** quello di **başla-mak**, *cominciare* (v. frase 3). Come vi abbiamo consigliato, imparate il presente di ogni verbo che incontrate.

② **kitap okuyor**, lett. "libro legge", cioè *legge un libro* o più semplicemente *legge*.

③ **o sıra-da**, *in quel momento*; **o** è l'aggettivo dimostrativo che designa la persona o l'oggetto più lontano dall'interlocutore, dopo **bu** e **şu** (**bu**, *questo*; **şu**, *quello (codesto)*; **o**, *quello*). Funge pure da pronome personale alla terza persona singolare.

④ **gelmek** come abbiamo visto può significare *venire* o *arrivare* a seconda dei contesti.

⑤ **soru sor-mak** significa *chiedere / fare una domanda*. Si tratta ancora una volta di un verbo composto, con la particolarità di ▶

Sesta lezione 6

In giardino

1 Nilgün è seduta da sola in giardino. Legge [un] libro. *(Nilgün giardino-in sola è-seduta. Libro legge)*
2 In quel momento arriva Ahmet. *(Quel momento-in Ahmet arriva)*
3 Ahmet è un bambino chiacchierone. Comincia a fare delle domande. *(Ahmet chiacchierone un ragazzo. Domanda chiedere-a comincia)*
4 – Che cosa leggi? È un romanzo? *(Che leggi? Romanzo* **mı***)*
5 – Non è un romanzo, sono racconti. Il libro si chiama "Le mille e una notte". *(Romanzo non, racconto. "Mille Una Notte" nominato libro)*

▸ avere i componenti (nome e verbo) derivati dalla stessa radice. Essendo questa cosa abbastanza frequente in turco, ne troveremo altri esempi. Il verbo **başlamak**, *cominciare a*, regge il dativo. Il verbo **sor-mak** diventa **sor-may-a**, spiegheremo in seguito il perché. Se un verbo che regge il dativo è preceduto da un altro verbo all'infinito, la desinenza di quest'ultimo si trasformerà da **-mek** in **-mey-e**: **derse gel-mey-e başlıyor**, *comincia a venire al corso*. Attenzione: **sormak** vuol dire *chiedere per sapere qualcosa*, *chiedere per ottenere qualcosa* si rende col verbo **istemek**, il cui senso principale è *volere*.

⑥ **okuyor-sun**, *leggi*: **-sun** è la desinenza della seconda persona singolare.

⑦ **roman mı**, *[è un] romanzo?*: dopo la vocale **a**, la particella interrogativa è **mı**, come in **var mı, uzak mı?** (v. lezione 3, nota 5).

⑧ **Bin Bir Gece**, lett. "mille uno notte": senza dubbio vi ricordate la regola del nome al singolare dopo un numero (v. lezione 1, nota 2 e lezione 4, nota 7).

yirmi sekiz • 28

6 – Ama, **bu** hikayeler çocuk**lar** için!
7 – Ta**mam** ⑨, **sen** çocuk değ**il**sin ⑩.
8   Şimdi **lüt**fen bura**dan** git ⑪!

> 6 ama **bu** hikiayeler čogiuk**lar** ičin 7 ta**mam** **sen** čogiuk de:**il**sin 8 šimdi **luet**fen bura**dan** ghit

Note

⑨ **tamam** è una parola che viene usata spessissimo in turco. Nella lingua parlata può rimpiazzare **evet**, *sì* e **peki**, *bene, d'accordo*, cosiccome **yok** serve a esprimere ogni tipo di negazione, *no, assolutamente no, nella maniera più assoluta* ecc. Con queste due parole, potete già farvi capire dappertutto e in tutte le circostanze. Ma sappiate che quando usate queste due parole al posto di **evet**, *sì*, e **hayır**, *no*, si tratta di un registro familiare. In generale **tamam** significa *d'accordo* quando ha funzione di avverbio, e *corretto, completo*, quando è aggettivo.

⑩ **değil-sin**, *non sei*; **-sin** è il suffisso del verbo *essere* alla seconda persona singolare (v. lezione 4, nota 2).

⑪ **git** è l'imperativo di **git-mek** alla seconda persona singolare: per formarlo basta togliere la desinenza dell'infinito al verbo. È semplicissimo: **gel-mek** → **gel**, *vieni*; **geç-mek** → **geç**, *passa*; **oku-mak** → **oku**, *leggi* ecc.

***

1. alıştırma – Çeviriniz

❶ Bahçede bir kız oturuyor. ❷ Ahmet soru soruyor. ❸ Kitap okuyorsun. ❹ Bu romanlar çocuklar için değil. ❺ Sen burada yalnız değilsin. ❻ İyi bir kitap okumak istiyorum. ❼ Bahçeye git.

6 – Ma questi racconti sono per bambini! *(Ma questi racconti bambini per!)*
7 – Appunto, tu non sei un bambino. *(D'accordo tu bambino non-sei)*
8 Dunque, per piacere, vattene da qua! *(Adesso per-piacere da-qua parti)*

AHMET GEVEZE BİR ÇOCUK

***

Soluzioni dell'esercizio 1

❶ Una ragazza è seduta in giardino. ❷ Ahmet fa delle domande. ❸ Leggi un libro. ❹ Questi romanzi non sono per bambini. ❺ Tu non sei solo qui. ❻ Voglio leggere un buon libro. ❼ Va' in giardino!

7 2. alıştırma – Tamamlayınız

❶ Nilgün legge [un] libro.
Nilgün . . . .

❷ Ahmet arriva.
Ahmet . . . .

❸ Che leggi?
Ne . . . .?

❹ È un romanzo?
Roman . .?

---

7 Yedinci ders [yedingi ders]

Gözden geçirme (occhio-da il-far-passare) – *Ripasso*

Complimenti! In una settimana avete già familiarizzato col turco, con i suoi suoni e il ritmo delle sue frasi semplici. Inoltre avete acquisito degli elementi basilari di grammatica. Facciamo il punto delle vostre conoscenze fino a oggi!

1 L'ordine delle parole

Per quanto riguarda l'ordine delle parole nella frase, avrete certamente notato che il soggetto viene per primo, seguito dai complementi e in ultimo dal verbo:
Ahmet / otobüsle / Taksim'e gidiyor si traduce letteralmente così: "Ahmet / in autobus / a Taksim va", ossia:
Ahmet va a Taksim in autobus.
Il complemento principale, qui **Taksim'e**, è in generale quello più vicino al verbo.
Se invece volessimo mettere in risalto il mezzo di trasporto scelto da **Ahmet**, dovremmo mettere **otobüsle** davanti al verbo:
Ahmet / Taksim'e / otobüsle gidiyor,
È in autobus che Ahmet va a Taksim.

5 Tu non sei un bambino.
..., çocuk ....

6 Per favore, vattene da qua!
......, buradan ...!

Soluzioni dell'esercizio 2
❶ – kitap okuyor **❷** – geliyor **❸** – okuyorsun **❹** – mı **❺** Sen – değilsin **❻** Lütfen – git

*L'impero ottomano ha sempre intrattenuto rapporti commerciali e culturali con la nostra penisola. Tra le tante vestigia di questi contatti, una delle più curiose si trova nel dialetto veneziano, in cui per esprimere l'imperativo di "andare" si può dire **ghit!**, proprio come in turco!*

Settima lezione 7

2 Un unico articolo

In turco esiste solamente un articolo, **bir**, che significa *un*, *una*, *uno*.
bir balıkçı, *un pescatore*
bir kız, *una ragazza*
Se il nome è accompagnato dall'aggettivo, questo si posiziona prima di **bir**.
iyi bir balıkçı, *un buon pescatore*
güzel bir kız, *una bella ragazza*

3 Né femminile né maschile

Gli articoli, i nomi, gli aggettivi e i suffissi non hanno né femminile né maschile. Questa assenza di genere vi semplifica alquanto la vita e vi evita uno dei più grandi scogli che uno straniero deve affrontare quando impara l'italiano!

4 Il singolare e il plurale

In turco, un nome senza articoli o suffissi, può avere valore di singolare o plurale, che in generale risulta abbastanza chiaro a seconda del contesto.

7 • Per capire, provate a pensare, per esempio, che i nomi **çocuk**, **balık**, **kitap**, rappresentino delle categorie, in questo caso *bambino, pesce, libro*.
Se ne prendete un'unità: categoria **çocuk** / **bir** → **bir çocuk**, *un bambino*
Se ne prendete due unità: categoria **çocuk** / **iki** → **iki çocuk**, *due bambini*
Se ne prendete molti: categoria **çocuk** / **çok** → **çok çocuk**, *molti bambini*
Se domandate "quanti?": categoria **çocuk** / **kaç** → **kaç çocuk?**, *quanti bambini?*

• Ecco perché dopo un numero, dopo **çok**, *molti*, e dopo **kaç**, *quanti*, <u>il nome resta al singolare</u>.

• Il nome può anche essere tradotto in italiano con un plurale indeterminato, introdotto dall'articolo partitivo *dei, degli, delle*:
Evde kitap var, *A casa ci sono dei libri.*
Così facendo, vogliamo mettere in evidenza il fatto che a casa c'è una quantità non definibile della categoria "libro".
Se invece ce ne fosse uno solo, in tal caso diremmo: **Bir kitap var.**

• Quando un nome senza altri elementi rappresenta qualcosa o qualcuno di cui abbiamo appena parlato, lo si considera noto e dunque determinato. Per questo, bisognerà tradurlo in italiano facendolo precedere dall'articolo determinativo.
Bahçede bir kız var, *In giardino c'è una ragazza.*
Kız kitap okuyor, *La ragazza legge un libro.*

Bahçede güzel bir kız oturuyor. Ahmet geliyor. Soru sormaya başlıyor. Ama güzel kız konuşmak* istemiyor, *Una bella ragazza è seduta in giardino. Ahmet arriva [e] comincia a far[le] delle domande. Ma la bella ragazza non vuole parlare.*
* (**konuşmak**, *parlare*)

• Quando questi nomi determinati sono al plurale, hanno il suffisso **-ler, -lar**, che segue la regola dell'armonia vocalica semplice (v. § 9).
Boğaz'da çok balıkçı var... Balıkçılar, akşama kadar balık tutuyorlar, *Nel Bosforo, ci sono molti pescatori... I pescatori pescano fino a sera.*

- **bu**, *questi*, e **bazı**, *alcuni*, sono seguiti da un nome al plurale:
Bu öğrenciler zeki ve çalışkan, *Questi studenti sono intelligenti e studiosi* (v. lezione 1).
Bazı balıkçılar Karadeniz'e gidiyorlar, *Alcuni pescatori vanno nel Mar Nero* (v. lezione 5).

- Il plurale **-ler**, **-lar**, che la maggior parte delle volte si traduce in italiano con un nome plurale preceduto dall'articolo determinativo, può anche essere tradotto con l'articolo partitivo *dei, degli, delle*:
Otobüste gençler var, *Nell'autobus, ci sono dei giovani.*
Şimdi otobüsler geliyor, *Ecco degli autobus che arrivano.*

Non preoccupatevi, torneremo nuovamente su questi aspetti. Durante le prossime lezioni, farete vostra la nozione turca di singolare e plurale che, come avete visto, differisce un po' da quella italiana.

5   Il nome e le desinenze dei casi

In turco esistono 6 casi e voi ne conoscete già 4:

il **nominativo** (indica il soggetto)	senza suffisso	**deniz güzel**, *il mare [è] bello*
il **dativo** (indica la direzione, il moto a luogo)	-(y)e / -(y)a	**deniz-e**, *al mare* **Ankara'y-a**, *a Ankara*
il **locativo** (indica lo stato in luogo)	-de / -da	**trende**, *in treno* **İstanbul'da**, *a Istanbul*
l'**ablativo** (indica la provenienza, il moto da luogo)	-den / -dan	**İzmir'den**, *da Smirne* **Van'dan**, *da Van*

Per la scelta del suffisso, fate riferimento al paragrafo 9.

Per quanto riguarda la scelta tra dativo o locativo, bisogna chiedersi se vi sia movimento o meno: dativo con movimento; locativo senza movimento. Non fidatevi delle preposizioni italiane "a" o "in", dal momento che entrambe possono indicare sia il moto che lo stato in luogo.

6 I pronomi personali

Ecco la lista dei pronomi personali al caso nominativo: **ben**, *io*; **sen**, *tu*; **o**, *ella, egli (lei, lui)*; **biz**, *noi*; **siz**, *voi*; **onlar**, *esse, essi (loro)*. Ne avete già incontrati due al locativo (**bende** e **sizde**) e uno al dativo: **onlara**. Per il momento non provate a declinarli negli altri casi poiché vi sono delle irregolarità. Li incontreremo strada facendo.

7 Il verbo

• Per ora conoscete il <u>presente "attuale" o "continuativo"</u>: la forma in **-yor** (o **-(i)yor**) che esprime il concetto di *star facendo qualcosa nell'istante in cui si parla*.

gel-mek, *venire, arrivare*	gel-i-yor-**um**	**oku-mak**, *leggere*	oku-yor-**um**
	gel-i-yor-**sun**		oku-yor-**sun**
	gel-i-yor		oku-yor
	gel-i-yor-**uz**		oku-yor-**uz**
	gel-i-yor-**sunuz**		oku-yor-**sunuz**
	gel-i-yor-**lar**		oku-yor-**lar**

Non esistono verbi irregolari in turco, ma ci sono delle regole di armonia vocalica per la scelta della vocale che precede il suffisso **-yor**. Questa vocale viene aggiunta alla radice verbale quando quest'ultima termina con una consonante, come nel caso di **gel-mek**: **gel-i-yor**; quando la radice termina con una vocale, si mantiene o si sostituisce tale vocale: la si mantiene in **oku-mak**, **oku-yor**; la si sostituisce in **başla-mak**, **başlı-yor**. A volte interviene anche una modifica ortografica nella radice, come in **gitmek**, **gidiyor**. Come vi abbiamo detto più volte, per il momento cercate di imparare la forma base del presente di ogni verbo senza provare a comprenderne la formazione. Alla terza persona singolare non si aggiungono altre desinenze al suffisso **-yor**. Nelle altre persone, bisogna aggiungere le desinenze **-um**, **-sun**, **-uz**, **-sunuz**, **-lar**, che non variano.

• La desinenza dell'infinito è **-mek** o **-mak** (v. § 9).

Per rendere l'idea di *voler fare qualcosa*, al verbo all'infinito si fa seguire il verbo **istemek**: **bakmak istiyorum**, *voglio guardare*. Quando vogliamo rendere l'idea che *fare qualcosa è necessario*, al verbo all'infinito si fa seguire **lazım** *bisogna...*: **gitmek lazım**, *bisogna partire*.

- Sapete già utilizzare la seconda persona dell'imperativo. Bisogna solamente togliere la desinenza dell'infinito al verbo: **gitmek** → **git**; **gelmek** → **gel**; **oturmak** → **otur**; **okumak** → **oku** ecc.

- La <u>forma negativa</u> del presente si costruisce intercalando una **-m-** tra la radice verbale e il suffisso **-yor** con la vocale che lo precede. Ecco qualche esempio di forma negativa dei verbi la cui radice termina con una consonante:

	Forma affermativa	Forma negativa
gel-mek, *venire*	**gel-iyor**	**gel-m-iyor**
bak-mak, *guardare*	**bak-ıyor**	**bak-m-ıyor**
sor-mak, *domandare / chiedere*	**sor-uyor**	**sor-m-uyor**

Per quanto riguarda i verbi la cui radice termina con una vocale, ricompare alla forma negativa questa stessa vocale radicale che si modifica alla forma affermativa:

	Forma affermativa	Forma negativa
başla-mak, *cominciare*	**başlı-yor**	**başla-m-ıyor**
iste-mek, *volere*	**isti-yor**	**iste-m-iyor**

- Il verbo <u>essere</u>

Avete potuto constatare che il verbo *essere* è <u>sottinteso</u> alla terza persona singolare e plurale. Si creano così delle frasi senza verbo, chiamate frasi nominali. Alle altre persone invece è espresso. In realtà non esiste un verbo *essere* propriamente detto, ma delle desinenze verbali che si attaccano alla parola, che essa sia un nome, un aggettivo o altro. In queste prime lezioni le avete trovate principalmente precedute dalla vocale **i**, che si trova dopo una sillaba che contiene una **i** oppure una **e**. Le desinenze sono le seguenti:

Singolare	1	**(y)-im**	**güzel-im**, *sono bella/o*	**iyi-y-im**, *sono buona/o*
	2	**-sin**	**güzel-sin**, *sei bella/o*	**iyi-sin**, *sei buona/o*
Plurale	2	**-siniz**	**güzel-siniz**, *siete belle/i*	**iyi-siniz**, *siete buone/i*

7 Avete già incontrato delle varianti di **-im** e di **-sin**. Dovete sapere che questi suffissi seguono un'altra regola di armonia vocalica, un po' più complessa rispetto a quella che abbiamo visto sino a ora:

-ım dopo una ı: **Fransızım**, *sono francese*
-um dopo una u: **yorgunum**, *sono stanca/o*
-sın dopo una ı: **nasılsın**, *come stai?* ("come sei?")

Per il momento, vi consigliamo di ripetere queste parole con le loro desinenze senza cercare di capirne la costruzione. In questo modo, il vostro orecchio si abituerà da solo ai differenti suoni e alla variazione dei suffissi e il tutto vi risulterà naturale. Non dimenticate infatti che le differenti regole di armonia vocalica non sono altro che una risposta naturale a un bisogno di eufonia. Ciò che all'inizio vi può sembrare una difficoltà insormontabile, si rivelerà col tempo un gioco da ragazzi!

Le desinenze in **i**, cioè **-im**, **-sin** e **-siniz**, aggiunte a **değil**, costituiscono la forma negativa di *essere*:

Singolare	1	değilim	**güzel değilim**, *non sono bella/o*
	2	değilsin	**genç değilsin**, *non sei giovane*
	3	değil	**çalışkan değil**, *non è studiosa/o*
Plurale	2	değilsiniz	**Türk değilsiniz**, *non siete turche/i*

8 La forma interrogativa

• La particella **mi** si colloca dopo la parola alla quale si riferisce. Anche la vocale di questa particella non è fissa ma varia. In seguito vedremo in che modo. Per il momento avete già incontrato:
i dopo una **i**: **değil mi?**
ı dopo una **a**: **var mı? uzak mı?**

• Gli interrogativi. Ne conoscete già abbastanza da poter porre svariate domande:

nasıl, *come*
ne, *che, cosa*
ne zaman, *quando*
kaç, *quanto*
nerede, *dove* (senza movimento)
nereden, *da dove*
nereye, *dove* (con movimento), *verso dove*

9 Suffissi e armonia vocalica

Come avete visto, il turco possiede molti infissi e suffissi (particelle che si mettono all'interno o alla fine della parola), così come altre particelle che seguono la parola, pur restando separate. Tale caratteristica rappresenta un grande vantaggio per chi impara la lingua, poiché permette di esprimere molti concetti usando pochi termini. Queste particelle seguono per la maggior parte la regola di armonia vocalica più "complessa", che impareremo pian piano. Ciò nonostante, alcune di esse seguono la regola più semplice, che avete già visto alla nota 4 della lezione 3 e che vi schematizziamo qui in forma di tabella:

	Suffisso del plurale	Suffisso del caso	Suffisso dell'infinito	Particella suffissa **ile,** *con*	Particella separata **de/da**, *anche*
dopo e i ö ü	-ler	-e -de -den	-mek	(y)-le	de
dopo a ı o u	-lar	-a -da -dan	-mak	(y)-la	da

Fate attenzione a non confondere il suffisso **-de**, **-da**, *in*, con la particella separata **de**, **da**, *anche, e, quanto a...*

10 Gli aggettivi dimostrativi

Sono tre e sono invariabili: **bu**, **şu**, **o**. Corrispondono più o meno agli italiani *questo, codesto* e *quello* e dal momento che l'uso di *quello* ha progressivamente rimpiazzato *codesto*, quando traducete **şu** e **o**, potete renderli entrambi con l'italiano *quello*.

11 I numeri

Per ora conoscete i numeri da 1 a 10 e potete dunque contare fino a 19:

1 **bir**	4 **dört**	7 **yedi**	10 **on**
2 **iki**	5 **beş**	8 **sekiz**	11 **on bir**
3 **üç**	6 **altı**	9 **dokuz**	12 **on iki** ecc.

Ora non vi resta che imparare le decine e saprete contare fino a 99!

---

8 Sekizinci ders [sekizingi ders]

İki fıkra ①

1 – **Hoca** ② **bak** ③, bir tepsi bö**rek** gidiyor ④.
2 – Ba**na** ⑤ **ne**?

Pronuncia

Ormai siete in grado di leggere il turco, ma può darsi che esitiate ancora nella pronuncia di qualche lettera. Fate attenzione alla **g** che è sempre dura: *[ghidiyor]*, *[ghegeleri]*; alla **c** che si pronuncia come una **g** dolce: *[agiaba]*, *[hogia]*, *[pengere]*; alla **ç** che è come una **c** dolce: *[ačık]*; alla **ş** che corrisponde al suono italiano *sc*, *[karıšıyor]*. Non dimenticatevi che la **z** corrisponde sempre alla *s* sonora di *smettere* e di aspirare la **h** in **kahve** e **sohbet**; per la **ı** senza puntino, vi rimandiamo all'introduzione. D'ora in avanti indicheremo solo la pronuncia delle parole difficili.

Note

① **fıkra**, a differenza di **hikaye** che significa *storia, racconto* (v. lezione 6), vuol dire *barzelletta, storiella*. **İki fıkra**: Ricordatevi che un numero è sempre seguito da un nome al singolare (v. lezione 1, nota 2).

Eccovi giunti alla fine del vostro primo ripasso. Disponete già del bagaglio necessario per costruire delle frasi semplici, esprimere desideri e formulare domande. Non resta che augurarvi...
İyi yolculuklar! Buon viaggio! *("Buoni viaggi")*

Ottava lezione 8

Due barzellette

* *Nella traduzione letterale, l'asterisco che troverete indica un suffisso di cui per il momento non vi forniamo il corrispettivo italiano.*

1 – Hoca, guarda, una teglia [di] börek si avvicina *(viene)*.
2 – Che mi importa? *(a-me che)*

② **Hoca**, *maestro*: appellativo che designa gli insegnanti ma anche le guide religiose.

③ **bak**, *guarda!*: imperativo di **bak-mak**, come **git!** alla lezione 6, nota 11.

④ **bir tepsi börek**, *una teglia di börek*; **tepsi** è il vassoio in alluminio nel quale si cuoce il **börek**, una torta salata di pasta sfoglia ripiena di formaggio o carne macinata.
Bir tepsi indica dunque la quantità.

⑤ **ban-a** e **san-a** (v. frase 4) sono le forme irregolari di **ben** e **sen** al dativo.

8
3 – Ama size gidiyor.
4 – Öyleyse ⑥ sana ne?

Nasreddin Hoca'dan

5   **Bir** kahve**de** ⑦ bey**ler** ⑧ soh**bet** ediyorlar:
6 – Acaba geceleri ⑨ pencere açık mı yatmalı ⑩, kapalı mı?
7   Yanda**ki** masa**dan** ⑪ **bir adam** söze karışıyor:
8 – Açık pence**re her** ⑫ zaman iyi**dir** ⑬.
9 – **Siz** her hal**de** dok**tor**sunuz.
10 – **Ha**yır, hırsızım.

Note

⑥ **öyleyse** significa *se è così*, *in tal caso*. Analizzeremo questa parola in seguito.

⑦ In Turchia, i caffè tradizionali sono frequentati perlopiù da soli uomini.

⑧ **beyler** viene reso con l'articolo partitivo: *dei signori*. Si tratta infatti di alcune persone tra la totalità degli avventori.

⑨ **gece-ler-i** significa *le notti*, ossia *la notte* in generale. Per esprimere il complemento di tempo, si aggiunge una **i** al suffisso **-ler** oppure una **ı** al suffisso **-lar**. Ci ritorneremo più avanti, per il momento ricordate l'espressione così com'è.

⑩ **yat-malı**, *bisogna andare a letto* dal verbo **yat-mak**. Il suffisso **-malı** indica l'obbligo. Si aggiunge alla radice dei verbi il cui infinito termina in **-mak**. ▶

3 – Ma viene verso di Lei. *(Ma a-voi viene)*
4 – In tal caso, che ti importa? *(Così-se a-te che)*
            tratto dagli adagi di Nasreddin Hoca
                    (Nasreddin Hoca-da)

5   In un caffè, dei signori chiacchierano: *(Un caffè-in signori conversazione fanno)*
6 – Secondo voi la notte bisogna andare a dormire [con] la finestra aperta o chiusa? *(Mi-domando-se notti* finestra aperta **mı** andare-a-dormire-bisogna chiusa **mı**)*
7   Dal tavolo a fianco, un uomo interviene: *(Fianco-in-che tavola-da un uomo parola-a s'immischia)*
8 – La finestra aperta va sempre bene. *(Aperta finestra ogni tempo bene-è)*
9 – Lei è probabilmente dottore. *(Voi ogni modo-in dottore-siete)*
10 – No, sono [un] ladro. *(No ladro-sono)*

▸ ⑪ **yan-da-ki**, *che è a fianco*: la particella **-ki** si rende con *che è* e si riferisce alla parola che segue: **yandaki masa** significa *il tavolo che è a fianco*. Aggiungendo **-dan** a **masa**, si può dire *dalla tavola che è a fianco*. Le parole **masa**, *tavolo* in turco, e **mesa**, *tavolo* in spagnolo, condividono la stessa origine araba!

⑫ **her** vuol dire *ogni*. **Her zaman** significa *sempre* e **her halde** (v. frase 9), "ad ogni modo", da cui *probabilmente*. Ritorneremo su questa espressione che presenta, come avrete forse notato, una particolarità.

⑬ **iyi-dir**, *va bene*: **-dir** è la desinenza della terza persona singolare del presente del verbo *essere*, la quale il più delle volte è sottintesa. Si utilizza per esprimere una constatazione dal valore generale o per rafforzare il senso della frase.

1. alıştırma – Çeviriniz

❶ İki tepsi börek. ❷ Hırsız ne yapmalı? ❸ Bir adam sana gidiyor. ❹ Söze karışıyorsunuz. ❺ Pencereler kapalı mı? ❻ Sen hırsızsın. ❼ Doktor bir beyle sohbet ediyor.

2. alıştırma – Tamamlayınız

❶ Che me ne importa?
. . . . ne?

❷ Viene verso di voi.
. . . . gidiyor.

❸ I signori chiacchierano.
Beyler . . . . . . ediyorlar.

❹ Un uomo interviene [nella conversazione].
Bir . . . . karışıyor.

❺ Lei è probabilmente dottore.
. . . her halde . . . .

❻ Sì, sono [un] ladro.
Evet, ...

Soluzioni dell'esercizio 1

❶ Due teglie di börek. ❷ Il ladro, che deve fare? ❸ Un uomo viene verso di te. ❹ Vi immischiate nella conversazione. ❺ Le finestre sono chiuse? ❻ Tu sei un ladro. ❼ Il dottore conversa con un signore.

Soluzioni dell'esercizio 2

❶ Bana – ❷ Size – ❸ – sohbet – ❹ – adam söze – ❺ Siz – doktorsunuz ❻ – hırsızım

Nasreddin Hoca, secondo la leggenda, sarebbe stato l'imam (l'autorità religiosa) di un paesino in Anatolia. I racconti che lo vedono protagonista sono conosciuti da tutti in Turchia e viene spesso citato in barzellette o proverbi. Le storie di Nasreddin Hoca sono state tradotte in molte lingue.

9 Dokuzuncu ders [dokuzungiu ders]

Boğaz'a gidelim

1 – Çocuklar, ben bugün balık yemek istiyorum. Boğaz'a gidelim mi ①?
2 – Çok güzel bir fikir ②. Nereye gidelim?
3 – Sarıyer'e. Ben orada ③ çok iyi bir lokanta biliyorum.
4   Hem ucuz, hem de ④ temiz. Balıklar da çok taze.
5 – Tamam. Nasıl gidiyoruz?
6 – Vapurla. Şimdi saat on bir buçuk. ⑤

Pronuncia
bo:aza ghidelim **1** čogiuklar ... **2** čok ... **4** ... ugiuz ... **6** ... šimdi ... bučuk

Note

① Conoscete **gidelim**, *andiamo!*, l'imperativo di **gitmek**. Alla forma interrogativa, questo verbo prende una sorta di valore ipotetico: **Boğaz'a gidelim mi?** che noi abbiamo tradotto con *Andiamo al Bosforo?*, potrebbe dunque essere reso anche con *E se andassimo al Bosforo?*

② **Çok güzel bir fikir**, *[È] un'idea molto buona.* **Güzel** ha il senso di *bello* o di *buono*, così come **iyi** vuol dire *buono* o *bene*.

③ **ora-da** significa *là* (stato in luogo), **ora-ya**, *là, verso là* (moto a luogo), e **ora-dan**, *da là* (moto da luogo). Questa parola si comporta come **nere-de**, **nere-y-e**, **nere-den**.

④ **hem... hem de...** si traduce con *sia... sia...*

⑤ **saat on bir buçuk**, *[sono le] undici e mezza*; **saat on bir**, *[sono le] undici*; **on ikide** o **saat on ikide**, *a mezzogiorno* (lett. "alle dodici"); *alle undici e mezzo* si dice **(saat) on bir buçuk-ta** (a ▶

45 • kırk beş

Nona lezione   9

Andiamo al Bosforo *(Bosforo-a andiamo)*

1 – Ragazzi, io oggi voglio mangiare pesce. Andiamo al Bosforo? *(Bambini io oggi pesce mangiare voglio. Bosforo-a andiamo **mi**)*
2 – È una buonissima idea. Dove andiamo? *(Molto bella una idea. Dove-a andiamo)*
3 – A Sarıyer. Là conosco un ristorante molto buono. *(Sarıyer-a. Io là-in molto buono un ristorante conosco)*
4   È sia economico sia pulito. Il pesce è anche molto fresco. *(Sia economico sia anche pulito. Pesci anche molto freschi)*
5 – Perfetto. Come [ci] andiamo?
6 – In vaporetto. Adesso sono le undici e mezza. *(Vaporetto-in. Adesso ora undici mezza)*

▶ proposito di -**da** che diventa -**ta**, v. nota 6). Ecco le formule per domandare l'ora oppure un orario: **Saat kaç?**, *Che ora è?*; **Vapur saat kaçta kalkıyor?**, *Il vaporetto a che ora parte?*

9 7 **On** ikide Beşiktaş'**tan** ⑥ **va**pur kalkıyor ⑦.
8 – Öyleyse çabuk olalım ⑧.
9 – Yemek**ten** ⑨ sonra **da**, **E**mirgan'**da** çay. Nasıl? İyi **değ**il mi?

---

7 ... bešiktaš'**tan** ... 8 œyleyse čabuk ... 9 ... čay... de:il ...

Note

⑥ **Beşiktaş'tan**, *da Beşiktaş*: la **d** del suffisso del locativo e dell'ablativo diventa **t** dopo un nome che termina in **ş, s, ç, f, h, p, t, k**. I suffissi **-de, -da, -den, -dan** diventano dunque **-te, -ta, -ten, -tan** quando preceduti dalle otto consonanti indicate. Ne trovate un esempio anche in **yemek-ten sonra**, *dopo pranzo*, alla frase 9. Non fatevi spaventare da questa regola, ma ripetete piuttosto diverse volte le parole che presentano questa variazione ortografica. In questo modo vi sembrerà tutto più naturale.

⑦ Mentre **gitmek** vuol dire *andare* o *partire*, **kalkmak** significa *partire* nel senso di *mettere in moto* un mezzo di trasporto. Se utilizzato in riferimento a una persona, **kalkmak** vuol dire *alzarsi la mattina* o *alzarsi per andarsene*. Quando siete a ▶

***

1. alıştırma – Çeviriniz

❶ Lokantaya gidelim mi? ❷ Sarıyer çok uzak değil. ❸ Vapur nereye gidiyor? ❹ Balıklar taze mi? ❺ Dokuz buçukta Taksim'den otobüs kalkıyor. ❻ Bu lokanta çok temiz. ❼ Boğaz'a nasıl gidiyorlar?

7 Il vaporetto parte da Beşiktaş a mezzogiorno.
 (Dodici-in Beşiktaş-da vaporetto parte)
8 – Allora sbrighiamoci. *(In-tal-caso veloci siamo)*
9 – E dopo pranzo, [prenderemo] il tè a Emirgan.
 Che ne pensate? Va bene, no? *(Pasto-da dopo e,
 Emirgan-in tè. Come? Bene non-è **mi**)*

▸ casa di amici, potete annunciare in maniera gentile la vostra intenzione di andarvene dicendo: **Yavaş, yavaş kalkalım**, *Alziamoci piano piano* o *Cominciamo ad alzarci*.

⑧ **ol-alım**, *siamo!*: imperativo del verbo **ol-mak**, *essere, diventare*. Conoscete adesso le due forme: **-elim** per i verbi con l'infinito in **-mek** e **-alım** per i verbi con l'infinito in **-mak**.

⑨ **yemek** significa sia *mangiare*, sia *pasto, cibo*. Quando *mangiare* è usato senza complemento, bisogna utilizzare il verbo composto **yemek yemek** (nome + verbo).

***

Soluzioni dell'esercizio 1

❶ Andiamo al ristorante? ❷ Sarıyer non è molto lontano. ❸ Dove va il vaporetto? ❹ I pesci sono freschi? ❺ L'autobus parte da Taksim alle nove e mezza. ❻ Questo ristorante è molto pulito. ❼ Come vanno al Bosforo?

9 **2. alıştırma – Tamamlayınız**

❶ Dove andiamo?
   . . . . . . gidelim?

❷ Conosco un buon ristorante.
   İyi . . . lokanta . . . .

❸ [Ci] andiamo in vaporetto.
   . . . . gidiyoruz.

❹ Il vaporetto parte alle undici.
   . . . . vapur . . . .

Situato sulla riva europea non lontano dal centro, **Beşiktaş** *è un quartiere importante e animato di Istanbul.* **Emirgan**, *sempre sullo stesso lato del Bosforo, si trova vicino al secondo ponte sospeso. È famoso per i superbi tulipani che ornano il suo bellissimo parco. Agli inizi del XVIII secolo, il diffondersi del tulipano in terra ottomana coincise con un periodo di rinnovato splendore per l'Impero. Questa moda floreale fu così eclatante da dare il nome all'intera epoca, da allora conosciuta come* Periodo dei Tulipani, **Lâle Devri**. **Sarıyer** *si trova più a nord, non lontano dal Mar Nero. Questo caratteristico e antico villaggio di pesca-*

❺ Sbrighiamoci!
   . . . . !

❻ Va bene, no?
   İyi . . . . ?

Soluzioni dell'esercizio 2
❶ Nereye – ❷ – bir – biliyorum ❸ Vapurla – ❹ On birde – kalkıyor
❺ Çabuk olalım ❻ – değil mi

tori è reputato per i suoi ristoranti di pesce. I **vapurlar**, *come si può facilmente intuire, sono dei* vaporetti *(battelli a vapore) per il trasporto passeggeri, che fanno la spola tutto il giorno da una sponda all'altra del Bosforo e del Mar di Marmara. Sono il mezzo più rapido per passare da una riva all'altra della città e il loro utilizzo, salvo nelle ore di punta, costituisce un'esperienza imperdibile per il turista. Certe linee sul Mar di Marmara sono servite da aliscafi chiamati* **Deniz otobüsleri**, *gli autobus del mare, che danno l'impressione di volare sulla superficie dell'acqua.*

10 Onuncu ders [onungiu ders]

Lokantada

1 – **Hoş** geldiniz ① efendim ②. **Kaç** ③ kişisi**niz**?
2 – Al**tı** kişiyiz. ④
3 – Şöyle buyurun ⑤. **Ne** arzu ediyorsu**nuz**?
4 – Balık **var** mı?
5 – **E**vet, lev**rek**, kal**kan** ve bar**bun**ya.
6 – Istakoz **yok** mu ⑥?
7 – Ma**a**lesef, ama mid**ye** ve ka**ri**des var.

Pronuncia
3 š*œy*le buyurun (pronunciato anche *buyrun*) …

Note

① **Hoş geldiniz**, letteralmente "gradevole siete venuti", ossia *benvenuti*. Si risponde con questa formula di cortesia: **Hoş bulduk**, "[Vi] abbiamo trovato gradevole", che non ha corrispettivi in italiano.

② **efendim** si dice a tutte le persone degne di rispetto e può essere tradotto con *signora*, *signore*, *signore* (plur. femm.), *signori*… **Efendim** viene utilizzato nella vita di tutti i giorni per rispondere a una persona che vi chiama o che vi rivolge la parola, per fare ripetere qualcosa che non avete capito oppure per enfatizzare il vostro discorso.

③ Ricordatevi che dopo **kaç** e un numero, il nome resta al singolare. Sappiate anche che spesso, tra un nome e un numero, si utilizza la parola **tane**, che significa *unità*, *pezzo* (v. frase 8). Si può dunque chiedere indifferentemente **üç levrek**, *tre branzini* oppure **üç tane levrek**, letteralmente "tre unità branzino". ▸

Decima lezione 10

Al ristorante *(Ristorante-in)*

1 – Benvenuti, signori. Quanti siete? *(Gradevole siete-venuti signori-miei. Quanto persona-siete)*
2 – Siamo in sei. *(Sei persona-siamo)*
3 – Prego. Che cosa desiderate? *(Come comandate. Che desiderio fate)*
4 – C'è del pesce? *(Pesce c'è **mı**)*
5 – Sì, branzino, rombo e triglia.
6 – Non c'è l'aragosta? *(Aragosta non-c'è **mu**)*
7 – Purtroppo [no], ma ci sono cozze e gamberetti *(cozza e gamberetto c'è)*.

▶ ④ **Altı kişi-y-iz**, *Siamo sei persone*: **-iz** è la desinenza della prima persona plurale del presente del verbo *essere*. Come **-im**, a volte necessita di una **y** intervocalica.

⑤ **buyurun**, che vuol dire letteralmente "comandate", è una formula equivalente a *prego*. Viene utilizzata spesso nella vita quotidiana in Turchia e il suo significato varia a seconda delle circostanze: *Entrate, prego*; *Sedetevi, prego*; *Parlate pure, vi ascolto*; ecc.

⑥ **yok mu?**, *non c'è?* Ecco una seconda variante della particella interrogativa **mi**. Si mette **mi** dopo **değil**, **mı** dopo **a** come in **var mı?** o **uzak mı?** e **mu** dopo la **o**. Non provate ancora a desumerne una regola, ma ricordate per il momento **var mı?** e **yok mu?** che sono molto utilizzati.

elli iki • 52

10 8 – Bize **üç** lev**rek** ızga**ra**, **bir** kalkan şiş, i**ki** ta**ne** de ka**ri**des gü**veç**.
9 – Balık**tan** önce ⑦ **ne** alıyorsunuz?
10 – **Hangi** ⑧ mezeler **var**?
11 – Beyaz pey**nir**, dol**ma**, bö**rek**, ka**vun**…
12 – **Bir** de ⑨ karışık sa**la**ta getirin ⑩.
13 – İçecek ola**rak** ⑪?
14 – Bir bü**yük** rakı ⑫ ve so**ğuk** su, lütfen.
15 – **Baş** üstüne ⑬, efendim.

---

*12 … kar**ış**ık … 13 ičeg**i**ek … 15 ba**š** <u>uestue</u>ne …*

Note

⑦ **balık-tan önce**, *prima del pesce*: **önce**, come **sonra**, viene sempre preceduto dall'ablativo; **-dan** diventa **-tan** dopo una **k** (v. lezione 9, nota 6).

⑧ **hangi**, *quale, quali*, è invariabile e può essere seguito da un singolare così come da un plurale.

⑨ **bir de** è un'espressione che significa *e poi, e anche, e pure…*

⑩ **getir-in**, *portate*, è l'imperativo di **getir-mek**, alla seconda persona plurale. All'orale si può dire **getirin**, ma nello scritto bisogna indicare la forma completa **getiriniz**, come **tamamla-y-ınız**, *completate*. Considerato che le lezioni riportano il più delle volte dei dialoghi, troverete molto più spesso la forma abbreviata.

⑪ **olarak**, *in quanto a*. Questa forma, che sarà affrontata in seguito, viene dal verbo **olmak**.

⑫ **büyük rakı** forma qui un tutto. Per questo **bir** viene anteposto all'aggettivo, a differenza della regola presentata alla lezione 1, nota 3. Un **büyük rakı** è *una bottiglia grande*, un **küçük rakı**, *una bottiglia piccola*. **Bir tek (rakı)** e **bir duble (rakı)** significano rispettivamente *una dose di* **rakı** e *un* **rakı** *doppio*. ▶

8 – Ci [porti] tre branzini alla griglia, un rombo allo spiedo e due porzioni di gamberetti stufati. *(Noi-a tre branzino alla-griglia un rombo spiedo due unità anche gamberetto stufato)*

9 – Prima del pesce, che cosa prendete? *(Pesce-da prima che prendete)*

10 – Che antipasti avete? *(Quali antipasti ci-sono)*

11 – Feta, involtini, börek, melone… *(Bianco formaggio involtino börek melone)*

12 – Porti anche un'insalata mista. *(Una anche mista insalata portate)*

13 – Come bevande? *(Bevanda in-quanto-a)*

14 – Una bottiglia grande di rakı e dell'acqua fresca, per piacere. *(Un grande rakı e fredda acqua per-piacere)*

15 – Con piacere, signori. *(Testa sopra-suo-a signori-miei)*

▸ ⑬ **baş üstüne**: questa espressione, un po' difficile da analizzare per il momento, significa *al vostro servizio, con piacere…*

elli dört • 54

1. alıştırma – Çeviriniz

❶ Ne arzu ediyorlar? ❷ Mezelerden önce ne istiyorsunuz? ❸ Bu lokantada balık yok. ❹ Biz de börek istiyoruz. ❺ Dolma yok mu? ❻ Hangi börekler var? ❼ Bize altı tane levrek getirin.

2. alıştırma – Tamamlayınız

❶ Quante persone siete?
  Kaç .... ?

❷ Prego.
  Şöyle ....

❸ Quali pesci ci sono?
  ..... balıklar ... ?

❹ Come bevande?
  İçecek ...... ?

In Turchia, ci sono due tipi di **lokanta**, *quello in cui si va per mangiare un pasto completo e quello in cui ci si siede in buona compagnia per bere un bicchiere di* **rakı** *o di vino, magari accompagnato da dei* **meze**. *Nonostante possiate trovare ovviamente differenti tipologie di* **lokanta**, *in genere la denominazione* **restoran** *designa un locale più occidentale e più chic rispetto alla* **lokanta**, *che nella sua tipicità richiama all'italiano l'ambiente proprio delle taverne o delle trattorie. Il* **rakı** *è la bevanda alcolica nazionale turca. Prodotta aggiungendo dell'anice alla vinaccia, si sposa molto bene con il pesce così come con i* **meze**. *Tradizionalmente il* **rakı** *viene servito sempre con un bicchiere di acqua, in modo da alternare un sorso di uno e un sorso dell'altra. Ma le tradizioni si vanno via via perdendo e ultimamente si è imposta l'abitudine di versare direttamente l'acqua nel* **rakı**. *Il* **beyaz peynir** *turco, fatto con latte caprino, accompagna spesso il* **rakı** *ed è il corrispettivo della ben più famosa feta greca.*

Soluzioni dell'esercizio 1

❶ Che cosa desiderano? ❷ Che cosa volete prima degli antipasti? ❸ In questo ristorante non c'è pesce. ❹ Anche noi vogliamo dei börek. ❺ Non ci sono involtini? ❻ Quali börek ci sono? ❼ Ci porti sei porzioni di branzino.

❺ Benvenuti, signori.
. . . geldiniz, ...

❻ Ci sono gamberetti?
Karides . . . . . ?

Soluzioni dell'esercizio 2

❶ – kişisiniz ❷ – buyurun ❸ Hangi – var ❹ – olarak ❺ Hoş – efendim ❻ – var mı

I **dolma** *possono essere pomodori o peperoni farciti con carne* (**domates dolması**, **biber dolması**) *oppure degli involtini di foglia di vite, farciti il più delle volte con riso* (**yaprak dolması**).
A causa della dominazione ottomana sulla regione greca, durata poco meno di mezzo millennio, le cucine tipiche delle due sponde del Mar Egeo sono speculari. Così il **rakı** *trova il suo corrispettivo nell'ouzo e il* **beyaz peynir** *nella feta. I* **mezeler** *e i* **dolmalar** *non cambiano nemmeno nome (*mezedhakia *e* dolmadhakia*)! Ma come per quanto riguarda il caffè, sarà inutile domandare a un turco o a un greco chi si è ispirato a chi: è come voler sapere se sia nato prima l'uovo o la gallina...*

Adesso siete salvi! Se vi trovaste in Turchia, sareste in grado non solamente di andare ovunque seguendo delle indicazioni, ma anche di ordinare un ottimo pasto!

elli altı • 56

11 On birinci ders [on biringi ders]

Biraz dedikodu ①

1 – Günay**dın** ② Nesli Hanım ③, **na**sılsı**nız**?
2 – **Hiç** ④ iyi de**ği**lim. **Dün** akşamdan be**ri** ⑤ ba**şım** ağrıyor ⑥.
3 – Geç**miş** olsun. ⑦
4 – Teşek**kür** ederim. **Alt** kattaki ⑧ komşular... **Her** gece saba**ha** kadar **ya** müzik dinli**yor**, ya **da** ⑨ kav**ga** ediyorlar ⑩.

Pronuncia
2 ... de:ilim ... ba**şım** a:rıyor 3 ghe**čmiš**

Note

① **dedikodu** vuol dire *pettegolezzo, diceria, maldicenza*. **Biraz**, come **çok**, è sempre seguito da un nome al singolare.

② **günaydın**, letteralmente "giorno-luminoso", significa *buon giorno* e si utilizza la mattina.

③ **Nesli Hanım**, *Signora Nesli*. In turco, si usa l'appellativo di cortesia **hanım** dopo il nome di una donna; allo stesso modo, per gli uomini, viene usato **bey**: **Mehmet Bey**, *Signor Mehmet*. Quando l'uso di questi appellativi non ha un esatto corrispondente in italiano, abbiamo lasciato **hanım** e **bey** anche nella traduzione. Generalmente **hanım** e **bey** si scrivono con la maiuscola sia che ci si rivolga a qualcuno sia che lo si nomini.

④ **hiç** può essere tradotto con *niente, mai, almeno, nessuno*, a seconda del contesto.

⑤ **dün akşam-dan beri**, *da ieri sera*: **beri** regge l'ablativo (sempre anteposto); per esempio: **o günden beri**, *da quel giorno*. ▸

Undicesima lezione 11

Un po' di pettegolezzi *(Un-po'-di pettegolezzo)*

1 – Buongiorno, Nesli Hanım, come sta? *(Giorno-luminoso Nesli Hanım come-siete)*
2 – Non sto per niente bene. Da ieri sera ho mal di testa. *(Niente bene non-sono. Ieri sera-da da testa-mia duole)*
3 – Speriamo Le passi. *(Passato sia)*
4 – Grazie. I vicini del piano di sotto… Ogni notte o ascoltano musica fino al mattino, oppure litigano. *(Ringraziamento faccio. Inferiore piano-in-che vicini… Ogni notte mattina-a fino o musica ascolta o pure litigio fanno)*

⑥ **baş-ım**, *la mia testa*: il suffisso **-ım** è la desinenza dell'aggettivo possessivo alla prima persona singolare. Come avrete notato, è uguale al presente del verbo *essere* alla prima persona, ma grazie al contesto non ci sono rischi di confusione! **Ağrıyor**, dal verbo **ağrımak**, *far male, dolere*. **Başım ağrıyor**, *la mia testa duole* ossia *ho mal di testa*. Imparate questa espressione.

⑦ **Geçmiş olsun**, letteralmente "Passato sia", si può rendere con *Speriamo ti/Le passi!* Questa espressione tipica della lingua turca non ha un esatto equivalente in italiano.

⑧ **alt kat-ta-ki**, *che sono al piano superiore*: **-da** diventa **-ta** dopo una **t** (v. lezione 9, nota 6).

⑨ **ya… ya da…**; *o… o/oppure…*

⑩ **komşular… dinliyor… ediyorlar**: se due o più verbi terminanti in **-(i)yor** si susseguono, generalmente solo l'ultimo avrà la desinenza del plurale. Al fine di semplificare la struttura della frase, si evita infatti la ripetizione dei suffissi quando non c'è rischio di incomprensione. Stessa cosa per **televizyon seyrediyor, uyuyoruz**, alla frase 7.

11   5 – Eh, **tabii** ⑪, onlar **genç**. Hem **de** ⑫ ye**ni** evliler ⑬. Bak**ın** ⑭ bize…
   6   Biz yir**mi** yıldır ⑮ hiç ko**nuş**muyoruz bile ⑯.
   7   Akşamları ⑰ **yal**nız televi**zyon** seyrediyor, u**yu**yoruz.
   8 – Hak**lı**sınız, Nesli Hanım.
   9 – Ba**na** buyurun, bir kah**ve** içelim. Size bir de aspi**rin** vereyim ⑱.
   10 – **Sağ**olun ⑲, Ayşe Hanım, ama artık ba**şım** a**ğrı**mıyor ⑳.

---

6 …hi*č*ko**nuš**muyoruz…**9** …i*č*elim…**10 sa:**olun…**a:rı**mıyor

---

Note

⑪ **tabii** vuol dire *naturale, naturalmente, certo*.

⑫ Avete già trovato **hem… hem de**, *sia… sia… Hem de*, quando compare all'inizio di una frase, significa *Inoltre*.

⑬ **ev-li**, *sposato* deriva da **ev**, *casa*.

⑭ **bak-ın**, *guardate*, come **getir-in**, *portate* alla lezione 10, nota 10. Presto vedremo come si sceglie la vocale.

⑮ **yirmi yıl-dır**, letteralmente "venti anno-è", *sono vent'anni (che…)*.

⑯ **konuş-m-uyor-uz**, *non parliamo*, forma negativa di **konuş-uyor-uz** (v. lezione 7 per la costruzione della forma negativa). La forma negativa seguita da **bile** si rende con la costruzione *non… nemmeno (più)* o addirittura *non… più*: **konuş-muyoruz bile**, *non parliamo nemmeno (più)*.

5 – Eh, certo, loro sono giovani! Inoltre [sono] pure novelli sposi. Guardi noi... *(Eh naturalmente essi giovani. Inoltre pure nuovi sposi. Guardate noi-a)*

6 Noi sono vent'anni che addirittura non [ci] parliamo più. *(Noi venti anno-è niente non-parliamo addirittura)*

7 La sera, guardiamo solo la televisione [e poi] dormiamo. *(Sere* solo televisione guarda dormiamo)*

8 – Ha ragione, Nesli Hanım. *(Ragione-dotato-di-siete Nesli Hanım)*

9 – Venga da me e prendiamo un caffè. Le darò pure una aspirina. *(Me-a prego un caffè beviamo. Voi-a una anche aspirina che-io-dia)*

10 – Grazie, Ayşe Hanım, ma ormai non ho più male alla testa. *(Sano-siate Ayşe Hanım ma ormai testa-mia non-duole)*

▶ ⑰ **akşam-lar-ı**, *la sera* (in generale), come **geceleri** alla lezione 8, nota 9.

⑱ **vereyim**, *che io dia*. Per il momento imparate questa espressione senza cercare di analizzarla.

⑲ **sağolun**, o **sağol** al singolare (letteralmente "sano/sani-siate"): questa espressione viene usata spesso come ringraziamento.

⑳ **artık** seguito da un verbo alla forma negativa vuol dire *non... più*; **artık başım ağrımıyor**, *non ho più mal di testa* (**ağrı-m-ıyor**, forma negativa di **ağrı-yor**). Un altro esempio: **artık derse gelmiyor**, *non viene più a lezione*.

1. alıştırma – Çeviriniz

❶ Dün sabahtan beri iyi değiliz. ❷ Geceleri, alt kattaki gençler müzik dinliyorlar. ❸ Yeni evliler kavga ediyorlar. ❹ Nesli Hanım akşama kadar Ayşe Hanım'la konuşuyor. ❺ Her gece televizyon seyrediyor, uyuyorum. ❻ Bize buyurun, bir çay içelim. ❼ Üç yıldır televizyon seyretmiyoruz.

2. alıştırma – Tamamlayınız

❶ Oggi ho mal di testa.
. . . . ağrıyor.

❷ Speriamo ti passi!
. . . .!

❸ Noi addirittura non [ci] parliamo più.
Biz . . . konuşmuyoruz . . . . .

❹ Ha ragione, Nesli Hanım.
. . . ., Nesli . . . . . .

❺ Non parlo più con Nesli Hanım.
Nesli . . . . konuşmuyorum.

❻ La sera beviamo caffè.
. . . . kahve . . . .

Soluzioni dell'esercizio 1

❶ Da ieri mattina non stiamo bene. ❷ La notte, i giovani del piano di sotto ascoltano musica. ❸ I novelli sposi litigano. ❹ Nesli Hanım parla con Ayşe Hanım fino a sera. ❺ Ogni sera guardo la televisione [e poi] dormo. ❻ Prego, venite da noi, beviamo un tè. ❼ Sono tre anni [che] non guardiamo la televisione.

Soluzioni dell'esercizio 2

❶ Bugün başım – ❷ Geçmiş olsun ❸ – hiç – bile ❹ Haklısınız – Hanım ❺ – Hanım'la artık – ❻ Akşamları – içiyoruz

12   On ikinci ders [on ikingi ders]

Önemli ① bir misafir

1 – Sevgilim ②, karnım **çok** aç. **Ne** yemek **var**?
2 – Kusura **bak**ma ③ hayatım. Bugün hiç**bir** şey yok.
3 – Önemli değil. Pey**nir** ek**mek** ye**t**er ④.
4 – **Ne** kadar ⑤ iyisin! A! Kapı çalınıyor.

Pronuncia
œnemli ... **1** ... ač ... **4** ... čalınıyor

Note

① **önem-li** significa *importante*. Avete già incontrato questa parola alla prima lezione, ma ancora non sapevate come è formata. Il suffisso **-li** ha il senso di *avente, dotato di* e serve a formare molti aggettivi, come **ev-li**, *sposato* (v. lezione 11, nota 13), e in questa lezione **sevgi-li**, "amore-dotato-di", da cui *caro, amato* (v. frase 1). Il suffisso **-li** ha diverse varianti e voi ne conoscete già una: **-lı**, come in **merak-lı**, "curiosità-dotato-di" da cui *curioso* (v. titolo lezione 4); **ad-lı**, "nome-dotato-di", da cui *chiamato* (v. lezione 6, frase 5); e come **hak-lı**, "ragione-dotato-di" (v. lezione 11, frase 8). Il suffisso **-li** ha un secondo senso: *originario di*. Con questa accezione lo avete già trovato alla lezione 4, nota 1: **nere-li?**, *originario di dove?*

② **sevgi-li-m**, *mia cara, mio caro*. Il suffisso del possessivo alla prima persona singolare è **-m** quando la parola finisce in vocale, come è il caso in **anne-m**, *mia madre* (v. frase 10) e in **kayınvalide-m**, *mia suocera* (v. frase 11). Per le parole terminanti in consonante è invece **-ım**, come in **baş-ım**, *la mia testa* (v. lezione 11, nota 6), **karn-ım**, *il mio stomaco* (forma irregolare di **karın**, *ventre, pancia*); **hayat-ım**, *vita mia* (v. frase 2) e **can-ım**, *anima mia* (v. frase 8). **Canım** e **hayatım** sono modi affettuosi di chiamare una persona amata, che noi abbiamo reso con gli italiani *tesoro* e *amore*.

Dodicesima lezione 12

Un'ospite importante *(Importante una ospite)*

1 – Cara, ho molta fame. Che c'è da mangiare?
    (Cara-mia stomaco-mio molto affamato. Che pasto c'è)
2 – Perdona[mi], tesoro. Oggi non c'è niente.
    (Mancanza-a non-guardare vita-mia. Oggi nessuna-una cosa c'è)
3 – Non importa. Pane e formaggio bastano.
    (Importante non-è. Formaggio pane basta)
4 – Quanto sei gentile! Ah! Suonano. *(Quanto buono-sei! Ah! Porta è-suonata)*

▶ ③ **kusura bakmamak**, *perdonare*: **bak-ma** è la forma negativa dell'imperativo **bak!**, *guarda!* Per i verbi con l'infinito in **-mek**, la forma negativa dell'imperativo è in **-me**: **git-me**, *non partire*.

④ **yeter**, *basta*, *è sufficiente*. Per il momento imparate questa parola senza cercare di analizzarla.

⑤ **ne kadar**, *quanto*, nelle frasi esclamative o interrogative.

5 **Kim** gel**di** ⑥? **Kapıcı** ⑦ mı ⑧?
6 – Hayır. **Bil** bakalım ⑨.
7 – **Uğur** mu?
8 – **Yok** canım. Uğur daha ge**çen** gün ⑩ geldi.
9 – G**önül** mü?
10 – O da değil. **An**nem.
11 – Ka**yın**validem mi? E**yvah**!
12 Çabuk karşıda**ki** lokanta**dan** bir şey**ler** al getir ⑪.

*8 ... ghe**čen** ... 12 **č**abuk ...*

Note

⑥ **gel-di**, *è venuto*; per formare il passato (prossimo o remoto) dei verbi, si aggiunge il suffisso **-di** alla radice, ottenendo così la terza persona singolare. A questa forma vengono aggiunte le desinenze delle altre persone. Avete già trovato **gel-di-niz**, *siete venuti*, nella formula **Hoş geldiniz!**, *benvenuti, siate i benvenuti* (v. lezione 10, nota 1).

⑦ **kapı-cı**, *portinaio*, deriva da **kapı**, *porta*. Il suffisso **-cı** indica un mestiere o un'occupazione, come **-çı** in **balık-çı**, *pescatore* (v. lezione 5, nota 1): **-cı** diventa **-çı** dopo una **k**; non preoccupatevi, torneremo su questo punto.

⑧ **Kapıcı mı?**, *È il portinaio?*: la particella interrogativa **mı**, che abbiamo già visto dopo la **a** – **var mı?** –, viene usata anche dopo la **ı**. **Uğur mu?** (v. frase 7): come **yok mu?**; si usa dunque **mu** dopo la **o** e la **u**. **Gönül mü?** (v. frase 9): **mü** dopo **ü** e **ö**. ▸

***

1. alıştırma – Çeviriniz

❶ Bu yemek bana yeter. ❷ Babam ne getirdi? ❸ Dün annem bize geldi. ❹ Geçen akşam size kim geldi? Hasan mı? ❺ Karşıdaki lokanta ucuz mu? ❻ Kapım açık. ❼ Sen söze karışma! ❽ Aspirinim nerede? ❾ Ekmek alalım.

5	Chi è? Il portinaio? *(Chi è-venuto? Portinaio **mı**)*	12
6 –	No. Dai, indovina. *(Non. Sappi vediamo)*	
7 –	Uğur? *(Uğur **mu**)*	
8 –	No, amore. Uğur è già venuto l'altro giorno. *(No anima-mia. Uğur già scorso giorno è-venuto)*	
9 –	È Gönül? *(Gönül **mü**)*	
10 –	Nemmeno lei. È mia madre. *(Ella anche non. Madre-mia)*	
11 –	Mia suocera? Ahimè!	
12	Corri a comprare qualcosa al ristorante che sta di fronte! *(Veloce di-fronte-in-che ristorante-da una cose compra porta)*	

▸ **Kayınvalidem mi?** (v. frase 11), come **değil mi?** Dopo la **i** e la **e** si mette **mi**. Adesso conoscete le quattro forme esistenti della particella interrogativa.

⑨ **bil bakalım**, *dai, indovina*. Questa espressione, composta da due imperativi, varia al plurale nella maniera seguente: **bilin bakalım**, *indovinate!*

⑩ **geçen gün**, *l'altro giorno*, letteralmente "scorso giorno", designa uno dei giorni passati, senza specificare quale. **Geçen yıl**, *l'anno scorso*, ha invece un significato ben più preciso. Lo stesso discorso vale per **geçen ay**, *il mese scorso*, e **geçen hafta**, *la settimana scorsa*.

⑪ **al getir**, letteralmente "compra porta", si rende con *vai a prendere*. **Al-mak** significa *prendere, comprare*. Il luogo in cui si compra o si prende va all'ablativo: **lokanta-dan al!**

***

Soluzioni dell'esercizio 1

❶ Questo cibo mi basta. ❷ Mio papà che ha portato? ❸ Ieri mia madre è venuta da noi. ❹ Chi è venuto da voi l'altra sera? Hasan? ❺ Il ristorante che sta di fronte è economico? ❻ La mia porta è aperta. ❼ Tu non immischiarti nella conversazione! ❽ Dov'è la mia aspirina? ❾ Compriamo del pane.

2. alıştırma – Tamamlayınız

❶ Cara, ho fame.
........., karnım ...

❷ Perdona[mi]!
Kusura .....!

❸ Dai, indovina.
. . . .

❹ Uğur? Gönül? Ahmet? Ertan?
Uğur ..? Gönül ..? Ahmet ..? Ertan ..?

❺ Vai a prendere qualcosa al ristorante.
.... bir şeyler .. ..

13 On üçüncü ders [on uečuengiue ders]

Bir öğrenciden mektup

1 **Sev**g**i**li annem.
2 **On** beş gün**dür** ① İstanbul'dayız ②. Oku**la** başladık ③.

Pronuncia
1 sevghili ... 2 ... bašladık

Note

① **on beş gün-dür**, *sono quindici giorni (che) = da quindici giorni*; cfr. **yirmi yıldır** (lezione 11, nota 15). Il suffisso del verbo *essere* **-dır**, **-dir**, diventa **-dür** dopo la **ü**.

② **İstanbul'da-y-ız**, *siamo a Istanbul*: il suffisso **-ız** è una variante di **-iz**; cfr. **altı kişiyiz** (lezione 10, nota 4).

❻ Quanto siete buoni!
.. kadar ....!

Soluzioni dell'esercizio 2
❶ Sevgilim – aç ❷ – bakma ❸ Bil bakalım ❹ – mu – mü – mi – mı
❺ Lokantadan – al getir ❻ Ne – iyisiniz

Il **kapıcı** *in Turchia è una vera istituzione. Non si limita ad assicurare la ricezione della posta, ma spesso va anche a fare la spesa o a pagare le bollette e si occupa pure dei problemi quotidiani del condominio. Come in Italia, però, questo mestiere sta via via scomparendo, lasciando il posto al* **apartman görevlisi**, *responsabile del condominio, figura simile al nostro amministratore.*

Tredicesima lezione 13

Lettera da uno studente
(Uno studente-da lettera)

1 Cara mamma *(mia)*,
2 Siamo a Istanbul da quindici giorni. Abbiamo iniziato l'università. *(Quindici giorni-è Istanbul-in-siamo. Scuola-a abbiamo-cominciato)*

▶ ③ **okul-a başladık**, *abbiamo iniziato l'università*: **başlamak** regge il dativo. **Okul** significa *scuola*, ma in questo contesto designa l'università.
Başla-dık è il passato di **başla-mak**, alla prima persona plurale; il suffisso è **-dık**. Un altro esempio è **gel-di-k**, che vuol dire *siamo venuti*.

13 3 Çok mutluyuz ④, ama se**ni** özl**ü**yoruz ⑤.
   4 **Kır**k daire**li** bir apartman**da** ⑥ oturuyoruz.
   5 Bizim **köy** ⑦ kadar kalabalık. ⑧
   6 Evde, Mu**rat** alış ve**riş** ⑨ yapıyor, ye**mek** pişiriyor;
   7 ben **de** bulaşık yıkı**yor**, temiz**lik** yapıyorum.
   8 Ta**bii**, **her** gün birkaç ⑩ bardak ta**bak** kırılıyor ⑪.
   9 Porselen**ci** ⑫ bizden **çok** memnun. Paralar **da** bit**mek** üzere.

---

3 ... œzlueyoruz 5 ... kœy ... 6 ... alıš veriš ... piširiyor 8 ... birkač... 9 porselengi ...

Note

④ **mut-lu-y-uz**, *siamo contenti*: **mutlu** significa *contento, felice*, letteralmente "felicità-avente"; **-lu** è la variante di **-li** (v. lezione 12, nota 1) e **-uz** è quella di **-iz**.

⑤ **sen-i özlüyoruz**, *ci manchi*, letteralmente "te sentiamo-la-mancanza": **sen-i** è il complemento oggetto di **özlemek**. **Sen** prende il suffisso dell'accusativo che è **-i**. La variazione della vocale che precede **-yor** la spiegheremo alla lezione 14.

⑥ **kırk daire-li bir apartman**, *un condominio di quaranta appartamenti*. Attenzione al falso amico **apartman** che non significa appartamento ma *condominio*! La parola **daireli** si costruisce come un aggettivo, anche se poi si traduce col sostantivo introdotto dalla preposizione *di*.

⑦ **bizim köy**, *il nostro villaggio*. Spiegheremo più avanti questa costruzione. Per il momento, usatela con il senso di *nostro*.

⑧ **bizim köy kadar / kalabalık**, *è affollato quanto il nostro villaggio*. Ecco un modo per fare una comparazione. Si può dunque dire **Ahmet kadar / çalışkan bir çocuk**, *un bambino studioso quanto Ahmet* (lett. "Ahmet quanto / studioso un bambino").

3 Siamo molto contenti, ma ci manchi. *(Molto contenti-siamo ma te sentiamo-la-mancanza)*
4 Abitiamo in un condominio di quaranta appartamenti. *(Quaranta appartamenti-avente un condominio-in abitiamo)*
5 È affollato quanto il nostro villaggio. *(Nostro villaggio quanto popoloso)*
6 A casa, Murat fa la spesa e cucina; *(Casa-in Murat spesa fa pasto cucina)*
7 (e) io lavo i piatti e faccio le pulizie. *(io anche stoviglie lavo pulizia faccio)*
8 Ovviamente, ogni giorno qualche bicchiere e piatto si rompono…
9 Il negoziante di porcellana è molto contento di noi. A proposito, i soldi stanno per finire. *(Porcellana-commerciante-di noi-da molto contento. Soldi anche finire stanno-per)*

▸ ⑨ **alış veriş** rimanda al concetto di *prendere* (**almak**) e di *dare* (**vermek**), ossia allo *scambio*, da cui deriva il senso attuale di **alış veriş**, *spesa*.
⑩ **birkaç** significa *qualche*. Questa parola, come **kaç**, è sempre seguita da un nome al singolare.
⑪ **kır-ıl-ıyor**, *si rompe*, dal verbo **kır-ıl-mak**, forma riflessiva di **kır-mak**, *rompere*.
⑫ **porselen-ci**: il suffisso **-ci**, che indica un mestiere o un'occupazione (v. lezione 12, nota 7), serve spesso a designare i negozianti specializzati in determinate merci, in questo caso la porcellana ossia le stoviglie.

10   Hoşça kal ⑬. **Sel**am ve sevgiler ⑭.

Ali

10 hošča kal ...

Note

⑬ **hoşça kal**, o al plurale **hoşça kalın**, viene usato in Turchia per congedarsi da qualcuno. Può essere reso anche con un semplice *ciao* o *arrivederci*.

⑭ **selam ve sevgiler**, lett. "saluti e affetti" traducibile con *saluti affettuosi*: quando due nomi plurali si susseguono, generalmente solo il secondo porta la desinenza del plurale. Siamo di fronte allo stesso principio di economia dei suffissi che avete visto con le desinenze delle persone dei verbi (v. lezione 11, nota 10).

***

1. alıştırma – Çeviriniz

❶ On iki gündür Ankara'dayız. ❷ Ders çalışmaya başladık. ❸ Alış veriş yapıyoruz. ❹ Biz bu evden gitmek üzereyiz. ❺ Porselenciden çok memnunuz. ❻ Evi özlüyoruz. ❼ Bu ev bizim daire kadar büyük.

2. alıştırma – Tamamlayınız

❶ Abbiamo cominciato la scuola.
..... başladık.

❷ Un condominio di quaranta appartamenti.
Kırk .... bir ....

❸ I soldi stanno per finire.
.... bitmek ......

10   Stai bene. Saluti affettuosi. *(Gradevolmente resta. Saluto e affetti)*

Ali

***

Soluzioni dell'esercizio 1
❶ Siamo ad Ankara da dodici giorni. ❷ Abbiamo cominciato a studiare. ❸ Facciamo la spesa. ❹ Stiamo per lasciare questa casa. ❺ Siamo molto soddisfatti del negoziante di porcellana. ❻ Ci manca casa. ❼ Questa casa è grande quanto il nostro appartamento.

❹ Sei contento in questa casa.
Bu ....

❺ Tu manchi ad Ahmet.
Ahmet .... özlüyor.

Soluzioni dell'esercizio 2
❶ Okula – ❷ – daireli – apartman ❸ Paralar – üzere ❹ – evde mutlusun ❺ – seni –

yetmiş iki • 72

14 On dördüncü ders [on dœrd<u>ue</u>ngi<u>ue</u> ders]

Gözden geçirme – *Ripasso*

Avete superato un tornante importante nello studio della lingua turca, poiché in questa seconda serie di lezioni avete cominciato a familiarizzare con il gioco della variazione dei suffissi, aspetto certamente caratteristico di questa lingua, che di primo acchito può apparire scoraggiante. Ma, come avete potuto constatare da soli, tutto è semplice e logico. In questa lezione vi indicheremo le regole per la scelta dei suffissi, ma vi consigliamo ancora una volta di continuare a ripetere parole e frasi a voce alta; solo così la variazione dei suffissi diventerà per voi un fenomeno assolutamente naturale e presto sarete sorpresi della spontaneità con cui utilizzerete la forma corretta dopo una determinata vocale...
I suffissi fanno parte della struttura del turco, intervengono costantemente nella formazione del plurale, dei casi, delle forme verbali ecc. e sono assolutamente indispensabili per pronunciare correttamente una frase. Non vi resta che lanciarvi!

1 L'armonia vocalica

Nel corso delle prime sette lezioni avete imparato a utilizzare i suffissi che seguono la regola dell'armonia vocalica "semplice", quella in **e** e in **a**. Nelle lezioni successive, avete trovato altri suffissi, che comportano le vocali **i, ü, ı, u**. Tali suffissi seguono la regola dell'armonia vocalica "complessa". Abitualmente i suffissi vengono classificati in due insiemi, quelli in **e** e quelli in **i**. Certamente vi ricorderete che la variazione della vocale del suffisso dipende dalla vocale dell'ultima sillaba della parola. Per ciò che concerne l'insieme in **e**, la vocale è **e** dopo **e, i, ö, ü** e **a** dopo **a, ı, o, u**. L'insieme in **i** presenta invece quattro casi diversi: dopo **e, i**, abbiamo un suffisso con la **i**, dopo **ö, ü** abbiamo la **ü**, dopo **a** e **ı** abbiamo la **ı** e dopo **o** e **u** abbiamo la **u**. Come potete constatare non vi sono suffissi con la **o** oppure la **ö**. Ecco uno schema che riassume le caratteristiche appena enunciate dei due insiemi:

Quattordicesima lezione 14

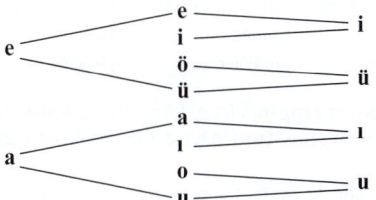

Vocale dell'ultima sillaba della parola
insieme in **e** insieme in **i**

2 Suffissi in *e*

Di suffissi in **e**, con variante in **a**, ne avete incontrati tre nuovi nelle ultime lezioni (per i precedenti, v. tabella della lezione 7, § 9). Sono tre forme verbali che riassumiamo nella maniera seguente:

	verbi in **-mek**	verbi in **-mak**
• Imperativo alla prima persona plurale	radice + **elim**	+ **alım**
• Imperativo alla forma negativa, seconda persona singolare	radice + **me**	+ **ma**
• Obbligo	radice + **meli**	+ **malı**

- Inoltre, la preposizione **ile**, *con*, si lega alla parola e diventa **-(y)le**, **-(y)la**: **trenle, taksiyle, vapurla, kapıcıyla**.

3 Suffissi in *i*

I suffissi in **i** sono numerosi e ne avete incontrati già molti:

3.1 Il verbo "essere"

Ecco la tabella dei suffissi del verbo *essere*:

	-im		-üm		-ım		-um
	-sin		-sün		-sın		-sun
güzel	-(dir)	kör	-(dür)	çalışkan	-(dır)	hoş	-(dur)
zengin	-iz	kötü-y	-üz	yalnız	-ız	yorgun	-uz
	-siniz		-sünüz		-sınız		-sunuz
	-(dir)ler		-(dür)ler		-(dır)lar		-(dur)lar

– Tre parole nuove: **zengin**, *ricco*, **kör**, *cieco* e **kötü**, *cattivo*.
– **Hoş** + **dur** diventa **hoş-tur** (in base alla regola enunciata al paragrafo 10).
Vi ricordiamo che le terze persone del verbo *essere* sono poco utilizzate: si usano solamente per esprimere una constatazione generale o per enfatizzare (v. lezione 8, nota 13).

3.2 Presente dei verbi

Il presente, come sapete, è costituito dalla forma in **-(i)yor** che ha il senso di *stare facendo* o di *fare in questo preciso istante*.
çalışıyor: "lavora-in-questo-preciso-momento" = *lavora*.
Per le altre persone, si aggiungono a questa forma chiamata "zero" i suffissi **-um**, **-sun**, **-uz**, **-sunuz** e **-lar**, che sono le desinenze del verbo *essere*, con la vocale **u**. Alla terza persona singolare, il verbo *essere* è sottinteso.
biliyor-um: "so-in-questo-istante", ossia più semplicemente *so*;
geliyor-sunuz: "venite-in-questo-istante", ossia *venite* ecc.
Questo tempo viene definito "attuale" o in turco **şimdiki zaman**, *il tempo che [avviene] adesso*.
La vocale che precede **-yor** varia. Adesso siete in grado di sceglierla: facendo **-yor** parte dell'insieme in **i**, può essere dunque **i**, **ü**, **ı**, **u** (v. schema al paragrafo 1). Se la radice termina in consonante, si aggiunge una vocale. Se finisce con una vocale, si mantiene o si cambia tale vocale:

venire	**gel-mek**	**gel-i-yor**
sapere	**bil-mek**	**bil-i-yor**
volere	**iste-mek**	**isti-yor**
tornare	**dön-mek**	**dön-ü-yor**
rimpiangere	**özle-mek**	**özlü-yor**
cadere	**düş-mek**	**düş-ü-yor**
guardare	**bak-mak**	**bak-ı-yor**
cominciare	**başla-mak**	**başlı-yor**
distruggere	**yık-mak**	**yık-ı-yor**
chiedere	**sor-mak**	**sor-u-yor**
leggere	**oku-mak**	**oku-yor**
tenere	**tut-mak**	**tut-u-yor**

Se questa regola vi sembra ancora un po' ostica, non consideratela per i primi tempi e seguite il consiglio che vi avevamo già dato: imparare ogni forma del presente che incontrate. Così, in modo intuitivo e senza rendervene conto, assimilerete la regola senza difficoltà.

3.3 Il possessivo

Per il momento conoscete il suffisso possessivo alla prima persona singolare: alle parole terminanti in vocale, si aggiunge una **-m**, come in **anne-m**, **baba-m**, **kapı-m**, **tepsi-m**, **dedikodu-m**. Quando una parola finisce con una consonante, si aggiunge invece **-im** che varia in **-üm**, **-ım**, **-um**: **ev-im**, **köy-üm**, **apartman-ım**, **okul-um**. Questo suffisso è simile alla prima persona singolare del presente del verbo *essere*, ma, in teoria, il contesto vi permetterà di volta in volta di evitare confusioni. Inoltre, all'orale, l'accentazione distingue le due forme: **avukat-ım**, *sono avvocato* e **avukat-ım**, *il mio avvocato*. L'accento mette infatti in evidenza il possessivo.

3.4 Il suffisso *-li*

Significa *avente, dotato di, che ha* ma anche *originario di*, e segue anch'esso la regola dell'armonia "complessa" in **i**: **-li, -lü, -lı, -lu**. **Ev-li**, *che ha una casa*, ossia *sposato*; **köylü** ha il senso di *originario di un villaggio* ossia *contadino*; **hak-lı**, *che ha ragione*; **mut-lu**, *che ha felicità* ossia *felice, contento* (v. lezione 12, nota 1).

3.5 I mestieri

Un altro suffisso in **-i** indica la professione o il mestiere: **-ci**, **-cü**, **-cı**, **-cu**. **Porselenci** è dunque il *negoziante di porcellana*, **kömürcü**, *il venditore di carbone* (**kömür**, *carbone*), **kapıcı**, *il portinaio*, e **yolcu**, *il viaggiatore*. Esiste ugualmente la variante **-çi** dopo alcune lettere (v. § 10).

3.6 I numeri ordinali

Per formare gli aggettivi numerali ordinali, viene aggiunto al numero il suffisso **-(i)nci** con le sue varianti:

1. **bir-inci**, *primo*	6. **altı-ncı**	11. **on birinci**
2. **iki-nci**, *secondo*	7. **yedi-nci**	ecc.
3. **üç-üncü**, *terzo*	8. **sekiz-inci**	20. **yirmi-nci**
4. **dörd-üncü** (t diventa d)	9. **dokuz-uncu**	40. **kırk-ıncı**
5. **beş-inci**	10. **on-uncu**	ecc.

La cifra seguita da un punto indica il numero ordinale.
Esiste pure **kaçıncı**, che rende l'idea intraducibile in italiano di "quantesimo".

3.7 La forma interrogativa

Conoscete già la particella interrogativa che si colloca subito dopo la parola che connota, le cui forme sono **mi**, **mü**, **mı**, **mu** (v. lezione 12, nota 8).

3.8 L'imperativo

La seconda persona plurale dell'imperativo viene anch'essa espressa con un suffisso in **i** che ovviamente varia. Alla radice del verbo, si aggiungono **-in**, **-ün**, **-ın**, **-un**: **gel-in**, **gör-ün** (da **görmek**, *vedere*), **kal-ın**, **ol-un** (**-iniz** è una forma più sostenuta da usare nello scritto: **tamamlayınız**).

3.9 Il passato

Avete già incontrato qualche verbo al passato. La desinenza **-di** esprime la terza persona singolare: **geldi**. **Geldi-niz** è invece la seconda persona plurale. Avete anche visto **-di-k**: la **k** designa la prima persona plurale. Nelle prossime lezioni analizzeremo nello specifico questo tempo verbale, che corrisponde in italiano al passato prossimo e al passato remoto.

3.10 L'accusativo

Il quinto dei sei casi turchi viene segnalato da una **-i**, che ovviamente varia. L'avete già trovato in **sen-i** e lo vedremo meglio nelle prossime lezioni.

Eccoci alla fine del ripasso di tutti i suffissi a vocale variabile sinora incontrati. State tranquilli! Siete ancora in una fase di assimilazione passiva, quindi limitatevi a ripetere ad alta voce i testi delle lezioni e vedrete che in poco tempo il sistema dei suffissi diventerà per voi un automatismo.

4   I pronomi personali

Le nuove forme che avete incontrato in questa serie di lezioni sono: **size**, dativo regolare; **bana** e **sana**, dativi irregolari; **bizim**, che ha il valore di *nostro* e che spiegheremo più avanti.

5   Le posposizioni

L'italiano contempla l'uso delle preposizioni, poste sempre prima del sostantivo. Oltre a queste, il turco possiede le posposizioni che, come suggerisce il loro nome, vengono collocate dopo il sostantivo a cui si riferiscono:

• **için**, *per*, segue sempre dei sostantivi al caso nominativo: **Bu hikayeler çocuklar için**, *Questi racconti [sono] per bambini* (v. lezione 6).
• **sonra**, *dopo*, **önce**, *prima* e **beri**, *da*, si accompagnano a sostantivi all'ablativo (**-den**, **-dan**): **dokuzdan sonra**, **okuldan önce**, **dün akşamdan beri**.
• **kadar**, col senso di *fino a*, si usa con un nome al dativo: **sabaha kadar**.
• **kadar**, col senso di *quanto*, si usa con un nome al nominativo: **Bizim köy kadar kalabalık**, *[È] affollato quanto il nostro villaggio* (v. lezione 13, frase 5).
• **üzere**, *su*, dopo un infinito, ha il senso di *sul punto di, stare per*: **gitmek üzere**, **konuşmak üzere**, forma alla quale è possibile, eventualmente, aggiungere le desinenze del verbo *essere*: **gitmek üzereyiz**, *stiamo per partire*.

6 La particella -*ki*

La particella **-ki** corrisponde al pronome relativo italiano *che* e traduce la costruzione relativa *che è*, *che sono*. Si attacca alla parola che connota (**evdeki**, *che è/sono a casa*) e precede la parola alla quale si riferisce: **evdeki tabaklar**, *i piatti che [ci] sono a casa*, **yandaki lokanta**, *il ristorante che sta a fianco*. La vocale di questa particella è invariabile.

7 La particella *de*, *da*

La particella **de**, **da**, onnipresente nella lingua turca, ha il senso di *e*, *anche*, *pure, d'altronde*, *in quanto a*, e serve anche per rafforzare alcune locuzioni congiuntive, come **ya... ya da...**, *o... o/ oppure...*, e **hem... hem de...**, *sia... sia...*

8 Economia di suffissi

Avete senz'altro già scoperto una caratteristica interessante del turco: ove possibile si evita di ripetere i suffissi con lo stesso valore grammaticale. Tale principio si applica tanto ai nomi quanto ai verbi: **se-lam(lar) ve sevgiler** (v. lezione 13); **televizyon seyre-diyor(uz), uyuyoruz** (v. lezione 11).

9 I complementi di tempo

A oggi sapete esprimere il complemento di tempo in diversi modi:
• **Akşamları, geceleri**, *la sera, la notte* (in generale). Si deve aggiungere il suffisso del plurale più una **i** o una **ı**, il cui valore spiegheremo in seguito.

• Per rendere la durata di un tempo passato, *è da... che*, al nome che indica la misura del tempo viene aggiunta la desinenza del verbo *essere* alla terza persona singolare: **yirmi yıldır, on beş gündür**.

10 Modifiche ortografiche dei suffissi

Infine avete imparato che a volte le consonanti dei suffissi possono subire delle modifiche ortografiche. Così la **d** di **-de**, **-da**, **-den** e **-dan** diventa **t** dopo le otto lettere seguenti: **p, f, t, k, s, ş, h, ç** (le cosiddette "consonanti sorde"): **balıktan, yemekten, Beşiktaş'tan, katta**… Non preoccupatevi, queste modifiche sono più naturali di quello che sembrano. Provate a dire ripetutamente **balık-dan** ad alta voce: a un certo punto vi renderete conto che pronunciate **balıktan**…

Sempre per ragioni eufoniche, la consonante sorda **t** quando è alla fine di una radice verbale si trasforma in **d** al momento della costruzione del presente: **etmek** (e i suoi composti) diventa dunque al presente **ediyor**, **gitmek** diventa **gidiyor** ecc. Allo stesso modo **dört** diventa **dördüncü**.

Alla fine del ripasso delle ultime conoscenze acquisite, vi rendete conto di possedere sempre più elementi che incrementano il vostro apprendimento della lingua turca.
Kolay gelsin!, In bocca al lupo! *(Facile vi-venga!)*
A partire dalla prossima lezione, non troverete più alcuna indicazione per la pronuncia dei testi turchi: ormai siete pronti per camminare con le vostre gambe!

15 On beşinci ders

Otelde

1 Turist**ler** otobüs**ten** iniyorlar. Reh**ber** **he**men Resepsiyo**n'a** koşuyor.
2 – İyi akşam**lar**. **Biz** **Ro**ma'dan geliyoruz. Yerler**imiz** ① hazır mı?
3 – **E**vet efendim. Siz**in** için ② se**kiz** tane i**ki** yaklı, ye**di** tane de **tek** yaklı o**da** ayırdık.
4 – Fiyat**lar** ne ka**dar**③?
5 – İki kişilik ④ oda**lar** yüz elli beş bin lira, **tek** kişilik oda**lar** dok**san** bin lira. Kahvaltı da**hil**. ⑤
6 – Ta**mam**. Kahvaltı saat kaç**ta**?

Note

① **yer-ler-imiz**, *i nostri posti*. Fino ad adesso conoscevate il possessivo della prima persona singolare **-(i)m**; ecco quello del plurale, **-(i)miz**, le cui vocali variano: **-(ü)müz**, **-(ı)mız** e **-(u)muz**.

② Imparate la formula intera **sizin için**, *per voi*. Il pronome **siz**, seguito da **için**, si trasforma infatti in **sizin**. Analizzeremo questa forma più avanti.

③ **Ne kadar** vuol dire *quanto* (v. lezione 12, nota 5). Un altro modo per dire *quanto* nelle frasi interrogative è **kaç** (v. frase 6).

④ Il suffisso **-lik**, con le varianti **-lük**, **-lık**, **-luk**, serve a formare dei sostantivi: **temiz**, *pulito*, **temizlik**, *pulizia*; **çocuk**, *bambino*, **çocukluk**, *infanzia*; **kişi**, *persona*, **kişilik**, *personalità, carattere*. Man mano che proseguirete, scoprirete che questo suffisso può avere molti valori. Nel nostro caso, **kişilik** ha un altro senso: con **tek** o **iki**, caratterizza il sostantivo **odalar**, *le camere* e significa *per una* o *due persone*.

Quindicesima lezione   15

In albergo *(Albergo-in)*

1   I turisti scendono dal pullman. La guida corre subito all'accettazione. *(Turisti pullman-da scendono. Guida subito accettazione-a corre)*
2 – Buonasera. Arriviamo da Roma. Sono pronte le nostre camere? *(Buone sere. Noi Roma-da veniamo. Posti-nostri pronto* **mı**)
3 – Sì, signore. Abbiamo riservato per voi otto camere doppie e sette singole. *(Voi per otto unità due letti-dotato-di sette unità anche unsolo letto-dotato-di camera abbiamo-riservato)*
4 – Quali sono i prezzi? *(Prezzi quanto)*
5 – Le camere per due persone sono a centocinquantacinquemila lire e le camere per una persona a novantamila lire. Colazione inclusa. *(Due persone camere cento cinquanta cinque mille lira una-sola persona camere novanta mille lira. Colazione inclusa)*
6 – Perfetto. A che ora è la colazione? *(D'accordo. Colazione ora quanto-in)*

▶ ⑤ I numeri in turco sono molto semplici da usare: per creare numeri composti è sufficiente mettere un numero dopo l'altro; ricordate solo che i nomi che seguono saranno sempre al singolare. I prezzi indicati in questo dialogo sono assolutamente fittizi: dal 2005 la lira turca ha subito una riforma monetaria che l'ha rivalutata con la proporzione di un milione a uno!

7 – Yedi**den** o**na** kadar efendim. Şimdi çocuk**lar** ⑥ valizle**ri** ⑦ odala**ra** çıkarıyorlar.

8 – Teşekkür**ler**. **Çok** yorgunuz. Sıcak su **var**, de**ğil** mi?

9 – **Ne** yazık **ki** sıcak **su yok**, **çün**kü ona**rım** var.

10 Ama **he**men ⑧ yakın**da i**yi bir ha**mam** var. Saat do**kuz** buçuğa ⑨ ka**dar** açık.

11 – Pe**ki**. O da fiyatlara da**hil** mi?

Note

⑥ **çocuk**, che significa *bambino*, viene usato anche per designare i facchini negli alberghi o i garzoni che aiutano gli artigiani nelle botteghe. Inoltre può indicare familiarmente un *amico*: pensate al **Çocuklar!**, che abbiamo reso con l'italiano *Ragazzi!*, alla frase 1 della lezione 9.

⑦ **valiz-ler-i**: questa **-i**, come in **sen-i** (v. lezione 13, nota 5), è la desinenza dell'accusativo (complemento oggetto).

⑧ **hemen** compare due volte nel testo con due significati diversi: alla frase 1, significa *subito*, *immediatamente*, mentre qui, alla frase 10, *giusto*, *appena*: **hemen yakında**, *appena a fianco*, *giusto [qui] vicino*. Raddoppiato, questo termine vuol dire *quasi*; **Bu otelde kırk oda var. Hemen hemen hepsi dolu**, *In questo albergo ci sono quaranta camere. Sono quasi tutte occupate* (lett. "piene"); **hepsi** significa *tutto, tutta, tutti, tutte*. ▸

***

1. alıştırma – Çeviriniz

❶ Valizlerimiz hazır değil. ❷ Bize beş tane oda lazım. ❸ Saat kaçta gidiyoruz? ❹ Çocuklara para verin. ❺ Rehber turistleri otele getirdi. ❻ Bu hamam sabah saat dokuzdan akşama kadar açık. ❼ Odalara valizleri çıkardık.

7 – Dalle sette fino alle dieci, signore. I facchini stanno già portando le valigie nelle camere. *(Sette-da dieci-a fino signore. Adesso ragazzi valigie-[accus.] camere-a fanno-salire)*

8 – Grazie. Siamo molto stanchi. C'è l'acqua calda, vero? *(Ringraziamenti. Molto stanchi-siamo. Calda acqua c'è, non-è **mi**)*

9 – Purtroppo non c'è acqua calda, perché ci sono dei lavori di ristrutturazione. *(Che peccato che calda acqua non-c'è, poiché ristrutturazione c'è)*

10 Però c'è un buon bagno turco giusto [qui] vicino. È aperto fino alle nove e mezza. *(Ma appena vicino-in buon un bagno-turco c'è. Ora nove mezza-a fino aperto)*

11 – Bene. Pure questo è incluso nel prezzo? *(Bene. Lui anche prezzi-a incluso **mi**)*

▶ ⑨ A volte, come avete già visto, l'ortografia dei suffissi può subire delle modifiche; qui la **k** finale di **buçuk** diventa una **ğ** quando le si pospone un suffisso che comincia con vocale.

***

Soluzioni dell'esercizio 1

❶ Le nostre valigie non sono pronte. ❷ Abbiamo bisogno di cinque camere. ❸ A che ora partiamo? ❹ Date soldi ai facchini. ❺ La guida ha portato i turisti all'albergo. ❻ Questo bagno turco è aperto dalle nove di mattina fino alla sera. ❼ Abbiamo portato le valigie nelle camere.

15 2. alıştırma – Tamamlayınız

❶ Quali sono i prezzi?
Fiyatlar .. . .?

❷ Questa camera è per voi.
Bu . . . . için.

❸ Tre camere da due letti.
Üç . . . . . iki . . . . oda.

❹ La colazione è inclusa?
Kahvaltı . . . .?

❺ Purtroppo non c'è acqua calda.
Ne . . . . . ki . . . . . su . . . .

❻ È aperto fino alle nove e mezza.
. . . . dokuz . . . . . . kadar . . . . .

Il bagno turco, o **hamam**, *rivestiva un ruolo importante nella vita tradizionale turco-ottomana, nei villaggi e piccole città, così come nei grandi centri. Oltre alla funzione di igiene quotidiana, il bagno turco, come il caffè, era un luogo di incontro e di svago, ma, a differenza di quest'ultimo, non era riservato esclusivamente agli uomini. Sebbene vigesse la separazione dei sessi, le donne pote-*

Soluzioni dell'esercizio 2

❶ – ne kadar ❷ – oda sizin – ❸ – tane – yataklı – ❹ – dahil mi ❺ – yazık – sıcak – yok ❻ Saat – buçuğa – açık

vano frequentarlo, in spazi a loro dedicati o in orari diversi da quelli degli uomini. Lavaggi, saponature, massaggi e riposo con degustazione di un buon caffè, sono i piaceri offerti da una seduta al bagno turco. Questa esperienza può essere ancora oggi vissuta un po' dappertutto in Turchia, dai piccoli villaggi anatolici alle mete turistiche più gettonate, come Istanbul o Bursa.

16 On altıncı ders

Halıcıda ①

1. Müşteri Kapalı Çarşı'**da** bir halıcı**ya** giriyor.
2. Dükkan**da** güzel bir halı ② görüyor.
3. – **Ben bu** halı**yı çok** beğendim ③. Ne kadar?
4. – **On** milyon.
5. – **On** milyon **mu**? **Ne** kadar pahalı!
6. – Evet, **bi**raz pahalı, ama bu **çok** değerli bir halı.
7. – Öy**ley**se kilim**ler**e bakalım.
8. Satı**cı** bir**kaç** kilim çıka**rıp** onları müşteriye gösteriyor. ④

Note

① **halı-cı** significa *colui che si occupa di tappeti*; questa parola può dunque avere il senso di *fabbricante* o di *venditore di tappeti*. Il suffisso **-cı** (v. lezione 14), lo si trova anche in **satıcı**, *venditore* (v. frase 8), dal verbo **satmak**, *vendere*.

② Quando il complemento oggetto è preceduto dall'articolo indeterminativo **bir**, non si mette la desinenza dell'accusativo: **bir halı aldım**, *ho comprato un tappeto*. Se invece non è preceduto dall'articolo, si aggiunge la desinenza dell'accusativo, come in **halı-y-ı** (v. frase 3). **Halıyı aldım**, *ho comprato il tappeto* (in questione) oppure **bu halıyı aldım**, *ho comprato questo tappeto*.

③ **beğen-dim**: **-dim** è la prima persona singolare del verbo al passato. A seconda del contesto, questo tempo può essere reso in italiano col presente. Per esempio **bu halıyı beğendim**, *Mi è piaciuto questo tappeto*, può diventare *mi piace questo tappeto*. Allo stesso modo **susadım**, *ho avuto sete*, ossia *ho sete*. ▸

Sedicesima lezione 16

Dal venditore di tappeti
(Venditore-di-tappeto-in)

1 Al Gran Bazar, un cliente entra dal venditore di tappeti. *(Cliente Coperto Mercato-in un venditore-di-tappeti-a entra)*
2 Nel negozio, vede un bel tappeto. *(Negozio-in bello un tappeto vede)*
3 – Mi piace molto questo tappeto *(Io questo tappeto-[accus.] molto ho-apprezzato)*. Quanto [costa]?
4 – Dieci milioni.
5 – Dieci milioni *(**mu**)*? Quanto [è] costoso!
6 – Sì, [è] un po' costoso, ma questo [è] un tappeto molto pregiato *(ma questo molto prezioso un tappeto)*.
7 – In tal caso, vediamo i kilim. *(Così-se kilim-a guardiamo)*
8 Il venditore tira fuori alcuni kilim e li mostra al cliente. *(Venditore alcuni kilim tira-fuori loro-[accus.] cliente-a mostra)*

▶ ④ **Satıcı birkaç kilim çıkarıp onları müşteriye gösteriyor** equivale a **satıcı birkaç kilim çıkarıyor ve onları müşteriye gösteriyor**. **Ve** è la congiunzione coordinativa *e*, di origine araba. Il turco le preferisce spesso un sistema originale: i verbi che hanno lo stesso soggetto e lo stesso tempo vengono legati grazie al suffisso **-ip** (**-üp**, **-ıp**, **-up**) che viene attaccato alla radice verbale. Così facendo, solo l'ultimo verbo indica persona e tempo: **Biz Kapalı Çarşıya gidip, halıcıya girip, halıya baktık**, *Noi siamo andati al Gran Bazar, siamo entrati dal venditore di tappeti e abbiamo guardato i tappeti.*

9 – Bunlar ⑤ ye**ni**. Ben es**ki** kilim**lerı** da**ha** çok seviyorum.
10 – Peki, bu**na ne** diyorsunuz?
11 – Güzel, ama faz**la** büyük. Da**ha** küçük bir ki**lim yok** mu?"
12 – Şu na**sıl**?
13 – **İyi**, ama **o** mavi**li**. **Ben** kırmızı**lı** bir **şey** istiyorum ⑥.
14 Ka**rım** ⑦ bana ge**çen** gün kırmı**zı** terlik al**dı** da ⑧.

Note

⑤ **bunlar** e **buna** (v. frasi 9 e 10) sono due forme del dimostrativo **bu**: il nominativo plurale e il dativo plurale.
Bu, **şu** (v. frase 12) e **o** corrispondono agli italiani *questo, codesto* e *quello*. **O** significa anche *egli, lui* (v. frase 13).

⑥ **istiyorum**, *voglio*, può anche essere reso con *vorrei*.

⑦ **karı-m**, *mia moglie*. *Donna* si dice **kadın**.

⑧ Come già sapete, le particelle **da**, **de** possono tradurre varie sfumature lessicali. Eccone un'altra: anche se messa in fondo alla frase, la particella funge da congiunzione subordinante a valore causale, *perché, poiché, dal momento che*. Si potrebbe dunque dire anche **çünkü karım bana geçen gün kırmızı terlik aldı**, *perché mia moglie mi ha comprato delle pantofole rosse*. Ma se userete **da** darete l'idea di sapervi muovere nei meandri della lingua turca!

***

1. alıştırma – Çeviriniz

❶ Ben, şu kilimleri çok beğendim. ❷ Halıcı pahalı halıyı müşteriye gösterdi. ❸ Buna bakın. Fazla küçük değil mi? ❹ Çarşıya gidip halıları alalım. ❺ Mavili terlik almak istiyorum. ❻ Kapalı Çarşı'da birkaç halıcı bana halı gösterdi.

9 – Questi [sono] nuovi. A me piacciono di più i vecchi kilim. *(Questi nuovi. Io vecchi kilim-[accus.] più molto amo)*
10 – Allora, che [ne] dice di questo? *(Bene questo-a che dite)*
11 – Bello, ma troppo grande. Non c'è un kilim più piccolo? *(Più piccolo un kilim non-c'è **mu**)*
12 – Quello, come le pare? *(Codesto come)*
13 – Buono, ma è blu. Io voglio qualcosa di rosso. *(Buono ma lui blu. Io rosso una cosa voglio)*
14 Dal momento che mia moglie l'altro giorno mi ha comprato delle pantofole rosse. *(Moglie-mia io-a scorso giorno rosse pantofole ha-comprato anche)*

***

Soluzioni dell'esercizio 1

❶ A me piacciono molto questi kilim. ❷ Il venditore di tappeti ha mostrato al cliente il tappeto costoso. ❸ Guardate questo. Non è troppo piccolo? ❹ Andiamo al mercato e compriamo dei tappeti. ❺ Voglio comprare delle pantofole blu. ❻ Al Gran Bazar, alcuni venditori mi hanno mostrato dei tappeti.

doksan

16 **2. alıştırma – Tamamlayınız**

1. Quanto è caro!
   Ne ....!

2. Il cliente entra in un negozio.
   .... bir .... giriyor.

3. In tal caso, guardiamo i tappeti!
   .... bakalım!

4. Noi preferiamo i kilim.
   Biz .... daha ... seviyoruz.

5. Che ne dite di questo?
   .... ne ....?

6. tappeto, venditore di tappeti – mappa, cartografo.
   halı, ... – harita, ...

7. caffè, barista – parola, portavoce.
   kahve, ... – söz, ...

8. televisione, venditore e riparatore di televisori.
   televizyon, ...

Soluzioni dell'esercizio 2

❶ – kadar pahalı ❷ Müşteri – dükkana – ❸ Öyleyse halılara – ❹ – kilimleri – çok – ❺ Buna – diyorsunuz ❻ – halıcı – haritacı ❼ – kahveci – sözcü ❽ – televizyoncu

*Il **Kapalı Çarşı** di Istanbul è, come si intuisce dal nome, un mercato coperto (**kapalı**: coperto) con delle stradine fiancheggiate da negozi e botteghe raggruppati per specialità: il cuoio, l'oro, i tappeti, i tessuti ecc. In epoca ottomana era il grande centro commerciale della città, rifornito quotidianamente da imbarcazioni e carovane provenienti da ogni luogo vicino e lontano. Ancora oggi si presenta come un luogo molto animato e colorato, frequentato sia dai turchi che dai turisti.*

A differenza dei tappeti, che sono annodati, i kilim sono tessuti con la lana. Sono più fini e servono a coprire panche, tavolini o cassapanche. Vengono prodotti nei villaggi e il più delle volte presentano dei motivi tradizionali.

17 On yedinci ders

İki eski arkadaş

1 – **Tun**cay! **Mer**haba! Beni tanı**dın** ① mı?
2 – Tanı**dım** tabii. Sen Güngör de**ğil** misin ②?
3   Gala**ta**saray'**da** se**kiz** yıl **ay**nı sınıfta okuduk ③.
4 – **Kaç** yıl geç**ti** ④! Şimdi **ne** yapıyor**sun**?
5 – Mühen**dis**im. Bir fabrika**da** çalışıyorum. **Sen** ne iş yapıyor**sun**?
6 – **Ben** ticaret**le** uğraşıyorum. **Dış** alım satım ⑤ ya**pı**yoruz.

Note

① **tanı-dın**: **-dın** è la seconda persona singolare del passato e **-dım** (v. frase 2), variante di **-dim**, la prima persona (v. lezione 16, nota 3). Come abbiamo detto nella lezione precedente, a volte il passato può essere reso in italiano col presente.

② **değil misin?** è la forma interrogativa di **değil-sin**, *non sei*. Basta spostare il suffisso del verbo *essere* dopo la particella interrogativa. Per esempio: **evli-sin**, *sei sposato*, diventa **evli misin?**, *sei sposato?* (v. frase 11).

③ **oku-duk**: **-duk** è una variante di **-dik**.

④ Ricordatevi che la **d** diventa **t** dopo otto consonanti, tra cui **ç**: **geçmek** al passato diventa dunque **geçti**. Questo verbo è al singolare per due ragioni: il suo soggetto è un plurale di cose e i sostantivi restano al singolare dopo l'avverbio di quantità **kaç**. Senza **kaç**, direste **yıllar geçti**, *gli anni sono passati*.

⑤ **dış alım satım** tende a sostituire l'espressione di origine araba **ithalat ihracat**, *import-export*. *Commercio* si dice **ticaret**, parola anch'essa derivata dall'arabo.

Diciassettesima lezione   17

Due vecchi amici

1 – Tuncay! Ciao! Mi riconosci? *(Me hai-riconosciuto* **mı**)
2 – Certo che [ti] riconosco. Sei Güngör, non è vero? *(Ho-riconosciuto naturalmente. Tu Güngör non* **mi***-sei)*
3 Siamo stati in classe insieme per otto anni al Galatasaray. *(Galatasaray-in otto anno stessa classe-in abbiamo-studiato)*
4 – Quanti anni son passati! Che fai adesso? *(Quanto anno è-passato! Adesso che fai)*
5 – Sono ingegnere e lavoro in una fabbrica. Tu che lavoro fai? *(Ingegnere-sono. Una fabbrica-in lavoro. Tu che lavoro fai)*
6 – Io sono nel commercio. Facciamo dell'import-export. *(Io commercio-con mi-occupo. Esterno acquisto vendita facciamo)*

17

7 – **Maş**all**ah** ⑥, iş**in** ⑦ **i**y**i**d**i**r ⑧ o zaman ⑨.
8 – **E**v**e**t, fena **değ**il. **N**ere**d**e oturuyor**sun**?
9 – Bakırköy'de. **E**v**in** nere**d**e?
10 – **B**ebek'te. Ç**o**lu**k** çocuk ⑩ **var** mı?
11 – **Y**o**k**. **B**e**k**a**r**ım. Sen ev**li** misin?
12 – **E**v**e**t. **K**ız**ım** ün**i**v**e**rsiteyi bitiri**y**or, oğ**lum** ⑪ lise iki**d**e. ⑫
13 – Al**lah** bağışlasın.   □

Pronuncia
11 bekarım: pronunciate *[bekiarım]*.

Note

⑥ In turco, si usano tante espressioni di tutti i tipi e adatte a ogni circostanza che implicano il nome di Allah, così come in italiano ne esistono col nome di Dio. **Maşallah**, molto comune, vuol dire *bravo, complimenti, incredibile!* **Allah bağışlasın** (v. frase 13) ha un senso equivalente, ma si riferisce più precisamente alla persona in questione, poiché significa letteralmente "Che Dio [ve ne] faccia dono", oppure, nel caso del nostro testo, *Che Dio li protegga!*

⑦ **iş-in**, *il tuo lavoro* e **ev-in**, *la tua casa* (v. frase 9). Dopo il possessivo alle prime persone ecco quello della seconda persona singolare. Differisce solo per una lettera rispetto al suffisso della prima persona singolare: **-(i)m**, *mio, mia, miei, mie*; **-(i)n**, *tuo, tua, tuoi, tue*. È facile da ricordare!

⑧ **işin iyidir**: ecco un altro caso in cui si usa la terza persona del verbo *essere*, che di solito è sottintesa, per esprimere una constatazione, insistendo sul fatto enunciato: *il tuo lavoro deve essere buono / è sicuramente buono* (v. lezione 8, nota 13).

⑨ **o zaman**, *in tal caso*, è un sinonimo di **öyleyse**, *se così è*. Entrambi possono essere tradotti con *allora*.   ▸

7 – Complimenti, allora hai un buon lavoro. *(Complimenti, lavoro-tuo buono-è questo tempo)*

8 – Sì, non mi lamento. Dove abiti? *(Sì, cattivo non-è. Dove abiti)*

9 – A Bakırköy. E tu? *(Bakırköy-in. Casa-tua dove)*

10 – A Bebek. Hai dei bambini? *(Bebek-in. Prole bambino c'è **mı**)*

11 – No. Sono scapolo. E tu, sei sposato? *(Non-c'è. Scapolo-sono. Tu sposato **mi**-sei)*

12 – Sì. Mia figlia sta finendo l'università e mio figlio è in seconda liceo. *(Sì. Figlia-mia università-[accus.] finisce, figlio-mio liceo due-in)*

13 – Congratulazioni! *(Dio faccia-dono)*

▶ ⑩ **çoluk çocuk** è un gioco di parole basato sul cambiamento di consonante e sulla ripetizione. Significa *bambini, prole, famiglia*. **Çoluk çocuk var mı** è una domanda che sentirete spesso in Turchia…

⑪ La parola **oğul**, *figlio*, come **karın**, *ventre, pancia* (v. lezione 12, nota 2), perde una lettera quando le si aggiunge un suffisso che comincia per vocale: **oğul** + **um** diventa **oğlum**, *mio figlio* e **karın** + **ım**, **karnım**, *il mio ventre*; succede la stessa cosa con le desinenze dei casi: **resim**, *immagine* diventa **resmi** all'accusativo e **resme** al dativo.

⑫ La scuola in Turchia si divide nel modo seguente: **yuva**, *asilo nido*, che infatti significa letteralmente "nido"; **ana okulu**, *scuola materna*; **ilk öğretim okulu**, *scuola dell'insegnamento primario*, che comporta otto anni e corrisponde alla scuola elementare e media; infine ci sono quattro anni di **lise**, l'equivalente del liceo.

1. alıştırma – Çeviriniz

❶ Siz mühendis değil misiniz? ❷ Geçen sene bu eski evde birkaç ay oturduk. ❸ Biz üniversiteyi bitirdik. ❹ Bizi tanıdın mı? ❺ Oğlum okulda çok çalıştı. ❻ Evin aynı yerde mi? Evli misin? ❼ Biz ticaretle uğraşıyoruz.

2. alıştırma – Tamamlayınız

❶ Voi che lavoro fate?
Siz .. iş ....?

❷ Hai dei bambini?
..... çocuk var ..?

❸ Quanti giorni sono passati!
... gün .....!

❹ Lei non è scapolo, è sposato.
Siz, bekar ....., ...

Galatasaray *è un liceo stambuliota molto prestigioso situato a* **Beyoğlu**, *antico quartiere europeo, conosciuto in italiano col nome di Pera o Galata. Dal 1481 (anno della sua fondazione) a oggi, la maggior parte dei dignitari ottomani e turchi sono passati per questa istituzione. Nel 1905, degli alunni della scuola fondarono la società polisportiva Galatasaray, le cui squadre rappresentano ancora oggi la città di Istanbul in vari sport, tra cui il calcio e la pallacanestro.*

Bakırköy *è un quartiere di Istanbul situato sulla costa nord-occidentale del mar di Marmara.* **Bebek** *è invece uno degli antichi villaggi che si sviluppano lungo il Bosforo; è situato sulla riva europea, a mezza strada tra i due ponti sospesi sullo stretto. Ultimamente è diventato un quartiere residenziale molto ambito.*

Soluzioni dell'esercizio 1
❶ Non è ingegnere? ❷ L'anno scorso, abbiamo abitato qualche mese in questa vecchia casa. ❸ Noi abbiamo finito l'università. ❹ Ci hai riconosciuto? ❺ Mio figlio ha lavorato molto a scuola. ❻ Abiti nello stesso posto? Sei sposato? ❼ Noi siamo nel commercio.

❺ Siamo stati in classe insieme.
.... sınıfta ....

❻ Questo lavoro non è male.
Bu .... değil.

Soluzioni dell'esercizio 2
❶ – ne – yapıyorsunuz ❷ Çoluk – mı ❸ Kaç – geçti ❹ – değil – evlisiniz ❺ Aynı – okuduk ❻ – iş fena –

Col tempo state imparando a conoscere Istanbul, l'antica capitale della Turchia. Vi suggeriamo di mettervi alla prova con l'esercizio seguente: su una mappa (v. introduzione), ritrovate i diversi luoghi che avete incontrato finora e provate a inventare delle situazioni probabili, come ad esempio "abito a..., lavoro a..., vado in autobus a..." ecc. Oppure potreste dire le stesse cose ma sotto forma di domanda: "Dove abiti?... La mattina, a che ora parti da...?" ecc. **Haydi kolay gelsin!**

18 On sekizinci ders

Telefonda

1 – Alo. Günaydın, hanımefendi.
2   Ben Erol Bilgin. Necdet Bey'le görüşmek ① istiyordum. Evde mi?
3 – Necdet biraz önce çıktı, şimdi yoldadır.
4   Yarım saat sonra ② 145 06 89'dan arayın ③ lütfen.
   ...
5 – Alo. Merhaba Necdet Bey. Nasılsınız ④?
6   Yarın akşam tiyatroda güzel bir oyun var.
7   Sizi eşinizle ⑤ davet etmek için aradım.

Note

① **gör-üş-mek** significa *parlarsi, incontrarsi, consultarsi* (il suffisso **-üş** indica la reciprocità). **Bir görüşme** vuol dire *un incontro*. Al telefono, quando si desidera parlare con qualcuno, si usa **görüşmek** o **konuşmak**, che è però più colloquiale.

② **yarım saat sonra**, *tra una mezz'ora*. Conoscete già **sonra**, usato con l'ablativo, che significa *dopo*: **Ankara'dan sonra**, *dopo Ankara* (v. lezione 4); col nominativo ha il senso di *tra* ed esprime un lasso di tempo.

③ Il verbo **aramak**, *cercare*, si può usare anche con il senso di *chiamare al telefono*. Il numero è seguito dalla desinenza dell'ablativo: 145 06 89, **yüz kırk beş sıfır altı seksen dokuz**

④ Come abbiamo già spiegato, la forma di cortesia in turco è la seconda persona plurale, a differenza dell'italiano che usa la terza persona singolare. Per questo motivo troverete spesso i verbi alla seconda persona plurale tradotti con la terza singolare. ▶

Diciottesima lezione 18

Al telefono *(Telefono-in)*

1 – Pronto. Buongiorno, signora.
2   Sono *(Io)* Erol Bilgin. Vorrei parlare con Necdet Bey. È in casa? *(Necdet Bey-con parlarsi volevo. Casa-in mi)*
3 – Necdet è uscito poco fa, adesso dovrebbe essere per strada. *(Necdet poco prima è-uscito adesso strada-in-è)*
4   Lo cerchi pure al 145 06 89 tra una mezz'ora. *(Mezza ora dopo 145 06 89-da cercate per-piacere)*
   …
5 – Pronto. Buongiorno, Necdet Bey. Come sta?
6   Domani sera c'è un bello spettacolo a teatro. *(Domani sera teatro-in bello uno spettacolo c'è)*
7   La chiamo per invitarla con la sua consorte. *(Voi-[accus.] coniuge-vostra-con invito fare per ho-cercato)*

▶ ⑤ **eş-iniz-le**, *con la sua (vostra) consorte*. **Eş** significa *coniuge, consorte, moglie, marito*; **-iniz** è il possessivo della seconda persona plurale. Si riduce a **-niz** dopo un nome che finisce per vocale: **anne-niz**, *sua (vostra) madre* (v. frase 11). Adesso conoscete le prime e le seconde persone dei possessivi:
eş-im, *il/la mio/a consorte*; **eş-imiz**, *il/la nostro/a consorte*;
eş-in, *il/la tuo/a consorte*; **eş-iniz**, *il/la vostro/a consorte*.
Come potete constatare, il plurale non fa altro che aggiungere **-iz** alle due persone singolari.

8 – Çok teşekkür ederim, ama eşim burada değil, İzmir'de.
9 – Peki bu sabah sizin evde ⑥ telefona cevap veren hanım ⑦ kimdi ⑧?
10 – Annemdi.
11 – Anneniz mi? Telefonda bana çok genç gibi geldi de.
12 O zaman annenizle geliyorsunuz, değil mi?
13 – İnşallah. Teşekkürler.
14 – Yarın akşam görüşmek üzere ⑨.

Note

⑥ **sizin evde** è l'equivalente di **evinizde**. Avete dunque due modi per tradurre il possessivo. Più avanti spiegheremo il valore esatto di **sizin**.

⑦ Il suffisso **-en**, **-an**, aggiunto alla radice verbale, corrisponde al participio presente italiano o a una subordinata relativa: **cevap veren hanım**, *la signora rispondente* o meglio *che risponde* (al telefono).

⑧ **kim-di**: **-di** è la desinenza del verbo *essere* all'imperfetto. È la stessa che si aggiunge alla radice dei verbi per formare il passato, come **gel-di**, **gel-dim**, **gel-dik** ecc.

***

1. alıştırma – Çeviriniz

❶ Biraz önce Necdet Bey'le görüşmek istedim. ❷ Bir buçuk saat sonra beni bu numaradan arayın. ❸ Eviniz Taksim'den çok uzak. ❹ Sizi tiyatroya davet eden kimdi? ❺ Eşinizle görüşmek istiyordum. ❻ Oyun güzeldi. ❼ O akşam Ayşe Hanım bana çok yorgun gibi geldi.

8 – La ringrazio molto, ma la mia consorte non è qui, è a Smirne. *(Molto ringraziamento faccio ma coniuge-mia qui-in non-è, Smirne-in)*
9 – Allora chi era la signora che ha risposto al telefono questa mattina da Lei? *(Bene questa mattina vostra casa-in telefono-a risposta che-ha-dato signora chi-era)*
10 – Era mia madre. *(Madre-mia-era)*
11 – Sua madre? Perché al telefono mi è sembrata molto giovane. *(Madre-vostra **mi**? Telefono-in me-a molto giovane come è-venuta anche)*
12 In tal caso, viene con sua madre, giusto? *(Questo tempo madre-vostra-con venite, non-è **mi**)*
13 – Sì, lo spero. Grazie mille. *(Se-Dio-lo-vuole. Ringraziamenti)*
14 – Arrivederci a domani sera. *(Domani sera incontrarsi stare-per)*

▸ ⑨ **görüşmek üzere** si può rendere con *arrivederci* dal momento che **üzere** significa *essere sul punto di, avere intenzione di*.

***

Soluzioni dell'esercizio 1

❶ Poco fa, ho voluto parlare con Necdet Bey. ❷ Chiamatemi a questo numero tra un'ora e mezza. ❸ La vostra casa è molto lontana da Taksim. ❹ Chi era che vi aveva invitato a teatro? ❺ Volevo parlare con suo marito. ❻ Lo spettacolo era bello. ❼ Quella sera, Ayşe Hanım mi è sembrata molto stanca.

19 2. alıştırma – Tamamlayınız

❶ Buongiorno, signora.
   Günaydın, ...

❷ Chi parla al telefono?
   . . . . kim . . . . ?

❸ Venga con la sua consorte.
   . . . . geliyorsunuz.

❹ Arrivederci a domani mattina!
   Yarın . . . . . görüşmek . . . . . !

❺ Mia moglie non è qui, è a Antalya.
   . . . . burada . . . . . , Antalya' . . .

❻ Chi era quello (o quella) che ha risposto?
   Cevap . . . . . kimdi?

---

19 On dokuzuncu ders

Yeni zenginler

1 Koyunculuar **son** zamanlar**da** **çok** zengin oldu**lar** ①.
2 Toplantılar**da**, kokteyller**de** Bay**an** Serap Koyun**cu** şöy**le** övü**nü**yor:

Note
① **-dular** è il suffisso della terza persona plurale del verbo al passato.

Soluzioni dell'esercizio 2

❶ – hanımefendi ❷ Telefonda – konuşuyor ❸ Eşinizle – ❹ – sabah – üzere ❺ Eşim – değil – da ❻ – veren –

OYUN GÜZELDİ

In questa lezione avete visto delle frasi, abbastanza lunghe, la cui costruzione è diversa da quella dell'italiano (v. frasi 7 e 9). Come in un gioco, bisogna partire dalla fine per tradurle! Provate a leggerle separando i gruppi di parole e vedrete che potrete capirne il significato anche senza fare ricorso alla traduzione.

Diciannovesima lezione 19

I nuovi ricchi

1 I Koyuncu sono diventati molto ricchi negli ultimi tempi. *(Pecore-venditori-di ultimi tempi-in molto ricchi sono-diventati)*
2 Nei ricevimenti e nelle serate eleganti, la signora Serap Koyuncu si vanta in tal modo: *(Riunioni-in cocktail-in signora Miraggio Pecora-venditrice così si-vanta)*

19
3 – Boğaz'**da** büy**ük** bir yalı**mız** ② var ③.
Bir sa**ray** kadar gü**zel**.
4 Banyo**lar** mer**mer**. Perde**ler** ipek**ten**. ④
5 **Ev** halı**lar**, antika**lar**, **ta**blolarla dolu.
6 Bir müze gibi. Tabi**i her** şey si**gor**talı.
7 **Üç ta**ne araba**mız** var. **Hep**si telefon**lu**, televizyon**lu**.
8 Ya**zın** ⑤ **en** son model yatı**mız**la **Bo**drum'a gidiyoruz.
9 **Her ay** özel uçağı**mız**la ⑥ **Pa**ris'e veya **Lon**dra'**ya**, yılda i**ki** defa ⑦ **da Hong**-Kong'a alış verişe gidiyoruz.

Note

② Nella traduzione italiana conserviamo la parola **yalı**, poiché designa una dimora tipica della zona del Bosforo. Sono delle belle case in legno costruite su fondamenta di pietra o mattoni, che fungono da residenze estive. La loro caratteristica principale è che si trovano a bordo dell'acqua.

③ **yalı-mız var**: questa costruzione linguistica, formata da un nome, da un possessivo e da **var**, permette di rendere il nostro verbo *avere*, nel senso di "possedere". Tale costruzione è presente nelle frasi 7, 10, 11 e 13.

④ L'ablativo si utilizza per esprimere il complemento di materia: **ipek-ten**, *di seta*. Allo stesso modo si potrebbe dire: **banyolar mermer-den**; senza suffisso, **mermer** ha il senso di *tutto in marmo, interamente in marmo*.

⑤ La forma **yaz-ın** traduce un complemento di tempo: *d'estate, durante l'estate*.

3 – Abbiamo un grande yalı sul Bosforo.
È bello quanto un palazzo. *(Bosforo-in grande un yalı-nostro c'è. Un palazzo quanto bello)*

4 I bagni sono interamente in marmo e le tende di seta. *(Bagni marmo. Tende seta-da)*

5 La casa è piena di tappeti, pezzi d'antiquariato e quadri. *(Casa tappeti pezzi-d'antiquariato quadri-con piena)*

6 È come un museo. Naturalmente ogni cosa è assicurata. *(Un museo come. Naturalmente ogni cosa assicurazione-dotata-di)*

7 Abbiamo tre macchine, tutte dotate di telefono e televisione. *(Tre unità macchina-nostra c'è. Tutte telefono-dotate-di televisione-dotate-di)*

8 D'estate, andiamo a Bodrum col nostro yacht ultimissimo modello. *(In-estate il-più ultimo modello yacht-nostro-con Bodrum-a andiamo)*

9 Ogni mese, andiamo col nostro aereo privato a Parigi o a Londra a far compere, e due volte all'anno a Hong Kong. *(Ogni mese privato aereo-nostro-con Parigi-a o Londra-a anno-in due volta anche Hong Kong-a compere-a andiamo)*

▶ ⑥ La parola **uçağımız** è costituita dal nome **uçak** e dal possessivo; la **k** finale seguita da un suffisso che comincia per vocale diventa **ğ**. Stessa osservazione per **kitaplığınız** (v. frase 13 e lezione 15, nota 9).

⑦ **yılda iki defa**: imparate questa costruzione che significa *due volte all'anno*, e che si può ovviamente modificare a seconda del bisogno; per esempio **günde üç defa**, *tre volte al giorno*.

19 10   Yedi tane kür**küm**, **bir**çok mücevhe**rim** var. Tabi**i ban**kada.
11   De**mek her** şey**im** var.
12   **Bö**yle bir toplantı**da** o**nu** duyan ⑧ bir genç **kız**:
13 – **Her** hal**de** ⑨ **çok** zengin bir kitaplığı**nız** da **var**dır.
14 – A… **Ba**kın iş**te** bu**nu** unuttuk ⑩!   □

Note

⑧ **duy-an**, dal verbo **duymak**, *sentire*. Ecco la seconda forma del participio presente: *senziente* o meglio *che sente* (v. lezione 18, nota 7).

⑨ **her halde** significa *probabilmente* (lo avete già visto alla lezione 8, nota 12): **her**, *ogni* e **hal**, *modo*. **Hal** è una parola di origine araba e, come la maggior parte di queste parole, regge i suffissi in **e** invece che in **a** o **i**, e in **ü** invece che in **ı** o **u**. Ecco perché troverete **halde**, **hali** ecc.; ugualmente **saatler**, *le ore*. Non preoccupatevi! Vi segnaleremo queste parole man mano che le incontrerete.

⑩ Vi ricordiamo che la **d** del suffisso **-duk** diventa **t** dopo otto consonanti, tra cui la **t**.

***

1. alıştırma – Çeviriniz

❶ Eski bir sarayımız var. ❷ Konuşan hanım kimdi? ❸ Boğaz'da yalınız var mı? ❹ Evimiz antikalarla dolu. ❺ Toplantıda arkadaşlarımızla konuştuk. ❻ Onları kokteyle davet ettim. ❼ Yılda üç defa alış veriş için Paris'e gidiyorum.

10 Ho sette pellicce e molti gioielli. Ovviamente, sono in banca. *(Sette unità pelliccia-mia molti gioielli-miei c'è. Naturalmente banca-in)*

11 Insomma ho tutto. *(Dire ogni cosa-mia c'è)*

12 [Un giorno] a un ricevimento simile, una giovane ragazza che la sentiva [le dice]: *(Simile una riunione-in lei-[accus.] che-sente una giovane ragazza)*

13 – Probabilmente avete anche una libreria molto fornita. *(Ogni modo-in molto ricca una libreria-vostra anche c'è)*

14 – Ah! Ecco, vede, questo l'abbiamo dimenticato! *(Ah... guardate ecco questo-[accus.] abbiamo-dimenticato)*

***

Soluzioni dell'esercizio 1

❶ Abbiamo un antico palazzo. ❷ Chi era la signora che parlava? ❸ Avete un yalı sul Bosforo? ❹ La nostra casa è piena di pezzi d'antiquariato. ❺ Al ricevimento, abbiamo parlato coi nostri amici. ❻ Li ho invitati a una serata elegante. ❼ Vado a Parigi tre volte all'anno per fare compere.

2. alıştırma – Tamamlayınız

1 Siamo diventati molto ricchi.
Çok zengin . . . . . .

2 Andate a Bodrum col vostro yacht?
. . . . Bodrum'a . . gidiyorsunuz?

3 I vostri gioielli sono in banca?
. . . . bankada . . ?

4 Abbiamo tutto.
. . . . var.

5 Abbiamo dimenticato i quadri.
Tabloları . . . .

6 Sono di seta le vostre tende?
Perdeleriniz . . . . ?

---

20   Yirminci ders

Türkiye'de bir yabancı

1 – **Siz** yabancı mısınız? Bu**na** inanmak **çok** zor.
2   **Ne** kadar gü**zel Türk**çe konuşuy**or**sunuz!
3 – **Ben** bura**da** üni**ver**sitede Türkoloji ①
    okuyo**rum** da on**dan**.
4 – **Kaç** yıldır **Türk**iye'desi**niz**?

Note
① La **j** compare solo nella trascrizione delle parole di origine straniera, come **Türkoloji**.

Soluzioni dell'esercizio 2

❶ – olduk ❷ Yatınızla – mı – ❸ Mücevherleriniz – mı ❹ Her şeyimiz – ❺ – unuttuk ❻ – ipekten mi

Fino all'avvento della repubblica nel 1923, i turchi avevano solo il nome seguito, a seconda della classe sociale, da un titolo o da un soprannome. **Atatürk** *li obbligò ad aggiungere un cognome, secondo l'uso occidentale. Fu così che molti turchi adottarono il nome del loro mestiere o quello del loro padre, seguito dalla menzione "figlio di". Questa è la ragione per cui oggi tanti cognomi turchi terminano col suffisso* **-ci** *oppure* **-oğlu**. *La signora Koyuncu avrebbe dunque potuto chiamarsi Koyuncuoğlu, se il suo antenato ottomano fosse stato figlio di un commerciante di ovini.*

Finalmente potete esprimere il verbo avere*! Avete appena acquisito una nozione veramente importante e avete fatto un gran passo avanti.* Buon lavoro!, **İyi çalışmalar!**

Ventesima lezione 20

Uno straniero in Turchia
(Turchia-in uno straniero)

1 – È straniero? È molto difficile da credere! *(Voi straniero* **mı***-siete? Questo-a credere molto difficile)*
2   Come parla bene turco! *(Quanto bello turco parlate)*
3 – È perché studio turcologia qui all'università. *(Io qui università-in turcologia studio anche ciò-da)*
4 – Da quanti anni è in Turchia? *(Quanto anno-è Turchia-in-siete)*

5 – Üç yıldır. **Birçok Türk** arkadaşım var. **Onlarla** hep ② **Türk**çe konuşuyoruz.
6   Ama Fransızca bi**len** Türkler**le** görüş**mek** is**te**miyorum, **çün**kü on**lar** be**nim**le ③ **Türk**çe değ**il** ④, Fransızca konuş**u**yorlar.
7 – Haklısınız. **Türk**çe **zor** mu?
8 – **Hay**ır, **Türk**çe ba**na** zor **gel**miyor. Ayrı**ca** **ben Çin**ce ve Japon**ca** da bil**i**yorum. **Türk**çe onlar**dan çok** daha kolay ⑤.
9 – Tatiller**de Türk**iye'yi gez**i**yor musunuz? ⑥
10 – Evet, **bir**çok yer gez**dim**, gördüm.
11 – **N**ereleri gezd**iniz**?

Note

② **hep** vuol dire *tutto*. Lo avete già incontrato nella lezione precedente nella versione **hepsi**, che spiegheremo più in là. **Hep** può significare anche *sempre*, nel senso di *continuamente, ogni istante*.

③ **benimle** significa *con me*. Vi consigliamo per il momento d'imparare i pronomi senza cercare di capire le modifiche che avvengono quando sono seguiti da un suffisso o una posposizione. Prossimamente ve lo spiegheremo.

④ **değil**, lett. "non-[è]", serve anche a esprimere la costruzione *non..., bensì...*: **Türkçe değil, Fransızca konuşuyoruz**, *non parliamo turco, bensì francese* (lo studente protagonista di questa lezione viene dalla Francia).

⑤ Nelle comparazioni, il secondo elemento, introdotto in italiano dalla preposizione *di*, si mette all'ablativo e lo si fa seguire da **daha**, *più*: **Türkçe Fransızca'dan daha kolay**, *il turco è più facile del francese*; **bu ev o evden daha büyük**, *questa casa è più grande di quella casa*.
Daha può anche avere il senso di *ancora* (v. frase 13).

5 – Da tre anni. Ho molti amici turchi e con loro parliamo sempre turco. *(Tre anno-è. Molti turco amico-mio c'è. Loro-con sempre turco parliamo)*
6   Ma non voglio frequentare dei turchi che sanno il francese, perché non mi parlerebbero in turco, bensì in francese. *(Ma francese che-sanno turchi-con frequentarsi non-voglio perché loro con-me turco non, francese parlano)*
7 – Ha ragione. È difficile il turco? *(Ragione-dotato-di-siete. Turco difficile **mu**)*
8 – No, il turco non mi sembra difficile. Poi conosco anche il cinese e il giapponese: il turco è molto più facile rispetto a queste [due lingue]. *(No turco me-a difficile non-viene. Inoltre io cinese e giapponese anche conosco. Turco loro-da molto più facile)*
9 – Durante le vacanze, gira per la Turchia? *(Vacanze-in Turchia-[accus.] visitate **mu**)*
10 – Sì, ho visto e visitato molti posti. *(Sì molti posti ho-visitato ho-visto)*
11 – Che posti ha visitato? *(Dove-plur.-[accus.] avete-visitato)*

▶ ⑥ Avete già visto la forma interrogativa del verbo *essere*: **evli misin, yabancı mısınız?** La forma interrogativa del tempo verbale presente in **-yor** si costruisce allo stesso modo. **Geziyorsunuz** diventa **geziyor musunuz**, **geziyor** si comporta dunque come un aggettivo col verbo *essere*.

Gezmek, accompagnato da un complemento, significa *visitare*. Se usato da solo, ha il senso di *passeggiare*.

12 – **Bütün** Ege'**yi**, Akdeniz'**i** dola**ş**tım, Van'**a** kadar gittim.
13 – **Ne** ⑦ mutlu size ⑧! **Ben** daha **oraları bil**miyorum ⑨.

Note

⑦ **ne** davanti agli aggettivi significa *quanto* come **ne kadar**.

⑧ **Ne mutlu size!** è una espressione molto diffusa che significa *beati voi!* **Ne mutlu sana,** *beato te!,* è il suo corrispettivo alla seconda persona singolare. Sulla stessa falsariga esiste una frase creata da Atatürk per incoraggiare la crescita del sentimento nazionale nei primi difficili anni della neonata repubblica turca, che campeggia ancora su molti monumenti: **Ne mutlu Türküm diyene!** (lett. "Quanto felice turco-sono che-dice-a"), ossia *Felice colui che può dirsi turco!*

⑨ **bilmek** significa *sapere, conoscere (delle cose)*. Se si tratta di *conoscere (delle persone)*, si usa **tanımak** che significa sia *conoscere* sia *riconoscere*.

***

1. alıştırma – Çeviriniz

❶ Türkçe bilen yabancılar Türklerle sohbet ediyorlar. ❷ Fransızca Türkçeden daha zor. ❸ Benimle görüşmek istiyor musunuz? ❹ Bana inanıyor musun? ❺ Tatilde Akdeniz'i gezdik. ❻ Nereleri gördünüz? ❼ Ne mutlu sana! Bütün Türkiye'yi gezdin.

12 – Ho girato tutto l'Egeo e il Mediterraneo, sono andato fino a Van. *(Tutto Egeo-[accus.] Bianco-mare-[accus.] ho-girato Van-a fino sono-andato)*

13 – Beato Lei! Io ancora non conosco quei posti. *(Quanto felice voi-a! Io ancora laggiù-plur.-[accus.] non-conosco)*

***

Soluzioni dell'esercizio 1

❶ Gli stranieri che conoscono il turco parlano con i turchi. ❷ Il francese è più difficile del turco. ❸ Vuole incontrarmi? ❹ Mi credi? ❺ In vacanza, abbiamo visitato [la costa del] Mediterraneo. ❻ Che posti avete visto? ❼ Beato te! Hai visitato tutta la Turchia.

2. alıştırma – Tamamlayınız

❶ Il turco non ci sembra difficile.
Türkçe .... zor ....

❷ Il giapponese non è più difficile del turco.
Japonca .... zor değil.

❸ Abbiamo visitato molti posti.
Birçok yer ....

❹ Abbiamo girato per il Bosforo fino al Mar Nero.
.... kadar .... dolaştık.

❺ Conoscete quei posti là?
.... biliyor ....?

❻ Sono quattro anni [che] siamo in Turchia.
Dört ...... Türkiye' ......

---

21 Yirmi birinci ders

Gözden geçirme – *Ripasso*

Durante questa terza settimana l'uso dei suffissi vi è diventato familiare. L'armonia vocalica, poi, non ha più segreti per voi! Ora potete chiaramente distinguere i due tipi di suffissi, in **e (a)** *e in* **i** **(ü, ı, u)**. *Inoltre siete in grado di associarne diversi in una stessa parola. Rivediamo insieme alcuni suffissi, iniziando con quelli in* **i**.

1 L'accusativo

È il caso del complemento oggetto.
Questo caso, che è apparso per la prima volta alla lezione 13 nella parola **sen-i**, è stato usato diverse volte nelle lezioni successive, solo o unito ad altri suffissi. Le sue quattro forme sono **-i, -ü, -ı, -u**:
ev-i görüyor, *vede la casa*
köy-ü biliyorum, *conosco il villaggio*
hanım-ı tanıdık, *abbiamo riconosciuto la signora*
yol-u bilmiyoruz, *non conosciamo la strada*

Soluzioni dell'esercizio 2

❶ – bize – gelmiyor ❷ – Türkçeden daha – ❸ – gezdik
❹ Karadeniz'e – Boğaz'ı – ❺ Oraları – musunuz ❻ – yıldır – deyiz

Akdeniz (*lett.* mar bianco), *e* **Karadeniz** (*lett.* mar nero): *separati geograficamente dagli stretti, questi due mari si oppongono anche etimologicamente. La leggenda vuole che i turchi, espandendosi da est a ovest, chiamassero nero tutto ciò che trovavano alla loro destra e bianco alla loro sinistra. Anche in Italia, in provincia di Belluno, due paesini,* Caracoi Cimai *e* Caracoi Agoin*, sembrano derivare il loro nome da questa usanza. Data la possibile presenza, in epoca veneziana, di prigionieri turchi nelle miniere di ferro della zona, si pensa che i nomi dei paesi riprendano tale dicotomia:* Caracoi = **Kara köy/koyun** (*paese/pecora nero*); *Agoin =* **Ak köy/koyun** (*paese/pecora bianco*). *Lo avreste mai detto che il turco vi sarebbe tornato utile anche in settimana bianca nelle Dolomiti?*

Ventunesima lezione 21

Per legarlo ai nomi che terminano per vocale, si aggiunge una **-y**: **halı-y-ı**, *il tappeto*; **su-y-u**, *l'acqua*. L'accusativo può essere aggiunto al suffisso del plurale. In tal caso, ne esistono solo due forme: **-ler-i** e **-lar-ı**:
valiz-ler-i çıkarıyorlar, *portano su le valigie*
ora-lar-ı bilmiyorum, *non conosco quei posti*
Nelle prossime lezioni, vedremo come si fa per unirlo ai possessivi.

2 Suffissi del possessivo in *-i*

Per il momento conoscete i possessivi del gruppo in **-i** alle prime e seconde persone:

- **-(i)m**, *mio, mia...*
- **-(i)n**, *tuo, tua...*
- **-(i)miz**, *nostro, nostra...*
- **-(i)niz**, *vostro, vostra...*

21 Dopo un nome che termina per consonante, il suffisso mantiene la vocale iniziale:

ev-im, *casa mia*   **ev-imiz**, *casa nostra*
ev-in, *casa tua*   **ev-iniz**, *casa vostra*

Se invece il nome termina per vocale, la vocale iniziale del suffisso cade:
müşteri-m, *il mio cliente*   **müşteri-miz**, *il nostro cliente*
müşteri-n, *il tuo cliente*   **müşteri-niz**, *il vostro cliente*
anne-m, *mia madre*   **anne-miz**, *nostra madre*
anne-n, *tua madre*   **anne-niz**, *vostra madre*

Ecco le quattro varianti della vocale del suffisso:

eş-im	**köy-üm**	**baş-ım**	**yol-um**
eş-in	**köy-ün**	**baş-ın**	**yol-un**
eş-imiz	**köy-ümüz**	**baş-ımız**	**yol-umuz**
eş-iniz	**köy-ünüz**	**baş-ınız**	**yol-unuz**

Invece di usare **evimiz** si può anche dire **bizim ev**, così come al posto di **eviniz** si può dire **sizin ev**. Vi spiegheremo la ragione più avanti.

Se vi eravate stupiti di non aver ancora trovato il verbo *avere,* ora sapete che per poter esprimere questo verbo nel senso di "possedere" bisognava conoscere i possessivi. Visto che i possessivi stanno cominciando a esservi familiari, abbiamo pensato fosse giunto il momento di farvi conoscere la costruzione necessaria a rendere in turco il verbo italiano *avere*. Alla cosa posseduta, si aggiunge il possessivo e la si fa seguire da **var**:
bir valiz-im var, *ho una valigia*
ev-ler-in var, *hai delle case*
üç tane arabamız var, *abbiamo tre macchine*
kitaplığınız var mı?, *avete una libreria?*

Per esprimere il verbo *avere* alla forma negativa, basta sostituire **yok** a **var**: **arabamız yok**, *non abbiamo la macchina.*

3 La coniugazione dei verbi

Nell'ultima serie di lezioni avete fatto conoscenza con la particella **di** che, aggiunta alla radice verbale, serve a formare il passato, tempo turco corrispondente ai passati prossimo e remoto italiani.

Nella tabella seguente vi presentiamo il passato in tutte le persone e le varianti vocaliche possibili:

gel-mek	gör-mek	al-mak	bul-mak
gel-dim	gör-düm	al-dım	bul-dum
gel-din	gör-dün	al-dın	bul-dun
gel-di	gör-dü	al-dı	bul-du
gel-dik	gör-dük	al-dık	bul-duk
gel-diniz	gör-dünüz	al-dınız	bul-dunuz
gel-diler	gör-düler	al-dılar	bul-dular

bana bir kitap verdi, *mi diede / mi ha dato un libro.*

- La versione in **-dum** è uguale alla desinenza che si aggiunge al presente in **-yor** per formare l'imperfetto:
istiyor-dum, *volevo*
konuşuyor-duk, *parlavamo*

- Per formare l'imperfetto del verbo *essere* (e non il passato prossimo o remoto) si aggiunge la desinenza **-di** e le sue varianti alle parole (sostantivi o aggettivi, ma non verbi):
annem-di, *era mia madre*
Gönül'dü, *era Gönül*
yakın-dı, *era vicino*
yorgun-dum, *ero stanco*
Nel caso in cui le parole terminino per vocale, si interpone una **-y**: **evde-y-dik**, *eravamo a casa*; **kapıcı-y-dı**, *era il portiere* ecc.

Non dimenticate che la **d** della particella **-di** può trasformarsi in **t**: **unut-tuk**, *abbiamo dimenticato*; **geç-ti**, *è passato*; **Ahmet'ti**, *era Ahmet*.

- Un altro suffisso che avete incontrato e che si aggiunge alla radice verbale è **-ip** (**-üp**, **-ıp**, **-up**). Questa forma non ha equivalenti in italiano, ma è veramente comoda in quanto, quando diversi verbi con lo stesso soggetto e allo stesso tempo verbale si susseguono, permette di evitare la ripetizione delle desinenze verbali o delle persone: **satıcı birkaç kilim çıkarıp onları müşteriye gösteriyor**, *il venditore tira fuori alcuni kilim e li mostra al cliente.*

21 L'unico inconveniente è che bisogna andare fino in fondo alla frase per conoscere il tempo e la persona dei verbi (v. lezione 16, nota 4).

• Conoscete già la particella **mi** che si colloca dopo la parola su cui poggia l'interrogazione. A essa è possibile suffissare il verbo *essere*, il quale così facendo non sarà più unito alla parola (forma affermativa), ma sarà attaccato alla particella **mi** (forma interrogativa):
evli-siniz, *Lei è sposato*   **evli mi-siniz?**, *Lei è sposato?*

Allo stesso modo, la forma interrogativa del presente si fa suffissando la desinenza della persona alla particella **mi**, che diventa **mu** a causa dell'armonia vocalica:
geliyor-sunuz, *venite*   **geliyor mu-sunuz?**, *venite?*
uyuyor-uz, *dormiamo*   **uyuyor mu-y-uz?**, *dormiamo?*

Quando la frase è introdotta da un aggettivo o un avverbio interrogativi, il verbo non deve essere messo alla forma interrogativa:
Çalışıyor musunuz? ma **Nerede çalışıyorsunuz?**
Görüyor musun? ma **Ne görüyorsun?**
Geliyor mu? ma **Kim geliyor?**

4 Il suffisso *-lik*

Sempre del gruppo dei suffissi in **-i**, ne avete incontrato uno nuovo: **-lik** (**-lük**, **-lık**, **-luk**), che serve a formare dei sostantivi a partire da altri sostantivi o da aggettivi. Per esempio **arkadaş**, *amico*, **arkadaşlık**, *amicizia*; **yolcu**, *viaggiatore, passeggero*, **yolculuk**, *viaggio*; **tuz**, *sale*, **tuzluk**, *saliera*; **iyi**, *bene, buono*, **iyi-lik**, *bontà*; **ucuz**, *economico*, **ucuz-luk**, *modicità dei prezzi*. Alcune parole formate in questo modo, possono essere anche impiegate come aggettivi e il suffisso **-lik** può far assumere differenti valori, tra cui *destinato a, per*: avete già trovato **iki kişilik odalar**, *camere per due persone*; si può anche dire **mantoluk kumaş**, *tessuto per fare cappotti*; **-lik** suffissato a un nome che indica un lasso di tempo significa *che dura, di*: **bir haftalık yolculuk**, *un viaggio di una settimana*; **iki günlük bebek**, *un bimbo di due giorni*.

5 Suffissi in *-e*

Dopo i suffissi in **-i** eccone alcuni in **-e** che avete incontrato nelle ultime lezioni:

• **-en, -an**, aggiunti alla radice verbale formano l'equivalente del participio presente o di una subordinata relativa:
bana cevap veren hanım, *la signora che mi risponde / che mi ha risposto* (v. lezione 18, nota 7)
onu duyan kız, *la ragazza che la sente / che l'ha sentita* (v. lezione 19, nota 8)

Tale forma verbale si traduce, a seconda del contesto, con una subordinata relativa al presente o al passato:
koşan çocuk benim oğlum, *il bambino che corre è mio figlio*
koşan çocuk düştü, *il bambino che correva è caduto*
düşen çocuk ağlıyor, *il bambino che è caduto piange*
(**düşmek**, *cadere*; **ağlamak**, *piangere*)

• Il suffisso **-ce, -ca** aggiunto al nome di un popolo, forma il nome della lingua. Diventa **-çe, -ça** dopo le otto consonanti sorde **p, t, k, ç, f, s, ş, h**:

İngiliz	→	İngilizce	İtalyan	→	İtalyanca
inglese		*l'inglese*	*italiano*		*l'italiano*
Türk	→	Türkçe	Arap	→	Arapça
turco		*il turco*	*arabo*		*l'arabo*

<u>Attenzione</u>: in turco i nomi o gli aggettivi di nazionalità e i nomi delle lingue si scrivono sempre con la maiuscola.

6 Il verbo "essere"

6.1 Il presente

In turco, come già sapete, le terze persone del presente del verbo *essere* vengono raramente usate, soprattutto nella lingua parlata.
Ayşe Hanım öğretmen(dir), *Ayşe Hanım è professoressa.*
Onlar öğrenci ([dir]ler), *Loro sono studenti* (v. lezione 1).

Si usa **-dir** e **-(dir)ler** quando si esprime una supposizione o una constatazione: **İşin iyidir o zaman!**, *Allora hai un buon lavoro* (= il tuo lavoro deve essere buono)*!* (v. lezione 17, nota 8); **şimdi yoldadır**, *adesso dovrebbe essere per strada* (v. lezione 18, frase 3). Pian piano imparerete a cogliere tutte queste sfumature…

6.2 L'imperfetto

Al paragrafo 3 di questa lezione abbiamo già affrontato questo tempo del verbo *essere*, che si forma con la desinenza **-(y)di**.
Il presente e l'imperfetto sono i due soli tempi (sui quattro studiati finora) che il verbo *essere* possiede in turco. Per esprimere il passato e l'imperativo, si usa il verbo **olmak** che significa *essere, diventare*:
Il suo passato è **oldu** che, secondo il contesto, sarà tradotto con *fu* o *divenne*.
L'imperativo è **ol**, **olun**, forme che si tradurranno con *sii*, *siate* o *diventa*, *diventate*.
Quando usato al presente o all'imperfetto, **olmak** ha il solo senso di *diventare*:
Bu iş her gün biraz daha zor oluyor/oluyordu,
Questo lavoro diventa/diventava ogni giorno un po' più difficile.

7 Dimostrativi e pronomi personali

In queste ultime lezioni avete conosciuto nuove forme dei dimostrativi e dei pronomi personali. Per il momento non vi diamo ancora tabelle complete, ma ci limitiamo a dirvi che:

• **bunu** e **buna** sono l'accusativo e il dativo del dimostrativo **bu**; **bunlar** ne è il plurale.

• **onu** e **ondan** sono l'accusativo e l'ablativo del pronome **o**; **onlar-dan** e **onlar-ı**, il plurale seguito dall'ablativo e dall'accusativo. **Onlar** e **bunlar** si declinano normalmente.

• **beni** e **sizi** sono le forme all'accusativo di **ben** e **siz**; **benim** e **sizin** sono le variazioni di **ben** e **siz** quando sono seguiti da una posposizione: **benimle**, ossia **benim + ile**, *con me* e **sizin için**, *per voi*. **Benim**, **sizin**, come **bizim** (v. lezione 13, nota 8), possono anche rendere il possessivo *mio/a*, *vostro/a*, *nostro/a*. **Benim ev** significa, come **evim**, *casa mia*. Queste forme non ve le spieghiamo al momento, poiché non abbiamo ancora affrontato il sesto caso della declinazione turca: il genitivo.

8 Comparativo e superlativo

Siete già in grado di impiegare il comparativo e il superlativo:

8.1 Il comparativo

Già conoscete la comparazione di uguaglianza:
Bu ev bir saray kadar güzel, *Questa casa è bella quanto un palazzo* (v. lezione 19, frase 3);
e avete pure imparato quella di superiorità (v. lezione 20, nota 5):
Fransızca Türkçeden daha zor, *Il francese è più difficile del turco*.
Per esprimere la comparazione di inferiorità, si usa semplicemente il comparativo di uguaglianza alla forma negativa:
Bu saray bizim yalı kadar güzel değil, *Questo palazzo non è bello quanto il nostro yalı*, ossia: *Questo palazzo è meno bello del nostro yalı*.

Ricordatevi che **kadar** con il senso di *quanto* è sempre preceduto da un sostantivo al caso nominativo.

8.2 Il superlativo

en son model, *l'ultimissimo modello (il più ultimo modello)* (v. lezione 19, frase 8)
en güzel kız, *la ragazza più bella*

9 Posposizioni

Vediamo infine le novità apportate dall'ultima serie di lezioni per quanto riguarda le posposizioni:

• **sonra** cambia di significato a seconda che segua un ablativo o un nominativo. Dopo l'ablativo vuol dire *dopo*;
Ankara'dan sonra, *dopo Ankara* (v. lezione 4)
Yemekten sonra, *dopo il pasto, dopo pranzo* (v. lezione 9)
Si può dire anche:
Öğleden sonra, *dopo / a partire da mezzogiorno* oppure *dopo pranzo, nel pomeriggio*

• **sonra** utilizzato dopo un nominativo traduce un complemento di tempo. Si rende allora con *tra* nelle frasi al presente, futuro e imperativo; con ... *dopo* in quelle al passato. Ecco degli esempi:
<u>al presente</u>: **İki saat sonra Ankara'ya gidiyor**, *Va ad Ankara tra due ore*.

21 al futuro: **Balıkçılar iki gün sonra dönecekler**, *I pescatori torneranno tra due giorni* (v. lezione 5.)
all'imperativo: **Yarım saat sonra arayın**, *Chiamate (Cercatelo) tra una mezz'ora.* (v. lezione 18, nota 3.)
al passato: **Dün hamama gitti; iki saat sonra eve döndü**, *Ieri è andato al bagno turco; due ore dopo è tornato a casa.*

Sonra viene dunque usato con l'ablativo quando si tratta di esprimere un momento, un punto di partenza in un lasso temporale; e con il nominativo quando si tratta di esprimere una durata. Comparate le due frasi seguenti:
Saat dokuzdan sonra beni arayın, *Chiamatemi (Cercatemi) dalle nove.*
Dokuz saat sonra, Amerika'ya gidiyorum, *Tra nove ore parto per l'America.*

10 Modifiche ortografiche

Terminiamo con due osservazioni di ortografia:

• la **d** diventa **t** quando segue le consonanti sorde. Non bisogna dunque dimenticare che anche il passato del verbo in **-di**, può diventare **-ti**: **geç-ti, git-tim, dolaş-tım, unut-tuk**.

• Infine, quando una parola termina in **k**, se la penultima lettera è una vocale, la **k** diventa **ğ** se unita a un suffisso che comincia per vocale: **dokuz buçuğa (buçuk) kadar**, *fino alle nove e mezza* (v. lezione 15, nota 9; lezione 19, nota 6). Attenzione però: un nome proprio che termina per **k** non cambia se unito a un dativo tramite l'apostrofo: si scrive **Bebek'e**, *a Bebek*, ma si pronuncia *[bebeğe]*.

Vi consigliamo di rileggere attentamente le osservazioni grammaticali facendo continuo riferimento alle lezioni indicate, per rivedere le parole o le espressioni nel loro contesto. In questo modo vi renderete conto che avete già assimilato molti meccanismi della sintassi turca, e il tutto senza praticamente accorgervene!

22 Yirmi ikinci ders

Pian piano vi siete abituati all'ordine delle parole della frase turca. Avete visto che spesso bisogna tradurre cominciando dall'ultima parola, come in questo caso: **işe geç kalan memur**, *l'impiegato che è in ritardo al lavoro, lett. lavoro-a tardi restare impiegato). D'ora in avanti, la traduzione letterale che segue abitualmente la traduzione italiana sarà più esigua. Indicheremo infatti tra parentesi tonde solo le costruzioni nuove o difficili. Le parentesi quadre continuano sempre a indicare parole o espressioni necessarie in italiano, ma inesistenti (o molto diverse) in turco.*

İşe geç kalan memur

1   Os**man** Bey bir şirket**te** çalış**ıyor**.
2   Pa**zar**tesi gün**ü** ①, kalk**ıyor**, kahvaltı yap**ıyor** ②. Saat se**kiz** buçuk**ta** otobü**se** bin**iyor**, işe gidiyor.

Note

① **pazartesi gün-ü** (lett. "lunedì giorno-suo"), "*il giorno di lunedì*" o semplicemente *il lunedì*. Allo stesso modo **salı günü**, *il martedì*, e così via per tutti i giorni della settimana che troverete in questa lezione. Presto vedremo nel dettaglio questo uso particolare del possessivo, proprio del turco. Adesso analizziamone la forma: **-ü** è il suffisso del possessivo alla terza persona singolare, con le varianti **-i** (**ev-i**, *casa sua*); **-ı**, come **can-ı**, *la sua anima*, alla frase 3; e **-u** (**yol-u**, *la sua strada*). Queste quattro varianti si aggiungono a una parola che finisce in consonante. Dopo una vocale invece, il possessivo è **-si**, **-sü**, **-sı**, **-su**. Ne avete degli esempi alle frasi 6 e 8: **anne-si**, *sua madre*, e **karı-sı**, *sua moglie*.
Attenzione: come avrete senza dubbio già notato, il possessivo della terza persona in **-i** ha la stessa forma dell'accusativo. Non ▶

Ventiduesima lezione 22

L'impiegato che è [sempre] in ritardo al lavoro

1   Osman Bey lavora in una azienda.
2   Il lunedì si alza [e] fa colazione. Alle otto e mezza, sale sull'autobus [e] va al lavoro.

preoccupatevi, il contesto vi permetterà di distinguere i due suffissi: **köy-ü seviyorum**, *amo il paese*; **köy-ü güzel**, *il suo paese è bello*.

② In questa lezione appaiono sia il verbo **etmek** che **yapmak** (v. anche frase 8: **kavga ediyor**). È giunta l'ora di imparare a distinguerli. **Etmek** ha il senso di *fare, effettuare* e **yapmak** di *fare, fabbricare*. **Etmek** unito a un nome, forma il verbo dello stesso campo lessicale: **kavga**, *lite* e **kavga etmek**, *litigare*; ugualmente **teşekkür etmek**, *ringraziare*; **sohbet etmek**, *conversare*; **merak etmek**, *stupirsi*; **davet etmek**, *invitare*; **arzu etmek**, *desiderare*. A volte nome e verbo sono attaccati, come in **seyretmek**, *guardare, contemplare*. Esistono molti verbi che si compongono con **etmek**, formando una o due parole. **Yapmak** si usa con un nome per esprimere delle cose più concrete e pratiche: **temizlik yapmak**, *fare le pulizie*, **alış veriş yapmak**, *fare la spesa* ecc. *Fare colazione* si può dire invece indifferentemente **kahvaltı etmek** o **yapmak**.

22 3 Salı günü, yor**gun**. **C**anı ③ çalışmak istemiyor. Gazetelere bakı**yor**. Ev**den** saat do**kuz**da çıkıyor ve i**ş**e geç kalıyor.
4 Mü**dür** bundan **hiç** hoşlanmıyor **ama** ses çı**kar**mıyor…
5 Çarşam**ba** gü**nü**, yol**da** bir arkadaş**a** rastlıyor.
Bir kahve**ye** giriyorlar. Osman **Bey** saat on**da** i**ş**te oluyor.
6 Perşem**be** gü**nü**, sa**bah**, köy**den** anne**si** geliyor. Os**man** Bey o**nun**la ④ u**zun** uzun konu**ş**uyor.
7 İşe **yi**ne geç kalıyor. Mü**dür** ona kızıyor.
8 **C**uma günü, karısıyla kav**ga** ediyor. O**nun** için ev**den** da**ha** geç çıkıyor.
9 **On** ikiye do**ğ**ru ⑤ i**ş**te oluyor. Mü**dür** o**nu** i**ş**ten ko**vu**yor.
10 Cu**mar**tesi gü**nü**, Osman Bey çok mutlu. **Bol bol** ⑥ u**yu**yor.
11 Pa**zar** gü**nü**, ka**ra** ka**ra** düş**ü**n**ü**yor…

Note

③ **can-ı**: **-ı** è il possessivo della terza persona singolare (v. nota 1). La costruzione **can**-possessivo + infinito + **istiyor**, significa *aver voglia di far qualcosa*. **Can** è il soggetto di **istiyor** che resta dunque al singolare; la persona la si desume grazie al possessivo: **can-ım gitmek istiyor**, *la mia anima vuole andare*, ossia *ho voglia di andare*; **şu anda can-ım rakı içmek istemiyor**, *in questo momento non ho voglia di bere del raki*.

④ La forma **onun-la**, *con lui*, è la stessa costruzione di **benimle**, *con me* (v. lezione 20, nota 3, e lezione 21, § 7). **O** diventa **onun** davanti a **için**: **onun için**, *per questo* (v. frase 8).

3 Il martedì è stanco. Non ha voglia di lavorare *(la-sua-anima lavorare non-vuole)*. Dà uno sguardo *(guarda)* ai giornali. Alle nove esce di casa e arriva *(resta)* in ritardo al lavoro.

4 Il direttore non è per niente contento *(di-ciò)*, ma non proferisce parola *(voce non-fa-uscire)*...

5 Il mercoledì incontra un amico per strada. Entrano in un caffè. Osman Bey è al lavoro alle dieci.

6 Il giovedì mattina, sua madre arriva dal paese. Osman Bey parla a lungo *(lungo lungo)* con lei.

7 Arriva di nuovo in ritardo al lavoro. Il direttore si arrabbia con lui *(lui-a)*.

8 Il venerdì litiga con sua moglie. Per questo, esce di casa ancora più tardi.

9 Verso mezzogiorno è al lavoro *(Dieci due-a verso lavoro-in diventa)*. Il direttore lo licenzia *(lavoro-da caccia-via)*.

10 Il sabato Osman Bey è molto contento. Dorme tanto *(Abbondante abbondante dorme)*.

11 La domenica si deprime *(nero nero pensa)*...

▶ ⑤ **on iki-ye doğru**, *verso mezzogiorno* (lett. "le dodici"). **Doğru** regge il dativo.

⑥ Il raddoppiamento di certi aggettivi usati come avverbi rinforza l'idea che si vuole dare: **yavaş yavaş** (v. lezione 5, nota 6), **uzun uzun** (v. frase 6), **bol bol** (v. frase 10) e **kara kara** (v. frase 11). Questa costruzione, molto cara ai turchi, non dovrebbe suonarvi tanto strana, dal momento che, oltre che nel greco moderno, persiste anche nell'italiano parlato (per esempio quando si dice *poco poco, due due, presto presto* ecc). Come vedete, anche in grammatica il Mediterraneo è un mare che unisce e non divide!

In questo testo, i verbi non presentano alcuna difficoltà particolare, dal momento che sono tutti al presente, tempo che ormai conoscete molto bene. Vi ricordiamo però quanto sia indispensabile conoscere i casi retti da ciascun verbo:
-e binmek, *salire su* (v. frase 2)
-e girmek, *entrare in* (v. frase 5)
-e geç kalmak, *essere in ritardo a* (v. frase 7)

***

1. alıştırma – Çeviriniz

❶ Bu şirkette çalışan memur çok. ❷ Biz sabahları, geç kalkıyor, kahvaltı yapıyoruz. ❸ Bu sabah, canım çalışmak istemiyor. ❹ Yarın annesi köye gidiyor. ❺ Dün yolda bir arkadaşa rastladım. ❻ Bu müdür işe geç kalan memurları kovuyor. ❼ Geçen cumartesi bol bol uyudum.

2. alıştırma – Tamamlayınız

❶ Osman Bey dà uno sguardo ai giornali.
Osman Bey .... bakıyor.

❷ È al lavoro alle dieci e mezza.
Saat .... işte ....

❸ Gli impiegati sono ancora in ritardo al lavoro.
Memurlar ... yine ... .

❹ Sono arrabbiato con te.
.... kızıyorum.

❺ Dormiamo tanto.
.... uyuyoruz.

-e rastlamak, *incontrare qualcuno* (v. frase 5)
-e kızmak, *arrabbiarsi con* (v. frase 7)
-den hoşlanmak, *essere contento, rallegrarsi per qualcosa / di qualcuno* (v. frase 4); oppure *piacere*: **bu müzikten hoşlanıyorum** significa letteralmente "mi rallegro di questa musica", ossia *mi piace questa musica*.

***

Soluzioni dell'esercizio 1

❶ Gli impiegati che lavorano in questa ditta sono molti. ❷ Noi [tutte] le mattine ci alziamo tardi [e] facciamo colazione. ❸ Questa mattina non ho voglia di lavorare. ❹ Domani sua madre va al paese. ❺ Ieri ho incontrato un amico per strada. ❻ Questo direttore caccia via gli impiegati che arrivano tardi al lavoro. ❼ Sabato scorso ho dormito tanto.

❻ Il direttore lo licenzia.
Müdür . . . . kovuyor.

❼ Si deprime.
. . . . düşünüyor.

Soluzioni dell'esercizio 2

❶ – gazetelere – ❷ – on buçukta – oluyor ❸ – işe – geç kalıyorlar ❹ Sana – ❺ Bol bol – ❻ – onu işten – ❼ Kara kara –

23 *Adesso che conoscete tutti i giorni della settimana, vi indichiamo anche i mesi dell'anno:*
ocak, gennaio; **şubat**, febbraio; **mart**, marzo; **nisan**, aprile; **mayıs**, maggio; **haziran**, giugno; **temmuz**, luglio; **ağustos**, agosto; **eylül**, settembre; **ekim**, ottobre; **kasım**, novembre; **aralık**, dicembre.

*In una lettera o in un documento la data (***tarih***) si scrive così:*
2 Ağustos 2023 (Çarşamba), *(Mercoledì) 2 agosto 2023 (***iki ağustos iki bin yirmi üç çarşamba***). Se la data è citata in un testo, bisogna accompagnare il nome del giorno a* **günü**: **çarşamba günü**.
Nonostante la Turchia sia un paese di tradizione musulmana, il giorno di riposo settimanale è la domenica e non il venerdì. Fu

---

23 Yirmi üçüncü ders

Arnavutköy'deki çarşı ①

1 – **Gülç**in, bug**ün** alış verişe çıkı**yor** muyuz ②?
2 – Evet canım. Ev**de** yiye**cek** ③ **kal**madı ④. **Dün** bakkal**da** peynir **yok**tu. Manav**da** meyve**ler** güzel de**ği**ldi.

Note

① **çarşı** è il mercato fisso di una città, come i mercati coperti, rionali o generali, dove è possibile trovare ogni giorno vari tipi di merce. Quelli di Istanbul sono celebri: il **Kapalı Çarşı**, *mercato coperto*, più comunemente conosciuto come Gran Bazar (lo abbiamo trovato alla lezione 16) oppure il **Mısır Çarşısı**, *mercato d'Egitto* o *Bazar egiziano*. Il mercato periodico, costituito da banchi smontabili, si chiama invece **pazar** (versione turca della parola persiana *bāzār*). Come avrete certamente notato, la parola **pazar** (v. frase 7) in turco non significa soltanto *mercato*, ma anche *domenica*! Questa coincidenza si spiega facilmente pensando che la domenica era in origine *il giorno del mercato*, **pazar günü**.

Atatürk *a far adottare al suo paese il calendario gregoriano. L'anno comincia dunque il primo gennaio e non più con la primavera come in epoca ottomana (21 marzo), quando i mesi erano lunari e si contavano gli anni a partire dall'Egira (l'episodio coranico che narra il trasferimento nel 622 d.C. di Maometto e dei suoi seguaci dalla Mecca alla città-oasi di Yathrib, poi rinominata Medina).*

Cercate di imparare anche le espressioni familiari del turco. Per esempio, invece di dire **Boğaz'a gitmek istiyorum**, *lanciatevi in un* **Canım Boğaz'a gitmek istiyor**. *Vedrete che i turchi, che sono sempre molto contenti quando vedono uno straniero parlare la loro lingua, apprezzeranno sicuramente…*

Ventitreesima lezione 23

Il mercato di Arnavutköy
(Arnavutköy-in-che mercato)

1 – Gülçin, andiamo a fare la spesa oggi *(oggi spesa-a usciamo)*?
2 – Sì, caro. A casa non è rimasto [nulla] da mangiare. Ieri [nel negozio di] alimentari non c'era il formaggio. Dal fruttivendolo, la frutta non era bella.

② **Çıkıyor mu-y-uz?**: forma interrogativa di **çıkıyoruz** (v. lezione 21, § 3).

③ **yiyecek**, da **yemek**: "destinato a essere mangiato", ossia *da mangiare*.

④ **kal-ma-dı**: Al passato, si interpone **-ma-** o **-me-** per esprimere la forma negativa: **kal-dı**, *è restato*; **kal-ma-dı**, *non è restato*. **Gel-di**, *è venuto*; **gel-me-di**, *non è venuto* (v. frase 3).

yüz otuz iki • 132

23   **3**   Kasaba git**tim**. Et**leri** ⑤ **ba**na pek **i**yi **gi**bi **gel**medi.

4 – O zaman Arna**vut**köy'e gide**lim**. Çarşısı ⑥ **çok** ucuz. **Ben o**rayı se**vi**yorum. Orada **her** şey güzel.

5 Sebze**ri her** zaman taze. Balıkları da.

6 – Bana **bir de** mutfak**ta** kullan**mak için** tah**ta** çatal kaşık ⑦ lazım.

7 – On**lar** her hal**de**, pazar**da** vardır. Bugün salı, Arnavutköy'de pa**zar** var.

8 Alış verişten sonra da Arna**vut**köy'ü geze**lim**. Eski ah**şap** evle**ri çok** güzel.

9 – Lokantaları da. **Bu** akşam, yeme**ği** ⑧ **o**rada yiye**lim** ⑨ mi?

Note

⑤ **et-ler-i**, lett. *le sue carni*. Il suffisso **-ler-i** e la sua variante **-lar-ı** (**balık-lar-ı**, lett. *i suoi pesci* – frase 5) sono le forme plurali del possessivo alla terza persona (per il singolare, v. lezione 22, nota 1). Anche in questo caso è possibile confondersi con l'accusativo plurale, ma la struttura della frase permette di solito di distinguerli senza problemi: **valiz-ler-i çıkardık**, *abbiamo portato su le valigie* e **valiz-leri büyük**, *le sue valigie sono grandi*.

⑥ **çarşı-sı**, *il suo mercato* (v. lezione 22, nota 1).

⑦ **tahta** designa *l'asse di legno* e in generale il *legno non lavorato*, mentre **ahşap** (v. frase 8) quello lavorato, come in **ahşap ev** *la casa di legno*. In alcuni casi è possibile usare le due parole come sinonimi: **tahta masa** o **ahşap masa**, *un tavolo in legno*, senza intenzione di precisare se il legno sia lavorato o meno. **Odun** è una terza parola che designa la *legna da ardere* e che in nessun caso può rimpiazzare le altre due. **Tahta çatal kaşık**, *forchetta e cucchiaio di legno*. Imparate **çatal**, **kaşık** e anche **bıçak**, *coltello*, così non avrete alcun problema a tavola! ▶

3 Sono andato dal macellaio. La carne non mi è sembrata molto buona *(Carni-sue me-a molto buone come non-sono-venute)*.

4 – Allora, andiamo a Arnavutköy. Il suo mercato è molto conveniente. Adoro quel posto. Laggiù tutto è bello.

5 La *(sua)* verdura è sempre fresca, e pure il *(suo)* pesce.

6 – Ho bisogno anche di [una] forchetta e [un] cucchiaio in legno da usare in cucina.

7 – Ci sono sicuramente al mercato. Oggi [è] martedì, c'è il mercato a Arnavutköy.

8 E dopo la spesa, visitiamo Arnavutköy. Le sue vecchie case di legno sono molto belle.

9 – E anche i suoi ristoranti. Se mangiassimo là stasera *(pasto-[accus.] laggiù se-mangiassimo* **mi***)*?

▶ ⑧ Nella parola **yemeği** (**yemek + i**), la **k** finale diventa **ğ** in quanto è seguita da un suffisso che comincia per vocale, in questo caso l'accusativo. In un altro contesto, potremmo essere di fronte al possessivo: "il suo pasto". **Yemek yemek** significa *mangiare*. Qui il nome **yemek** è all'accusativo perché il pasto, pranzo o cena, è designato implicitamente, e dunque viene determinato.

⑨ Ricordatevi che l'imperativo alla prima persona plurale può dare alla frase un senso di desiderio ipotetico (v. lezione 9, nota 1).

1. alıştırma – Çeviriniz

❶ Evde yiyecek kalmadı. Çarşıya gidiyor muyuz? ❷ Manava gidelim. Ama meyveleri pek güzel değil. ❸ Biz Arnavutköy'de oturuyoruz. Ahşap evleri çok eski, çarşısı da büyük ve güzel. ❹ Dün bakkala gittik. Peynirleri iyi değildi. ❺ Sizde tahta çatal kaşık yok mu? ❻ Bize güzel bir ahşap ev lazım.

2. alıştırma – Tamamlayınız

❶ Non c'è [niente] da mangiare a casa?
Evde . . . . yok . . ?

❷ Visitiamo Istanbul.
. . . . gezelim.

❸ Dopo la spesa, visitiamo Arnavutköy.
Alış . . . . gezelim.

❹ Se mangiassimo là stasera?
Bu akşam, ... orada . . . . mi?

❺ Il suo mercato è molto conveniente.
. . . . çok . . . . .

❻ Ci piace molto questo posto.
Biz . . . . . . çok . . . .

Arnavutköy è l'antico villaggio degli albanesi (**Arnavut**) situato sulla riva europea del Bosforo, a metà strada tra i due ponti sospesi che attraversano lo stretto. Questo villaggio è una delle rare zone di Istanbul ad aver conservato molte vecchie case di legno, che insieme ai ristorantini del lungomare ne assicurano il fascino…
Ma cosa c'entrano gli albanesi con Istanbul? L'Albania è stata un territorio ottomano dal 1479 al 1912. Gli albanesi erano pertanto sudditi del sultano e costituivano una comunità fiorente nella

Soluzioni dell'esercizio 1

❶ A casa non è rimasto [nulla] da mangiare. Andiamo al mercato? ❷ Andiamo dal fruttivendolo. Ma la sua frutta non è molto bella. ❸ Noi abitiamo a Arnavutköy. Le sue case di legno sono molto antiche e il suo mercato è grande e bello. ❹ Ieri siamo andati al [negozio di] alimentari. I suoi formaggi non erano buoni. ❺ Non avete la forchetta e il cucchiaio di legno? ❻ Abbiamo bisogno di una bella casa in legno.

Soluzioni dell'esercizio 2

❶ – yiyecek – mu ❷ İstanbul'u – ❸ – verişten sonra Arnavutköy'ü – ❹ – yemeği – yiyelim – ❺ Çarşısı – ucuz ❻ – burayı – seviyoruz

capitale ottomana. Per un italiano di epoca moderna, albanese poteva dunque essere sinonimo di turco, come si vede bene nel Così fan tutte, *celeberrima opera del 1790 scritta da Lorenzo Da Ponte e musicata da Wolfgang Amadeus Mozart. In un seducente gioco di travestimenti ambientato nella Napoli settecentesca, vediamo infatti due sorelle ferraresi innamorarsi di due uomini presentati genericamente come turchi, anche se poi li scopriamo essere dei nobili albanesi...*

24 Yirmi dördüncü ders

Ergin Bey Avrupa'da

1 – **Mer**haba Ersun. Karde**şin ne**relerde ①?
2 – Bir**kaç** defa ara**dım**, telefo**nu** ② cevap **ver**medi ③.
   Önem**li** bir **şey** için görüş**mek** istiyordum.
3 – Er**gin** Avru**pa**'da.
4 – Öyle **mi**? Haberim **yok**tu.
5 – Bi**li**yorsun **dış** alım sa**tım** ya**pı**yor. O**nun** i**çin sık** sık ④ dışarı**ya** ⑤ gidiyor.
6 – **Ne** zaman döne**cek** ⑥?
7 – Hafta**ya** ⑦ **bu**rada ola**cak**.
8 – **Yi**ne Paris'e mi gitti? ⑧

Note

① **nere-ler-de**, *in quali posti*. Avete già trovato **nereler** alla lezione 20, frase 11: **nereleri gezdiniz?**, *quali posti avete visitato?* Si sarebbe potuto usare **nere-de**, al singolare, ma il plurale in questo contesto dà una maggiore idea di curiosità: *dove può trovarsi?*

② **telefon-u**, *il suo telefono* (v. lezione 22, nota 1).

③ **ver-me-di**: ricordatevi la costruzione della forma negativa del verbo al passato, che abbiamo visto alla nota 4 della lezione precedente.

④ **sık sık**: l'aggettivo **sık**, *fitto*, *folto*, *frequente*, se raddoppiato significa *frequentemente, spesso*. **Sık sık görüşmek** vuol dire *frequentarsi*.

⑤ **dışarı-y-a**: **dışarı** significa *fuori*, *l'esterno* e quindi, per estensione, *l'estero*.

⑥ Ed eccoci arrivati al futuro! Per formare la terza persona singolare di questo tempo, bisogna aggiungere **-ecek** e **-acak** alla radice verbale. I suffissi delle altre persone li vedremo più avanti. Il futuro di **dön-mek** è **dön-ecek**; di **görüş-mek**, **görüş-ecek**; di **ol-mak**, **ol-acak** e di **kal-mak**, **kal-acak** (v. frasi 6, 7 e 9).

Ventiquattresima lezione 24

Ergin Bey è in Europa

1 – Buongiorno, Ersun. Dove è tuo fratello?
2   L'ho chiamato più volte, ma non risponde *(telefono-suo risposta non-ha-dato)*.
    Volevo vederlo per una cosa importante.
3 – Ergin è in Europa.
4 – Davvero *(Così* **mi***)*? Non ne avevo idea *(Notizia-mia non-c'era)*.
5 – Sai [che] fa dell'import-export. Per questo va spesso all'estero.
6 – Quando tornerà?
7 – Sarà qui tra una settimana.
8 – Di nuovo a Parigi è andato?

⑦ **hafta-y-a**, *tra una settimana*: questo complemento di tempo viene espresso semplicemente mettendo **hafta** al dativo. Allo stesso modo si dirà **sene-ye**, *tra un anno, l'anno prossimo*.

⑧ Come vedete, se l'interrogazione concerne un'altra parola della frase, la particella interrogativa non si colloca necessariamente all'interno o dopo il verbo: **Yine Paris'e mi gitti?**, *Di nuovo a Parigi è andato?* **Yine mi Paris'e gitti?** significherebbe invece *Di nuovo è andato a Parigi?* In **Uçakla mı gitti?** l'interrogazione insiste su **uçak** e potrebbe essere resa così: *È in aereo che ci è andato?* (v. frase 10).

9 – **Hay**ır, **bu** de**fa** ⑨ **Brüksel'de** ve **Mü**nih'te kala**cak**.
Oralar**da** toplantı**ları** var ⑩. **Ba**zı şirket**ler**le görüşecek.
10 – Uçak**la** mı gitti?
11 – **Hay**ır, **bu** se**fer** ken**di** arabas**ıy**la yola çıktı, **çünkü** bir**kaç** yere da**ha** uğramak is**ti**yordu.

Note

⑨ **defa** e **sefer** (v. frase 11), *volta*, hanno lo stesso significato e possono dunque essere usati come sinonimi. Attenzione però, **sefer** significa anche *viaggio, corsa* e *navigazione*.

***

1. alıştırma – Çeviriniz

❶ Ona cevap vermedik. ❷ Kardeşi beni aramadı. ❸ Annesi ne zaman dönecek? ❹ Kardeşi Münih'te kaç gün kalacak? ❺ Dün yolda bir arkadaşa rastladım. ❻ Telefonu cevap vermiyor. ❼ Kendi arabasıyla yola çıkmak istiyordu, fakat olmadı.

2. alıştırma – Tamamlayınız

❶ Dove sono i suoi fratelli?
. . . . nerelerde?

❷ Volevo incontrarmi con alcune società.
Bazı . . . . görüşmek . . . .

❸ Suo fratello sarà qui tra una settimana.
Kardeşi . . . . burada . . . .

❹ È andato ancora a Istanbul?
Yine . . . . gitti?

9 – No, stavolta andrà (*starà*) a Bruxelles e a Monaco.
   Ha delle riunioni là e s'incontrerà con alcune società.
10 – È andato in aereo?
11 – No, questa volta viaggia *(strada-a è-uscito)* con la sua *(propria)* macchina, perché voleva passare per qualche altro posto.

▸ ⑩ **toplantı-lar-ı**, *le sue riunioni*; **toplantıları var**, *ha delle riunioni*. Il possessivo seguito da **var** traduce il verbo *avere* in italiano (v. lezione 19, nota 3).

***

Soluzioni dell'esercizio 1
❶ Non gli abbiamo risposto. ❷ Suo fratello non mi ha chiamato. ❸ Quando tornerà sua madre? ❹ Quanti giorni starà a Monaco suo fratello? ❺ Ieri ho incontrato un amico per strada. ❻ Non risponde al telefono. ❼ Voleva andare in viaggio con la sua macchina, ma non è andata così.

❺ Bisogna passare per qualche posto.
   Birkaç . . . . uğramak . . . . . .

❻ Per questo fa dell'import-export.
   . . . . için . . . . yapıyor.

❼ Questa volta è andato con la sua *(propria)* macchina?
   Bu . . . . arabasıyla . . gitti?

Soluzioni dell'esercizio 2
❶ Kardeşleri – ❷ – şirketlerle – istiyordum ❸ – haftaya – olacak ❹ – İstanbul'a mı – ❺ – yere – lazım ❻ Onun – dış alım satım – ❼ – sefer kendi – mı –

25 Yirmi beşinci ders

Doktorda ①

1 – Şikayet**iniz ne**dir, efendim?
2 – İki gün**dür** be**lim** ② ağrıyor, dik du**ra**mıyorum ③, Doktor bey.
3 – Üşüttü**nüz** ④ her halde, ya **da** yan**lış** bir hare**ket** yaptınız.
4 – **Bil**miyorum. Fark **et**medim ⑤... Evet, şimdi hatırlıyorum. **Önceki gün** iske**le**de **bir** saat nişan**lımı** ⑥ bekledim.
5   **Çok** rüzgar vardı. Sonra diskote**ğe** gittik. **Ora**da bana **çok** zor figür**ler** yaptırdı ⑦.
6   Şim**di** bana **ne** ilaç veriyorsunuz, Doktor **bey**?

Pronuncia
1 šikiayet**iniz** ... 5 ... ru**e**zghiar ...

Note

① **doktor-da**, *dal dottore*. *Andare dal dottore* si dice **doktor-a gitmek**. Di solito il medico dà al *malato*, **hasta**, una *prescrizione*, **reçete**, per comprare dei *farmaci*, **ilaç** (v. frasi 6 e 7).

② **bel-im**: **bel**, *la vita, il fianco, i reni*.

③ **dur-a-mı-yorum**: **dur-u-yorum**, *sto* → **dur-mu-yorum**, *non sto*; aggiungendo una **a** alla forma negativa, si ottiene il senso di *non potere*, da cui: *non posso stare, non riesco a stare*. Tale **a** provoca il cambiamento della vocale nella particella negativa. Ricordate che il gruppo di suffissi che rendono l'idea di *non potere* è **-a-mı-** per i verbi con l'infinito in **-mak**; **e-mi-** è invece quello dei verbi con l'infinito in **-mek**.

④ **üşüt-tünüz**: passato di **üşütmek**, *prendere freddo, raffreddarsi*. **Üşümek**, *aver freddo*.

Venticinquesima lezione 25

Dal dottore

1 – Cosa lamenta *(Lamento-vostro quale-è)*, signore?
2 – Ho male ai reni da due giorni *(reni-miei dolgono)*, non riesco a stare dritto, dottore.
3 – Probabilmente ha preso freddo, oppure ha fatto un movimento sbagliato.
4 – Non so. Non me ne sono accorto *(Non-ho-scorto)*… Sì, adesso mi ricordo. L'altro giorno *(Prima-che giorno)*, ho aspettato per un'ora la mia fidanzata al molo.
5   C'era molto vento. Poi siamo andati in discoteca. Là mi ha fatto fare delle mosse molto difficili.
6   Dunque *(Adesso)*, che farmaco mi dà, dottore?

⑤ **fark etmek** vuol dire *discernere, scorgere*; **fark** significa *differenza, divario, disparità*.

⑥ **nişan-lı-m-ı**: **nişan** significa *fidanzamento* e **nişan-lı**, *fidanzata, fidanzato*. Nel nostro caso la parola è seguita dal possessivo e dall'accusativo. Siamo dunque in presenza di una successione di tre suffissi!

⑦ **yap-tır-dı**, *ha fatto fare*; la particella a valore fattitivo **-tır-**, **-dır-**, con le sue varianti vocaliche **-dir-**, **-dür-**, **-dur-**, si colloca tra la radice e la desinenza del tempo verbale. **Ye-mek**, *mangiare*; **yedirmek**, *far mangiare*.

7 – Size ilaç **ver**miyorum. Yal**nız**, kendiniz**i** ⑧ sı**cak** tutun.

8　**Bir de** bun**dan** son**ra** onu **bu** kadar bek**le**meyin ve din**le**meyin ⑨.

***

9　Bir **genç** kızla anne**si** ⑩ dokto**ra** gidiyorlar.
10　Dok**tor genç** kıza:
11 – So**yu**nun lütfen, kü**çük** hanım.
12　Anne:
13 – Hasta o **değ**il, **ben**im, Doktor bey.
14 – Öyle mi? Diliniz**i** çıkarın lütfen, ha**nım**efendi.

Osservazioni sulla pronuncia
13 benim: Attenzione, pronunciate *[benim]* ponendo l'accento sulla prima sillaba, poiché **-im** è qui il verbo *essere* e non un caso. Accentuando invece **benim** sulla seconda sillaba, avremmo il genitivo di **ben**, che equivale al possessivo "mio".

Note
⑧ Avete già trovato **kendi** col senso di *proprio, sé*: **kendi arabasıyla**, *con la sua (propria) macchina* (v. lezione 24, frase 11). Unito al possessivo, si traduce col pronome personale seguito da "stesso": **kendi-n**, *te stesso*; **kendi-niz**, *voi stessi* ecc.; inoltre è possibile aggiungere dei casi, come qui l'accusativo: **kendi-niz-i**. Stessa cosa per **dil-iniz-i** (v. frase 14).

***

1. alıştırma – Çeviriniz
❶ Bir haftadır evde oturamıyoruz, çünkü onarım var. ❷ İskelede annemi beklemedim. ❸ Şikayeti vardı. Doktora gitti. ❹ Bize yanlış bir hareket yaptırdınız. ❺ Kendimizi sıcak tutalım. ❻ Küçük hanım, annenizi dinleyin, soğukta arkadaşlarınızı beklemeyin.

7 – Non le do farmaci. Solamente, stia al caldo *(voi-stesso-[accus.] caldo tenete)*.
8   In più, da adesso in poi *(questo-da dopo)*, non la aspetti più e non la ascolti più a tal punto.

***

9   Una giovane ragazza va dal dottore con sua madre *(Una giovane ragazza-con madre-sua dottore-a vanno)*.
10 Il dottore [dice] alla giovane ragazza:
11 – Prego si spogli, signorina *(piccola signora)*.
12 La madre:
13 – La malata non è lei, sono io, dottore.
14 – Davvero? Prego tiri fuori la lingua *(lingua-vostra-[accus.] tirate-fuori)*, signora.

⑨ **bekle-me-y-in** è la seconda persona plurale dell'imperativo di **bekle-mek** alla forma negativa: la particella negativa **-me-** si interpone fra la radice e la desinenza di **bekle-y-in**. **Dinle-me-y-in**, da **dinlemek**, si forma allo stesso modo.

⑩ **bir genç kızla annesi** forma un unico gruppo soggetto al plurale, per questo il verbo è al plurale.

***

Soluzioni dell'esercizio 1

❶ Non abitiamo più in casa da una settimana, perché ci sono dei lavori di restauro. ❷ Non ho aspettato mia madre al molo. ❸ Aveva un dolore *(un lamento)*. È andato dal dottore. ❹ Ci avete fatto fare un movimento sbagliato. ❺ Teniamoci al caldo. ❻ Signorina, ascolti sua madre, non aspetti i suoi amici al freddo.

2. alıştırma – Tamamlayınız

❶ Cosa lamenta, signore?
............., efendim?

❷ Non sappiamo. Non ci siamo accorti.
.... Fark ....

❸ L'altro giorno ho aspettato il mio fidanzato per quattro ore.
...... gün .... dört .... bekledim.

❹ D'ora in poi, non l'ascolti più a tal punto.
...... sonra, ... bu kadar ....

Esercizio supplementare

Dopo aver letto con attenzione questa lezione e le note che l'accompagnano, coniugate i verbi **çıkarmak**, **yapmak**, **etmek**, **beklemek** *e* **tutmak** *al presente alla forma affermativa, alla forma negativa e poi a quella che esprime l'impossibilità (alla stessa persona delle frasi presentate nella lezione).*

Poi coniugate i verbi **durmak**, **hatırlamak**, **gitmek**, **vermek** *e* **dinlemek** *alle due persone dell'imperativo alla forma affermativa e negativa. Qui di seguito trovate le soluzioni. Mi raccomando, non sbirciate prima di aver dato le risposte! Vedrete, ne vale la pena...*

Infinito	Presente		
	Forma affermativa	Forma negativa	Impossibilità
çıkarmak	çıkarıyor	çıkarmıyor	çıkaramıyor
yapmak	yapıyorsunuz	yapmıyorsunuz	yapamıyorsunuz
etmek	ediyorum	etmiyorum	edemiyorum
beklemek	bekliyorum	beklemiyorum	bekleyemiyorum
tutmak	tutuyorsunuz	tutmuyorsunuz	tutamıyorsunuz

❺ La malata non è lei, sono io.
   Hasta o ....., ...

❻ Una giovane ragazza e sua madre vanno dal dottore.
   Bir genç .... doktora ....

Soluzioni dell'esercizio 2
❶ Şikayetiniz nedir – ❷ Bilmiyoruz – etmedik ❸ Önceki – nişanlım – saat – ❹ Bundan – onu – dinlemeyin ❺ – değil benim ❻ – kızla annesi – gidiyorlar

Infinito	Imperativo seconda persona singolare		Imperativo seconda persona plurale	
	Aff.	Neg.	Aff.	Neg.
durmak	dur	durma	durun(uz)	durmayın(ız)
gitmek	git	gitme	gidin(iz)	gitmeyin(iz)
hatırlamak	hatırla	hatırlama	hatırlayın(ız)	hatırlamayın(ız)
vermek	ver	verme	verin(iz)	vermeyin(iz)
dinlemek	dinle	dinleme	dinleyin(iz)	dinlemeyin(iz)

26 Yirmi altıncı ders

Tembel öğrenci

1 Bir or**ta** o**kul**; üçün**cü** sını**fta** ① birin**ci** dö**nem** ② bit**mek** üzere.
2 Öğret**men** ③ öğrenciler**den** çok memnun, onla**rı** sevindir**mek** ④ istiyor.
3 – Çocuk**lar**, gele**cek** haf**ta** ti**ya**troda tari**hi** bir oy**un** var. Gör**mek** isteyen ⑤ **var** mı?
4 – Evet, Hocam. Konu**su** ⑥ **ne**?
5 – De**li** İbrahim. Ge**çen** ay si**ze bu** padişah**tan** **söz** ettim, hatır**lı**yorsunuz. Sekreterli**ğe** yirmi ta**ne** bi**let** bıraktım.

Note

① **orta okul üçüncü sınıf**, l'ottavo e ultimo anno di **ilk oğretim okulu**. Per l'organizzazione della scuola in Turchia, ritornate alla lezione 17, nota 12.

② **dönem** ha il senso generale di *ciclo, epoca, fase*. Qui designa i due semestri in cui è diviso l'anno scolastico turco, i quali sono separati da quindici giorni di vacanze, che cadono di solito in febbraio.

③ **öğretmen**, *insegnante, docente* deriva da **öğretmek**, *insegnare* a sua volta fattitivo irregolare di **ögrenmek**, *imparare*. Tale termine designa indifferentemente i *maestri* di scuola elementare o i *professori* di scuola media e liceo. I bambini delle elementari si rivolgono all'insegnante chiamandolo **öğretmenim** mentre gli alunni delle scuole secondarie chiamano i loro professori **hocam**, *mio maestro* (v. frase 4). **Hoca**, che abbiamo già trovato alla lezione 8, designa l'autorità religiosa di un villaggio o di un quartiere; per estensione, prende anche il senso di *maestro*.

Ventiseiesima lezione 26

L'alunno scansafatiche

1 In una classe di terza media, il primo semestre *(ciclo)* sta per terminare.
2 La professoressa è molto contenta degli alunni e vuole ricompensarli *(allietarli)*.
3 – Ragazzi, la settimana prossima c'è uno spettacolo a tema storico a teatro. C'è qualcuno che vuole vederlo *(vedere che-vuole c'è* **mı***)*?
4 – Sì, professoressa *(maestra-mia)*. Di cosa parla *(soggetto-suo che)*?
5 – [Di] Ibrahim il pazzo. Il mese scorso vi ho parlato di questo sultano, vi ricordate. Ho lasciato venti biglietti in segreteria.

▶ ④ **sevin-mek**, *amare qualcosa, gioire* ma anche *consolarsi*; **sevin-dir-mek**, *rallegrare, allietare* e quindi in determinati contesti *accontentare, ricompensare*. Per la particella **dir** a valore fattitivo, v. lezione 25, nota 7. Avrete certamente notato che questo verbo regge l'accusativo.

⑤ **Isteyen** e **isteyenler** (v. frasi 3 e 6) sono due forme verbali utilizzate come sostantivi. Il primo, in quanto indeterminato non ha la desinenza del plurale; il secondo, determinato, è invece seguito da **-ler**. Alla frase 7, **gören** rende una subordinata relativa.

⑥ **konu-su**, *il suo soggetto*. Dopo **-si**, **-sı** ecco un'altra variante del possessivo alla terza persona singolare.

6 Gelmek isteyenler biletleri oradan alacaklar ⑦.
   Yarın para getirmeyi unutmayın ⑧.
7 Oyunu gören öğrenciler bu konuda bir ödev yapıp ⑨, tatilden sonra bana verecekler.
8 Arka sıradan bir öğrenci parmak kaldırıyor:
9 – Efendim, ben gelmekten vazgeçtim ⑩. □

Note

⑦ **al-acak-lar** e **ver-ecek-ler** (v. frase 7) sono alla terza persona plurale del futuro (v. lezione 24, nota 6).

⑧ **getir-me-y-i unut-mayın**, *non dimenticate di portare*, letteralmente "il fatto di portare": **getir-me** è il verbo sostantivato (forma che rappresenta l'azione del verbo e si comporta come un nome) di **getir-mek**. Nel nostro caso è all'accusativo. Per ciò che concerne **unutmayın**, v. lezione 25, nota 9.

⑨ **yapıp** sostituisce **yapacaklar** (v. lezione 16, nota 4).

⑩ **vazgeçmek** regge un nome o un infinito all'ablativo. Come abbiamo già visto alla nota 3 della lezione 16, in certi casi il passato turco si rende col presente italiano.

***

1. alıştırma – Çeviriniz

❶ Çocukları sevindirmek için, gelecek hafta tiyatroya davet edeceğim. ❷ Bu oyunu görmek isteyenler bana haber verecekler. ❸ Tiyatroda yeni bir oyun olacak; konusu Deli İbrahim. ❹ Çocuklar, ödevi yapmayı unutmayın. ❺ Biletlerinizi evde bırakmayın. ❻ Ben, tiyatroya gitmekten vazgeçtim.

6 Quelli che vogliono venire *(Venire che-vogliono)* prenderanno là i biglietti; non dimenticate di portare i soldi domani.
7 Gli alunni che vedono lo spettacolo faranno un compito su questo tema e me [lo] consegneranno dopo le vacanze.
8 Dal fondo della classe *(Dietro fila-da)*, un alunno alza la mano *(il-dito)*:
9 – Signora, io rinuncio a venire *(venire-da ho-rinunciato)*.

***

Soluzioni dell'esercizio 1
❶ Per far piacere ai ragazzi, li inviterò a teatro la settimana prossima. ❷ Quelli che vogliono vedere questo spettacolo me lo comunicheranno. ❸ Ci sarà un nuovo spettacolo a teatro su Ibrahim il pazzo. ❹ Ragazzi, non dimenticate di fare i compiti. ❺ Non lasciate a casa i vostri biglietti. ❻ Io rinuncio ad andare a teatro.

2. alıştırma – Tamamlayınız

1 A scuola, il primo semestre volge al termine.
Okulda .... dönem ....

2 Il professore non è contento degli alunni.
Öğretmen .... memnun ......

3 Non vuole accontentarli.
...... sevindirmek ....

4 Vi ho parlato di questo sultano il mese scorso.
..... ay .... bu .... söz ettim.

5 Gli alunni prenderanno i biglietti in segreteria.
Öğrenciler .... sekreterlikten ....

6 I ragazzi faranno un compito su questo tema e me lo consegneranno dopo le vacanze.
Çocuklar bu ...... bir ödev ....., ...
sonra bana ....

27 Yirmi yedinci ders

Köyde ①

1 – **Hoş** geldiniz, **bey**efendi.
2 – **Hoş** bulduk, Muhtar ②. **Ne** var ne **yok**?

Note

① **köy** designa *il villaggio* e in certi contesti *la campagna*. Per esempio **Ahmet nerede oturuyor, şehirde mi? – Hayır, köyde.** *Dove abita Ahmet, in città? – No, in campagna / in un villaggio.* La risposta è vaga e può ammettere le due traduzioni. Quando invece si dice **Köye gidiyorum**, significa *vado al [mio] villaggio.*

② Il **muhtar** è *il sindaco* di un villaggio o di un quartiere di una grande città.

❼ L'alunno pigro alza la mano.
...... öğrenci parmak ....

Soluzioni dell'esercizio 2
❶ – birinci – bitmek üzere ❷ – öğrencilerden – değil ❸ Onları – istemiyor ❹ Geçen – size – padişahtan – ❺ – biletleri – alacaklar ❻ – konuda – yapıp tatilden – verecekler ❼ Tembel – kaldırdı

Deli İbrahim *passa la sua gioventù nel* **kafes**, *un'ala del palazzo dove venivano imprigionati gli eredi al trono per evitare che dei ribelli tentassero di contestare un sovrano regnante usando un erede al trono per legittimare la rivolta. Quando accede al trono, la salute mentale di* **İbrahim** *è compromessa dagli anni passati in prigione. Il governo viene dunque assicurato dalla madre, la* **Valide Sultan**, "regina madre".

Ventisettesima lezione 27

Al villaggio

1 – Benvenuto, signore.
2 – La ringrazio *(gradevole abbiamo-trovato)*, sindaco. Che si dice di nuovo? *(che c'è che non-c'è)*

3 – İyilik, sağlık ③. **Ne** zaman geld**iniz**?
4 – **Dün** akşam. **Bir** hafta kal**ıp** döne**ce**ğ**im** ④.
    Bu sene ür**ün na**sıl?
5 – **Geçen** sene**den** da**ha** kötü. Yağmur
    yağmadı ⑤, bili**yor**sunuz.
6 – Hayvan**lar na**sıl?
7 – On**lar** da **pek** iyi değil. Ku**rak** bir
    kış geçirdik. **Ot** yok. Hayvan**lar** iyi
    besle**ne**medi ⑥. **Çok** yavru **ver**mediler.
8 – **Ney**se, yakında çoban**lar** sürü**leri** yay**laya**
    götürecekler, değ**il** mi? ⑦
9 – **E**vet, fa**kat** oralar**da** da eski**si** kadar ⑧ **ot**
    yok. Siz**in** İstan**bul** ⑨ **na**sıl?

Note

③ **iyilik, sağlık**, lett. "bontà, salute", significa *bene [e in] salute*. **İyilik, sağlık** è una delle risposte possibili alla domanda **Ne var ne yok?**, **Ne haber?**, *Che novità ci sono?* (v. lo schema con le espressioni alla fine della lezione).

④ **döneceğim**, ossia **dönecek + im**, con la **k** che diventa **ğ** davanti a una vocale; **-im** per i verbi in **-mek** e **-ım** per quelli in **-mak** è il suffisso della prima persona singolare al futuro: **kal-mak, kal-acağım; ara-mak, ara-y-acağım** (v. frase 12).

⑤ **yağmur yağmak**, *piovere* (lett. "pioggia piovere"); questo genere di verbi composti da un nome e un verbo della stessa radice è frequente. Pensate a **yemek yemek**, *mangiare*.

⑥ **beslen-e-me-di**: dal verbo **beslenmek**, passivo di **beslemek**, *nutrire*. Affronteremo più avanti la formazione del passivo. Al verbo al passato **beslen-di**, *è stato nutrito,* si aggiunge la negazione **me** preceduta da una **e**, che indica la nozione di *non potere*. Questa particella la avete già trovata sotto forma di **a** in **dur-a-mı-yorum** (v. lezione 25, nota 3). Per il passato, userete dunque **-emedi** per i verbi in **-mek** e **-amadı** per quelli in **-mak**. ▶

3 – Va tutto bene *(Bontà, salute)*. Quando è arrivato?
4 – Ieri sera. Resto una settimana e poi riparto *(ripartirò)*. Come sarà il raccolto quest'anno?
5 – Peggiore dell'anno scorso. Sa, non ha piovuto.
6 – E gli animali *(animali come)*?
7 – Pure per loro non va molto meglio. Abbiamo passato un inverno secco [e] non c'è erba. Gli animali non hanno potuto essere nutriti bene [e] non hanno dato [alla luce] molti cuccioli.
8 – Meno male che i pastori a breve porteranno le greggi sugli altipiani, non è vero?
9 – Sì, ma anche lassù non c'è più l'erba di una volta… E la sua Istanbul, com'è?

▶ ⑦ In estate, i pastori portano le greggi a pascolare in altura, nei **yayla** vicini ai loro villaggi.

⑧ **eskisi kadar** significa letteralmente "antico-suo quanto", ossia *tanto quanto un periodo antico*, anteriore ai giorni d'oggi.

⑨ **sizin İstanbul**, *la vostra Istanbul*: l'uso di **sizin** (v. lezione 21, § 7) dà un'accezione familiare alla frase. Allo stesso modo, dicendo **bizim köy** invece di **köyümüz**, si aggiunge un'idea di affezione: *il nostro villaggio (che amiamo)*. **"Bizim köy"** è per l'appunto il titolo di un romanzo del 1950 dello scrittore turco **Mahmut Makal**. L'opera, che ebbe una risonanza internazionale e venne tradotta in italiano nel 1969 col titolo "Indagine su un villaggio in Anatolia", fece scalpore al momento della pubblicazione e valse all'autore un periodo di carcere. In essa, viene affrontata la situazione di estremo disagio economico e sociale vissuta dai contadini turchi nell'immediato dopoguerra.

10 – İstanbul'u hiç sormayın: kalabalık, gürültü ve kirli havadan başka bir şey yok. Köyü her zaman arıyorum ⑩.

11 – Peki öyleyse neden burada oturmuyorsunuz?

12 – O zaman da tiyatroları, eğlenceleri ve Boğaz'daki lokantaları arayacağım, bunu çok iyi biliyorum.

Note

⑩ **aramak**, che significa *cercare*, vuol dire anche *chiamare al telefono* (v. lezioni 18 e 24). Questo verbo può avere anche un ulteriore significato: *avere nostalgia, sentire la mancanza*. Infatti se qualcosa vi manca, voi cosa fate? La *cercate*!

***

1. alıştırma – Çeviriniz

❶ Haftaya İstanbul'a gidip dönecekler. ❷ Ben sürüleri yaylaya götüreceğim. ❸ Kurak bir kış ve sıcak bir yaz geçirdik. ❹ Bu yıl ürün geçen seneden daha iyi. ❺ Köyü arıyoruz, çünkü iki yıldır oraya gidemedik. ❻ Burada gürültüden başka bir şey yok. ❼ Hayvanlar çok yavru veremedi.

2. alıştırma – Tamamlayınız

❶ Benvenuta, signora. – Grazie, signore.
Hoş . . . . , hanımefendi. – Hoş . . . . . . ,
beyefendi.

❷ Lassù, non c'è tanta erba quanto una volta.
. . . . , ... kadar . . yok.

❸ Non mi parli di Ankara!
Ankara' . . hiç . . . . !

❹ Mi mancheranno i ristoranti sul Bosforo.
Boğaz' . . . . lokantaları . . . .

10 – Non mi parli di Istanbul *(Istanbul-[accus.] perniente non-domandate)*: non c'è altro che ressa, rumore e aria inquinata. Ho sempre nostalgia del villaggio.
11 – Allora se è così, come mai non vive qui?
12 – Perché altrimenti *(in quel caso)* mi mancherebbero i teatri, gli svaghi e i ristoranti sul Bosforo *(e Bosforo-in-che ristoranti-[accus.] cercherò)*, lo so molto bene.

***

Soluzioni dell'esercizio 1
❶ Tra una settimana andranno a Istanbul, [poi] torneranno. ❷ Io porterò le greggi sugli altipiani. ❸ Abbiamo passato un inverno secco e un'estate calda. ❹ Quest'anno il raccolto è migliore dello scorso anno. ❺ Ci manca il villaggio, perché non ci siamo potuti andare da due anni. ❻ Qui non c'è altro che rumore. ❼ Gli animali hanno dato alla luce molti cuccioli.

❺ Che c'è di nuovo? – Va tutto bene.
Ne var .. . . . . ? – İyilik . . . .

❻ Quest'anno non ha piovuto.
Bu . . . . , yağmur . . . .

❼ La sua Istanbul, come va?
. . . . . İstanbul . . . . . ?

Soluzioni dell'esercizio 2
❶ – geldiniz – bulduk – ❷ Oralarda eskisi – ot – ❸ – yı – sormayın ❹ – daki – arayacağım ❺ – ne yok – sağlık ❻ – sene – yağmadı ❼ Sizin – nasıl

In questa lezione avete trovato varie formule per salutarsi, utili nella vita quotidiana in Turchia. Ve le riassumiamo nello schema seguente, insieme anche a quelle che avete già incontrato nelle lezioni precedenti:

Quando ci si incontra:	Quando ci si accomiata:
Merhaba!, Ciao!	**Hoşça kal(ın)**, Stammi bene / Stia bene
Günaydın, Buongiorno *(al mattino)* **İyi günler**, Buongiorno	**İyi günler**, Buona giornata, arrivederci
İyi akşamlar, Buonasera	**İyi akşamlar**, Buona serata **İyi geceler**, Buona notte

Per accogliere qualcuno:	Risposta:
Hoş geldin(iz), Benvenuto/i	**Hoş bulduk**

e si dice **güle güle** *a chi se ne va.*

---

28 Yirmi sekizinci ders

Gözden geçirme – *Ripasso*

Le competenze che avete già acquisito nelle ultime sei lezioni vi permettono certamente di sentirvi un po' più a vostro agio con i meccanismi della lingua turca. Una volta assimilati anche l'armonia vocalica e il sistema dei suffissi, potrete veramente ritenere di aver raggiunto una tappa importante, che vi permetterà di navigare col vento in poppa verso nuovi lidi! Rivediamo rapidamente gli aspetti grammaticali più rilevanti di quest'ultima serie di lezioni.

1 I possessivi

• Con le terze persone singolare e plurale, conoscete finalmente tutte le forme dei possessivi.
La terza persona singolare del possessivo ha due forme, in **-si** o in

Dopo i saluti, le domande:	Risposta:
Nasılsın(ız), Come stai, Come sta(te)?	**İyiyim**, Sto bene **Teşekkür ederim**, Grazie
Ne var ne yok?, Come va / Che c'è di nuovo?	**İyilik sağlık**, Tutto a posto / Va tutto bene
Ne haber?, Che novità ci sono?	**Sağol(un)**, Grazie

Se doveste rispondere che non va molto bene, allora vi diranno:
Geçmiş olsun!, *Che passi (sia passato)!*

Ora siete pronti a tenere banco in una conversazione!

Da qualche decennio la Turchia conosce una forte ondata di migrazioni dalla campagna verso la capitale Ankara, ma soprattutto verso Istanbul, che vive uno sviluppo frenetico e continuo. Gli stambulioti non vanno quasi mai in campagna, a meno che non vi abbiano la famiglia, ma per le vacanze preferiscono di gran lunga il mare!

Ventottesima lezione 28

-i a seconda che la parola finisca per vocale o per consonante; al plurale, il possessivo è in **-i** o in **-ı**.
Lo schema seguente riassume la casistica possibile:

Singolare				Plurale
anne-si	*sua madre*	**iş-i**	*il suo lavoro*	**iş-leri**
sürü-sü	*il suo gregge*	**köy-ü**	*il suo villaggio*	**köy-leri**
kapı-sı	*la sua porta*	**kız-ı**	*sua figlia*	**kız-ları**
tablo-su	*il suo quadro*	**yol-u**	*la sua strada*	**yol-ları**

Il plurale prevede dunque solo due forme: **-leri** e **-ları**.
Attenzione, la forma **işleri** significa *i suoi lavori* o *i lavori* all'accusativo. Il contesto vi aiuterà a capire di che costruzione si tratta.

• La terza persona del possessivo serve anche a formare il complemento di specificazione, che avete già trovato in **pazartesi günü**, "il giorno di lunedì". Allo stesso modo **posta/mektup kutusu** "la cassetta della posta/delle lettere".
Ev kapısı significa *una porta di casa*, ma non siete ancora in grado di dire *la porta della casa*: perché? Nessuna anticipazione, lo vedremo più avanti…

2 Il futuro

Questo tempo verbale si forma a partire dai suffissi **-(y)ecek**, **-(y)acak** che fungono anche da terza persona singolare. A essi vengono aggiunte le desinenze del verbo *essere*:

gör-mek	**al-mak**
gör-eceğ-im	al-acağ-ım
gör-ecek-sin	al-acak-sın
gör-ecek	al-acak
gör-eceğ-iz	al-acağ-ız
gör-ecek-siniz	al-acak-sınız
gör-ecek-ler	al-acak-lar

Secondo la regola eufonica che ormai conoscete bene, la **k** finale diventa **ğ** davanti a una vocale, come in **alacağım** o in **alacağız**. Se la radice verbale termina per vocale, si interpone una **y**: **anla-y-acak**, **bekle-y-ecek**.
I suffissi **-ecek**, **-acak**, significano per estensione *destinato a*. Un verbo a questa forma verbale può dunque essere usato anche solo come un nome: **yiyecek**, *destinato a (essere) mangiato*. **Yiyecek kalmadı**, *Non resta più niente da mangiare*.

3 La forma negativa dei verbi

- Conoscevate già la forma negativa del presente attuale in -(i)yor, che è -m(i)-yor. Adesso potete esprimere anche la nozione di *non potere*, aggiungendo una **e** o una **a** prima della negazione.

gel-i-yor	**gel-mi-yor**	**gel-e-mi-yor**
viene	*non viene*	*non può venire*
dur-u-yor	**dur-mu-yor**	**dur-a-mı-yor**
si ferma	*non si ferma*	*non può fermarsi*

Esistono solo due forme: **-emi** e **-amı**. La prima per i verbi la cui ultima vocale è **i, e, ö, ü**, la seconda per i verbi la cui ultima vocale è **a, ı, o, u**.

- Per i verbi al passato, la negazione è **-me-di** e **-ma-dı**:
gel-di, *è venuto*   **gel-me-di**, *non è venuto*
al-dı, *ha preso*   **al-ma-dı**, *non ha preso*

- Per esprimere un'azione con soggetto *nessuno*, si usa **kimse** seguito da un verbo alla forma negativa: **dün kimse gelmedi**, *ieri nessuno è venuto / non è venuto nessuno*.

- Per ciò che concerne la forma negativa dell'imperativo, avete imparato le seconde persone singolare e plurale:
ver-me, *non dare*   **ver-me-y-in**, *non date*
bak-ma, *non guardare*   **bak-ma-y-ın**, *non guardate*

Come nel caso di **veriniz** e **bakınız**, **vermeyiniz** e **bakmayınız** sono delle forme forbite, più consone alla lingua scritta, rispetto agli equivalenti **vermeyin** e **bakmayın**, propri della lingua parlata.

28 • Ecco uno schema riassuntivo dei tempi verbali citati, alla forma affermativa e negativa:

RADICE	INFINITO	PRESENTE ATTUALE			PASSATO			IMPERATIVO seconda pers. singolare		IMPERATIVO seconda pers. plurale		
		A	N	IP	A	N	IP	A	N	A		N
bil- gel- gör- düş-	mek	i ü	-m- iyor -m- üyor	e-mi-yor ⎤⎦	-di -dü	e-me-di ⎤⎦		radice	me	-in -ün	⎤⎦	-meyin
kal- yık- koş- bul-	mak	ı u	-m- ıyor -m- uyor	a-mı-yor ⎤⎦	-dı -du	a-ma-dı ⎤⎦		radice	ma	-ın -un	⎤⎦	-mayın

A = Forma affermativa – **N** = Forma negativa – **IP** = Impossibilità

4 Forma verbale composta dalla radice + -en, -an

La forma verbale composta dalla radice seguita da **-en** oppure **-an** (v. lezione 21, § 5), può anche essere usata come nome. In tal caso presenta anche la versione plurale (**isteyenler**, *quelli che vogliono*) e può ovviamente essere declinata ai vari casi.

5 Il verbo sostantivato

Il verbo sostantivato si forma aggiungendo alla radice i suffissi **-me**, **-ma**. Per esempio **getir-me** da **getir-mek**, *portare*, significa "l'azione di portare" o più semplicemente *il portare*. In quanto nome si declina, come in **getir-me-y-i** (v. lezione 26, nota 8) e regge anche i suffissi del possessivo. **Al-ma** è la versione sostantivata di **al-mak**. **Ekmek almayı unutma** significa dunque *Non dimenticare di comprare il pane*.
Pensate anche alla lezione 6: **soru sor-maya başlıyor**, *comincia a fare domande*. **Sor-ma-y-a** è un verbo sostantivato al dativo.

6 Il fattitivo

La particella **-dir-**, aggiunta alla radice, forma dei verbi derivati a valore fattitivo *(far fare)*: **bil-mek**, *sapere*, **bil-dir-mek**, *far sapere*. La vocale di **-dir-** è variabile: **dolmak**, *riempirsi*, **dol-dur-mak**, *riempire*. Per ragioni eufoniche, dopo le otto consonanti sorde si usa **-tir-**: **yap-mak**, *fare*, **yap-tır-mak**, *far fare* (v. lezione 25, nota 7). **Öğre-t-mek**, *insegnare* (v. lezione 26, nota 3), è una forma irregolare del fattitivo che vedremo più avanti.

7 I dimostrativi e gli interrogativi

Per ciò che concerne i dimostrativi e gli interrogativi, le nuove forme incontrate sono le seguenti:

• **ondan** e **bundan**, ablativo di **o** e di **bu**; **onunla**, *con lui*.

• Gli avverbi **bura**, *qui*, **ora**, *là* e **nere**, *dove*, si comportano come dei nomi: possono avere il plurale, il possessivo o essere declinate, anche se è raro trovarle al nominativo. Molto più facile incontrarle al dativo, locativo o ablativo: **buraya**, **burada**, **buradan**; **oraya**, **orada**, **oradan**; **nereye**, **nerede**, **nereden**. Le avete viste anche all'accusativo, come in **orayı seviyorum**, *adoro quel posto* (v. lezione 23, frase 4) e al plurale: **nereleri** e **oraları** (v. lezione 20, frasi 11 e 13), **nerelerde** (v. lezione 24, nota 1) e **oralarda** (v. lezione 27, frase 9).

8 E per finire...

Ancora due rapide osservazioni:

• a proposito di una nuova posposizione: **doğru**, *verso*, regge il dativo, sia nel complemento di luogo, **Taksim'e doğru**, *verso Taksim*, sia nel complemento di tempo: **On ikiye doğru**, *verso mezzogiorno* (v. lezione 22, frase 9).

• **başka**, *altro*, si usa con un nome all'ablativo: **gürültüden başka bir şey yok**, *non c'è nient'altro che rumore*.

28

Dopo quattro settimane di lezioni, potete fare un bilancio delle vostre conoscenze in turco. Sapete utilizzare cinque dei sei casi e questo vi permette di esprimere delle nozioni essenziali, come la direzione, la provenienza, la localizzazione o il complemento oggetto. Potete inoltre usare i possessivi e sapete coniugare il verbo avere *a tutte le persone. Conoscete i quattro tempi verbali essenziali: il presente, l'imperfetto, il passato prossimo o remoto e il futuro; in caso di necessità potete addirittura impartire un ordine o vietare qualcosa. Insomma, siete già in possesso di un bagaglio ben fornito. Ma la strada non è finita e il viaggio continua... In marcia, dunque, verso nuove scoperte!*

29   Yirmi dokuzuncu ders

D'ora in poi, non indicheremo più l'accento tonico delle parole, che comunque in turco non segue delle regole strette, salvo in alcuni casi. Ma non preoccupatevi, qui di seguito troverete le principali linee guida per poter leggere correttamente le parole turche. Sappiate che, di regola generale, le parole recano l'accento sull'ultima sillaba: **oto**bü**s** – **otobüsler** – **çocuklar** – **gidiyor** – **gidiyorlar**.
Anche le parole declinate nei vari casi o che reggono possessivi sono accentate sull'ultima sillaba: **kızım** – **tatiliniz** – **tatilinizi** – **akşamları** – **lokantaya**.
L'accento delle parole che reggono il suffisso **-le** *e quelli del verbo essere al presente e al passato (***-di***), cadono invece sulla penultima sillaba:* **otobüsle** – **kocamla** – **yorgunum** – **yakındı**.

Yaz tatili ①

1 – Bu sene kocamla ben Güney'e ② gidip Mavi Yolculuk yapmayı ③ düşünüyoruz. Ama henüz ④ tam karar vermedik ⑤.
2   Siz tatilinizi ⑥ nerede geçireceksiniz ⑦?

Note

① **Yaz tatili**: "estate vacanza-sua", ossia *le vacanze estive*. **Tatil** è sempre al singolare in turco. Allo stesso modo, **tatil köyü,** "vacanza villaggio-suo" vuol dire *villaggio vacanze* (v. frase 4). Come vi ricorderete certamente, abbiamo già visto i possessivi alla lezione 28.

② **Güney** è *il sud*; **Kuzey,** *il nord,* **Batı,** *l'ovest* e **Doğu,** *l'est.* **Side** (v. frase 6) è a est di Antalya.

③ **yapma-y-ı**: il verbo sostantivato **yapma** è complemento oggetto di **düşünüyoruz** ed è perciò all'accusativo.

④ **henüz** con un verbo alla forma negativa significa *non ancora*: **henüz hazır değilim**, *non sono ancora pronto*; **henüz gitmedi**, *non è ancora partito*.

Ventinovesima lezione 29

L'accento delle parole seguite dalla particella interrogativa **mi** *o da* **de** *si colloca sulla sillaba che precede tali particelle:* **binalar da – tesisleri de – Güneye mi – pahalı mı?**
I verbi alla forma imperativa negativa, al passato e al presente sono accentati sull'ultima sillaba della radice verbale, quella che precede la negazione. Nella forma verbale che esprime l'impossibilità, l'accento cade sulla **-e** *o sulla* **-a**: **verme – vermeyin – vermedi – beklemiyorum – durmuyorum – duramıyorum**.
Infine, alcune parole recano l'accento sulla prima sillaba, come gli interrogativi e molti nomi di città (ma non Istanbul):
nerede? – hangi kitap? – Ankara – İzmir – Trabzon *(*İstanbul*)*.

Vacanze estive

1 – Quest'anno, io e mio marito *(marito-mio-con io)* pensiamo di andare nel sud *(Sud-a)* e fare la Crociera *(viaggio)* Blu. Ma non abbiamo ancora preso *(dato)* una decisione definitiva.
2 Voi dove passerete le vostre vacanze?

▶ ⑤ **tam** vuol dire *completo, totale, esatto, preciso*. In questa lezione, avete due esempi del suo utilizzo: **tam karar** e **tam pansiyon**, *decisione piena* (e dunque definitiva) e *pensione completa* (v. frase 12). **Karar vermek** significa *prendere una decisione*.

⑥ **tatil-iniz-i**: avete qui un possessivo seguito dall'accusativo. Alla lezione 25 avevamo visto **Dilinizi çıkarın, hanımefendi**, *Tiri fuori la ("vostra") lingua, signora*. Allo stesso modo, **yemeğ-imiz-i**: *il nostro pasto + [accus.]* (v. frase 14).

⑦ **geçir-ecek-siniz** e **in-eceğ-iz** (v. frase 3) sono rispettivamente la seconda e la prima persona plurale del futuro. Nonostante ve le avessimo già indicate al paragrafo 2 della lezione 28, è la prima volta che le incontrate utilizzate in un dialogo!

3 – Biz de, sanıyorum, ailece ⑧ Güney'e ineceğiz.
4   Yer varsa ⑨, geçen seneki otelde kalacağız, çünkü orayı çok sevdik. Aslında ⑩ otel değil, tatil köyü.
5 – Nerede bu?
6 – Side'de.
7 – Side gerçekten çok güzel bir yer. Uzun, geniş bir plajı var, taşsız, çakılsız ⑪. Tatil köyü antik tiyatroya yakın mı?
8 – Evet, oldukça yakın. Sahilde. Adı "Kumsal Tatil Köyü".
9 – Odaları nasıl?
10 – Çok konforlu. Zemin kattakiler ⑫ ön bahçeye açılıyor. Birinci ve ikinci kattakiler balkonlu.

Note

⑧ **aile-ce**: **aile**, *famiglia* e **aile-ce**, *in famiglia*; il suffisso **-ce**, **-ca**; **-çe**, **-ça** esprime la maniera. **Hoş-ça** vuol dunque dire *in maniera piacevole* ossia *piacevolmente*: **hoşça kal!** Questo suffisso ha diversi valori; come avete già visto alla lezione 20 (e 21, § 5), serve infatti anche a formare i nomi delle lingue: **Türkçe, İtalyanca, İngilizce, İspanyolca, Fransızca, Almanca, Arapça, Yunanca** *(greco)* ecc.

⑨ **yer var-sa**, *se c'è posto*; **-sa**, **-se** equivalgono all'italiano *se* e si collocano dopo la parola che connotano; lo rivedremo più avanti. Così come si dice **var-sa**, esiste anche **yok-sa**, *se non c'è*.

⑩ **aslında** significa *in realtà* e **içinde**, *in*, *all'interno* (v. frase 11). In seguito vedremo come sono composte queste parole.

⑪ Il suffisso **-siz** significa *senza*; si contrappone a **-li**, *dotato di*; **taşsız bir plaj** vuol dire *una spiaggia senza pietre* e **taşlı bir yer** vorrà dire *un luogo pietroso*. **Taş** significa *pietra, masso* mentre **çakıl** vuol dire *ciottolo*. Per rendere l'idea generica di *sasso*, si uniscono le due parole e si dice **çakıltaşı**.

3 – Anche noi, credo, scenderemo a sud con la famiglia.
4 – Se c'è posto, staremo *(resteremo)* nell'albergo dell'anno scorso *(scorso anno-che albergo-in)*, perché lì ci è piaciuto molto *(laggiù-[accus.] molto abbiamo-amato)*. In realtà non è un albergo, [ma] un villaggio vacanze.
5 – E dov'è *(questo)*?
6 – A Side.
7 – Side è veramente una bellissima località. Ha una spiaggia lunga e spaziosa, senza pietre [e] senza ciottoli. Il villaggio vacanze è vicino all'antico teatro *(teatro-a vicino* **mı***)*?
8 – Sì, abbastanza vicino. Sulla costa. Si chiama *(Nome-suo)* "Villaggio vacanze Spiaggia".
9 – Come sono le *(sue)* camere?
10 – Molto confortevoli. Quelle del piano terra danno *(aprono)* sul giardino *(anteriore)*. Quelle del primo e del secondo piano hanno il balcone *(sono-dotate-di-balcone)*.

▶ ⑫ **zemin kattakiler** equivale a **zemin kattaki odalar**, *le camere che sono al piano terra*. Aggiungendo **-ler** al suffisso **-ki**, si rende il pronome dimostrativo che introduce la subordinata relativa: *quelle che sono al piano terra*. **Trendekiler sohbet ediyorlar**, *coloro i quali (quelli che) sono in treno conversano*. **Zemin katı** significa esattamente "il piano del terreno" ossia il *pianterreno*, il *piano terra*. **Kat** significa innanzitutto *strato* (strato di pittura, di tessuto ecc.). Oltre che *piano* questa parola esprime anche la formula *due, tre... volte di più*: **Bu otel bizim otelden iki kat** (o **misli**) **daha pahalı**, *Questo albergo è due volte più caro del nostro (albergo)*. Nei bottoni degli ascensori, lo **zemin katı** è indicato dalla lettera **Z**.

29 11 Binalar büyük, ağaçlı bir bahçe içinde. Havuzu da var. Her taraf çiçeklerle dolu. Cennet gibi.
12 – Tam pansiyon mu kalıyorsunuz, yarım pansiyon mu?
13 – Yarım pansiyon. Çünkü öğleyin ⑬ ya plajda bir sandöviç yiyoruz, ya da antik kalıntıları gezip, bir lokantaya gidiyoruz.
14 Akşamları, yemeğimizi kendi otelimizde yiyoruz. Orkestra var. Yemekte müzik dinleyip dans ediyoruz.
15 – Pahalı mı?
16 – Ne pahalı, ne ucuz. Yeri ve tesisleri çok güzel. Onun için fiyatlara değer ⑭.

Note

⑬ **öğle-y-in** significa *a mezzogiorno*, come **yaz-ın**, *d'estate, in estate*; **akşamları**, *la sera* (v. frase 14). È un'altra forma di complemento di tempo che avete già incontrato alla lezione 11, frase 7; oppure alla frase 6 della lezione 8: **gece-leri**, *di notte*.

⑭ **değer** è la forma base, ossia la terza persona singolare del verbo **değ-mek**, *valere, valere la pena*, al presente generale. Si aggiunge **-er, -ar** (o a volte **-ir**, lo vedremo più avanti) alla radice verbale, seguito dalle desinenze del verbo *essere*: **-im**, ▸

***

1. alıştırma – Çeviriniz

❶ Yazın ben Side'ye gidip bir pansiyonda kalmayı düşünüyorum. ❷ Henüz müzik başlamadı. Yemekten sonra dans edeceğiz. ❸ Orada güzel bir tatil köyü varsa, kalacağım. ❹ Side'de oteller pek ucuz değil, ama sahildekiler çok daha pahalı. ❺ Bu odalar daha ucuz, çünkü balkonsuz. ❻ Bu tatil köyü pahalı, ama tesisleri fiyatlara değer.

11 Gli edifici sono in un grande giardino alberato. C'è anche la piscina *(piscina-sua anche c'è)*. Ovunque è pieno di fiori *(Ogni parte fiori-con pieno)*. Il paradiso *(Paradiso come)*.

12 – Soggiornate [in] pensione completa o [in] mezza pensione?

13 – Mezza pensione. Perché a mezzogiorno o mangiamo un panino in spiaggia, oppure visitiamo gli scavi archeologici *(i resti antichi)* e [poi] andiamo in un ristorante.

14 La sera *(sere-suo)*, ceniamo *(pasto-nostro-[accus.] mangiamo)* nel nostro *(proprio)* albergo. C'è un'orchestra. Durante la cena, ascoltiamo musica e balliamo.

15 – È caro?

16 – Né caro, né economico. Il luogo *(suo)* e gli impianti *(suoi)* sono molto belli. Per questo, vale il prezzo *(prezzi-a vale)*.

▶ **-sin** ecc. Il presente detto "generale" si utilizza per esprimere di preferenza delle azioni abituali, che si ripetono. Il presente attuale serve a rendere delle azioni che si stanno svolgendo in un determinato momento. Pian piano imparerete a fare la differenza tra i due presenti.

***

Soluzioni dell'esercizio 1

❶ D'estate, io penso di andare a Side e soggiornare in una pensione. ❷ La musica non è ancora cominciata. Dopo la cena, balleremo. ❸ Se laggiù c'è un bel villaggio vacanze, ci soggiornerò. ❹ A Side, gli alberghi non sono molto economici, ma quelli che sono sulla costa sono molto più cari. ❺ Queste camere sono più economiche, perché sono senza balcone. ❻ Questo villaggio vacanze è caro, ma i suoi impianti valgono il prezzo.

2. alıştırma – Tamamlayınız

1 Noi dove passeremo le nostre vacanze?
Biz .... nerede ....?

2 Non siamo ancora riusciti a prendere una decisione.
..... karar ....

3 Side è bella. Ha una spiaggia senza ciottoli.
Side güzel. .... bir ..... var.

4 A mezzogiorno o pranziamo in spiaggia oppure al ristorante.
.... ya ...... yiyoruz ..... bir lokantada.

---

*Nel sud della Turchia, d'estate, su delle piccole imbarcazioni a vela si può fare la Crociera Blu, **Mavi Yolculuk**, lungo le coste egee e mediterranee, tra Bodrum e Antalya; il turista può così approfittare di un mare cristallino, di spiagge selvagge e incontaminate ma anche di interessanti siti archeologici!*

*La costa meridionale anatolica e la città di **Antalya** sono state oggetto d'interesse geopolitico da parte dell'Italia. Nel 1915, col Patto di Londra, l'accordo che sancì l'entrata del nostro paese nella prima guerra mondiale, l'Italia si assicurò che in caso di smembramento dell'Impero ottomano le fosse riconosciuto il possesso di **Antalya** e del territorio circostante. Nel 1919, le truppe italiane, che già erano di stanza nelle adiacenti isole del Dodecaneso, sbarcarono sulla costa anatolica. L'insurrezione delle truppe nazionaliste turche, guidate da **Mustafa Kemal Atatürk**, e lo scoppio della guerra greco-turca, conosciuta in Turchia come guerra d'indipendenza, rimisero in causa i disegni delle potenze vincitrici della prima guerra mondiale. Nel 1922, dopo aver fornito sostegno alle truppe di **Atatürk** contro i greci, i soldati italiani si ritirarono. La nuova Repubblica turca riconobbe nel 1923 la sovranità italiana sul Dodecaneso (che sarà mantenuta fino all'armistizio del 1943), ma negò qualsiasi tipo di presenza italiana ad **Antalya**.*

5 Questo posto non è né caro né economico.
Bu ... .. pahalı .. ucuz.

6 Ceniamo al nostro albergo.
.... otelimizde yiyoruz.

7 D'estate, questo villaggio vacanze è il paradiso.
....., bu .... cennet .....

Soluzioni dell'esercizio 2
1 – tatilimizi – geçireceğiz **2** Henüz – veremedik **3** – Çakılsız – plajı – **4** Öğleyin – plajda – ya da – **5** – yer ne – ne **6** Yemeğimizi kendi – **7** Yazın – tatil köyü – gibi

30 Otuzuncu ders

Side'de

1. Semra Hanım'la Gül Hanım tatildeler. Side'de küçük, temiz bir pansiyonda kalıyorlar. Sabahleyin ①, kahvaltıda konuşuyorlar.
2. – Bugün sen ne yapacaksın? Güneşlenecek ② misin? ③
3. – Hayır, dün çok yandım ④. Bugün güneşte kalmaya niyetim yok.
4. Canım bir yerlere ⑤ gitmek, biraz yürümek istiyor. Nereye gidebiliriz ⑥?

Note

① **sabahleyin**, *al mattino*. Come **öğleyin**, *a mezzogiorno*, nella lezione precedente (nota 13).

② **güneşle-n-mek**, *prendere il sole*, sarebbe il riflessivo di **güneşle-mek**, ma in realtà questi due verbi hanno lo stesso senso. Invece **hazırla-n-mak**, *prepararsi* (v. frase 11) è veramente il riflessivo di **hazırla-mak**, *preparare*.

③ In questa frase avete le due varianti della seconda persona singolare del futuro: **yapacak-sın** e **güneşlenecek-sin**. Quest'ultimo verbo lo avete trovato alla forma interrogativa, **güneşlenecek mi-sin?** Come per il presente dei verbi (**gidiyorsun, gidiyor mu-sun?**), il suffisso che esprime la persona viene attaccato alla particella interrogativa **mi**.

④ **yanmak**, *bruciare*, prende il senso di *abbronzarsi* o *scottarsi* a seconda del contesto. Attenzione però: **yanmak** vuol dire *bruciarsi, ardere, avvampare* in senso figurato. *Bruciare (qualcosa)* si dice invece **yakmak**, che significa anche *accendere*, luce o fuoco che sia.

Trentesima lezione 30

A Side

1 Semra Hanım e Gül Hanım sono in vacanza. Soggiornano a Side, in una pensione piccola ma pulita. Al mattino, a colazione, chiacchierano:
2 – Che farai tu oggi? Prenderai il sole?
3 – No, ieri mi sono *(molto)* scottata. Oggi, non ho intenzione di stare al sole.
4 Ho voglia *(Anima-mia vuole)* di andare da qualche parte e di camminare un po'. Dove possiamo andare?

▶ ⑤ **bir yerler**, *da qualche parte*, come **bir şey-ler**, *qualcosa* (v. lezione 12, frase 12).

⑥ La desinenza **-(y)ebilir -(y)abilir**, aggiunta alla radice verbale, rende il senso di *poter fare*. A essa vengono poi aggiunti i suffissi del verbo *essere*, **-im**, **-sin** ecc. **Gid-ebilir-iz**, *possiamo andare*; **yi-y-ebilir-iz**, *possiamo mangiare* (v. frase 6); **gör-ebilir-sin**, *puoi vedere* (v. frase 10).

30

5 – Aklıma güzel bir şey geldi ⑦. Köprülü Kanyon'a gidelim. Oradan bir çay ⑧ geçiyor. Üstünde ⑨, ağaçlar içinde bir lokanta var.

6 Çaydaki havuzda yetiştirilen ⑩ alabalıklardan yiyebiliriz. Ne dersin ⑪?

7 – Harika. Yalnız bir şey soracağım. Oraya neden Köprülü Kanyon diyorlar?

8 – Çünkü çay, çok dik ve derin bir kanyondan geçiyor. Üstünde Romalılardan kalma ⑫ bir köprü var.

9 – Köprüden nereye gidiliyor?

10 – Antik bir kente. Adı Selge. Köprüden kente giden eski taş yolu görebilirsin.

11 – Oldu ⑬, hemen hazırlanıp geliyorum. Ama yemekler benden. □

Note

⑦ Imparate questa espressione: **aklıma bir şey geldi**, *mi viene* (lett. "è-venuta") *in mente un'idea*. **Akıl**, come **oğul**, *figlio*, perde l'ultima vocale davanti ai suffissi che cominciano anch'essi per vocale. **Ak(ı)l-ım** diventa **aklım**, *la mia mente, il mio intelletto*.

⑧ **çay** significa sia *tè* sia *ruscello*.

⑨ **üstünde**, *sopra*, come **içinde**, *in mezzo, all'interno*. Spiegheremo più avanti queste forme.

⑩ **yetiş-tir-il-en**: ecco, in un solo verbo, l'associazione di tre suffissi! **Yetiş**, radice di **yetişmek**, *arrivare, giungere*; **yetiştir-mek**, *fare arrivare, far giungere*, che inteso nel senso di "a pieno sviluppo" genera il significato di *crescere i bambini* o *allevare gli animali*. Il suffisso **-il-** indica il passivo e **-en**, *che fa, facente* ossia il participio presente. **Yetiştirilen alabalıklar** significa dunque *le trote che sono allevate*. Il suffisso **-dan**, nella parola **alabalıklardan**, rende il partitivo: *alcune delle* ▶

5 – Ho una bella idea *(Mente-mia-a bella una cosa è-venuta)*. Andiamo a Köprülü Kanyon. Laggiù scorre *(passa)* un ruscello. Sopra, in mezzo agli alberi, c'è un ristorante.
6 Possiamo mangiare delle trote, che vengono allevate in [un] bacino del ruscello *(che è nel ruscello)*. Che [ne] dici?
7 – Meraviglioso! Vorrei chiederti *(domanderò)* solo una cosa. Perché *(da cosa)* chiamano quel posto Köprülü Kanyon?
8 – Perché il ruscello passa per una voragine molto scoscesa e profonda, sulla quale *(Sopra)* c'è un ponte di epoca romana *(Romani-da)*.
9 – Dove si va attraverso il ponte?
10 – A una città antica. Il suo nome è Selge. Puoi vedere [anche] l'antica strada [in] pietra che dal ponte porta alla città.
11 – D'accordo, mi preparo subito e arrivo. Però offro io il pranzo *(pasti me-da)*!

▸ *trote [che vengono allevate]*. Come avrete certamente notato, il passivo rende anche la forma impersonale, introdotta in italiano dal pronome *si*. **Gid-il-iyor**, *si va* (v. frase 9).

⑪ **der-sin**, *dici*: **der** è il presente generale di **demek**. Per il momento, provate a imparare la forma base del presente generale di ogni verbo. Presto vedremo più precisamente come si forma.

⑫ **kalma**, verbo sostantivato di **kalmak**, *restare*. In questo caso viene usato come aggettivo; **-den**, **-dan kalma** significa *che data dell'epoca di*, o più semplicemente *di epoca...*

⑬ **oldu**, *è stato*, *è successo*, può essere usato come espressione di accondiscendenza: **oldu**, *va bene; d'accordo, accetto; ok*.

1. alıştırma – Çeviriniz

❶ Sabahleyin saat dokuzda kahvaltı yapıyorlar.
❷ Bu sabah ne yapacaksın? Güneşte kalacak mısın? ❸ Bugün güneşlenmeye niyetim yok. Canım gezmek istiyor. ❹ Çaydaki havuzda alabalık yetiştiriliyor. ❺ Onlardan yiyebiliriz.
❻ Dik bir kanyondan geçen çay Akdeniz'e doğru gidiyor. ❼ Köprüyü görebiliriz.

2. alıştırma – Tamamlayınız

❶ Non ho intenzione di restare in albergo.
Otelde . . . . yok.

❷ Ho una bella idea.
. . . . . . güzel bir şey . . . . . .

❸ Laggiù, c'è un ponte di epoca romana.
Orada . . . . bir köprü var.

❹ Questo posto *(laggiù)* si chiama Köprülü Kanyon.
. . . . . Köprülü Kanyon . . . .

❺ Attraverso il ponte si va a una città antica.
. . . . antik bir kente . . . .

❻ I pasti sono a carico mio.
Yemekler . . . .

❼ Ci prepariamo subito e arriviamo.
Hemen . . . .

Soluzioni dell'esercizio 1

❶ Al mattino, fanno colazione alle nove. ❷ Che farai questa mattina? Starai al sole? ❸ Oggi non ho intenzione di prendere il sole. Ho voglia di passeggiare. ❹ Nel bacino che sta nel ruscello, vengono allevate trote. ❺ Possiamo mangiarne. ❻ Il ruscello, che passa per una voragine scoscesa, va verso il Mediterraneo. ❼ Possiamo vedere il ponte.

Soluzioni dell'esercizio 2

❶ – kalmaya niyetim – ❷ Aklıma – geldi ❸ – Romalılardan kalma – ❹ Oraya – diyorlar ❺ Köprüden – gidiliyor ❻ – benden ❼ – hazırlanıp geliyoruz

Side è oggi un piccolo villaggio sorto sulle rovine di una città antica, di cui resta principalmente un bel teatro. Il sito archeologico è circondato da due vaste baie con fantastiche spiagge di sabbia fina. **Köprülü Kanyon** e **Selge** si raggiungono facendo un'escursione nelle montagne del Tauro, che delimitano la pianura costiera di Side, che termina sull'**Akdeniz**, il mar Mediterraneo.

L'antica città portuale di **Side** ha fatto parte dell'Impero persiano durante il periodo achemenide. Con l'arrivo di Alessandro Magno nel 333 a.C., *Side* passa sotto la sfera di influenza culturale greca e diventa una città ellenistica. Nei secoli, approfittando della sua posizione di frontiera tra il regno di Pergamo e l'Impero seleucide, **Side** diventa un covo di pirati. Con la conquista romana a opera di Pompeo Magno nel 67 a.C. comincia un lento declino. Nonostante in epoca bizantina **Side** sembri ritrovare una certa vitalità, l'insediamento urbano viene definitivamente abbandonato in seguito alle incursioni arabe del VII secolo d.C.

31 Otuz birinci ders

Bir müdürlükte

1 Sabah. Saat ona çeyrek var. ①
2 – Günaydın, efendim. Müdür Beyle görüşmek istiyordum. Burada mı?
3 – Henüz gelmedi. Bekleyin, birazdan gelir ②. Hangi konuda görüşeceksiniz?
4 – Ben araştırmacıyım. Yeni yapılan kazılarda ③ resim çekmek için izin almaya geldim. Müdür izin verir mi acaba?
5 – Sanmıyorum. Resim çekmek yabancılara yasak da.
6 – Ama ben Türk hükümetinden ④, araştırma yapmak için burs aldım. Müdür Bey bana bu izni ⑤ vermeli ⑥.

Note

① Finora sapevate dire solo le ore piene e le mezze ore. Adesso potete esprimere qualsiasi tipo d'orario. *Sono le dieci meno un quarto* si dice **saat on-a çeyrek var**, cioè "ora dieci-a un-quarto c'è". Allo stesso modo **on bir-e yirmi var** significa *sono le undici meno venti*. Invece *Sono le dieci e venti* si dice **saat on-u yirmi geçiyor**, "ora dieci-(accus.) venti passa". **Saat yediyi on geçiyor**, *Sono le sette e dieci*.

② In questa lezione incontrerete una serie di verbi al presente generale, **gelir (gelmek)**; **verir (vermek)** (v. frase 4); **içer (içmek)** (v. frase 7) che in italiano, in questo contesto, possono anche essere tradotti con un futuro. Man mano che avanzerete, imparerete a conoscere i diversi valori del presente generale in turco. Quando viene usato nella forma interrogativa, per esempio, si può rendere preceduto da una forma di cortesia: **Çay içer misiniz?**, *Desidera bere un tè?* **Bana su verir misiniz?**, *Potrebbe darmi dell'acqua?*

Trentunesima lezione 31

Nell'ufficio di un direttore *(Una direzione-in)*

1 Un mattino, alle *(c'è)* dieci meno un quarto.
2 – Buongiorno, signore. Vorrei vedere *(incontrarmi con)* il direttore. È qui?
3 – Non è ancora arrivato. Attenda, arriva a momenti *(un-po'-da)*. A proposito di quale argomento vuole vederlo *(vedrete)*?
4 – Sono un ricercatore. Sono venuto per domandare *(prendere)* il permesso per fare delle foto *(immagine tirare)* negli scavi che abbiamo appena fatto *(di-recente che-sono-fatti)*. Me [la] darà l'autorizzazione il direttore?
5 – Non credo, perché è vietato per gli stranieri fotografare.
6 – Ma io ho ottenuto una borsa dal governo turco per fare delle ricerche. Il direttore deve darmi quest'autorizzazione.

③ **yap-ıl-an kazılar**, *gli scavi che sono fatti*, come **yetiştir-il-en** nella lezione precedente.

④ **Türk hükümeti** è un complemento di specificazione che significa *il governo dei turchi*, ossia *il governo turco*. La **-i** indica il possessivo alla terza persona singolare. Aggiungendo un caso alla parola così formata, bisogna intercalare una **n**: **Türk hükümet-i-n-den**, *dal governo turco*. **Kendi-si-n-e veriyorum**, *gli do* (v. frase 14), **kendi-si** vuol dire *se stesso*, *lui stesso*.

⑤ **izin** diventa **izni** all'accusativo (v. anche frase 15); allo stesso modo **resim** diventa **resmi** (v. lezione 30, nota 7).

⑥ **ver-meli**, *deve dare*. La forma **-meli/-malı**, che si aggiunge alla radice verbale, esprime l'obbligo, come avete già visto alla lezione 8. In italiano si rende con *bisogna* o con il verbo *dovere*, come nel nostro caso.

7 – Bakalım. İnşallah. Siz oturun, Müdür Bey şimdi gelir. Bir çay içer misiniz?
8 – Teşekkür ederim, çok iyi olur ⑦.
9   Biraz sonra:
10 – Müdür Bey nerede kaldı ⑧? Saat onu yirmi geçiyor. Hâlâ gelmedi ⑨. Daha fazla bekleyemeyeceğim ⑩.
11   Telefon çalıyor:
12 – Alo, buyurun Müdür bey… Evet efendim… Toplantıda mısınız?… Peki efendim… Gelemeyecek misiniz?
13   Fakat burada sizi bekleyen yabancı bir araştırmacı var. Kazılarda resim çekmek için izin istiyor… Ben mi yazıp vereyim ⑪? Peki efendim…

Note

⑦ **çok iyi olur**, "molto bene è / sarà", ha qui l'idea di *mi farà del bene* e si può dunque tradurre in italiano con una formula tipo *lo accetto volentieri*. Al passato esiste anche una sorta di espressione equivalente: **çok iyi geldi**, "molto bene è-venuto", ossia *mi ha fatto bene* o *era buono/bello*. Imparate queste espressioni.

⑧ **Nerede kaldı?**, *Dov'è finito (restato)?* Questa espressione si usa se si vuole sottolineare un certo stupore o una certa impazienza.

⑨ **hâlâ gelmedi** e **henüz gelmedi** significano entrambi *non è ancora arrivato*, ma una leggera sfumatura di senso differenzia le due formule. Sia **hâlâ** che **henüz** (v. lezione 29, nota 4) sono seguiti da un verbo alla forma negativa, ma, mentre **hâlâ** indica l'idea della persistenza di una negazione *(continua a non essere ancora arrivato)*, **henüz** indica una semplice mancanza *(non è ancora arrivato)* senza alcun riferimento alla durata della negazione. Se non vi trovate a vostro agio ▸

7 – Vedremo *(Vediamo)*. Insciallah *(Se-Dio-vuole)*. Si sieda, il direttore sta arrivando *(adesso arriva)*. Desidera bere un tè?
8 – Grazie, lo accetto volentieri *(molto bene è)*.
9 Dopo un po':
10 – Dov'è finito *(restato)* il direttore? Sono le dieci e venti e non è ancora arrivato. Non potrò aspettare ancora a lungo *(di-più)*.
11 Il telefono squilla:
12 – Pronto, mi dica *(comandate)* signor Direttore… Sì, signore… Siete in riunione?… Certo, signore… Non potrà venire?
13 Ma qui c'è un ricercatore straniero che la attende. Vuole un'autorizzazione per fare delle foto negli scavi… [Vuole] Che io la faccia e che gliela dia?… Certo, signore…

▶ nel differenziare queste due parole, non preoccupatevi! Potrete sempre sostituirle con **daha** che, a seconda del contesto, può rendere entrambi i valori di *ancora* (v. lezione 20, nota 5).

⑩ **bekle-y-e-me-y-eceğ-im**, *non potrò aspettare*. Allo stesso modo **gel-e-me-y-ecek mi-siniz?** è la forma interrogativa di **gel-e-me-y-ecek-siniz**, *non potrà* (potrete) *venire?* (v. frase 12). Ormai conoscete il valore di tutti questi suffissi, anche se la difficoltà risiede nell'utilizzarli. Ma non preoccupatevi, col tempo vedrete che questo aspetto grammaticale si rivelerà estremamente facile. Concentratevi innanzitutto sulla loro formazione, per poi ripetere la parola senza più rifletterci. Ricordate che la particella negativa al futuro è **-me-**, **-ma-** (come al passato) e che davanti a **-ecek** e **-acak** bisogna intercalare una **-y**. Aggiungendo la **-e-** o la **-a-** dell'impossibilità, otteniamo il gruppo di suffissi **-emeyecek**, **-amayacak**: **bil-emeyecek**, *non potrà sapere*; **koş-amayacak**, *non potrà correre*.

⑪ **vereyim**, *che io dia*. Questa forma serve a esprimere un desiderio, una ipotesi o un ordine dato a se stessi (v. lezione 11, frase 9).

31 14 Bütün kazılar için mi? Ama resim çekmek yabancılara yasak değil miydi ⑫? Peki, baş üstüne efendim. Yazıyı hemen yazıp kendisine veriyorum…

15 Haydi, gözünüz aydın ⑬, izni aldık. Ben demedim mi size Müdür izin verir, diye ⑭…

Note

⑫ **Değil mi-y-di?** è la forma interrogativa di **değil-di**, *non era*.

⑬ **gözünüz aydın** è una delle belle formule caratteristiche del turco che permettono di arricchire lo stile della conversazione. Dicendo "il vostro occhio luminoso" s'intende che all'ascolto di una buona notizia, il vostro occhio si è illuminato di gioia, da cui *congratulazioni, complimenti*.

⑭ Per il discorso indiretto, si riportano le parole così come sono state dette, come fossero tra virgolette e si fanno seguire da **diye** (lett. "dicendo"), gerundio del verbo **demek**, *dire*. Per comodità, vi riportiamo qui la traduzione letterale, dividendo con delle barre le tre componenti della frase. "Io non-ho-detto **mi** / voi-a Direttore autorizzazione darà / dicendo".

***

1. alıştırma – Çeviriniz

❶ Saat on bire çeyrek var. Müdür henüz gelmedi. Gelmeyecek mi? ❷ Müdür, yabancı araştırmacılara resim çekmek için izin verir mi acaba? ❸ Yeni yapılan kazılarda resim çekmeye geldim. ❹ Türkiye'de araştırma yapmak için Fransız hükümetinden burs aldım. ❺ Bu yabancılar nerede kaldılar? Daha fazla bekleyemeyeceğim. ❻ İzni alıp resim çekeceğim.

14 Per tutti gli scavi? Ma non era vietato agli stranieri fotografare? Certo, come desidera signore. Scrivo subito la lettera *(lo scritto)* e gli[ela] consegno…

15 Beh, congratulazioni *(occhio-vostro luminoso)*, abbiamo avuto *(preso)* l'autorizzazione! Non avevo detto che il direttore le avrebbe dato l'autorizzazione?

BİR MÜDÜRLÜKTE

***

Soluzioni dell'esercizio 1

❶ Sono le undici meno un quarto. Il direttore non è ancora arrivato. Non verrà? ❷ Il direttore dà ai ricercatori stranieri il permesso di fotografare? ❸ Sono venuto a fare delle foto negli scavi che sono stati fatti di recente. ❹ Ho preso una borsa dal governo francese per fare delle ricerche in Turchia. ❺ Dove sono finiti questi stranieri? Non potrò ancora aspettarli a lungo. ❻ Prenderò l'autorizzazione e farò delle foto.

2. alıştırma – Tamamlayınız

1 Sono le nove e venticinque. Sono le otto meno dieci.
Saat . . . . . . yirmi beş . . . . Saat . . . . . .
on . . . .

2 Hai ottenuto l'autorizzazione. Complimenti!
. . . . aldın. . . . . . aydın.

3 Non era vietato fotografare per gli stranieri?
Resim çekmek . . . . yasak . . . . ?

4 Il direttore non mi ha dato quest'autorizzazione.
Müdür . . . . bu . . . .

5 [Vuole] che io [la] scriva e glie[la] dia?
Ben . . yazıp . . . . ?

Esercizio 3

Un piccolo esercizio supplementare per allenarvi a indicare l'ora:

1 Sono le tre meno cinque.
Saat . . . .

2 Sono le otto meno un quarto.
. . . .

3 Sono le nove e mezza.
. . . .

4 È mezzogiorno e un quarto.
. . . .

5 Sono le quattro e venticinque.
. . . .* . . . .

* (**t** diventa **d**)

185 • yüz seksen beş

❻ Vuole vedersi col signor Direttore [per parlare] a proposito di quale soggetto?
Müdür ...... hangi .... ?

❼ Desidera bere del tè? – Sì, lo accetto volentieri.
Çay ....? – Evet, çok ... .

Soluzioni dell'esercizio 2
❶ – dokuzu – geçiyor – sekize – var **❷** İzni – Gözün – **❸** – yabancılara – değil miydi **❹** – bana – izni vermedi **❺** – mi – kendisine vereyim **❻** – Bey'le – konuda görüşeceksiniz **❼** – içer misiniz – iyi olur

Soluzioni dell'esercizio 3
❶ – üçe beş var **❷** Saat sekize çeyrek var **❸** Saat dokuz buçuk **❹** Saat on ikiyi çeyrek geçiyor **❺** Saat dördü yirmi beş geçiyor

L'abitudine di offrire del tè si è diffusa negli uffici amministrativi così come nei negozi. Se dovete fare varie compere e andare in svariati uffici, rischierete di bere una ventina di tazzine di tè in una giornata... Per fortuna che sono piccole!

Nelle varie lingue, il tè viene abitualmente definito con delle varianti di due parole provenienti dalla Cina: "chá", termine cantonese e dei dialetti settentrionali, e "tê", una parola derivante da un dialetto cinese meridionale. In tutti i paesi europei o mediterranei che hanno conosciuto il dominio ottomano, si usa una variante del turco **çay**. *Il suono "i" finale è dovuto a un'interpolazione persiana nel passaggio tra cantonese e turco. In tutto il resto d'Europa è in uso una variante di "tê", tranne in Portogallo. La parola portoghese "chá" (senza il suono "i" finale) dimostra che la parola è giunta direttamente dalla Cina grazie ai mercanti lusitani, senza passare per l'influenza del turco ottomano.*

32 Otuz ikinci ders

Cihangir'de bir ev sahibi ①

1 – Merhaba Erdoğan, nerelerdesin? Çoktan beri görüşemedik. Evim yakın. Gel, buyur, bir şeyler içelim.
2 – Sevinirim ②.
3 – Bu yokuşu ③ inip, sağa ④ döneceğiz… İşte geldik ⑤: Cömert apartmanı. Girişi pek güzel değil, ama manzarası olağanüstü, göreceksin.
4 Merdivenlerden çıkıyorlar.
5 – Otomatiğiniz neden bu kadar çabuk sönüyor?
6 – Fazla elektrik harcamamak için.

Note

① **ev sahib-i**, **Cömert apartman-ı** (v. frase 3) sono complementi di specificazione in cui la seconda parola prende il suffisso del possessivo alla terza persona. Questa costruzione vi è ormai familiare. **Ev sahib-i** vuol dire *padrone di casa*, con "casa" che resta indeterminata. Per tradurre *il padrone di una casa* (ben determinata), bisogna usare un'altra costruzione che vedremo più avanti.

② In questo testo trovate ancora dei verbi al presente generale, coniugati in diverse persone: **sevinir-im**, **yakar-lar** (v. frase 8), **anlar-sın** (v. frase 16), **oturur** (v. frase 12) e, al passivo, **unut-ul-ur** (v. frase 17). **Yakarlar**, **oturur** e **unutulur** esprimono un'azione abituale, mentre **sevinirim** e **anlarsın** possono avere un valore di futuro semplice, con una leggera intonazione condizionale: **anlarsın**, *capirai* ma anche *dovresti capire*.

Trentaduesima lezione 32

Un padrone di casa a Cihangir

1 – Salve Erdoğan, che fai di bello *(in-quali-posti-sei)*? Non ci vediamo *(non-siamo-riusciti-a-vederci)* da molto tempo. Abito qua vicino *(casa-mia vicina)*. Vieni, dai, beviamo qualcosa.
2 – Con piacere *(Gioisco)*.
3 – Prendiamo *(scenderemo)* questa discesa e giriamo *(gireremo)* a destra… Ed eccoci arrivati: il condominio Cömert *(Generoso condominio-suo)*. L'entrata *(sua)* non è molto bella, ma il *(suo)* panorama è straordinario, vedrai.
4   Salgono per le scale:
5 – L' [illuminazione] automatica *(vostra)*, perché si spegne così velocemente?
6 – Per non usare *(spendere)* troppa elettricità.

▶ ③ **yokuş** vuol dire *salita* e all'occorrenza, se la si scende, *discesa*. A Cihangir, alcune strade o stradine possono dare le vertigini! In questo quartiere costruito sul fianco di una collina, ci sono anche molte scale: danno accesso alle case o ai condomini e anche queste possono essere designate col nome **yokuş**. *La via* si dice **sokak** e *il viale* **cadde**. Queste parole unite a nomi propri o comuni, formano dei complementi di specificazione che creano l'odonomastica turca: **Cihangir yokuşu**, **Cihangir sokağı** e **Cihangir caddesi**, *salita, via* e *viale di Cihangir*.

④ **sol**, *sinistra* e **sağ**, *destra*; **sol-a, sağ-a gitmek**, *andare a sinistra, a destra*. **Sol-dan, sağ-dan gitmek**, *prendere la strada a sinistra, a destra*.

⑤ **işte**, *ecco…*; **işte kitabım**, *ecco il mio libro*; **işte bu**, *ecco qua*; **işte geldik**, *eccoci arrivati*.

7 – Ama bu çok tehlikeli. İnsan ⑥ düşebilir. Apartman da buz gibi. Kaloriferiniz yanmıyor mu?
8 – Hayır. Günde yalnız iki saat, birazcık ⑦ yanıyor. Akşam üstü yakarlar.
9 – Kömür yok mu?
10 – Var. Ama ev sahibi yakmaya kıyamıyor.
11 – Ev sahibiniz ⑧, demek ki, çok cimri. Kendisi hiç üşümüyor mu?
12 – Sanmıyorum. Kışın ⑨ evde palto, yün başlık, eldiven ve atkıyla oturur.
13 – Öyleyse çoğu zaman sıcak suyunuz da yoktur ⑩.
14 – Aslında sıcak su hiç akmıyor.

Note

⑥ **insan** vuol dire *essere umano*, ma anche *la gente*; si usa anche per tradurre la forma impersonale col *si*. **Kışın insan evde oturuyor**, *D'inverno la gente resta* ("abita") *a casa*; oppure *d'inverno si resta a casa*. Nel testo sono presenti tre forme che possono essere tradotte con l'impersonale (v. frasi 7, 8 e 17):
İnsan düşebilir, <u>La gente</u> può cadere → <u>Si può cadere</u>.
Kaloriferi yakarlar, *[Loro]* accendono il riscaldamento → <u>Si accende il riscaldamento</u>.
Sorunlar unutulur, *I problemi <u>sono dimenticati</u>* → <u>Si dimenticano</u> *i problemi*.

⑦ **Biraz-cık** significa *un pochino, molto poco*, **-cık** è un diminutivo.

⑧ **ev sahib-iniz**, *il vostro padrone di casa*. Attenzione, la terza persona del possessivo che serve a formare il complemento di specificazione scompare di fronte a un altro possessivo. Non è possibile, infatti, usarne due insieme: **ev sahib-i + -iniz**, diventa dunque **ev sahib-iniz**; allo stesso modo **posta kutu-su**, *cassetta della posta*, diventa **posta kutu-m**, *la mia cassetta della posta* ecc.

⑨ **kış-ın**, *in inverno*; come **yazın** (v. lezione 29, nota 13).

7 – Ma questo è molto pericoloso. La gente può cadere. Poi il condominio è gelido *(ghiaccio come)*. Il *(vostro)* riscaldamento non funziona *(brucia)*?

8 – No. Funziona *(brucia)* molto poco, solamente due ore al giorno. Accendono *(su)* la sera.

9 – Non c'è carbone?

10 – Ce n'è. Ma il padrone di casa evita di utilizzarlo *(bruciare)*.

11 – Vuol dire che il vostro padrone di casa è molto avaro. Lui stesso non ha freddo *(per-niente)*?

12 – Non credo. In inverno, sta *(abita)* in casa col cappotto, il cappello di lana, i guanti e la sciarpa.

13 – Se è così, la maggior parte del tempo *(molto-suo tempo)* probabilmente non avete nemmeno l'acqua calda.

14 – Veramente l'acqua calda non c'è proprio *(per-niente non-scorre)*.

▶ ⑩ **Sıcak suyunuz yok-tur**, la presenza del verbo *essere* indica un'insistenza, una probabilità: *Probabilmente non avete l'acqua calda.*

15 – Bu evde oturanlara Allah kolaylık versin ⑪!
Neden buradan çıkmıyorsun?
16 – İçeri girelim, pencereden bir bak. O zaman anlarsın.
17 – Aman Tanrım ⑫… Bütün Boğaz ayaklar altında ⑬… Doğrusu böyle bir manzara karşısında su, elektrik, soğuk gibi sorunlar unutulur. □

Note

⑪ **Bu evde oturanlar-a Allah kolaylık ver-sin**, *Che Dio dia conforto agli abitanti di questa casa*. **On-a/siz-e kolaylık versin**, *Che Dio lo/la/vi dia conforto* è un augurio frequente. Il suffisso **-sin** indica la terza persona singolare dell'imperativo; l'avete già trovato nella formula **Allah bağışlasın!**, *Che Dio li protegga*, col senso di *Congratulazioni!* (v. lezione 17). Riguardo alla parola **oturanlar-a**, vi facciamo notare che non solamente si può mettere al plurale (**isteyenler**, *quelli che vogliono*, v. lezione 26), ma è possibile anche declinarla.

⑫ **aman** è una interiezione corrente che si rende con *ah!, oh!* ed esprime solitamente stupore o disappunto. Viene spesso raddoppiata: **Aman, aman!** In turco, per dire *Dio*, si usa in genere la parola di origine araba, **Allah**. Esiste tuttavia la parola turca equivalente, che è **Tanrı**.

***

1. alıştırma – Çeviriniz

❶ Ev sahibi çok cimri. Elektrik, su, kömür harcamak istemiyor. ❷ Merdivenlerde elektrik yoksa, düşebiliriz. ❸ Susuz bir evde nasıl kalabilirsin? ❹ Ev sahibim kışın kendi evinde paltoyla oturur. ❺ Haftada yalnız iki gün sıcak su akıyor. ❻ Üşüyenlere palto verilecek. ❼ Bu yokuştan inmek tehlikeli. İnme, düşersin.

15 – Che Dio dia conforto agli abitanti di questa casa *(Questa casa-in abitanti-a Dio agevolazione che-dia)*! Perché non te ne vai *(esci)* da qua?
16 – Entriamo dentro e dai un'occhiata dalla finestra. Così capirai.
17 – Oh mio Dio… Tutto il Bosforo *(sotto)* ai [nostri] piedi… È vero, di fronte a un tale panorama, i problemi *(come)* d'acqua, di elettricità e di freddo si dimenticano *(sono-dimenticati)*.

▸ ⑬ **ayaklar alt-ı-n-da**: letteralmente "piedi sotto-suo-in", ossia *sotto i piedi, ai piedi*. Non dimenticate che per legare un caso a un possessivo, bisogna interporre una **n** (v. lezione 31, nota 4). Questo tipo di costruzione è frequente in turco per delle parole che, unite al locativo, equivalgono alle preposizioni italiane: **alt**, *il basso*, **…altında**, *sotto…*; **karşı**, *contro, verso*, **…karşı-sı-n-da**, *di fronte a…*, come **böyle bir manzara karşısında** (v. frase 17); **iç**, *l'interno*, **…içinde**, *dentro, all'interno di…*; **üst**, *il sopra*, **…üstünde**, *su, sopra…*; **Akşam üst-ü**: "sera su-suo" ossia *la sera, di sera*, è un complemento di tempo che si usa senza il locativo (v. frase 8).

***

Soluzioni dell'esercizio 1

❶ Il padrone di casa è molto avaro. Non vuole spendere in elettricità, acqua, carbone. ❷ Se non c'è elettricità sulle scale, possiamo cadere. ❸ Come puoi stare in una casa senz'acqua? ❹ Il mio padrone di casa d'inverno sta in casa sua col cappotto. ❺ C'è acqua calda solamente due giorni a settimana. ❻ Saranno dati dei cappotti a chi avrà freddo. ❼ Scendere per questa discesa è pericoloso. Non scendere, potresti cadere.

2. alıştırma – Tamamlayınız

❶ Che fai di bello? Non ci vediamo da molto tempo.
.............? ...... beri ....

❷ Perché la vostra illuminazione automatica si spegne così velocemente?
.... neden .. .. çabuk .... ?

❸ Che Dio vi dia conforto!
.... Allah kolaylık ...... !

❹ Guardate. Tutto il Bosforo è ai nostri piedi.
Bakın. ..... Boğaz ayaklar ....

❺ Il condominio Cömert. Il suo panorama è straordinario.
Cömert .... olağanüstü.

---

33 Otuz üçüncü ders

Bakkalda

1 – Günaydın, Mustafa Bey. Nasılsınız?
2 – Teşekkür ederim ①, iyiyim. Ne arzu ediyorsunuz?
3 – Bir kilo kesme şeker ②, bir paket makarna, iki şişe süt, bir de…

Note

① In molte espressioni di uso corrente, si usa il presente generale, come in **teşekkür ederim**, *grazie, [la/vi] ringrazio*; **özür dilerim** ("scusa chiedo"), *scusi, chiedo scusa* (v. frase 8); **rica ederim**, *prego!, ci mancherebbe!* **Sanırım** (v. frase 5) significa *credo*, nel senso di *mi sembra*, mentre **sanıyorum** vuol dire *credo* nel senso di *sono sicuro*. **Öderim** (v. frase 13) si rende con un futuro semplice.

❻ Una volta percorsa questa discesa, girerai a sinistra.
Bu ...... inip, ... döneceksin.

❼ Entriamo dentro, diamo una occhiata dalla finestra.
..... girelim, ... bir ....

Soluzioni dell'esercizio 2
❶ Nerelerdesiniz – Çoktan – görüşemedik ❷ Otomatiğiniz – bu kadar – sönüyor ❸ Size – versin ❹ – Bütün – altında ❺ – apartmanı Manzarası – ❻ – yokuşu – sola – ❼ İçeri – pencereden – bakalım

Cihangir *è un quartiere stambuliota situato sulla riva europea, da cui si può ammirare il Bosforo,* **Üsküdar** *(conosciuta in italiano come Scutari), il mare di Marmara e la Punta del Serraglio. È un quartiere molto vivace e vi risiedono molti stranieri.*

Trentatreesima lezione 33

Alla drogheria

1 – Buongiorno, Mustafa Bey. Come sta?
2 – Sto bene, grazie. Che desidera?
3 – Un chilo di zucchero in zollette *(tagliato)*, una confezione di pasta, due bottiglie di latte, e poi un…

▶ ② **kesme şeker** vuol dire letteralmente "taglio zucchero" ossia "zucchero al taglio" cioè lo *zucchero in zollette*. **Kesme** deriva dal verbo **kesmek**, *tagliare*. Come **kalma**, in **Romalılardan kalma bir köprü** (v. lezione 30, nota 12), è un nome d'azione con valore di aggettivo.

yüz doksan dört • 194

4   Dışardan bir ses: Bakkal…
5 – Sizi çağırıyorlar. Sanırım yandaki apartmandan.
6 – Evet… Gülistan ③ Hanım gazetesiyle ekmeğini ④ bekliyordu… Bir dakika lütfen. Hemen sepetine şunları koyup geliyorum.
7   Bakkal gidip dönüyor.
8 – Sizi beklettim ⑤, Melek ⑥ Hanım. Özür dilerim. Şekeri, makarnayı ve sütü torbaya koydum. Başka bir arzunuz var mı?
9 – Evet, bir kilo pirinç, verin lütfen. En iyisinden olsun ⑦.
10 – Bizde "baldo" pirinci ⑧ var, beğeneceksiniz.
11 – Bir de kibrit ve kağıt mendil verir misiniz?
12 – Buyurun. Hepsi burada.
13 – Borcum ne kadar? Ama yanımda para yok. Lütfen yazar mısınız? Yarın öderim.
14 – Peki, yazıyorum.

Pronuncia
11 … kia:ıt …

Note

③ **Gülistan** vuol dire *roseto*, **gül** vuol dire *la rosa*.

④ **ekmeğ-i-n-i**, **sepet-i-n-e**, **iyi-si-n-den** (v. frase 9); avrete certamente riconosciuto la **n** che funge da legame tra il possessivo e il caso (v. lezione 31, nota 4).

⑤ **bekle-mek**, *aspettare, attendere* e **bekle-t-mek**, *fare aspettare, fare attendere*: la **-t-** fattitiva si usa al posto di **-tir-** dopo una radice verbale con almeno due sillabe che termina per vocale. Per esempio: **anla-mak**, *capire*, **anla-t-mak**, *far capire* e dunque *spiegare, raccontare*.

4   Da fuori [si sente] una voce: "Bakkal…"
5 – La chiamano. Credo che sia dal condominio che sta a fianco.
6 – Sì… Gülistan Hanım aspettava il suo pane col suo giornale… Un minuto, la prego. Li *(quelli)* metto nel suo cesto e torno subito.
7   Il droghiere va e torna:
8 – L'ho fatta aspettare, Melek Hanım. Le chiedo scusa. Ho messo nel *(a)* sacchetto lo zucchero, la pasta e il latte. Desidera qualcos'altro *(Altro un desiderio-vostro c'è* **mı***)*?
9 – Sì, [mi] dia per piacere un chilo di riso. Il migliore che avete *(migliore-suo-da che-sia)*.
10 – Abbiamo il riso "baldo" *(Noi-in "baldo" riso-suo c'è)*. Lo apprezzerà.
11 – Potrebbe darmi anche una [confezione di] fiammiferi e dei fazzoletti di carta?
12 – Comandi *(Comandate)*. È tutto *(tutto-suo)* qui.
13 – Quanto le devo *(Debito-mio quanto)*? Ma non mi sono portata dietro soldi *(fianco-mio-in soldi non-c'è)*. Per favore, potrebbe segnare *(scrivere)*? Pagherò domani.
14 – Certo, segno *(scrivo)*.

▸ ⑥ **Melek** è un nome, ma significa anche *angelo*. Il **baş melek** è *l'arcangelo*.

⑦ **ol-sun** è la terza persona singolare dell'imperativo del verbo **olmak** e significa *che sia*. Avete già trovato questa forma nell'espressione **Geçmiş olsun!**, "Che sia passato" ossia *Speriamo che passi* (v. lezione 11, nota 7). La desinenza **-sun** è una variante di **-sin** come in **ver-sin** (v. lezione 32, nota 11).

⑧ Nelle parole **pirinç** e **borç** (v. frase 13), la **ç** finale diventa **c** davanti a un suffisso che comincia per vocale.

15 – A, bir şey unuttum. Mümkünse ⑨ bir telefon edebilir miyim ⑩?
16 – Ne yazık ki telefonumuz bozuk. Üç gündür tamircileri bekliyoruz. Kusura bakmayın.
17 – Rica ederim, önemli değil. O kadar acelesi yoktu ⑪. Hoşça kalın.
18 – Güle güle. İyi günler.

Note

⑨ **mümkünse**, *se è possibile*. La particella **-se**, **-sa**, come in **var-sa**, *se c'è* (v. lezione 29, nota 9), si può collocare dopo ogni tipo di parola, in particolare gli aggettivi.

⑩ **telefon edebilir miyim** è la forma interrogativa di **telefon edebilirim**, *posso telefonare*. Ormai lo spostamento di particelle nel passaggio tra forma affermativa e interrogativa vi è familiare. La costruzione **bir telefon etmek** che letteralmente significa "un telefono fare", ossia *fare una telefonata, telefonare*, è simile a **bir bakmak**, *dare una occhiata* (v. lezione 32, frase 16).

***

1. alıştırma – Çeviriniz

❶ Bana iki paket makarna verir misiniz? ❷ Sema bir telefon etmek istiyor. Çok acelesi var. Onu bekletmeyin. ❸ Şu anda yanımızda para yok. Gelecek hafta öderiz. ❹ Sanırım, yeni arabasını beğeneceksin. ❺ Bakkal eviyle dükkanını sattı. ❻ Melek Hanım ekmeğiyle gazetesini bekliyor. ❼ Sepetini yukarıya çekecek. ❽ Bir haftadır dükkandaki telefon bozuk.

15 – Ah, ho dimenticato una cosa. Se fosse possibile, potrei fare una telefonata?
16 – Purtroppo *(Che peccato che)* il nostro telefono è fuori servizio. Sono tre giorni che aspettiamo i tecnici della manutenzione. Non me ne voglia *(mancanza-a non-guardate)*.
17 – Si figuri *(Preghiera faccio)*, non è importante. Non era così urgente. Arrivederci.
18 – Arrivederci. Buona giornata.

⑪ Quando si parla dell'urgenza di qualcosa, si usa il possessivo alla terza persona: **acele-si var**, "[una cosa] ha urgenza" quindi *è urgente*; **acele-si yok**, *non è urgente*… Se riferita a una persona, **acelesi var** significa *ha fretta* ma anche *è* o *va di fretta*.

***

Soluzioni dell'esercizio 1

❶ Mi darebbe due confezioni di pasta? ❷ Sema vorrebbe fare una telefonata. Ha molta fretta. Non la faccia aspettare. ❸ Non abbiamo soldi in questo momento. Pagheremo la prossima settimana. ❹ Credo che apprezzerai la sua nuova macchina. ❺ Il droghiere ha venduto la sua casa e il suo negozio. ❻ Melek Hanım aspetta il suo pane e il suo giornale. ❼ Tirerà su il suo cesto. ❽ Da una settimana il telefono del negozio è fuori servizio.

33   2. alıştırma – Tamamlayınız

1 Se fosse possibile, potrei fare una telefonata?
........., telefon ....?

2 Quanto le devo?
...... ne .....?

3 Chiedo scusa. Grazie. Ci mancherebbe.
Özür .... Teşekkür .... ederim.

4 Purtroppo il mio telefono è fuori servizio.
.. yazık .. telefonum ......

5 Non è così urgente.
. kadar .... yok.

6 Che sia del migliore.
En ....

7 Desidera qualcos'altro?
..... bir .... var ..?

8 Aspettiamo i tecnici della manutenzione da quattro giorni.
.... tamircileri ....

Soluzioni dell'esercizio 2

❶ Mümkünse – edebilir miyim ❷ Borcum – kadar ❸ – dilerim ederim – Rica – ❹ Ne – ki – bozuk ❺ O – acelesi – ❻ – iyisinden olsun ❼ Başka – arzunuz – mı ❽ Dört gündür – bekliyoruz

Gülistan, roseto, è il nome di un'opera letteraria persiana di epoca medievale che ebbe ampia diffusione nell'Impero ottomano e in Europa. La cultura persiana, memore della grandezza pre-islamica, era un punto di riferimento per le élite ottomane di epoca moderna. Ma in turco un giardino piantato a rose può anche essere chiamato **Gülhane**, *"casa delle rose"*; **Gülhane Parkı**, *il* Parco della Casa delle rose, è uno dei giardini più sontuosi del **Topkapı**, *il* Palazzo dei Sultani, nonché il più antico parco pubblico di Istanbul.
Se **Gülistan** è dunque un nome altamente evocativo per la storia culturale turco-ottomana, la parola **Gülhane** non è da meno. Il **Gülhane Hatt-ı Şerif-î** *("nobile editto del roseto")* è infatti il nome dell'editto concesso dal sultano Abdul Hamid II nel 1839, che garantiva a tutti i cittadini ottomani l'uguaglianza di fronte alla legge, indipendentemente dalla religione praticata. Questa storica svolta apre un periodo di riforme conosciuto sotto il nome di **Tanzimat** che porterà alla promulgazione della prima costituzione ottomana nel 1876. Anche se il tulipano, **lale**, è il fiore rappresentativo della Turchia, non si può certo dire che la rosa, **gül**, sia meno evocativa!

34 Otuz dördüncü ders

Dolmuşta acelesi olan bir hanım ①

1 – Affedersiniz, Yeşilköy'e giden dolmuşlar nereden kalkıyor?
2 – Az ilerdeki köşeden.
3 – Teşekkür ederim.
4   Dolmuş durağında. ②
5 – Haydi, Yeşilköy'e… Yeşilköy'e…
6   Hanım soluk soluğa, durağa koşuyor:
7 – Şoför Bey, hemen kalkabiliriz ③, ben iki kişilik ödeyeceğim.
8   Acelem var da… Neyse çok şükür fazla beklemeyeceğiz.
9   Arka koltuktaki erkek yolcu hanıma soruyor:
10 – Hanımefendi, siz nerede ineceksiniz?
11 – Son durakta.
12   Yolcu inip, hanıma yerini veriyor:
13 – O zaman siz böyle geçin. Ben sizden önce ineceğim, Ataköy'de.
14 – Sağolun, çok naziksiniz.

Note

① **acelesi olan bir hanım** vuol dire *una signora di corsa* o "che ha fretta". Il verbo italiano *avere* si traduce in turco con un nome seguito dal possessivo e da **var**: **acelesi var**, "ha fretta". Per esprimere *che ha, quello che ha*, si utilizza **olan**. Per esempio: **arabası olan genç**, *il giovane che ha una macchina* o **arabaları olanlar**, *quelli che hanno delle macchine*.

② **dolmuş durağ-ı-n-da**: ricordatevi dell'esistenza della **n** che funge da legame tra i due suffissi (v. lezione 31, nota 4).

Trentaquattresima lezione 34

Una signora di fretta nel dolmuş
(urgenza-sua essendo una signora)

1 – Scusi, da dove partono i dolmuş che vanno a Yeşilköy?
2 – Poco più avanti, all'angolo [della strada] *(poco oltre-in-che angolo-da)*.
3 – La ringrazio.
4   Alla fermata dei dolmuş:
5 – Dai, per Yeşilköy… Yeşilköy…
6   La signora corre a perdifiato alla fermata:
7 – Conducente, possiamo partire subito, pagherò per due persone.
8   E che sono di fretta *(Urgenza-mia c'è anche)*… Almeno *(Ad-ogni-modo per fortuna)* non aspetteremo troppo.
9   Il passeggero del sedile dietro domanda alla signora:
10 – Signora, lei dove deve scendere *(scenderete)*?
11 – All'ultima fermata.
12   Il passeggero scende e cede il suo posto alla signora:
13 – Allora passi al mio posto *(così)*. Io scenderò prima di lei, a Ataköy.
14 – Grazie, è molto gentile.

▶ ③ **kalk-abilir-iz**, *possiamo partire*; **al-abilir-iz**, *possiamo comprare* (v. frase 21); **ilet-ebilir misiniz?**, *potrebbe (potete) far passare?* (v. frase 16): ormai questa forma verbale dovrebbe esservi familiare…

iki yüz iki • 202

15 Hanım, önündeki ④ yolcuya para uzatıyor:
16 – Su parayı lütfen şoföre iletebilir misiniz?
İki kişilik ⑤. Sağolun.
17 Biraz sonra yolda:
18 – Şoför Bey, çok yavaş gidiyorsunuz.
Söyledim size, acelem var.
19 – Yollar tıkalı, görüyorsunuz. Ne yapayım ⑥?
20 Yolculardan biri: ⑦
21 – Sinirlenmeyin ⑧ canım. Bakın şuradaki dondurmacı bize doğru geliyor. Birer panda ⑨ alabiliriz.
22 – Ne kadar rahatsınız. Benim dondurma yiyecek vaktim yok ⑩. Şoför Bey, beni burada indirir ⑪ misiniz?

Note

④ **ön-ü-n-de-ki**: lett. "davanti-suo-in-che". **Ön** vuol dire *davanti* (per questa costruzione, v. lezione 32, nota 13).

⑤ **iki kişilik (para)**: *i soldi/il prezzo per due persone*. Ricordatevi **tek ve iki kişilik odalar**, *camere singole e per due persone* (v. lezione 15, nota 4).

⑥ **yapayım**, *che io faccia*, come **vereyim**, *che io dia* (v. lezione 11, nota 18). **Ne yapayım?**, "Cosa che io faccia?", cioè *Che volete che faccia?*

⑦ **yolculardan biri**, *uno dei passeggeri*. Imparate questa costruzione col possessivo aggiunto a **bir**: **-dan bir-i**, **-den bir-i**.

⑧ **sinirlen-me-y-in**, *non vi arrabbiate*, dal verbo **sinirlen-mek** (**sinir**, *nervo*). Per questa forma, v. lezione 25, nota 9; lezione 26, nota 8; lezione 28, § 3.

15 La signora allunga dei soldi al passeggero davanti: **34**

16 – Per favore, potrebbe passare *(trasmettere)* questi soldi al conducente? Per due persone. Grazie.

17 Dopo un po', durante il tragitto:

18 – Conducente, sta andando molto lento. Le ho detto, ho fretta!

19 – Le strade sono bloccate *(intasate)*, [come] vede. Che [vuole] che faccia?

20 Uno dei passeggeri *(passeggeri-da uno-suo)*:

21 – Non si arrabbi, mia cara *(anima-mia)*. Guardi, il gelataio che è laggiù viene verso di noi. Possiamo prendere ognuno un ghiacciolo.

22 – Come è rilassato! Io non tempo di mangiar gelati! Conducente, potrebbe farmi scendere qui *(me-[accus.] qui fate-scendere)*?

---

⑨ **bir-er panda**, *un ghiacciolo ognuno* (**panda** è una marca di ghiaccioli). Aggiunto a un numero, il suffisso **-er**, **-ar**, o **-şer**, **-şar**, a seconda che la parola cominci per consonante o vocale, significa *ognuno, ciascuno*: **ikişer arabamız var**, *abbiamo due macchine ciascuno*; dopo **birer** e **ikişer**, ci sono **üçer**, **dörder**, **beşer**, **altışar**, **yedişer**, **sekizer**, **dokuzar** e **onar**; poi **on birer** ecc.

⑩ **dondurma yiyecek vaktim yok**: **yiyecek** ha il senso di *per mangiare, di mangiare*. Lo avete già incontrato con il senso di *(qualcosa) da mangiare*: **yiyecek kalmadı**, *non è rimasto [nulla] da mangiare* (v. lezione 23, nota 3). Questa forma è anche la terza persona singolare del futuro ("mangerà"). **Vakit**, parola di origine araba, diventa **vakti** se declinata o seguita da un possessivo, come **izin → izni**, **resim → resmi**, **akıl → aklı** ecc.

⑪ **in-mek**, *scendere* e **in-dir-mek**, *far scendere*.

23   Hanım dolmuştan iniyor. Şoför arkasından ⑫ söyleniyor ⑬:
24 – Bu trafikte, helikoptere binecek her halde… □

Note

⑫ **arka-sı-n-dan**, *da dietro (lei)*, *alle sue spalle*. Il possessivo **-sı** si riferisce alla signora.

***

1. alıştırma – Çeviriniz

❶ Buradan kalkan dolmuşlar Yeşilköy'e gider. ❷ O yolcu benden önce inecek. Benim yerime geçsin. ❸ Arkada oturanlara şu parayı iletebilir misiniz? ❹ Acelemiz var. Hemen kalkmak için, üç kişilik ödeyebiliriz. ❺ Arabası yeni olan bir şoför yavaş gider. ❻ Bizim dondurma alacak vaktimiz yok.

2. alıştırma – Tamamlayınız

❶ Le strade sono bloccate. Che [vuole] che faccia?
Yollar ……. Ne …….?

❷ Conducente, ci farebbe scendere qui *(noi fate-scendere qui)*?
Şoför …, …. burada ……. …….?

❸ Possiamo mangiare un ghiacciolo ciascuno.
….. panda ………..

❹ Uno dei passeggeri allunga i soldi al conducente.
……….. …. şoföre …… uzatıyor.

23 La signora scende dal dolmuş. Alle sue spalle *(dietro-suo-da)* il conducente borbotta:
24 – Con *(in)* questo traffico, prenderà *(salirà)* senza dubbio l'elicottero…

▶ ⑬ **söyle-n-mek** è il passivo di **söylemek**, *dire*; **söyleniyor** può dunque significare, in un altro contesto, *viene detto, si dice*. Questo verbo, come si vede nel testo, ha anche il senso di *borbottare, brontolare, mormorare*.

***

Soluzioni dell'esercizio 1
❶ I dolmuş che partono da qui vanno a Yeşilköy. ❷ Quel passeggero scenderà prima di me. Che passi al mio posto. ❸ Potrebbe passare questi soldi a quelli che sono seduti dietro? ❹ Abbiamo fretta. Possiamo pagare per tre persone per partire subito. ❺ Un conducente che ha una nuova macchina va piano. ❻ Non abbiamo il tempo di prendere gelati.

❺ La signora corre verso la fermata dei dolmuş.
   Hanım dolmuş . . . . koşuyor.

❻ Non si arrabbi, mia cara. Abbiamo tempo.
   . . . . , canım. . . . . var.

Soluzioni dell'esercizio 2
❶ – tıkalı – yapayım ❷ – bey – bizi – indirir misiniz ❸ Birer – yiyebiliriz ❹ Yolculardan biri – parayı – ❺ – durağına doğru – ❻ Sinirlenmeyin – Vaktimiz –

35 *Il **dolmuş** è un taxi collettivo, che può essere una macchina a cinque o sette posti, ma anche un pulmino, il cui numero di posti è variabile... I **dolmuş** hanno un percorso fisso, ma non partono fino a che non sono pieni, da cui il nome di **dolmuş**, riempito, e lungo il tragitto si fermano a seconda delle esigenze dei passeggeri.*

Yeşilköy è situato a una ventina di chilometri dal centro di Istanbul, sulla costa del mar di Marmara, ed è là che si trova l'aeroporto principale della città, **Atatürk Havalimanı**. Sulla strada costiera, prima di arrivare a Yeşilköy, si attraversano dei quartieri periferici, come **Ataköy**. Queste zone sono in rapido sviluppo e continuano ad assorbire l'incessante esodo rurale. Più lontano dalla città, sulla costa anatolica, c'è il secondo aeroporto dell'antica capitale: **Sabiha Gökçen Havalimanı**.

35 Otuz beşinci ders

Gözden geçirme – *Ripasso*

In queste ultime lezioni, vi siete confrontati con due aspetti grammaticali molto importanti: il presente generale e il complemento di specificazione; poi avete visto anche l'espressione semplice della condizione ("se è/fosse..."). State continuando insomma a riempire di farina il vostro sacco...

1 Il presente generale

In turco, avete visto che esistono due presenti: il presente attuale in **-(i)yor** e il presente generale. Quest'ultimo non corrisponde sempre al presente italiano e può essere reso con diversi tempi. Non pensiate che tutta la casistica che abbiamo visto nelle precedenti lezioni serva a gettarvi nello sconforto; al contrario, vuole essere una dimostrazione di tutte le possibilità che offre questo tempo verbale, che infatti:

Rileggendo questa lezione, potrete rendervi conto della moltitudine di nozioni che siete già in grado di esprimere in turco: la possibilità e l'impossibilità, porre una domanda con formule di cortesia, il futuro con i suoi diversi valori e tutta la serie di sfumature offerte dai due presenti. Oltre a ciò, avete a vostra disposizione svariate formule ed espressioni che non vi faranno certo sfigurare durante una conversazione!

Trentacinquesima lezione 35

• Può esprimere <u>un'azione abituale</u>:
akşam üstü kaloriferi yakarlar, *accendono il riscaldamento la sera* (tutte le sere e non in questo momento) (v. lezione 32, frase 8).

• Può esprimere <u>un fatto generale</u>; in tal caso ha valore di dichiarazione:
fiyatlara değer, *vale il prezzo* (v. lezione 29, frase 16).

• Può avere un senso di <u>futuro</u>. In tal caso il momento della realizzazione sarà comunque <u>imprecisato</u>:
yarın öderim, *pagherò domani* (v. lezione 33, frase 13).
Qui "domani" sta per "più tardi, in seguito, la prossima volta".
Questo futuro è diverso da quello espresso mediante l'uso della particella **-ecek**: **yarın ödeyeceğim** vuol dire *pagherò* (sicuramente) *domani*.

• Può avere un valore di <u>futuro, con un'accezione di obbligo</u>, di quasi certezza, ma il momento della realizzazione resta comunque non precisato:

müdür gelir, *il direttore arriverà* (deve venire, verrà sicuramente, ma non si sa quando: può arrivare da un momento all'altro).
In Turchia, sentirete spesso dirvi che una persona attesa "**gelir**…", anche se continuerete a non vederla arrivare! **Müdür geliyor** significa invece *arriva, sta arrivando*: sappiamo che è per strada.

• Può essere un presente con <u>accezione di ipotesi</u>:
sanırım, *credo* (mi sembra), mentre **sanıyorum** significa *credo* (sono sicuro).

• Può avere <u>un'accezione condizionale</u>:
Biz yarın denize gideceğiz. Sen de gelir misin?
Domani andremo al mare. E tu, vieni? (verrai? verresti?); mentre **geliyor musun** significa *tu vieni con noi, vero?*

• Il presente generale <u>alla forma interrogativa serve a formulare una domanda in maniera cortese</u>:
Ekmek verir misiniz?, *[Mi] darebbe il pane?* **Bir çay içer misiniz?**, *Berrebbe un tè?* (v. lezione 31, frase 7).

Lo ripetiamo: non fatevi spaventare da tutte queste varianti! Cercate per il momento di capirle, aiutati dagli esempi sopraccitati che vi consigliamo di rileggere nel loro contesto. Avanzando, imparerete a distinguere i vari valori e poi a usarli.

• <u>Per formare il presente generale</u> (la cui base costituisce la terza persona singolare), si aggiunge:

– **r** a una radice verbale che termina per vocale:

de-mek	de-r	*dice*
ye-mek	ye-r	*mangia*
bekle-mek	bekle-r	*aspetta*
anla-mak	anla-r	*capisce*
hazırla-mak	hazırla-r	*prepara* ecc.

– una vocale + **r** a una radice verbale che termina per consonante:

• **-er, -ar**, se la radice è monosillabica:

gir-mek	gir-er	yap-mak	yap-ar
git-mek	gid-er	çal-mak	çal-ar
dön-mek	dön-er	koş-mak	koş-ar
et-mek	ed-er	duy-mak	duy-ar ecc.

Una serie di 13 verbi fanno eccezione alla regola e hanno come desinenza **-ir** e le sue varianti. Questi verbi sono molto frequenti e ne conoscete già la maggior parte:

bil-mek: bil-**ir**	al-mak: al-**ır**	bul-mak: bul-**ur**	gör-mek: gör-**ür**
gel-mek: gel-**ir**	kal-mak: kal-**ır**	dur-mak: dur-**ur**	öl-mek: öl-**ür**
ver-mek: ver-**ir**	san-mak: san-**ır**	vur-mak: vur-**ur**	
	var-mak: var-**ır**	ol-mak: ol-**ur**	

varmak, *arrivare, giungere*; **vurmak**, *bussare, battere, colpire*; **ölmek**, *morire*.

• **-(i)r**, se la radice è monosillabica, ma presenta un suffisso di derivazione; come il passivo di **demek** e di **yemek**:

de-n-mek	de-n-**ir**	è detto
ye-n-mek	ye-n-**ir**	è mangiato

Attenzione, non confondete **yenir**, *è mangiato*, con **yener**, forma irregolare del verbo **yen-mek**, *sconfiggere, vincere*.

• **-(i)r**, se la radice ha almeno due sillabe, che sia semplice o che presenti suffissi di derivazione:

getir-mek	getir-**ir**	bil-dir-mek	bil-dir-**ir**
düşün-mek	düşün-**ür**	gör-üş-mek	gör-üş-**ür**
çalış-mak	çalış-**ır**	kar-ış-mak	kar-ış-**ır**
konuş-mak	konuş-**ur**	dol-dur-mak	dol-dur-**ur** ecc.

– Per le altre persone, si aggiungono alla forma base le desinenze del verbo *essere*, **-(i)m -s(i)n** ecc.

2 La possibilità e l'impossibilità

Per esprimere la possibilità al presente, si aggiunge alla radice verbale la particella **-ebilir**, **-abilir**, seguita dalle desinenze del verbo *essere*, **-im**, **-sin** ecc.
gel-ebilir, *può venire*   **yap-abilir**, *può fare*
gid-ebilir-im, *posso andare*   **bak-abilir-iz**, *possiamo guardare* ecc.
Quando la radice termina per vocale, si interpone una **y**:
bekle-mek, **bekle-y-ebilir**, *può aspettare*.
Questa forma in **-ebilir** (ci torneremo) è l'espressione della possibilità al presente generale ed è quella usata più di frequente; per il momento sarà perciò quella che userete.

Per ciò che concerne l'impossibilità, la potete già esprimere in diversi tempi – il presente attuale, il passato e il futuro:
gel-e-m-iyorum, *non posso venire*
gel-e-me-dim, *non son potuto venire*
gel-e-me-y-eceksiniz, *non potrete venire*

Col tempo, imparerete certamente a usare le forme della possibilità e dell'impossibilità a tutti i tempi.

3 La forma interrogativa

In tutti i tempi che avete incontrato, tranne al passato e all'ottativo, si forma secondo lo stesso principio: la desinenza della persona si sposta e va dopo la particella interrogativa **mi**:
– al presente attuale:
görüyor-sunuz   **görüyor musunuz?**
– al presente generale:
içer-siniz   **içer misiniz?** (v. lezione 31)
– al futuro:
güneşlenecek-sin   **güneşlenecek misin?** (v. lezione 30)
– possibilità (presente):
edebilir-im   **edebilir mi-y-im?** (v. lezione 33)
– impossibilità + futuro:
gelemeyecek-siniz   **gelemeyecek misiniz** (v. lezione 31)

La stessa cosa vale per l'imperfetto del verbo *essere* e per quello degli altri verbi:
yasak değildi   **yasak değil mi-y-di?** (v. lezione 31)
istiyor-dun   **istiyor mu-y-dun?**

Infine, per ciò che concerne il passato e l'ottativo (v. § 4), si aggiunge semplicemente la particella **mi** dopo il verbo:
geldi, geldi mi?; **baktınız, baktınız mı?** ecc.
gidelim, gidelim mi?

4 L'ottativo

La forma in **-eyim**, **-ayım** è la prima persona singolare dell'ottativo che, come indica il suo nome, serve per esprimere dei desideri. La prima persona plurale è come quella dell'imperativo, in **-elim**, **-alım**. Accontentiamoci di queste due persone, che sono quelle più frequenti. **Aspirin vereyim**, *che vi dia dell'aspirina* (v. lezione 11). Con **ne**, il verbo acquisisce il senso di *che posso...?*:
ne yapayım?, *che posso farci?, cosa vuole che faccia?* (v. lezione 34)
nereye gidelim?, *dove potremmo andare?*

5 L'imperativo

Avete anche incontrato la terza persona dell'imperativo, formata dalla radice verbale e da **-sin** (e le sue varianti); al plurale basta aggiungere **-ler**, **-lar**. Ecco dunque uno schema con la forme complete dell'imperativo (la traduzione di **gelmek** è messa a titolo d'esempio).

venire	gel-mek	gör-mek	kal-mak	bul-mak
vieni	gel	gör	kal	bul
che venga	gel-sin	gör-sün	kal-sın	bul-sun
veniamo	gel-elim	gör-elim	kal-alım	bul-alım
venite	gel-in(iz)	gör-ün(üz)	kal-ın(ız)	bul-un(uz)
che vengano	gel-sinler	gör-sünler	kal-sınlar	bul-sunlar

Alla seconda persona plurale, **-iniz** è la desinenza completa e corretta, da usare nella lingua scritta. Nel parlato o nei testi che riportano un dialogo, viene prediletta la forma abbreviata **-(i)n**.

La terza persona dell'imperativo serve a esprimere un desiderio: **en iyisinden olsun**, *che sia del migliore (riso)*, lezione 33, nota 7; o un ordine: **Onlara söyleyin, saat yedide orada olsunlar**, *Che siano laggiù alle sette! Diteglielo!* o *Dite loro di essere laggiù per le sette.*
La terza persona singolare dell'imperativo viene usata anche in numerose espressioni della vita quotidiana:

olsun, *che sia*, usato per dire *sì, d'accordo...*

geçmiş olsun, *che sia passato!*, ossia *speriamo passi!* (v. lezione 11, nota 7);

Allah kolaylık versin, *che Dio dia conforto* (v. lezione 32) e **kolay gelsin**, *che venga facile, in bocca al lupo!* (v. lezione 14);

Allah bağışlasın, *che Dio lo protegga*, col senso di *Congratulazioni!* (v. lezione 17).

6 Il suffisso *-se* / *-sa*

Il suffisso **-se**, **-sa** è quello del verbo *essere* alla terza persona singolare con un valore di condizione e si traduce dunque con *se è* o semplicemente con *se*, come dopo **var** e **yok**. Questo suffisso si può mettere dopo tutti i tipi di parole. Lo avete già trovato dopo:
– **var**: **yer var-sa**, *se c'è posto* (v. lezione 29, nota 9);
– un aggettivo: **mümkün-se**, *se è/fosse possibile* (v. lezione 33, nota 9);
– un avverbio: **öyleyse**, *se è così* da cui *in tal caso, allora* (v. lezioni 8, 9, 16, 27 e 32);

– **ne**: forma l'avverbio **ne-y-se**, che significa *per fortuna, meno male* (v. lezioni 27 e 34).

7 Il passivo e il riflessivo

Il passivo è stato usato più volte nel corso delle ultime lezioni, nella sua forma più frequente: **-il, ül, -ıl, ul**.
yetiştir-il-mek, *essere allevato* (v. lezione 30, nota 10);
gör-ül-mek, *essere visto*, passivo di **gör-mek**;
yap-ıl-mak, *essere fatto* (v. lezione 31, nota 3);
unut-ul-mak, *essere dimenticato* (v. lezione 32, frase 17).

-(i)l si aggiunge ai verbi la cui radice termina per consonante, tranne la **l**; in questo caso si usa il suffisso **-(i)n**:
bil-mek, *sapere* → **bil-in-mek**, *essere saputo*
çal-mak, *suonare* → **çal-ın-mak**, *essere suonato*
come nell'espressione **kapı çalınıyor**, lett. "la porta è suonata", ossia *suonano alla porta* (v. lezione 12, frase 4).

Se la radice verbale termina per vocale, si aggiunge una **n**:
besle-mek, *nutrire* → **besle-n-mek**, *essere nutrito* (v. lezione 27, nota 6).
ara-mak, *cercare*, al passivo **ara-n-mak**, *essere cercato*.
La terza persona del passivo può rendere la forma impersonale che in italiano è introdotta dal *si*:
yap-ıl-ıyor, *è fatto, si fa*
gid-il-iyor, *si va* (v. lezione 30, nota 10).
Riguardo questo argomento, fate riferimento alla nota 6 della lezione 32.

La forma **-(i)n**, che come abbiamo visto serve a formare alcuni passivi, può dare anche un senso riflessivo al verbo:
giy-mek, *vestire, indossare*; **giy-in-mek**, *vestirsi*. Allo stesso modo **hazırla-mak**, *preparare*; **hazırla-n-mak**, *prepararsi* (v. lezione 30, nota 2).

Attenzione, le due nozioni di passivo e di riflessivo non sono sempre nettamente distinte. Una base verbale col suffisso **-(i)n-** può avere dunque i due sensi:
bul-un-mak *essere trovato, trovarsi*
oku-n-mak *essere letto, leggersi*

D'altro canto, non tutti i verbi hanno un passivo o un riflessivo. È una questione di senso e di uso. Tuttavia alcuni possiedono entrambi, come:

gör-mek, *vedere*
gör-ül-mek, *essere visto*
gör-ün-mek, *vedersi, apparire, sembrare*

Non crucciatevi per queste ambiguità, per il momento allenatevi a riconoscere i verbi passivi o riflessivi nel loro contesto.

8 La forma verbale *-me /-ma*

Per ciò che concerne la forma verbale **-me, -ma**, avete trovato ulteriori valori. Abbiamo già visto che questa forma può fungere da sostantivo (v. lezione 28, § 5) e avere dunque un plurale o essere declinato ai vari casi:
araştırma, *la ricerca*, dal verbo **araştırmak**, *[ri]cercare, investigare*; **araştırma-lar**, *le ricerche* (v. lezione 31);
para getirme-y-i unutmayın, *non dimenticate di portare i soldi* (v. lezione 26, nota 8).

Questo verbo sostantivato può precedere un altro nome per indicarne una caratteristica; in tal caso si comporta come un aggettivo:
kesme şeker, "taglio zucchero", *zucchero al taglio* ossia *zucchero in zollette* (v. lezione 33, nota 2).

kalma, "resto"; **Romalılardan kalma bir köprü**, significa *un ponte che data* ("resto") *dell'epoca dei romani* (v. lezione 30, nota 12).

9 L'obbligo: *-meli /-malı*

Si aggiunge il suffisso **-meli** alla radice dei verbi che terminano in **-mek** e **-malı** a quelli che terminano in **-mak**:
ver-mek → ver-meli *bisogna dare, deve dare* (v. lezione 31)
yat-mak → yat-malı *bisogna andare a dormire, deve andare a dormire* (v. lezione 8).

Questa forma esprime sia l'obbligo impersonale (*bisogna*), sia quello personale (*dovere*).
Comparate:
İzmir'e gitmeli, *Bisogna andare a Izmir* e **Ahmet İzmir'e gitmeli**, *Ahmet deve andare a Izmir*.

Nel secondo esempio, la terza persona del verbo *essere* è sottintesa (**git-meli-[dir]**).
Per formare le altre persone, ossia la prima e la seconda, si aggiungono a **-meli /-malı** i suffissi del verbo *essere*:
Bu işi yap-malı-sınız, *Dovete fare questo lavoro.*

10 Il possessivo della terza persona

Per quanto concerne il possessivo della terza persona, bisogna ricordarsi che davanti a un caso, si aggiunge una **n**:
ekmeğ-i, *il suo pane*; **ekmeğ-i-n-i bekliyordu**, *aspettava il suo pane* (accusativo) (v. lezione 33, nota 4);
sepet-i, *il suo cesto*; **sepet-i-n-e şunları koyuyorum**, *metto queste cose* (quelle) *nel suo cesto* (v. lezione 33, nota 4);
arka-sı-n-dan, *da dietro* (lei), *alle sue spalle* (v. lezione 34, nota 12).
La terza persona plurale del possessivo si comporta nella stessa maniera: **odaları-n-a çıktılar**, *sono saliti nelle loro camere*.

11 Il complemento di specificazione

Questa nuova costruzione, che avevate già intravisto alla lezione 22 (**pazartesi günü**, "il giorno di lunedì", ossia *lunedì*), è stata impiegata ripetutamente nelle ultime lezioni e vi permetterà di arricchire i vostri mezzi di espressione:
• Il complemento di specificazione, nella sua forma semplice, è composto da due parole usate nell'ordine inverso rispetto a quello italiano. La preposizione "di", che lega in italiano le due parole, si rende in turco con l'aggiunta della terza persona del possessivo alla seconda parola; così, *villaggio vacanze* (villaggio di vacanze) si traduce: "vacanza villaggio-suo", ossia **tatil köy-ü**. Allo stesso modo *vacanze estive* (vacanze d'estate) diventa in turco "estate vacanza-sua", cioè **yaz tatil-i**; *padrone di casa* si dice in turco "casa proprietario-suo": **ev sahib-i**.

Ma attenzione: non potete ancora tradurre un complemento di specificazione in cui le due parole sono ben precisate e determinate, come per esempio: "il proprietario della casa (in questione)". Facciamo un esempio ancora più chiaro e compariamo i due seguenti complementi di specificazione: "porta di casa" e "la porta della casa". Fino ad adesso, potete dire solo il primo: **ev kapısı**, *porta di casa*.
Avrete molte occasioni di imbattervi in questo tipo di complemento di specificazione, poiché viene usato nell'odonomastica, ossia per nominare le strade: **Cihangir caddesi**, *viale di Cihangir*; **Nuru Ziya sokağı**, *via Nuru Ziya* ecc. Lo abbiamo anche visto usato per nominare una residenza: **Cömert apartmanı**, *il condominio Cömert*.

• È possibile anche aggiungere un possessivo al complemento di specificazione; in questo caso la terza persona del possessivo che funge da "di" di relazione scompare: **ev sahib-i** diventa **ev sahib-iniz**, *il vostro padrone di casa*; **yaz tatil-imiz**, *le nostre vacanze estive*. Se anche il possessore è alla terza persona, allora non si osserva alcun cambiamento; quindi **yaz tatil-i** può significare sia *le vacanze estive* sia *le sue vacanze estive*; **ev sahib-i**, *padrone di casa, il suo padrone di casa*.

- Si può anche aggiungere un caso al complemento di specificazione; sarà allora necessario interporre nella seconda parola una **n** tra la terza persona del possessivo e il caso (v. § 10), come in **Türk hükümet-i-n-den**, *dal governo dei turchi* ossia *dal governo turco* (v. lezione 31, nota 4), o **dolmuş durağ-ı-n-da**, *alla fermata del dolmuş*; (v. lezione 34, nota 2); allo stesso modo si può dire **ev sahib-i-n-i gördüm**, *ho visto il suo padrone di casa*; **yaz tatil-i-n-i Güney'de geçirecek**, *passerà le sue vacanze estive nel Sud*.
Questa costruzione permette anche di tradurre dei complementi di luogo: **ağaçlar iç-i-n-de**, *in mezzo agli alberi* (v. lezione 30, frase 5); **ayaklar alt-ı-n-da**, *sotto i piedi, ai piedi* (v. lezione 32, nota 13).

12 Utilizzo della terza persona del possessivo

Imparate anche queste tre costruzioni che usano la terza persona del possessivo:
- **acele-si olan**, *che ha fretta* (v. lezione 34, nota 1)
- **-lerden bir-i**, *uno dei…*; **yolculardan bir-i**, *uno dei passeggeri* (v. lezione 34, nota 7)
- **hep-si**, lett. "tutto-suo", cioè *tutto [ciò che è stato nominato]*, può essere reso con *tutto, tutta, tutti, tutte*. Avevate incontrato questa parola alla lezione 19, frase 7: **Üç tane arabamız var. Hepsi telefonlu**, *Abbiamo tre macchine. Tutte dotate di telefono*.

Non utilizzate però **hepsi** al posto di **bütün**: il primo è un pronome, che si mette al posto di un sostantivo, mentre il secondo è un aggettivo, che si mette dunque prima di un nome:
bütün kazılar, *tutti gli scavi* (v. lezione 31, frase 14).

13 Il suffisso *-ce /-ca*

Per finire, avete visto un nuovo valore del suffisso **-ce**, **-ca**, che può esprimere un complemento di maniera, come **aile-ce**, *in famiglia* (v. lezione 29, nota 8); allo stesso modo si dirà **saatler-ce**, *per ore* ecc.

36

Questa lezione di ripasso vi è sembrata senza dubbio più lunga del solito. In effetti avete imparato molte cose nell'ultima serie di lezioni; in particolare volevamo spiegarvi nel dettaglio alcuni aspetti importanti, come il presente generale o il complemento di specificazione, che erano per voi delle nozioni nuove e soprattutto abbastanza diverse dall'italiano.

36 Otuz altıncı ders

Cağaloğlu hamamında

1 Yusuf Bey'le Hasan Bey Cağaloğlu semtindeki bir matbaa atölyesinde işçiler.
2 Geçen gün hamama gitmek istediler, çünkü ertesi gün ① bir cenazede bulunmak zorundaydılar ②.

Note

① **ertesi gün** vuol dire *l'indomani* e si usa nel discorso indiretto; *due giorni dopo* si dice **daha sonraki gün**. Nel discorso diretto, *domani* è **yarın**, mentre *dopodomani* è **öbür gün**.

② **bulunmak zorundaydılar**, *erano nell'obbligo di presenziare, dovevano essere presenti*: un infinito, seguito da **zorunda** e dal verbo *essere* (all'imperfetto). Al presente: **gitmek zorundayım**, ▶

> **İyi çalışmalar! Kolay gelsin!**
> Buon lavoro e in bocca al lupo!
>
> *Un ultimo consiglio: imparate tranquillamente, senza impazienza... d'altronde dovreste sapere che...* il diavolo s'immischia al lavoro [fatto] in fretta: **Acele işe şeytan karışır!**

Trentaseiesima lezione 36

All'hamam di Cağaloğlu

1 Yusuf Bey e *(con)* Hasan Bey lavorano *(sono lavoratori)* in una tipografia *(officina-sua-in tipografica)* nel quartiere di Cağaloğlu.
2 L'altro giorno, hanno deciso di *(voluto)* andare all'hamam, perché l'indomani dovevano presenziare a un funerale *(un funerale-in trovarsi obbligo-in-erano)*.

▶ *sono obbligato ad andare. Al passato e al futuro, si usa il verbo* **kalmak**, *restare, che connota una conseguenza:* **otobüs yoktu, yürümek zorunda kaldım**, *non c'erano autobus e* (dunque) *sono stato obbligato a camminare*; **pazar günleri otobüs yok, yürümek zorunda kalacağım**, *la domenica non ci sono autobus, sarò* (dunque) *obbligato a camminare*.

3 En yakın olan Cağaloğlu hamamına gittiler. 18nci yüzyıldan kalma ③ bu hamamın mimarisi ④ çok güzeldir.

4 İki arkadaş hamama girdiler. Hamamcılar onları karşılayıp, havlu ve peştemal verip, anahtarlı bir oda gösterdiler.

5 Hasan Bey'le Yusuf Bey odada soyunup, peştemalı bellerine sardılar ve kapıyı kitleyip, yıkanmak üzere içeriye geçtiler.

6 Boş ⑤ bir kurna bulup, tasla su dökünmeye başladılar.

7 Biraz sonra, kocaman, iri yarı ⑥ bir tellak geldi. Onları göbek taşına yatırıp, güzelce keseledi, sabunladı ⑦.

8 Sonra da o kadar kuvvetli bir masaj yaptı ki, zavallı Yusuf Bey'in incecik kemikleri az kaldı kırılıyordu. Dayak yemiş ⑧ gibi oldu.

Note

③ **-dan kalma**, *di epoca..., che risale a...* (v. lezione 30, nota 12). L'aggettivo numerale ordinale *diciottesimo* si può abbreviare scrivendo la cifra e aggiungendo il suffisso **-nci**, oppure facendo seguire la cifra da un semplice puntino: **18. yüzyıl**.

④ **bu hamam-ın mimari-si**, *l'architettura di questo hamam*: ecco finalmente un complemento di specificazione in cui il possessore è ben precisato e si declina dunque al genitivo. La seconda parola, come nella versione indeterminata del complemento di specificazione, è seguita dalla terza persona del possessivo. Il suffisso del genitivo, il sesto caso, è **-in** (con le sue varianti) dopo un nome che termina per consonante e **-nin** dopo una vocale. **Yusuf Bey'in kemik-leri** (v. frase 8) è un altro esempio di complemento di specificazione "determinato".

⑤ **boş** vuol dire sia *vuoto* che *libero*. **Boş vakit** significa *tempo libero*. **Boş bir oda** sarà, a seconda del contesto, *una camera vuota* o *libera*. **Boş olmak**, *essere liberi* ossia *non occupati*. **Bu akşam, boş musun?**, *Sei libero stasera?*

3 Sono andati all'hamam di Cağaloğlu che è il più vicino. L'architettura di questo hamam, che risale al XVIII secolo, è molto bella.

4 I due amici sono entrati nell'hamam. Gli impiegati *(dell'hamam)* li hanno accolti, hanno dato loro asciugamano e telo da bagno, [e poi] hanno indicato loro una stanza che si chiude a chiave.

5 Hasan Bey e Yusuf Bey si sono spogliati nella stanza, si sono arrotolati il telo ai *(loro)* fianchi e hanno chiuso la porta a chiave, [poi] sono passati all'interno [dell'hamam] per lavarsi.

6 Hanno trovato una fontanella libera e hanno cominciato a versarsi acqua con una scodella.

7 Poco dopo, è arrivato un massaggiatore grande e grosso. Li ha fatti sdraiare sulla pietra centrale *(ombelicale pietra-sua-a)*, li ha strofinati a fondo *(bene)* con il guanto di crine e li ha insaponati.

8 In seguito, ha fatto loro un massaggio così energico che ci è mancato *(restato)* poco che le ossa fragili del povero Yusuf Bey si rompessero! Gli sembrava di aver preso delle bastonate *(Bastonata avendo-mangiato come è-diventato)*.

---

⑥ **kocaman** vuol dire *grande*, e **iri** *grosso, grande*; **kocaman iri yarı** è un'espressione che significa *grande e grosso*.

⑦ **kese-le-mek**, *strofinare con il guanto di crine*; **sabun-la-mak**, *insaponare*: i verbi costruiti a partire da un nome si formano aggiungendo **-le-mek, -la-mak**.

⑧ **ye-miş**, da **yemek**, *mangiare*, è un participio a senso attivo, equivalente al gerundio passato italiano, e significa "avendo mangiato". **Dayak yemek**, lett. "bastonata mangiare" è un'espressione che vuol dire *ricevere delle bastonate*.

9 Biraz sonra, odalarında kahve içerken ⑨, arkadaşını bitkin bir halde gören Hasan Bey ona takıldı:
10 – Tellak iyi bir bahşiş hak etti ⑩, değil mi?
11 Ve şu fıkrayı ⑪ anlattı.
12 "Nasreddin Hoca bir gün hamama gider. Hamamcılar onu bir köşede unuturlar. Hoca kendi kendine yıkanır.
13 Hamamdan çıkarken çokça bahşiş dağıtır. Adamlar şaşırıp kalırlar.
14 Bir süre sonra Hoca yine hamama gider. Bu kez hamamcılar, etrafında fırıl fırıl döner, hizmet ederler.
15 Ama Hoca bahşiş vermeden ⑫ çıkar. Adamlar çok kızarlar.

Note

⑨ **içer-ken**, *bevendo*. Il suffisso **-ken**, invariabile, si aggiunge alla forma base del presente generale di un verbo. Questa costruzione verbale, oltre che col gerundio, può essere resa con una subordinata temporale, introdotta in questo caso da "mentre". Allo stesso modo, **hamamdan çıkarken**, *uscendo dall'hamam* (v. frase 13) avrebbe potuto essere tradotta *quando esce dall'hamam*.
kahve içmek, *bere caffè*: il caffè è una bevanda molto diffusa in Turchia, anche se non è uguale a quello che si beve in Italia. Fatto con una polvere di caffè macinata finissima, viene bollito in acqua zuccherata. Per questo motivo, al momento dell'ordine bisogna specificare le proprie preferenze: **sade**, *liscio, semplice* dunque *senza zucchero*, **orta (şekerli)** *mediamente zuccherato*, o **şekerli**, *zuccherato*. Quando vi viene servito, aspettate che la polvere di caffè ancora sospesa nel liquido si depositi e degustatelo avendo cura di fermarvi prima di arrivare a ingerire il fondo. Non correreste alcun rischio, ma non è certamente piacevole trovarsi la bocca piena di polvere di caffè!

9 Più tardi, mentre bevevano *(bevendo)* il caffè nella loro stanza, Hasan Bey, vedendo il suo amico esausto *(esausto uno stato-in)*, lo ha preso in giro *(lui-a si-è-attaccato)*:

10 – Il massaggiatore si è meritato una bella mancia, non è vero?

11 E ha raccontato questa storiella:

12 "Un giorno, Nasreddin Hoca va all'hamam. Gli impiegati dell'hamam [non lo considerano e] lo dimenticano in un angolo. Nasreddin Hoca si lava tutto da solo *(se stesso se stesso-a)*.

13 Uscendo dall'hamam, distribuisce molte *(molto + [suffisso-ça])* mance. Le persone restano esterrefatte *(si meravigliano restano)*.

14 Un po' di tempo *(periodo)* dopo, Nasreddin Hoca va nuovamente all'hamam. Questa volta, gli impiegati dell'hamam gli girano tutto attorno e lo servono.

15 Ma Nasreddin Hoca esce senza dare la mancia. Le persone ci rimangono male *(molto si-arrabbiano)*.

▶ ⑩ **hak etmek**, lett. "diritto fare", significa *meritare, meritarsi*.

⑪ **fıkra** significa *barzelletta, storiella* e si usa spesso per designare le storie di Nasreddin Hoca, che avevate già trovato alla lezione 8. Ricordatevi che in questo tipo di storie viene usato preferibilmente il presente generale, poiché il racconto ha un valore temporale non definito.

⑫ **ver-meden**, *senza dare*. Il suffisso **-meden, -madan**, aggiunto alla radice verbale, traduce la costruzione *senza fare qualcosa*.

16 Hoca:
— Bugünkü bahşişinizi geçen defa aldınız ya ⑬, der."

Note

⑬ **ya** è una parola che avete già trovato con il senso di *o, oppure*, nell'espressione **ya ... ya da**, *o... oppure...*; in questo contesto però ha valore di interiezione e può essere resa con *insomma*.

***

1. alıştırma – Çeviriniz

❶ Cağaloğlu hamamında tellaklar çok güzel masaj yaptılar. ❷ Odaya girerken, Hasan Bey arkadaşına takıldı. ❸ Tellak iki arkadaşı göbek taşında keseleyip sabunladı. ❹ En yakın ama en pahalı olan Cağaloğlu hamamına gitmek zorunda kaldılar. ❺ Yusuf Bey'in kemikleri çok kuvvetli masajdan az kaldı kırılıyordu. ❻ Hamamcıya bahşiş vermeden çıktı. ❼ Bu semtin hamamı çok pahalıdır. ❽ Yusuf Bey Hasan Bey'in arkadaşıdır.

2. alıştırma – Tamamlayınız

❶ Domani siamo obbligati ad andare a un funerale.
..... bir .... gitmek ....

❷ L'architettura di questo hamam, che risale al XVIII secolo, è molto bella.
18. .... bu .... mimarisi çok ....

❸ Il povero Yusuf Bey ebbe l'impressione di aver preso delle bastonate.
.... Yusuf Bey .... gibi .....

16 [Allora] Nasreddin Hoca dice:
– Insomma, la vostra mancia di oggi l'avete presa la volta scorsa!"

***

Soluzioni dell'esercizio 1
❶ All'hamam di Cağaloğlu, i massaggiatori hanno fatto un bellissimo massaggio. ❷ Entrando nella stanza, Hasan Bey si burla del suo amico. ❸ Sulla pietra centrale, il massaggiatore ha strofinato con il guanto di crine i due amici e poi [li] ha insaponati. ❹ Furono obbligati ad andare all'hamam di Cağaloğlu, che è il più vicino, ma il più caro. ❺ Mancava poco che le ossa di Yusuf Bey si rompessero con un massaggio così tanto energico. ❻ Uscì senza dare la mancia all'impiegato dell'hamam. ❼ L'hamam di questo quartiere è molto caro. ❽ Yusuf Bey è l'amico di Hasan Bey.

❹ Gli impiegati dell'hamam [li] hanno serviti così bene che hanno meritato una buona mancia.
Hamamcılar . . . . . . güzel . . . . . . ettiler . . iyi bir bahşiş . . . .

❺ Uscendo, Nasreddin Hoca distribuisce molte mance. Gli impiegati dell'hamam restano esterrefatti.
Nasreddin Hoca . . . . çokça . . . . Hamamcılar . . . .

Soluzioni dell'esercizio 2
❶ Yarın – cenazeye – zorundayız ❷ – yüzyıldan kalma – hamamın – güzeldir ❸ Zavallı – dayak yemiş – oldu ❹ – o kadar – hizmet – ki – hak ettiler ❺ – çıkarken – bahşiş dağıtır – şaşırıp kalırlar

36 **Cağaloğlu** *è un quartiere situato nella vecchia Istanbul, ossia a sud del Corno d'Oro. Da tradizione, in questa zona della città si trovano le tipografie e le stamperie e durante la giornata è un continuo fermento di attività. L'hamam omonimo è uno dei più belli e dei meglio conservati di Istanbul. A causa della separazione dei sessi, le donne non possono purtroppo accedere alla parte dell'hamam più sontuosamente decorata...*

Un tempo, l'hamam aveva un ruolo importante nella vita sociale dei villaggi e dei quartieri popolari. In questo luogo infatti, le madri cercavano una giovane bella e educata per darla in sposa ai loro figli, ed è là che si cercava di farsi un'idea sulla verginità delle ragazze. La vigilia del matrimonio, le amiche e le parenti della fidanzata la lavavano e si prendevano cura di lei in un'atmosfera festosa e di allegria generale. Al giorno d'oggi, gli hamam diventano sempre di più dei luoghi turistici.

Esiste un vocabolario specialistico che concerne il mondo dell'hamam e non tutte le parole hanno un corrispettivo italiano. Chi va all'hamam, generalmente, porta con sé il **peştemal**, *un telo da bagno in cotone fino, il* **tas** *(v. frase 6), scodella che una volta era in rame ma che ora il più delle volte è in plastica, la quale serve da recipiente per versare acqua calda sul corpo per ammorbidirlo. Inoltre non può mancare il* **kese**, *guanto di crine, che permette di esfoliare la pelle morta. Il massaggio, per gli uomini, è estremamente duro; per le donne, invece, viene fatto molto più dolcemente, sul corpo insaponato. La sala dove si effettua il lavaggio è grande, tonda, contorniata da nicchie, nelle quali si trovano delle* fonta-

nelle (in marmo), **(mermer) kurna**, *dove scorre costantemente acqua calda. Sedendosi accanto alla fontanella, si prende l'acqua col* **tas** *e la si versa sul corpo. Il lavaggio con il* **kese** *e poi con il sapone, così come il massaggio, avvengono su un grande podio di marmo riscaldato dal basso, situato al centro della sala, che si chiama* **göbek taşı**, *"pietra dell'ombelico"... Adesso siete veramente pronti per fare una bella esperienza all'hamam!*

In questa lezione avete incontrato il genitivo e il suo impiego nel complemento di specificazione. Non fatevi spaventare da questa nuova costruzione. Avrete l'occasione di praticarla nel corso di tutta questa serie di lezioni.

YUSUF BEY HASAN BEY'İN ARKADAŞIDIR

37 Otuz yedinci ders

Geciken misafirler

1 Emir Beyler ① bu akşam dostlarına yemek veriyorlar. Çetin Beylerden başka ② herkes geldi.
2 O sırada telefon çalıyor:
3 – Alo Çetin? Nerede kaldınız? Merak ettik.
4 – Kusura bakmayın, çok geciktik. Küçük bir kaza geçirdik ③ de.
5 – Kaza mı geçirdiniz? Geçmiş olsun. Yaralanan ④ var mı?
6 – Çok şükür ⑤, yaralı falan ⑥ yok. Hepimiz ⑦ iyiyiz. Yalnız, şu anda arabayla uğraşıyoruz ⑧.

Note

① **Emir Beyler** significa letteralmente "i signori Emir", ossia la *famiglia di Emir Bey*. In questo caso, col senso di "famiglia di", non si mette l'apostrofo. È possibile anche utilizzare il suffisso del plurale con i cognomi, come **Koyuncular**, *i Koyuncu* (v. lezione 19).

② Ricordatevi che **başka** preceduto dall'ablativo lo avete già visto alla lezione 27, frase 10, con il significato di *altro che*.

③ **geçirmek** ha diversi significati, che variano a seconda della parola con cui si accompagna: qui, **kaza geçirmek** vuol dire *avere/subire un incidente* e **tatil geçirmek**, *passare le vacanze* (v. lezione 29, frase 2); allo stesso modo **kurak bir kış geçirdik**, *abbiamo passato un inverno secco* (v. lezione 27, frase 7).

④ **yaralamak** significa *ferire*; **yarala-n-mak**, *ferirsi*: **yaralanan** e **yaralı** hanno entrambi il senso di *ferito*, ma il primo significa *che è stato ferito* mentre il secondo *che ha una ferita*.

Trentasettesima lezione   37

Gli ospiti che arrivano in ritardo

1   Emir Bey e sua moglie *(Emir Bey-[plur.])* ricevono a cena i loro amici questa sera *(amici-loro-a pasto danno)*. A parte Çetin e la sua famiglia *(Çetin Bey-[plur.]-da)*, sono arrivati tutti.
2   A un certo momento, il telefono squilla:
3 – Pronto, Çetin? Dove siete finiti? Ci siamo preoccupati *(preoccupazione abbiamo-fatto)*.
4 – Non vogliatecene, siamo molto in ritardo. È che abbiamo avuto *(passato)* un piccolo incidente.
5 – Avete avuto un incidente? Oh mio Dio! *(Passato sia)*. Ci sono feriti?
6 – Grazie a Dio, non ci sono feriti o cose simili. Noi tutti stiamo bene *(Tutti-noi bene-stiamo)*. Solo che, in questo momento, ci stiamo occupando della macchina.

⑤ **çok şükür**, *molte grazie*, sottinteso *a Dio*. È dunque possibile tradurlo in questo contesto con *grazie a Dio*. **Şükür**, *grazie*, ha la stessa origine araba di **teşekkür**, *ringraziamento*.

⑥ **falan**, o **filan**, significa *tale*, *cosa simile* e appartiene al linguaggio familiare. **Falan filan** significa *eccetera*. È una parola frequente nelle conversazioni.

⑦ **hep** vuol dire *tutto* o *sempre* come alla lezione 20, frase 5. Quando "tutto" designa qualcosa di preciso, **hep** comporta il possessivo: **hepsi**, *(il) tutto (di) questo* (v. lezione 35, § 12), **hepimiz**, *noi tutti*.

⑧ **arabayla uğraşıyoruz**, *siamo occupati con la macchina* o *ci stiamo occupando della macchina*. Il verbo **uğraş-mak** significa anche *affaccendarsi (facendo uno sforzo)*. Quindi si potrà dire: **nihayet kapıyı açtım, ama çok uğraştım**, *alla fine ho aperto la porta, ma ho penato molto (per farlo)*. Abbiamo già incontrato questo verbo alla lezione 17, frase 6.

37

7 – Nasıl oldu kaza?
8 – Gelirken ⑨ bir virajda lastik patladı.
  Bereket versin ⑩ yavaş gidiyordum.
  Arabam kaydı, yandaki hendeğe girdi.
9   Telefon ettik. Arabayı çıkarmaya gelecekler.
  Siz lütfen beklemeyin, yemeğe başlayın.
  Biz inşallah tatlıya yetişiriz.
10 Emir Bey'i işiten misafirler merakla
  soruyorlar:
11 – Ne olmuş?
12 – Kaza mı olmuş?
13 – Kim kaza yapmış ⑪?
14 Emir Bey:
15 – Yolda Çetin'in ⑫ lastiği patlamış. Arabası
  hendeğe girmiş. Neyse ki hepsi iyiymiş.
16 Biz yemeğe başlayabiliriz ⑬. Sofraya ⑭
  buyurun. Onlara tatlıdan ayırırız.

Note

⑨ **gelir-ken**, *venendo*, *mentre venivamo (da voi)* (v. lezione 36, nota 9).

⑩ **bereket versin**, lett. "abbondanza che-dia", ha il senso di *grazie a Dio*, *fortunatamente*. Se siete il primo cliente della giornata in un negozio, ve lo sentirete dire al momento del pagamento; significherà dunque: "che Dio mi dia l'abbondanza attraverso questo primo cliente" ed equivale dunque a un *Dio vi benedica*. Dicendo questo, il commerciante si passerà la banconota sul mento.

⑪ **ol-muş, yap-mış, -y-miş** è un passato come **oldu, yap-tı, -y-di**: ma mentre quest'ultimo descrive delle azioni che avete visto compiere, di cui siete testimoni o di cui siete sicuri, la forma in **-miş** riporta una diceria o degli eventi di cui non si è ancora completamente certi. Comparate il racconto di **Çetin Bey**, che riporta qualcosa di vissuto (passato in **-di**) e il riassunto che ne fa **Emir Bey** agli altri ospiti: "sembra che abbia avuto un incidente, che il suo pneumatico sia scoppiato" (passato in **-miş**).

7 – Come è successo l'incidente?
8 – Venendo [da voi], in una curva lo pneumatico è scoppiato. Grazie a Dio *(abbondanza che-dia)*, andavo lentamente. La *(mia)* macchina ha sbandato [ed] è finita *(entrata)* nel fosso che era a fianco.
9 Abbiamo chiamato. Arrivano a tirar fuori la macchina. Voi, per favore, non aspettate[ci], cominciate a mangiare. Noi, se Dio vuole, arriveremo in tempo per il dolce.
10 Gli ospiti, sentendo Emir Bey, domandano preoccupati:
11 – Cosa è successo?
12 – C'è stato un incidente?
13 – Chi ha fatto un incidente?
14 Emir Bey:
15 – Per strada, sembra che lo pneumatico di Çetin sia scoppiato e la sua macchina sia finita *(entrata-sembra-sia)* nel fosso. Per fortuna sembra stiano tutti bene *(bene-sembra)*.
16 Noi possiamo cominciare a mangiare. Accomodatevi a tavola. Metteremo loro da parte del dolce.

▶ ⑫ **Çetin'in lastiği**: ecco un altro esempio di complemento di specificazione in cui il possessore è determinato ed è dunque declinato al genitivo, come alla lezione 36, nota 4.

⑬ **başla-y-abilir-iz**, *possiamo cominciare*: vi ricordate che si aggiunge una **y** davanti ad **-abilir**, quando la radice verbale termina per vocale?

⑭ **sofra** designa in turco la tovaglia che i nomadi stendevano a terra per mangiare e, per estensione, la tavola (ma *il tavolo* nel senso del mobile si dice **masa**). Questa usanza esiste ancora in molti villaggi e in generale nel mondo rurale.

1. alıştırma – Çeviriniz

❶ Geçen toplantıda Çetinler gecikmiş, çünkü gelirken kaza geçirmişler. ❷ Kazada birkaç kişi yaralandı. ❸ Emir Bey dostlarına kazayı anlattı. ❹ Ev sahibi merak etmiş. Saat dokuz buçukta misafirleri hâlâ gelmemiş. ❺ Çetin Bey'in arabası bozuk. Motoruyla uğraşıyor. ❻ Misafirler geciktiler ama tatlıya yetişecekler. ❼ Gecikenlere tatlıdan ayırabiliriz. ❽ Merak etmeyin. Telefonla haber vereceğiz.

2. alıştırma – Tamamlayınız

❶ A parte i Çetin, sono arrivati tutti.
Çetin . . . . herkes geldi.

❷ Hanno avuto un incidente? Ci sono feriti?
. . . . mı . . . . ? . . . . var . . ?

❸ Voi potete cominciare a mangiare.
Siz . . . .

❹ Grazie a Dio, non ci sono feriti o cose simili. Si accomodi a tavola.
Çok . . . . . yaralı . . . . . yok. . . . . buyurun.

❺ Che è successo? C'è stato un incidente? Chi ha fatto l'incidente?
Ne . . . . . ? . . . . . . olmuş? . . . kaza . . . . . . ?

❻ Per fortuna sembra che tutti stiano bene.
. . . . hepsi . . . .

❼ Dove siete finiti? Ci siamo preoccupati.
Nerede . . . . ? . . . . . ettik.

Soluzioni dell'esercizio 1

37

❶ All'ultimo ricevimento, i Çetin sembra siano arrivati in ritardo, perché venendo hanno avuto un incidente. ❷ Nell'incidente, alcune persone si sono ferite. ❸ Emir Bey ha raccontato l'incidente ai suoi amici. ❹ Il padrone di casa sembra si sia preoccupato. Alle nove e mezza, i suoi ospiti non erano ancora arrivati. ❺ La macchina di Çetin Bey è fuori uso. È occupato col motore. ❻ Gli ospiti sono in ritardo, ma arriveranno in tempo per il dolce. ❼ Possiamo mettere da parte il dolce per i ritardatari. ❽ Non preoccupatevi. [Vi] aggiorneremo per telefono.

Soluzioni dell'esercizio 2

❶ – lerden başka – ❷ Kaza – geçirdiler – Yaralanan – mı ❸ – yemeğe başlayabilirsiniz ❹ – şükür – falan – Sofraya – ❺ – olmuş – Kaza mı – Kim – yapmış ❻ Neyse ki – iyiymiş ❼ – kaldınız – Merak –

38 Otuz sekizinci ders

Radyoevinde ① bir konuşmacı

1 … Evet, sayın ② dinleyiciler. Bugünkü konuşmamı şöyle özetlemek istiyorum:
2 Hiçbir şeye sinirlenmeyin, üzülmeyin ③. Birçok hastalık üzüntüyle gelir.
3 Diyelim ki, uçağınızı kaçırdınız. Hayatın sonu değil ya ④. Bir sonrakine ⑤ binersiniz.

Note

① **radyoevi** è un nome composto da **radyo** e **ev**; queste due parole formano un complemento di specificazione: "casa della radio", ma nella traduzione si rende solo con *radio*. Esistono molti nomi costruiti allo stesso modo: **kitabevi**, "casa del libro", *libreria*; **olağanüstü**, "sopra dell'ordinario", *straordinario* (v. lezione 32, frase 3); **havaalanı**, "settore dell'aria", *aeroporto* (v. frase 11). In questa lezione, avete anche altri esempi di complemento di specificazione, uno di tipo indeterminato: **ruh sağlığı**, "salute dello spirito", *salute mentale* (v. frase 8) e altri con il genitivo: **hayatın sonu**, "fine della vita", *la fine del mondo* (v. frase 3); **oğlunuzun karnesi**, *la pagella di vostro figlio* (v. frase 4); **konuşmacının sesi**, *la voce dello speaker* (v. frase 9); **adamın biri**, "uno degli uomini", ossia *un uomo, un tizio, un tale* (v. frase 12); **arabanın sahibi**, *il proprietario della macchina* (v. frase 13).

② **sayın** vuol dire *egregio, distinto* e deriva dal verbo **saymak**, *stimare, considerare, rispettare*. **Sayın** si usa nei discorsi ufficiali e viene anche utilizzato per designare il destinatario di una lettera: per esempio, sulla busta si scriverà **Sayın** (abbreviato in **Sn.**) **Emir Demirtaş**, mentre all'inizio della lettera **Emir Bey** o **Sayın Demirtaş**.

Trentottesima lezione 38

Uno speaker alla radio

1 "… Ebbene *(Sì)*, cari *(egregi)* ascoltatori. Vorrei sintetizzare il mio intervento di oggi in questo modo *(così)*:
2 Non arrabbiatevi e non crucciatevi per niente *(Niente cosa-a)*. Molte malattie sono generate dalle preoccupazioni *(preoccupazione-con viene)*.
3 Mettiamo *(Diciamo)* che perdiate *(avete perso)* il vostro volo *(aereo)*. Non è comunque la fine del mondo *(Vita-di fine-sua)*! Prendete il successivo *(Uno dopo-che-a salite)*.

③ **sinirlenmek** e **üzülmek** reggono il dativo. **Üzmek** significa *addolorare, rattristare* qualcuno; **üzülmek**, *dispiacersi, preoccuparsi* e **üzüntü** è *il cruccio, il rammarico, la preoccupazione*.

④ **ya** ha qui il senso di *comunque*. Avete già incontrato questa parola con un senso tutto sommato non molto diverso alla lezione 36, nota 13.

⑤ **bir sonra-ki-n-e**, lett. "uno dopo-che-a"; **bir sonraki** vuol dunque dire *il seguente*; questa parola si comporta come un nome e può essere declinata (ai vari casi, singolare e plurale). D'altronde questa costruzione l'avete già vista alla lezione 29, nota 12: **zemin kattakiler**, *quelle (le camere) che sono al piano terra*.

38 4 Oğlunuzun karnesi kırıklarla ⑥ dolu. Bu sene sınıfta kalırsa ⑦, kalsın. Ne çıkar? Seneye ⑧ büyür, daha iyi notlar alır.
5 Sevgiliniz sizi bırakırsa, bıraksın. Ağlamaya değer ⑨ mi? Başkasını ⑩ bulursunuz.
6 Evinize hırsız mı girdi? En değerli eşyalarınızı mı çaldı? Canınız sağ olsun ⑪. Çalışır, kazanır, daha iyilerini alırsınız.
7 Kısaca ⑫ hiçbir şeye üzülmeye değmez ⑬, sevgili dinleyicilerim.

Note

⑥ **kırık**, dal verbo **kırmak**, vuol dire *rotto*, *rottura*, *frattura* e designa, in questo caso, i *brutti voti*. In contesto scolastico, si tende sempre di più a utilizzare **zayıf**, *debole*, invece di **kırık**. La parola **not**, *voto*, è sottintesa: **kırık** o **zayıf not**.

⑦ **kalır-sa**, "se resta". La particella **-sa** viene posposta al verbo per introdurre una proposizione condizionale. Nel nostro caso, è stata aggiunta al presente generale. **Kalsın**, *che resti*, e **bıraksın**, *che lasci* (v. frase 5), messi dopo la condizionale, hanno il valore implicito di *ebbene, tanto meglio!*

⑧ **sene-y-e**, *tra un anno*, *l'anno prossimo*; come **haftaya**, *tra una settimana* (v. lezione 24, nota 7).

⑨ **değmek**, *valere la pena*, si costruisce con il dativo, che sia seguito da un nome: **fiyatlara değer**, *vale il prezzo* (v. lezione 29, frase 16), o da un verbo: **ağlamaya değer mi?**, *vale la pena di piangere?*

⑩ **başka-sı** significa letteralmente "altro-suo", ossia *un altro rispetto a quello in questione*. Questa è una costruzione tipica della lingua turca e viene utilizzata spesso. La avete già trovata in diverse lezioni: **eskisi kadar ot yok**, *non c'è più l'erba di una volta* (v. lezione 27, nota 8); **doğrusu**, lett. "vero-suo", *veramente*, *è vero* (v. lezione 32, frase 17); **en iyisi**, *il migliore* (v. lezione 33, frase 9); e in questa lezione alla frase 6, **daha iyileri**, *di più belli*, rispetto a quelli che sono stati rubati.

4   La pagella di vostro figlio è piena di brutti voti. Se viene bocciato *(Quest'anno classe-in resta-se)*, che venga bocciato! Che potrà mai succedere *(cosa esce)*? Tra un anno crescerà [e] prenderà dei voti migliori *(più buoni)*.
5   Se il vostro amato vi lascia, che [vi] lasci! Vale la pena di piangere? Ne troverete un altro *(altro-suo-[accus.] troverete)*!
6   Un ladro è entrato in casa vostra? Ha rubato i vostri oggetti di valore *(Più preziose cose-vostre-[accus.])*? Non preoccupatevi *(anima-vostra sana che-sia)*. Lavorerete, guadagnerete e ve ne comprerete di più belli *(buoni)*.
7   Insomma, non vale la pena di preoccuparsi per nulla *(alcuna cosa-a preoccuparsi-a non-vale)*, miei cari ascoltatori.

---

⑪ **canınız sağ olsun**, "che la vostra anima sia sana", è un'espressione comune che significa *non importa*, *non preoccuparti*.

⑫ **kısa**, *corto*, *breve*, *basso* accompagnato dal suffisso di maniera **-ca** diventa un avverbio e significa *in breve*, *per sommi capi* e può essere reso con *insomma*.

⑬ **değ-mez** e **ol-maz** (v. frase 11) sono le forme negative di **değ-er** e **ol-ur**, presenti generali dei verbi **değmek** e **olmak**. Anche se la **m** della particella negativa è sempre presente, la desinenza, come potete vedere, è completamente diversa. Non preoccupatevi: per il momento imparate la terza persona singolare, le altre persone le vedremo più avanti.

8 Ruh sağlığınızı koruyabilirsiniz. Sözlerimi bitirirken ⑭, hepinize mutluluklar dilerim.
9 Biraz sonra dışarda, aynı konuşmacının sesi duyuluyor:
10 – Hangi düşüncesiz buraya park etti? Ben şimdi nasıl çıkacağım?
11 Havaalanına nasıl yetişeceğim? Bu kadar bencillik olmaz!
12 O sırada, yakındaki bir bankta adamın biri uzanmış ⑮, yatıyor. Gürültüyü duyunca ⑯ başını kaldırıp söyleniyor:
13 – Arabanın sahibi gelir canım, o kadar önemli değil. Sinirlenmeyin, üzülmeyin…
14 – Sana akıl soran oldu mu? Sen kendi işine bak. Of Tanrım, çıldıracağım.

Note

⑭ **bitirir-ken**, *terminando*, come **içerken** alla lezione 36 e **gelirken** alla lezione 37. D'ora in poi troverete spesso questa forma che permette di introdurre un complemento o una subordinata di tempo che esprimono la simultaneità. Questa forma può anche essere resa con *mentre*...

⑮ **uzanmış** è un participio di senso attivo al passato; come **dayak yemiş**, *avendo preso, che aveva preso* (v. lezione 36). **Uzanmış** significa *essendosi sdraiato* e il risultato dell'azione al passato è che adesso "è sdraiato".

⑯ **duy-unca**, *sentendo, quando sente*. Il suffisso **-unca, -ınca, -ince, -ünce**, si mette dopo la radice verbale per dare al verbo un valore di subordinata temporale o per formare il gerundio. **Kediyi görünce, fare kaçtı**, *Vedendo/Quando ha visto il gatto, il topo è scappato*.

8 Potete tutelare la vostra salute mentale *(Spirito salute-sua-vostra-[accus.])*. Terminando con queste parole *(Parole-mie-[accus.] terminando)*, auguro a tutti voi *(tutti-voi-a felicità-[plur.] auguro)* [tanta] felicità.

9 Poco dopo, si sente da fuori la voce dello stesso speaker:

10 – Chi è *(quale)* lo sconsiderato [che] ha parcheggiato qui? Io come faccio a uscire *(uscirò)*, ora?

11 Come faccio ad arrivare in tempo *(arriverò-in-tempo)* all'aeroporto? Un tale egoismo, non può essere!

12 In quel momento, un tale *(uomo)* che era steso *(essendosi-sdraiato si-sdraia)* su una panchina lì vicino, sentendo il baccano, alza la testa e borbotta:

13 – Il proprietario della macchina arriverà, mio caro, non è poi così grave *(importante)*! Non si arrabbi, non si preoccupi!

14 – Qualcuno ha chiesto il tuo parere *(a-te opinione domandante è-stato)*? Occupati degli affari tuoi *(Tu proprio affare-tuo-a guarda)*. Oh mio Dio, impazzisco *(impazzirò)*!

RADYOEVİNDE BİR KONUŞMACI

1. alıştırma – Çeviriniz

❶ Radyoevinde bir konuşmacı dinleyicilerine şöyle söylüyordu: Hiçbir şeye sinirlenmeye, üzülmeye değmez. ❷ Bu adam uçağını kaçırırsa, bir sonrakine biner. ❸ Oğlunuzun karnesi kırıklarla dolu. Böyle giderse, sınıfta kalır. Daha iyi notlar almalı. ❹ Bir hırsız evime girip eşyalarımı çalarsa, yenilerini almak zorunda kalırım. ❺ Sevgilin seni bırakırsa, ağlamaya değmez. Daha iyisini bulursun. ❻ Konuşmacı park ederken, bir adamın sesini duydu. ❼ Bankta uzanmış bir adam görünce, sinirlenip bağırmaya başladı.

2. alıştırma – Tamamlayınız

❶ Vorrei riassumere il mio intervento di oggi in questi termini.
 . . . . konuşmamı şöyle . . . . istiyorum.

❷ Non è così grave. Non si arrabbi, non si preoccupi.
 O . . . . değil. Sinirlenmeyin, ...

❸ Chi è lo sconsiderato che ha parcheggiato qui? Un tale egoismo, non è possibile!
 Hangi . . . . park etti? Bu kadar . . . . !

❹ Chi ha chiesto il tuo parere? Occupati degli affari tuoi!
 Sana . . . . oldu mu? Sen . . . . bak!

❺ Il proprietario della macchina arriverà, mio caro. Non si preoccupi.
 . . . . sahibi . . . . . canım, merak . . . .

Soluzioni dell'esercizio 1

❶ Uno speaker alla radio parlava così ai suoi ascoltatori: "Non vale la pena di arrabbiarsi o preoccuparsi per alcuna cosa". ❷ Se quest'uomo perde il suo aereo, prenderà il seguente. ❸ La pagella di vostro figlio è piena di brutti voti. Se continua così, sarà bocciato. Deve prendere dei voti migliori. ❹ Se un ladro entra in casa mia e ruba le mie cose, sarò obbligato a comprarne di nuove. ❺ Se la tua amante ti lascia, non vale la pena di piangere. Ne troverai una migliore. ❻ Lo speaker, quando ha parcheggiato, ha sentito la voce di un uomo. ❼ Vedendo un tizio steso sulla panchina, si arrabbiò e cominciò a urlare.

❻ Un tizio è sdraiato. Sentendo il rumore, solleva la testa e borbotta.

...... biri .... Gürültüyü ...., başını .... söyleniyor.

❼ Auguro a tutti voi [tanta] felicità.

.... mutluluklar ....

Soluzioni dell'esercizio 2

❶ Bugünkü – özetlemek – ❷ – kadar önemli – üzülmeyin ❸ – düşüncesiz buraya – bencillik olmaz ❹ – akıl soran – kendi işine – ❺ Arabanın – gelir – etmeyin ❻ Adamın – uzanmış – duyunca – kaldırıp – ❼ Hepinize – dilerim

La Radiotelevisione di stato turca, che corrisponde alla nostra RAI, è la **TRT** *(***Türkiye Radyo ve Televizyon Kurumu***). Fondata nel 1964, oggi l'azienda trasmette più di dieci canali televisivi e otto canali radiofonici. Il tutto è disponibile gratuitamente sul sito ufficiale dell'azienda,* www.trt.net.tr. *L'ascolto o la visione di programmi radiotelevisivi turchi sarà un ottimo modo per tenervi allenati una volta finito questo libro! Ma non abbiate paura di fare già da adesso qualche sporadica visita al sito... Riconoscere alcune parole e cominciare a distinguere la costruzione e il senso di alcune frasi vi sarà senz'altro di incoraggiamento!*

39 Otuz dokuzuncu ders

Acı bir haber

1. Günlerden cumartesi. Nejat Bey geç saatlere kadar uyuyor.
2. Uyanınca ①, neşeyle kalkıp pencereyi açıyor. Yağmur dinmiş ②, gökyüzü ③ pırıl pırıl ④.

Note

① **uyan-ınca**, *quando si sveglia*; **-ınca** è una variante di **-unca** che avete trovato nella lezione precedente (nota 16): **gürültüyü duyunca**, *quando sente il baccano/sentendo il baccano*. Le altre due forme sono **-ünce** e **-ince**, di cui c'è un esempio alla frase 13: **Spor sayfasına gelince**, *Quando arriva alla pagina sportiva*.

② Il verbo **dinmek**, *cessare, calmarsi, placarsi*, viene impiegato in particolare in riferimento alle intemperie: **yağmur dindi**, *la pioggia è cessata*; **rüzgar dindi**, *il vento è calato*. **Dinmiş**: la forma in **-miş** ha qui un altro valore rispetto a quelli già visti in precedenza. In questo caso, viene constatato il risultato di un'azione terminata. Ha smesso di piovere nella notte e, al mattino, Nejat Bey constata che la pioggia è cessata. Allo stesso modo, aprendo la porta, vede che il portinaio ha lasciato (**bırakmış**, frase 4) il giornale. In questa lezione, avrete modo di vedere altri due valori della desinenza **-miş**. Innanzitutto, il racconto di un fatto al quale non abbiamo assistito: **banka soymuşlar, uçak kaçırmışlar, deprem olmuş, evler yıkılmış**, *sembra che abbiano rapinato una banca, dirottato un aereo, che ci sia stato un terremoto, che delle case siano crollate*. Questo valore si oppone al passato <u>di un fatto attestato</u>: **banka soydular, uçak kaçırdılar, deprem oldu, evler yıkıldı**. Nel riportare le notizie, i giornalisti usano il passato di un fatto attestato, in quanto, testimoni o meno, sono sicuri dei fatti che annunciano.

Trentanovesima lezione 39

Una notizia spiacevole

1   Sabato *(Giorni-da sabato)*. Nejat Bey dorme fino a tardi *(tarde ore)*.
2   Quando si sveglia, si alza allegro *(allegria-con)* e apre la finestra. La pioggia è cessata, il cielo è terso.

▸   Il terzo valore della forma in **-miş** è il participio passato a senso attivo, equivalente al gerundio passato italiano, *avendo fatto*, come alla frase 15: **yumruk yemiş**, *avendo ricevuto (mangiato) un pugno*; ugualmente **uzanmış**, *steso, sdraiato*, perché significa *essendosi sdraiato* (v. lezione 38, nota 15) e **dayak yemiş**, *avendo preso (mangiato) delle bastonate* (v. lezione 36, nota 8). Il tempo in **-miş**, indipendentemente dal suo valore, si coniuga con i suffissi del verbo *essere*: conoscete già le due terze persone, **-miş** e **-miş-ler**.

③   **gökyüzü** è una parola composta da **gök**, *azzurro* e **yüz**, *faccia*, che significa *il cielo* (lett. "la superficie del cielo"). **Mavi** vuol dire *blu* e **gök** o **gök mavisi**, *azzurro*. *Cielo* si può anche dire semplicemente **gök**. A Istanbul, è possibile conoscere il tempo del giorno dopo guardando, alla sera, la luce che brilla sopra la torre di **Beyazıt**, la quale è situata al centro del parco dell'università che porta lo stesso nome. Il colore della luce e il tempo che essa indica hanno, in turco, la stessa iniziale: **gök**, *azzurro* = **güzel**, *bel tempo*; **yeşil**, *verde* = **yağmur**, *pioggia*; **sarı**, *giallo* = **sis**, *nebbia*; **kırmızı**, *rosso* = **kar**, *neve*.

④   **pırıl pırıl** è una parola raddoppiata come ne avete già trovate (v. lezione 22, nota 6). Ma a differenza di **uzun uzun** o **kara kara**, non è un aggettivo raddoppiato. Non è possibile infatti dissociare le due parole che formano quest'espressione che indica la pulizia ed è comunemente tradotta con *brillante, nitido*. Nel nostro caso, associato a cielo, rende l'idea di *terso*. **Ev pırıl pırıl**, *La casa brilla di pulizia*.

39 3 Nejat Bey çok mutlu. Islık çalarak ⑤ mutfağa gidiyor. Çayı ateşe koyuyor.
4 Kapıcı gazetesini kapıya bırakmış. Biraz sonra kahvaltı ederken, gazetenin başlıklarına bir göz atıyor:
5 "E 5 Karayolunda ⑥ otobüs kazası, 27 ölü ⑦, 12 yaralı."
6 Çayını içerek: ⑧
Yazık! Yine trafik kazası olmuş. Çok hızlı gidiyorlar, uykusuz yola çıkıyorlar, ondan.
7 "Dün gece bir bankayı soyup 150 milyonla kaçtılar."
8 Ekmeğine yağ ve reçel sürüyor:
Yine banka soymuşlar. Bunlara çok iyi bir ceza vermeli.
9 "Silahlı iki kişi bir uçağı kaçırıp ⑨, yolcuları rehin aldılar. Rehinelerden biri kalp krizi geçirerek öldü."

Note

⑤ **çalmak** vuol dire *rubare, bussare, suonare* al campanello di una porta ma anche uno strumento musicale. **Islık çalmak** significa *fischiare*.

⑥ **karayolu**, come **radyoevi, gökyüzü**, è una parola composta: **kara**, *il continente* e **yol**, *la strada*. Questa parola significa letteralmente "strada terrestre", ma designa le *grandi arterie stradali*.

⑦ **ölü**, *morto*, viene dal verbo **ölmek**, *morire*.

⑧ **ıslık çalarak**, *fischiettando* (v. frase 3); **çayını içerek**, *bevendo il suo tè*; il suffisso **-arak, -erek**, indica un'azione che si accompagna a un'altra oppure il modo in cui si effettua l'azione principale, come nel caso di **kalp krizi geçirerek öldü**, è morto subendo/[a causa di] una crisi cardiaca (v. frase 9).

3 Nejat Bey è molto contento. Fischiettando, va in cucina e mette il tè sul fuoco.

4 Il portinaio ha lasciato il *(suo)* giornale alla *(sua)* porta. Poco dopo, facendo colazione, dà *(butta)* un'occhiata ai titoli del giornale:

5 "Sulla strada statale E5, incidente tra autobus: 27 morti e 12 feriti."

6 Bevendo il suo tè, [esclama]:
Accidenti *(Peccato)*! Ancora un incidente stradale *(Di-nuovo traffico incidente-suo sembra-ci-sia-stato)*. Vanno troppo forte e viaggiano *(strada-a escono)* senza aver dormito *(sonno-senza)*. Ecco la ragione *(esso-da)*.

7 "La notte scorsa *(Ieri notte)* hanno rapinato una banca e sono scappati con 150 milioni."

8 Spalma burro e marmellata sul *(suo)* pane [e dice]:
Hanno ancora rapinato banche. Bisognerebbe dare una *(molto)* bella punizione a questi!

9 "Due persone armate hanno dirottato un aereo e hanno preso in ostaggio i passeggeri. Uno degli ostaggi è morto a causa di una crisi cardiaca *(cuore crisi-sua subendo)*".

▶ ⑨ **kaç-ır-mak** è il fattitivo di **kaçmak**, *fuggire, scappare*, che trovate anch'esso in questo testo. Questa forma in **-(i)r**, e non in **-d(i)r** o **-t(i)r** è irregolare, come **geçirmek**, *far passare*. Ci ritorneremo più avanti. **Kaçırmak** ha il senso di *perdere* un treno, un aereo oppure una occasione: **uçağınızı kaçırdınız**, *avete perso il vostro aereo* (v. lezione 38, frase 3); **bu fırsatı kaçırmamalı**, *non bisogna perdere quest'occasione*, frase che sentirete molto spesso. Ma attenzione, a seconda del contesto, **kaçırmak** può anche avere il senso di *dirottare*, come nel nostro caso.

10 Kendine bir çay daha koyuyor:
Yine uçak kaçırmışlar ha? Zavallı insanlar.
İyi ki ben yoktum içlerinde!
11 "Güney Amerika'da deprem. 15 000 kişi evsiz kaldı. Yüzlerce yaralı var."
12 Vah vah ⑩, deprem olmuş, evler yıkılmış. Ne yazık. Ama ne yapalım, hayat bu.
13 Spor sayfasına gelince Nejat Bey'in bütün neşesi kaçıyor.
14 "Dünkü maçta Galatasaray Fenerbahçe'yi 1-0 yendi ⑪."
15 Nejat Bey birdenbire midesine bir yumruk yemiş gibi oluyor.

Note

⑩ **vah vah** è un'interiezione che corrisponde più o meno all'italiano *ahi, ahia* o ancora *ahi ahi*, che si utilizza quando si esprime rammarico. Alla lezione 12, frase 11, avete già trovato **Eyvah!**, *Ahimè!*

⑪ **yen-mek**, *sconfiggere, vincere*; il suo presente generale è **yen-er**, da non confondere con **yen-ir**, il passivo di **ye-mek**, *mangiare* (a questo proposito v. lezione 35, § 1). Il passivo di **yenmek** è **yen-il-mek**, *essere sconfitto*.

***

1. alıştırma – Çeviriniz

❶ Sabahleyin Nejat Bey kalkınca, pencereden dışarıya bir göz atıyor. ❷ Kapıyı açıyor. Kapıcı gazetesini bırakmış. ❸ Çayını içerken, spor sayfasına bir göz atıyor. ❹ Bir trafik kazası olmuş. Birkaç yaralı varmış. ❺ Ekmeğine yağ sürerek, gazetenin başlıklarını okuyor. ❻ Amerika'daki depremde binlerce kişi evsiz kalmış. Yüzlerce de ölü varmış.

10 Si versa *(mette)* ancora del tè *(un tè in-più)*: Ah, hanno ancora dirottato aerei! Povera gente. Per fortuna che non ero là dentro *(interno-loro-in)*!

11 "Terremoto in Sud America. 15 000 persone sono rimaste senza tetto. Centinaia di feriti *(ci-sono)*."

12 Ahia, c'è stato un terremoto, delle case crollate. Che peccato! Ma che ci possiamo fare, questa è la vita.

13 Quando arriva alla pagina sportiva, tutta l'allegria di Nejat Bey scompare *(fugge)*:

14 "Nella partita di ieri, il Galatasaray ha sconfitto il Fenerbahçe 1 a 0."

15 Improvvisamente, Nejat Bey sente come un pugno allo stomaco *(stomaco-suo-a un pugno avendo-mangiato come diventa)*.

***

Soluzioni dell'esercizio 1

❶ La mattina, quando Nejat Bey si alza, dà un'occhiata fuori dalla finestra. ❷ Apre la porta. Il portinaio ha lasciato il giornale. ❸ Bevendo il *(suo)* tè, dà un'occhiata alla pagina sportiva. ❹ Sembra ci sia stato un incidente stradale. Sembra ci sia qualche ferito. ❺ Spalmando burro sul *(suo)* pane, legge i titoli del giornale. ❻ Nel terremoto che c'è stato in America, migliaia di persone sembra siano rimaste senza tetto. Sembra ci siano anche centinaia di morti.

2. alıştırma – Tamamlayınız

❶ Il sabato, Nejat Bey dorme fino a tardi.
Nejat Bey .... geç .... kadar uyur.

❷ La pioggia è cessata, il cielo è terso.
Yağmur ......, gökyüzü ..... .

❸ Fischiettando, mette il tè sul fuoco.
Islık .... çayı ..... koyuyor.

❹ Ieri notte, hanno rapinato una banca e sono scappati con 150 milioni.
... gece bir .... soyup .... milyonla ....

❺ Uno degli ostaggi è morto a causa di una crisi cardiaca.
.... kalp krizi .... öldü.

❻ Per fortuna che noi non eravamo tra loro.
..... biz ...... içlerinde.

Futbol, *il calcio, è uno sport molto popolare in Turchia. Il calcio internazionale è molto seguito, ma non più di quello locale, che vede il livello del campionato in grande crescita. Durante le partite più importanti, come in Italia, le strade sono deserte e improvvisamente potete essere spaventati da boati di gioia o di rammarico, provenienti dalle case e dai bar! A Istanbul, in particolare, giocano le squadre storicamente più forti e con più tifosi: il* **Galatasaray** *(la squadra nata dal liceo Galatasaray) che vanta 22 titoli nazionali, il* **Fenerbahçe** *(che proviene da* **Kadıköy**, *l'antica colonia greca di Calcedonia, oggi quartiere storico e residenziale sulla riva asiatica) che segue a 19 titoli e il* **Beşiktaş** *con 16 campionati vinti *. In ogni famiglia, è possibile trovare dei* **Galatasaraylı**, *dei* **Fenerbahçeli** *così come dei* **Beşiktaşlı**, *combattivi sostenitori delle rispettive squadre.*

* Il computo delle vittorie qui presentato è aggiornato alla stagione calcistica 2021-2022.

❼ Quando arriva alla pagina del calcio, Nejat Bey sente come un pugno allo stomaco.
Futbol .... Nejat Bey ....
bir yumruk .... oluyor.

Soluzioni dell'esercizio 2

❶ – cumartesi günleri – saatlere – **❷** – dinmiş – pırıl pırıl
❸ – çalarak – ateşe – **❹** Dün – bankayı – yüz elli – kaçtılar
❺ Rehinelerden biri – geçirerek – **❻** İyi ki – yoktuk – **❼** – sayfasına gelince – midesine – yemiş gibi –

ACI BİR HABER

*Rileggete più volte e ad alta voce questo testo, cercando di cogliere i differenti valori di **-miş**, così come i diversi suffissi di tempo. A oggi disponete già dell'essenziale delle nuove acquisizioni di questa serie di lezioni. Le due seguenti saranno una sorta di revisione e vi permetteranno di esercitarvi con i casi, i suffissi e i tempi verbali!*

40 Kırkıncı ders

Kıskanç koca

1. Orhan Bey bir iş seyahatindeydi. Karısı onu gece yarısına ① doğru bekliyordu.
2. Ama Orhan Bey'in işi ② erken bitti ve eve akşam, hava kararırken döndü. Evde ışık yoktu.
3. "Demek ③ karım evde değil. Acaba nerede? Annesinde mi?" diye düşündü merakla, "yoksa… bir sevgilisi mi var?"
4. Kapının önünde karısının yeşilli, pembeli eşarbını gördü:

Note

① **gece yarısı**, "metà della notte", *mezzanotte*. Non bisogna confondere **yarı**, *metà, mezzo*, con **yarım**, *mezzo*: anche se sinonimi e quasi omografe, restano due parole diverse.

② In questa lezione avete dei complementi di specificazione con il genitivo, come **Orhan Bey'in işi**, *gli impegni di Orhan Bey*. Le parole **ön** e **üst**, avverbi di luogo, si costruiscono in turco con il complemento di specificazione: **kapının önünde**, *davanti alla porta* (v. frase 4) e **yatağın üstünde**, *sopra il letto* (v. frase 9). Se i sostantivi a cui si legano sono determinati, il nome si declina al genitivo. Se invece i sostantivi non sono determinati, il nome resta al nominativo. Quest'ultimo è il caso degli esempi di avverbi di luogo che avevate trovato prima di questa lezione (**iç**, *dentro*, e **alt**, *sotto*): **ağaçlar içinde**, *in mezzo agli alberi* (v. lezione 30, frase 5); **ayaklar altında**, *ai piedi* (v. lezione 32, nota 13). Infine, in **karısının eşarbını**, *la sciarpa di sua moglie* [+accus.] (v. frase 4), trovate un possessivo di terza persona seguito dal genitivo, con una **n** che funge da legame: **karı-sı-n-ın**.

Quarantesima lezione   40

Il marito geloso

1   Orhan Bey era in viaggio d'affari *(un lavoro viaggio-suo-in-era)*. Sua moglie lo aspettava verso mezzanotte *(notte metà-sua-a verso)*.
2   Ma gli impegni di Orhan Bey finirono in anticipo e tornò a casa la sera, all'imbrunire *(aria imbrunendo)*. Non c'era luce in casa.
3   "Vuol dire che mia moglie non è a casa. Dove potrà mai essere? Da sua madre?" si domandò *(dicendo pensò)* inquieto, "oppure... ha un amante?"
4   Davanti alla porta, vide la sciarpa verde e rosa di sua moglie:

▶ ③ **demek**, *dire*, si usa dopo aver riportato un discorso diretto. Abbiamo già affrontato l'utilizzo particolare di questo verbo alla lezione 31, nota 14. **Demek** può anche presentarsi sotto la forma **diye**, *dicendo* (v. frase 6). In tal caso, accompagna le parole dette al discorso diretto e viene seguito da verbi come **sormak**, *domandare*; **cevap vermek**, *rispondere*; **düşünmek**, *pensare*, come alla frase 3: **Annesinde mi? diye düşündü**, *Da sua madre? si domandò* ("dicendo pensò").

40 5 "En güzel elbisesini giyip sevgilisine gitmiş ④. Aceleden eşarbını da düşürmüş", dedi kendi kendine.
6 Kapı kilitli değildi. "İnsan âşık olunca böyle şeyleri unutur" diye düşündü.
7 Eve girince ışığı yaktı. "Dantel masa örtüsü, kristal bardaklar ve çiçeklerle sofrayı hazırlamış.
8 Demek onu buraya çağırmış. Ne cesaret! Hemen boşanacağız" dedi öfkeyle.
9 Başka ipuçları ⑤ bulmak üzere yatak odasına girdi… A, karısı uyuyordu. Yeşil ipek elbisesi yatağın üstündeydi.
10 Uykulu mırıldandı:
11 – Sen mi geldin kocacığım ⑥? Seni beklerken biraz uyuyayım ⑦ dedim de…

Note

④ I verbi **gitmiş**, **düşürmüş**, **hazırlamış** (v. frase 7) esprimono la constatazione di un'azione terminata con, allo stesso tempo, una velata supposizione.

⑤ Il singolare di **ipuçları** è **ipucu** poiché si tratta di una parola composta da due sostantivi, **ip**, *corda* e **uç**, *estremità*. L'idea che sottostà alla formazione di questa parola è che quando si arriva alla fine di un filo o di una corda, si trova quello che si cercava o almeno un *indizio*. Chissà che l'origine di questa espressione non risalga al filo di Arianna che permise a Teseo di trovare l'uscita del labirinto del palazzo di Minosse, re di Creta! D'altronde non bisogna dimenticarsi che **Girit**, l'isola di *Creta*, è stata ottomana dal 1669 al 1913…

⑥ **kocacığım** e **karıcığım** (v. frase 14), *maritino mio* e *mogliettina mia*: il diminutivo **-cık** esprime spesso un sentimento di amore o tenerezza verso qualcuno. Si può dunque rendere in italiano con i più comuni *amore mio*, *mio caro*, *mia cara*.

⑦ **uyu-y-ayım**, *che io dorma* (v. lezione 35, § 4).

5   "Deve aver messo il suo vestito più bello ed essere andata dal suo amante. E nella fretta *(fretta-da)* deve aver fatto cadere la sua sciarpa", disse fra sé e sé *(se-stesso se-stesso-a)*.
6   La porta non era chiusa a chiave. "Quando si è innamorati, si dimentica questo genere di cose", *(dicendo)* pensò.
7   Entrando in casa, accese la luce. "Ha apparecchiato la tavola con la tovaglia di pizzo *(pizzo tavolo coperta-sua)*, i bicchieri in cristallo e i fiori.
8   Vuol dire che l'ha fatto venire *(invitato)* qui. Che faccia tosta *(audacia)*! Divorziamo *(Divorzieremo)* subito", disse furibondo.
9   Per trovare altri indizi, entrò in camera da letto… Ah! Sua moglie stava dormendo. Il suo vestito di seta verde era sopra il letto.
10 Assonnata mormorò:
11 – Sei tu che sei arrivato, amore mio *(maritino-mio)*? Aspettandoti, *(anche)* mi son detta che sarei andata un po' a dormire… *(un-po' che-io-dorma ho-detto)*.

40 12 – Öyle mi? Peki sofrayı kimin için ⑧ hazırladın?
13 – İkimiz için: bugün bizim evlilik yıldönümümüz, unuttun mu?
14 – Sen bir tanesin karıcığım, dedi utanarak ⑨. Haydi güzelce giyin ⑩, şöyle karşıma gel. Bir şampanya açalım. □

Note

⑧ **kim-in için**, *per chi*: i pronomi, che siano interrogativi come **kim** o personali come **sen**, **siz** ecc. oppure dimostrativi come **bu**, **şu**, **o**, si mettono al genitivo davanti a **için**. Finalmente potete capire la costruzione di **sizin için**, **onun için** ecc.! Avevate già incontrato queste forme, ma in quel momento vi avevamo consigliato di impararle senza cercare di analizzarle…

⑨ **utan-arak**, *vergognandosi*, da **utanmak**, *imbarazzarsi*, *vergognarsi*. Per questa forma in **-arak**, v. lezione 39, nota 8.

***

1. alıştırma – Çeviriniz

❶ Karısı Orhan Bey'i gece yarısına kadar beklemek istedi, ama uykusu geldi. ❷ Onu beklemeden, odasına gidip yattı. ❸ Orhan Bey'in işi bitince, hava kararmadan eve döndü. ❹ Karısının ipek eşarbını görünce, kıskanç koca düşünmeye başladı. ❺ Her halde sevgilisi için o kadar güzel giyinmiş. Giderken de eşarbını düşürmüş. ❻ Eve girince, çok güzel hazırlanmış sofrayı gördü. ❼ Evlilik yıldönümümüz için güzel bir sofra hazırlayarak, seni düşündüm, kocacığım. ❽ Bir şampanya açmak üzere, masaya doğru gitti.

12 – Ah, sì? E allora per chi hai apparecchiato la tavola?
13 – Per noi due: oggi è il nostro anniversario di matrimonio, non ti ricordi *(hai-dimenticato)*?
14 – Sei unica *(una unità-sei)*, amore mio *(mogliettina-mia)*, disse vergognandosi. Dai, fatti bella *(bene vestiti)* e vieni [a sederti] davanti a me. Apriamo una bottiglia di champagne *(Uno champagne)*.

▸ ⑩ **giyin**, *vèstiti*, è la seconda persona singolare dell'imperativo del verbo riflessivo **giy-in-mek** (v. lezione 35, § 7). In un altro contesto, potrebbe essere anche la seconda persona plurale del verbo **giy-mek**, *indossare*.

***

Soluzioni dell'esercizio 1

❶ Sua moglie ha voluto aspettare Orhan Bey fino a mezzanotte, ma ha avuto sonno. ❷ Senza aspettarlo, è andata nella sua camera e si è coricata. ❸ Quando gli impegni di Orhan Bey sono finiti, è tornato a casa prima dell'imbrunire. ❹ Quando vide la sciarpa di seta di sua moglie, il marito geloso cominciò a riflettere. ❺ Con ogni probabilità si era fatta così bella per il suo amante. E andando via deve aver fatto cadere la sciarpa. ❻ Entrando in casa, vide la tavola apparecchiata di tutto punto. ❼ Apparecchiando la tavola a puntino per il nostro anniversario di matrimonio, ho pensato a te, mio caro. ❽ Andò verso il tavolo, per aprire una bottiglia di champagne.

2. alıştırma – Tamamlayınız

❶ Vuol dire che ha invitato il suo amante qui. Che fegato!
..... ki .... buraya ....
Ne ....!

❷ La tavola, per chi l'hai preparata?
Sofrayı .... hazırladın?

❸ Aspettandoti mi son detta che sarei andata a dormire un po'.
Seni .... biraz .... dedim de.

❹ Sei unica, amore mio.
Sen ... . karıcığım.

❺ Orhan Bey in viaggio d'affari.
Orhan Bey bir ... .

❻ Sua moglie lo aspettava verso mezzanotte.
...... onu .... doğru ....

❼ Quando si è innamorati, si dimenticano questo tipo di cose.
..... aşık ......, böyle .... unutur.

Soluzioni dell'esercizio 2

❶ Demek – sevgilisini – çağırmış – cesaret ❷ – kimin için – ❸ – beklerken – uyuyayım – ❹ – bir tanesin – ❺ – iş seyahatindeydi ❻ Karısı – gece yarısına – bekliyordu ❼ İnsan – olunca – şeyleri –

Le donne hanno avuto un ruolo molto importante nella gestione del potere in seno alla famiglia imperiale ottomana. Il ruolo della **valide sultan**, *la madre del sultano, era così preponderante nelle questioni politiche che il periodo che va da metà XVI secolo fino a metà XVII secolo, viene comunemente definito* **Kadınlar saltanatı**, sultanato delle donne. *Una della* **valide sultan** *più influenti a corte fu certamente Nurbanu, moglie di Selim II, il figlio di Solimano il Magnifico. Influenzando l'operato di tre sultani (il suocero, il marito e il figlio) e tirando le fila della politica ottomana per circa quarant'anni, inaugurò di fatto il* **Kadınlar saltanatı**. *Nurbanu è passata alla storia come "la sultana veneziana", poiché la leggenda vuole che si chiamasse in realtà Cecilia Baffo. Figlia di nobili veneziani, signori dell'isola di Paros nelle Cicladi, sarebbe stata rapita dal corsaro Barbarossa durante l'assedio di Corfù, allora veneziana, del 1537, per essere poi portata nell'harem imperiale. Arrivata nel* **Topkapı**, *destò l'interesse dell'erede al trono, che la scelse come* **haseki**, *favorita. Con la salita al trono di Selim II, Nurbanu divenne* **haseki sultan**, *consorte favorita del sultano. Il titolo di* **haseki sultan** *era inferiore solo a quello di* **valide sultan**. *Il passaggio a* **valide sultan** *era possibile una volta che il proprio figlio diventasse egli stesso sultano, cosa che avvenne per Nurbanu nel 1574, con l'incoronazione del figlio Murad III.*

41 Kırk birinci ders

Dört fıkra…

Tanrı'nın evi ①

1 Bir gün, yoksul ② bir adam ③ Hoca'nın kapısını çalıp:
2 – Ben Tanrı misafiriyim, ne olur beni al, diye yalvarır.
3 Hoca, karşıdaki camiyi göstererek:
4 – Yanlış geldin, Tanrı'nın evi şu karşıdaki… der.

5   Evlenme cüzdanı ④

6 Karı koca ellerinde bavullarla, otele girerler. ⑤

Note

① I due complementi di specificazione **Tanrı'nın evi** e **Tanrı misafiri** (v. frase 2) non hanno esattamente lo stesso valore, per questo nel secondo non c'è il genitivo. **Tanrı misafiri** forma una sorta di espressione a sé stante: *l'invitato del Signore*, un invitato di Dio tra altri, mentre **Tanrı'nın evi** designa *la casa* (ben determinata) *di Dio* (ben determinato).

② **yoksul**, parola turca che deriva da **yok**, significa *povero, indigente* così come **fakir**, l'equivalente di provenienza araba. In turco, troverete spesso dei sinonimi, che si differenziano poiché di origine turca, araba o persiana. La tendenza attuale è di preferire la parola di origine turca, quando esiste. **Züğürt** (v. frase 23) vuol dire anch'esso *povero, senza soldi*.

③ La parola **adam** (già vista alle lezioni 8, 36 e 38) viene dal nome del personaggio biblico-coranico *Adamo* (**Adem** in turco) e significa *uomo* nel senso di *essere umano*, come **insan** (ma, a ▶

Quarantunesima lezione   41

Quattro storielle…

La casa di Dio

1 Un giorno, un uomo povero bussa alla porta di Nasreddin Hoca e gli dice supplicandolo:

2 – Sono un invitato del Signore *(Dio)*, ti prego *(che succederà)* prendimi [in casa tua] *(dicendo supplica)*.

3 [Nasreddin] Hoca mostrando la moschea che sta di fronte, [dice]:

4 – Ti sbagli *(sbagliato sei-venuto)*, la casa di Dio è quella di fronte.

5   **Lo stato di famiglia** *(matrimonio)*

6 Due sposi *(Moglie marito)* entrano in un albergo con le valigie in mano *(nelle-loro-mani)*.

▸ differenza di quest'ultimo, non può essere usato per esprimere il "si" impersonale italiano); inoltre può anche significare *uomo* nel senso di *maschio*, come **erkek**.

④ Conoscevate già **evli**, *sposato*; **evlenmek** vuol dire *sposarsi*; **cüzdan** ha come primo significato quello di *portafoglio*. Quando si tratta di documenti, può assumere il senso di *carta*, *certificato*. La *carta d'identità* si dice **nüfus cüzdanı**; **nüfus** vuol dire *popolazione*. Questa parola compare nei cartelli che segnalano l'entrata in una città, così come *l'altitudine*, **rakım**.

⑤ In quanto si tratta di storielle e non di fatti reali, nel testo non viene usato il presente attuale, ma quello generale, che è dunque il tempo del racconto. Ciò avviene per tutte le storielle che hanno per protagonista Nasreddin Hoca, come abbiamo già visto alla lezione 36, nota 11.

41   7   Otelci evlenme cüzdanlarını isteyince, adam ceketinin ceplerini karıştırır, bulamaz ⑥.
8   Karısına sorar:
9 – Cüzdanı sen mi aldın?
10 – Neden ben alayım ⑦? Senin eşyalarının arasındaydı, televizyonun yanındaki rafta…
11 – Akıl ⑧ edip alırsın, sandım.
12 – Sen bana akılsız mı demek istiyorsun?
13 – Öylesin, yalan mı?
14   Tartışmalarını gören otelci:
15 – Buyurun odanızın anahtarını ⑨. Evlenme cüzdanınıza gerek ⑩ kalmadı.

16   **Bekarlık sultanlıktır**

17   Gömleğinin yakası, düğmeleri sökülmüş. Pantolonunun paçası, ceketinin kolu yırtılmış ⑪.

Pronuncia
16 bekiarlık

Note

⑥ **bul-a-maz**, *non può trovare, non riesce a trovare*: i suffissi **-amaz** e **-emez** esprimono la forma negativa della possibilità, l'impossibilità, al presente generale.

⑦ **neden alayım?**, *perché lo avrei (dovrei averlo) preso?*: conoscete già il senso condizionale che può assumere l'ottativo alla forma interrogativa. **Nereye gidelim?**, *Dove potremmo andare?* ecc.

⑧ **akıl (akl-ı)** vuol dire *ragione, intelletto, saggezza*; da cui **akıllı**, *intelligente, saggio* e **akılsız**, *irragionevole, sciocco, stupido*. **Akıl etmek** significa *pensare a (fare) qualcosa* ed è diverso da **bir şeyi düşünmek**, che vuol dire *pensare a una cosa* nel senso di ricordarsela, di rifletterci sopra.

7 Quando l'albergatore domanda *(vuole)* il *(loro)* certificato di stato di famiglia, l'uomo fruga nelle tasche della sua giacca, [ma] non riesce a trovar[lo].
8 Domanda [allora] a sua moglie:
9 – Il certificato, sei tu che l'hai preso?
10 – Perché avrei dovuto prenderlo io *(io che-prenda)*? Era nel bel mezzo delle tue cose, sul ripiano a fianco del televisore…
11 – Credevo *(ho creduto)* che ci pensassi e lo prendessi *(penserai prenderai)*.
12 – Vuoi dire che sono stupida *(tu me-a stupida* **mı** *dire vuoi)*?
13 – Sei così, puoi forse dire il contrario *(bugia* **mı***)*?
14 L'albergatore assistendo alle loro discussioni:
15 – Ecco la chiave della vostra stanza. Non c'è più bisogno di controllare lo stato di famiglia *(matrimonio certificato-suo-vostro-a bisogno non-è-rimasto)*.

16 Gli scapoli stanno come dei pascià!
(Il celibato/nubilato è il sultanato)

17 Il colletto della sua camicia e i bottoni sono scuciti. L'orlo dei suoi pantaloni e la manica della sua giacca sono strappati.

▶ ⑨ **buyurun odanızın anahtarını** ecco, *la chiave della vostra stanza*: **anahtar** è all'accusativo, perché qui **buyurun** equivale a *prendete*.

⑩ **gerek**, *bisogno, necessità* e **gerekmek**, *essere necessario, occorrere*.

⑪ Nel testo, le forme in -**miş** hanno un valore di participio e descrivono uno stato risultante da un'azione conclusa: **sobanın boruları tıkanmış**, *i tubi della stufa sono ostruiti*: sono ostruiti in questo istante e dunque fanno fumo, **tütüyor** (v. frase 18).

41 **18** Pencerelerin camları öyle kirlenmiş ki, dışarısı ⑫ görünmüyor.
Sobanın boruları tıkanmış, tütüyor.
19 Gazeteler, dergiler salonun dört bir yanına dağılmış.
20 Çorabının bir teki karyolanın altında, öbür teki ⑬ buz dolabının üstünde.
21 Tabakların, bardakların hepsi bulaşık… Yine de keyfi ⑭ yerinde.

22   **Bir atasözü** ⑮

23 Zenginin malı ⑯ züğürdün çenesini yorar. ⑰   □

Note

⑫ **dışarı-sı**, "al suo esterno" (v. lezione 38, nota 10).

⑬ Vi ricordate che **tek** vuol dire *uno solo*: **tek yataklı bir oda**, *una camera singola* (v. lezione 15, frase 3). Per esprimere *uno* e *l'altro* di due cose, si usa **bir teki** o **biri** dopo il genitivo e si fanno seguire da **öbür teki** o da **öbürü**.

⑭ Il **keyif (keyf-i)**, *vena*, *umore* è una nozione essenziale nel mondo orientale musulmano: rappresenta infatti il piacere di vivere a proprio modo, il benessere, l'essere in pace con se stessi. Per capire il **keyif**, basta guardare un turco seduto in un caffè, sul lungomare, sorseggiare tranquillo un tè, rimirando l'orizzonte… Insomma l'equivalente del nostro dolce far niente! Quando sulle rive del Bosforo vi gusterete il **keyif**, potrete anche voi finalmente dire **keyfim yerinde**.

⑮ **atasözü**: *parola di antenato*, ossia *proverbio*.

⑯ **mal (malı)** vuol dire *merce*, *mercanzia*, *derrata*, *genere* e dunque *beni*. *Proprietà immobiliare* si dice **mülk**. **Bu adamın çok malı mülkü var**, *Quest'uomo ha molti beni mobili e immobili*. **Mal sahibi** significa *proprietario* in senso lato, mentre **ev sahibi** (v. lezione 32, nota 1) designa il padrone di casa. ▶

18 I vetri delle finestre sono così sporchi che non si vede fuori *(fuori-suo non-si-vede)*. I tubi della stufa sono ostruiti e fanno fumo.

19 I giornali e le riviste sono sparsi per i quattro *(quattro uno)* angoli *(lati)* del salone.

20 Uno dei suoi calzini è sotto il letto, l'altro sopra il frigorifero *(ghiaccio armadio-suo)*.

21 I piatti e i bicchieri sono tutti da lavare… Ma nonostante tutto, sta a posto con se stesso *(Nuovamente anche umore-suo posto-suo-in)*.

22   **Un proverbio**

23 I beni del ricco fanno cianciare il povero *(povero-[gen.] mascella-sua-[accus.] affatica)*.

▶ ⑰ *Stancare la mascella di qualcuno* è un'espressione figurata che vuol dire *far parlare*, spesso a vanvera, dunque *far cianciare*. Una persona la cui *mascella è cadente*, **çenesi düşük**, è un *chiacchierone*.

41   1. alıştırma – Çeviriniz

❶ Yoksul bir adam yalvararak Hoca'nın evine girmek istedi. ❷ Otele gelince, müşteri hüviyetini göstermeli, yoksa giremez. ❸ Otelci tartışmalarını görünce, evlenme cüzdanlarını istemeden, odanın anahtarını verdi. ❹ Kadın akıl edip, evlenme cüzdanlarını yanına almalı. ❺ Çorapların evin dört bir yanına dağılmış. Bir teki masanın üstünde. Öbür teki sobanın altında. Öbürleri de dergilerin arasında.

2. alıştırma – Tamamlayınız

❶ Ti sbagli, la casa di Dio è quella di fronte.
     . . . . . . geldin, ...şu . . . .

❷ Non c'è più bisogno del vostro stato di famiglia.
Evlenme . . . . gerek . . . .

❸ Vuoi dire che sono stupido?
Sen bana . . . . demek . . . . ?

❹ Le nubili stanno come dei pascià.
. . . .

❺ In casa dello scapolo, tutto è disordinato. Nonostante ciò, è in pace con se stesso.
. . . . evinde her şey dağınık. . . . . de . . . .

❻ I vetri delle finestre sono così sporchi che non si vede fuori.
. . . . camları öyle . . . . ki . . . . görünmüyor.

❼ Le riviste e i giornali sono sparsi ai quattro angoli del salone.
. . . . , gazeteler, ... dört bir . . . . . . dağılmış.

Soluzioni dell'esercizio 1

❶ Un pover'uomo supplicando domandò di entrare in casa di Hoca. ❷ Arrivando in albergo, il cliente deve mostrare la sua carta d'identità, altrimenti non può entrare. ❸ L'albergatore, vedendo le loro discussioni, consegnò la chiave della stanza senza volere lo stato di famiglia. ❹ La donna deve pensarci e prendere con sé il loro stato di famiglia. ❺ I tuoi calzini sono sparsi nei quattro angoli della casa. Uno è sul tavolo, l'altro sotto la stufa. E gli altri sono in mezzo alle riviste.

Soluzioni dell'esercizio 2

❶ Yanlış – Tanrı'nın evi – karşıdaki ❷ – cüzdanınıza – kalmadı ❸ – akılsız mı – istiyorsun ❹ Bekarlık sultanlıktır ❺ Bekarın – Yine – keyfi yerinde ❻ Pencerelerin – kirlenmiş – dışarısı – ❼ Dergiler – salonun – yanına –

Con l'eccezione delle strutture turistiche internazionali, per avere una stanza d'albergo una coppia deve presentare lo stato di famiglia o, per gli stranieri, due passaporti con lo stesso cognome. Ma non preoccupatevi, questa regola non viene sempre applicata...

A parte i vocaboli, questa lezione non presentava particolari novità. Ci siamo concentrati, infatti, sul ripasso del complemento di specificazione, il genitivo, e le combinazioni possibili tra possessivi e casi... Adesso, già alla prima lettura, dovreste cominciare a intuire la successione dei suffissi e i loro valori. Usarli senza problemi è un altro paio di maniche! Bisognerà continuare a esercitarsi per raggiungere un tale grado di padronanza. Intanto, ripetendo queste frasi e ascoltandole più volte, allenerete sempre di più l'orecchio e l'occhio a riconoscerli. Siate fieri di voi stessi: avete già in mano i meccanismi principali della lingua turca!

42 Kırk ikinci ders

Gözden geçirme – *Ripasso*

Ora che disponete della grammatica turca essenziale (sia per ciò che concerne i suffissi sia per le forme verbali), non vi resta che aumentare e soprattutto affinare le vostre conoscenze. Avete penetrato lo spirito della lingua turca, la sintassi delle frasi non vi stupisce più... Insomma, cominciate veramente a sentirvi a vostro agio con questa lingua! Rivediamo dunque i principali aspetti affrontati in quest'ultima serie di lezioni.

1 Il genitivo

Con il genitivo e il suo utilizzo nel complemento di specificazione, avete finalmente completato la lista dei casi e la scoperta dei possessivi.

• È il sesto caso del turco: si forma con il suffisso **-in**, **-ün**, **-ın**, **-un** per i nomi che terminano in consonante e si aggiunge una **n** che funge da legame ai nomi che terminano in vocale (**kapı-n-ın**), oppure se il nome regge già un possessivo di terza persona singolare: **ev-i-n-in**, *della sua casa*.

• Esistono tuttavia tre irregolarità nella formazione del genitivo:

– Le parole come **akıl**, **resim**, **oğul** ecc. perdono l'ultima vocale quando vengono declinate al genitivo, come pure all'accusativo, al dativo e quando reggono i possessivi.
ak(ı)l-ın, da cui **akl-ın**; **resm-in**; **oğl-un**.

– La parola **su**, *acqua*: declinata al genitivo, invece di aggiungere la **n** di legame tipica delle parole terminanti in vocale, usa la **y**: **su-y-un**. Questa **y** verrà usata anche prima dei possessivi: **su-y-um**, *la mia acqua* ecc.
Ecco la declinazione di **su** comparata a quella di **kutu**, *scatola*, seguite dalle forme con i possessivi:

Quarantaduesima lezione 42

su	kutu	su-y-um	kutu-m
su-y-u	kutu-y-u	su-y-un	kutu-n
su-y-un ≠	kutu-n-un	su-y-u	kutu-su
su-y-a	kutu-y-a	su-y-umuz	kutu-muz
su-da	kutu-da	su-y-unuz	kutu-nuz
su-dan	kutu-dan	su-ları //	kutu-ları

≠: il solo caso in cui le due parole differiscono
//: la sola persona del possessivo in cui le due forme sono simili

– Alcuni pronomi personali: **ben-im** e **biz-im**; gli altri seguono la regola generale: **sen-in**, **o-n-un**, **siz-in** e **onlar-ın**.
Avete già incontrato questi pronomi al genitivo insieme alla posposizione **için**, al suffisso **-le** o in altri contesti con funzione di possessivo:
sizin için, *per voi* (v. lezione 15, nota 2)
benimle, *con me* (v. lezione 20, nota 3)
bizim köy, *il nostro villaggio* (v. lezione 13, nota 8)
sizin evde, *in casa vostra, da Lei* (v. lezione 18, nota 6)
bizim köy vuol dire letteralmente "il villaggio di noi" e ha un'accezione più familiare di **köyümüz**, *il nostro villaggio*.

• I pronomi al genitivo, usati da soli, servono anche a determinare il possesso:
bu benim, *questo è mio*
araba bizim, *la macchina è nostra*
ev onun, *la casa è sua*
ev Yusuf'un, *la casa è di Yusuf*
Bu kimin?, *Di chi è questo?*
Bu yalı kimin?, *Di chi è questo yalı?*

Il genitivo designa il possessore in un complemento di specificazione. Rivediamo dunque come si forma questo complemento in turco.

2 Il complemento di specificazione

Come abbiamo visto, nella lingua turca esistono due tipi di complemento di specificazione:

2.1 Il primo tipo

Il primo tipo di complemento di specificazione è formato da due parole che creano a loro volta una sorta di nome composto.
La prima di queste due parole non è determinata e rimane al nominativo; la seconda regge invece il possessivo di terza persona, come:
ruh sağlığı, *salute di spirito*, ossia *salute mentale* (v. lezione 38)
spor sayfası, *pagina sportiva* (v. lezione 39)
iş seyahati, *viaggio d'affari* (v. lezione 40)
evlenme cüzdanı, *stato di famiglia (certificato di matrimonio)* (v. lezione 41)
Cömert apartmanı, *il condominio Cömert* (v. lezione 32)
Cihangir caddesi, *viale di Cihangir* (v. lezione 32)
A partire dalla lezione 22, avete incontrato molti complementi di specificazione di questo tipo e alla lezione 35 vi abbiamo dedicato un intero paragrafo.
Queste due parole possono anche essere unite, formando così un nome composto fisso, come:
radyoevi, "casa della radio" = *radio* (v. lezione 38)
havaalanı, "settore dell'aria" = *aeroporto* (v. lezione 38)
gökyüzü, "superficie del cielo" = *cielo* (v. lezione 39)
karayolu, "strada terrestre / continentale" = *strada statale* (v. lezione 39)
Avevamo trattato questo argomento alla nota 1 della lezione 38.

2.2 Il secondo tipo

Il secondo tipo di complemento di specificazione è formato da due nomi che designano degli oggetti o delle persone ben precisate nel loro contesto. In questo caso, il possessore, ossia la prima parola in turco, si declina al genitivo:
Hoca'nın kapısı, *la porta di Hoca* (v. lezione 41)
Yusuf Bey'in kemikleri, *le ossa di Yusuf Bey* (v. lezione 36)
evin kapısı, *la porta della casa*: si tratta in questo caso di una porta e una casa ben determinate; a differenza di **ev kapısı**, *porta di casa*.
evimin pencereleri, *le finestre della mia casa* (qui il genitivo è suffissato a un nome che regge già un possessivo).

2.3 Il complemento di specificazione con funzione di avverbio di luogo e preposizione

Nel complemento di specificazione può intervenire una parola che indica una localizzazione in un luogo o intorno a un oggetto, come *davanti*, **ön**, *dentro*, **iç** ecc. Tale parola, accompagnata da un caso – il locativo o l'ablativo –, funge allora da avverbio di luogo o da preposizione:
evin önü, *il davanti della casa*
evin önünde, ("nel") *davanti* ("di") *alla casa*
A seconda che il possessore sia determinato o meno, la prima parola è al nominativo o al genitivo:
ağaçlar içinde, *in mezzo agli alberi* (v. lezione 30)
bir bahçe içinde, *in un giardino* (v. lezione 29) ma
bahçenin içinde, *nel giardino*

• Ecco la lista delle parole che formano delle espressioni che corrispondono in italiano a un avverbio di luogo o a una preposizione:

üst, *il sopra*	→ *sopra, su*	**yatağın üstünde** (40)
alt, *il sotto*	→ *sotto*	**ayaklar altında** (32)
ön, *il davanti*	→ *davanti*	**kapının önünde** (40)
arka, *il dietro*	→ *dietro*	**(hanımın) arkasından** (34)
karşı, *l'opposto*	→ *di fronte*	**böyle bir manzara karşısında** (32)
ara, *l'intervallo*	→ *tra, fra*	**eşyalarının arasında** (41)
iç, *l'interno*	→ *in*	**ağaçlar içinde** (30)
dış, *l'esterno*	→ *fuori*	**okulun dışında**, *fuori dalla scuola*
yan, *il fianco*	→ *accanto a*	**annemin yanında**, *accanto a mia madre*
yakın, *il vicino*	→ *vicino a*	**postanenin yakınında**, *vicino alla posta*

N.B.: i numeri tra parentesi rinviano alle lezioni.
Alla lezione 32, nota 13, avevamo già trattato l'argomento.

2.4 Combinazioni possibili con possessivi o altri casi

Non dimenticate, inoltre, che tutti questi complementi di specificazione, che comportino il genitivo o meno, possono combinarsi con altri casi o con dei possessivi:
ruh sağlığınız, *la vostra salute mentale* (v. lezione 38)
odanızın anahtarı, *la chiave della vostra stanza* (v. lezione 41)

42 eşyalarının arasında, *in mezzo alle tue cose, tra le tue cose* (v. lezione 41), che potrebbe significare anche *tra le loro cose*.
Confrontate:
eşya-lar-ın-ın arasında, *tra le <u>tue</u> cose*
eşya-ları-n-ın arasında, *tra le <u>loro</u> cose*

Se volete esercitarvi, rileggete la lezione 41, che è un condensato di tutti i tipi di complemento di specificazione e di tutte le possibilità di combinazione con i casi e i possessivi.

3 Il possessivo di terza persona

Il possessivo di terza persona si usa nella costruzione del complemento di specificazione, ma concorre anche alla formazione di espressioni tipiche del turco: **başkası** significa *un altro* in relazione a una cosa o una persona di cui si è già fatta menzione; **dışarısı**, *l'esterno*, in opposizione all'interno della casa. Questo punto è spiegato nel dettaglio alla lezione 38, nota 10.

4 Il passato in *-miş*

In quest'ultima serie di lezioni, vi siete imbattuti in un nuovo tempo verbale, un passato caratterizzato dalla desinenza **-miş** seguita dai suffissi del verbo *essere*, che ha più valori:

• Serve a raccontare dei fatti di cui non siamo stati testimoni:
kaza yapmış, *sembra ci sia stato un incidente*.

• Esprime un'azione passata di cui constatiamo il risultato: **Kapıcı gazetesini kapıya bırakmış…!**, *Il portinaio ha lasciato il (suo) giornale alla porta!*

• È un participio passato a senso attivo, equivalente del gerundio passato italiano: "avendo fatto…"
yumruk yemiş, *avendo ricevuto un pugno*
uzanmış, *essendosi sdraiato*, che si può rendere semplicemente con *sdraiato*
Le lezioni 37 e 39 sono consacrate in particolare all'utilizzo di questo tempo (soprattutto la nota 2 della lezione 39, in cui sono ripresi e spiegati tutti i valori).

5 Le subordinate di tempo, di modo e il gerundio presente

Una serie di suffissi, **-ken**, **-(y)ince**, **-(y)erek** e **-meden**, si aggiungono al verbo per formare delle subordinate di tempo o di modo che possono, a seconda dei casi, essere rese in italiano anche col gerundio presente. Sono molto semplici da usare e non si coniugano alle diverse persone:

- **-ken**, invariabile, si aggiunge alla forma base del presente generale del verbo; se esplicitato in una subordinata, assume il significato di *mentre*:
Hava kararırken döndü, "Aria imbrunendo tornò", *tornò all'imbrunire = tornò mentre imbruniva* (v. lezione 40, frase 2).
Seni beklerken biraz uyuyayım dedim de, *mi sono detta che, aspettandoti (= mentre ti aspettavo), sarei andata un po' a dormire* (v. lezione 40, frase 11).
Il soggetto del verbo in **-ken** può essere sia diverso da quello del verbo principale sia lo stesso per i due verbi (è in quest'ultimo caso che la forma verbale in **-ken** può essere resa col gerundio presente).

- **-ince** (**-ünce**, **ınca**, **-unca**) significa *quando*, *nel momento in cui*, e si aggiunge alla radice verbale (con una **y** intervocalica se necessario):
Eve girince ışığı yaktı, *Quando entrò (entrando) in casa, accese la luce* (v. lezione 40, frase 7).
Spor sayfasına gelince, Nejat Bey'in bütün neşesi kaçıyor, *Quando arriva alla pagina sportiva, tutta l'allegria di Nejat Bey scompare* (v. lezione 39, frase 13).
Anche in questo caso, come vedete, i soggetti dei due verbi possono essere diversi o meno.

- **-erek**, **-arak**, si aggiunge alla radice verbale e si traduce col gerundio presente; i due verbi devono avere lo stesso soggetto:
Islık çalarak mutfağa gidiyor, *Fischiettando, va in cucina* (v. lezione 39, frase 3).

- **-meden**, **-madan**, suffissato alla radice verbale, significa *senza fare*. I soggetti dei verbi possono essere differenti o meno. Quando sono uguali, possono essere tradotti con la forma negativa del gerundio presente.

Nasreddin Hoca bahşiş vermeden çıkar, *Nasreddin Hoca esce senza dare (non dando) la mancia* (v. lezione 36, nota 13).
Kimse duymadan hırsız evimize girdi, *Il ladro è entrato in casa nostra senza che nessuno lo abbia sentito.*

6 La forma negativa del presente generale

A differenza degli altri tempi verbali, il presente generale ha una forma negativa completamente diversa da quella affermativa. La forma base è infatti la radice + **-mez**, **-maz**:
hiçbir şeye üzülmeye değmez, *non vale la pena di preoccuparsi per nulla* (v. lezione 38, nota 13).
Bu kadar bencillik olmaz, *un tale egoismo non può essere* (v. lezione 38, frase 11).
damsız girilmez, *non si entra senza partner*, cartello che potrete leggere all'entrata di alcuni locali.
– per esprimere l'impossibilità, si aggiunge **e** o **a**, da cui **-emez**, **-amaz**:
Adam evlenme cüzdanını arar, bulamaz, *L'uomo cerca il suo stato di famiglia, [ma] non riesce a (può) trovar[lo]* (v. lezione 41, nota 6).

7 Esprimere la condizione

Se prima potevate porre delle condizioni solo col verbo *essere*, ormai siete in grado di farlo con ogni tipo di verbo, anche se solo alla terza persona singolare:
Sapevate già utilizzare **varsa**, *se c'è, se ce n'è*; **mümkünse**, *se è/fosse possibile*; adesso, aggiungendo **-se**, **-sa** al presente generale del verbo, potete formare una frase condizionale:
Çocuk sınıfta kalırsa, gelecek sene daha iyi notlar alır, *Se il bambino sarà bocciato* (resterà in classe), *l'anno prossimo prenderà dei voti migliori.*
È possibile aggiungere anche a inizio frase **eğer**, *se*; ma è facoltativo, considerando che l'idea di condizione è già sufficientemente espressa dalla particella **-se**.
Se dopo il verbo suffissato con **-sa**, utilizzate l'imperativo, quest'ultimo assumerà il valore del *tanto meglio!* italiano:
Sevgiliniz sizi bırakırsa, bıraksın, *Se il vostro amante vi lascia, che vi lasci!*, ossia "tanto meglio, che vi lasci!" (v. lezione 38, nota 7).

8 Il diminutivo *-cik, -cük, -cık, -cuk*

Tale diminutivo vi permette di rivolgervi alle persone con una sfumatura di familiarità, esprimendo loro affetto:
biraz-cık, *un pochetto*
anne-ciğ-im, *la mia mammina*
karı-cığ-ım, *mogliettina mia* (v. lezione 40, nota 6)
koca-cığ-ım, *maritino mio*
ince-cik, *magrolino, delicato, fragile* (v. lezione 36, frase 8)
küçü-cük, *piccolino* (la **k** finale di **küçük** cade)
mini-cik, *piccolino, adorabile*, da **minik** (la **k** finale cade)

9 Espressioni idiomatiche

Imparate anche le espressioni idiomatiche più frequenti, come:
demek o **demek ki**, *vuol dire che*
diyelim ki, *diciamo che*
ne yazık, *che peccato* o **yazık ki**, *peccato che*
iyi ki, *per fortuna che*
neyse ki, *meno male che, per fortuna che*
kendi işine bak!, *fatti i fatti tuoi!, occupati dei tuoi affari*
sana akıl soran oldu mu?, *ti è stato domandato qualcosa?*
o kadar önemli değil, *non è così grave/importante!*
ne yapalım, hayat bu, *che ci si può fare, è la vita!*
ne cesaret!, *che faccia tosta!, che fegato!*

In questa lezione di ripasso abbiamo fatto il punto su tutte le nuove possibilità di espressione di cui disponete.
Nel caso ve lo chiedeste, è assolutamente normale che per ora proviate un po' di difficoltà a usare queste costruzioni.
Non preoccupatevi, tutti i concetti verranno ripresi più volte nelle prossime lezioni, così avrete il tempo di abituarvici.

43 Kırk üçüncü ders

Adalara giderken

1. Bu sabah Eminönü her zamanki gibi hareketli.
2. İnsanlar vapurlardan iner inmez ① otobüslere koşuyorlar. Duraklarda uzun kuyruklar var.
3. Otobüs bileti, vapur jetonu ② satanlar bağırışıyor ③.
4. Deniz kıyısındaki ④ sandallarda balıkçılar balık pişirip yarım ekmek arasında satıyorlar.
5. Ne canlı bir yer. Durmadan ⑤ değişen bir tabloya benziyor.

Note

① **in-er in-mez**, letteralmente "scende, non scende", equivale all'italiano *non appena scende/scendono*...; questa espressione può essere formata con qualsiasi verbo, ma non varia a seconda del soggetto. Per rendere la frase *non appena torno a casa, ceno* si dirà dunque **ben eve döner dönmez, akşam yemeğimi yiyorum**.

② Negli autobus, tram e battelli di Istanbul si possono usare sempre più frequentemente le carte elettroniche, ma non pochi imbarcaderi dispongono ancora dei tornelli a gettone.

③ **bağır-ış-mak** deriva da **bağır-mak**, *gridare*, *urlare* e significa *gridare insieme, all'unisono*: la particella **-ış-**, o solamente **-ş-**, dà all'azione espressa dal verbo un senso di simultaneità o di reciprocità: **selamla-ş-mak** vuol dire *salutarsi vicendevolmente*. Questa costruzione la avete già incontrata in un verbo che conoscete bene e che ormai usate senza problemi: **görüşmek**, *vedersi, incontrarsi, parlarsi* (v. lezione 18, nota 1), che deriva da **görmek**, *vedere*.

Quarantatreesima lezione 43

Andando alle Isole dei Principi

1 Stamani Eminönü è movimentato come al solito *(ogni tempo-che come)*.
2 Non appena le persone scendono dai battelli, corrono verso gli autobus. Ci sono delle lunghe code alle fermate.
3 Quelli che vendono i biglietti dell'autobus e i gettoni per il battello, gridano tutti insieme *(all'unisono)*.
4 Su dei barconi attraccati a riva *(Mare riva-sua-in-che)*, i pescatori grigliano *(cuociono)* il pesce e [lo] vendono dentro un *(mezzo)* panino.
5 Che posto vivace! Sembra un quadro che cambia senza sosta *(senza-fermarsi)*.

▶ ④ Invece di **deniz kıyısında**, *sulla riva del mare*, si può dire anche **deniz kenarında**: **kıyı** significa *riva*, *litorale*, *costa* e **kenar** è un sinonimo, che può significare *sponda*, *riva*, *bordo*.

⑤ **dur-madan**, *senza fermarsi*: questo suffisso lo avete già trovato alla lezione 36: **Hoca bahşiş vermeden çıkar**, *Hoca esce senza dare la mancia* (v. anche lezione 42, § 5). **Durmak** è un verbo dai molteplici significati, ma innanzitutto significa *fermarsi*. Spesso, lungo la strada o sul cancello di una proprietà, avrete l'occasione di vedere un cartello con scritto **DUR**, che equivale al nostro *stop*. **Durmak** vuol dire anche *restare*, *tenersi*: **kitabını balkonda bıraktın, orada duruyor**, *hai dimenticato il tuo libro sul balcone, è (resta) [sempre] lì*; **dik duramıyorum**, *non riesco a stare (tenermi) diritto* (v. lezione 25, nota 3).

43

6 Zeynep'le Nuri Sirkeci'deki Adalar vapur iskelesine kadar yürüyorlar. Jeton alıp vapura biniyorlar.
7 Hafta sonları ⑥ Adalar'a giden vapurlarda yer bulunmaz ⑦. Onun için iki arkadaş bu geziyi hafta içinde yapmayı tercih ettiler.
8 Güvertede güzel bir yer bulup oturuyorlar.
9 Sonra vapurun büfesinden ⑧ birer ⑨ simitle çay alıyor, denizi ve martıları seyrederek çaylarını içiyorlar.
10 Vapur sırayla ⑩ Kınalı, Burgaz, Heybeli adalarından geçiyor.
11 Kıyılarda, büyük şehirlerin gürültüsünden uzak, kahvelerde, çardak altlarında oturanları görüyorlar.
12 Buraları başka bir dünya sanki ⑪… □

Note

⑥ **hafta sonları**, *nei fine settimana* (in generale). Ricordatevi che questo complemento di tempo va all'accusativo, come **akşamları**, *la sera* (sere), *di sera*.

⑦ **bul-un-maz**, *non si trova*: **bul-un-mak** è il passivo di **bulmak**. Il suffisso -(i)n- invece di -(i)l- si usa dopo una radice verbale che termina in **l** (v. lezione 35, § 7).

⑧ Ricordatevi che per indicare il luogo dove si compra qualcosa non si usa il locativo, ma l'ablativo. **Karşıdaki lokantadan bir şeyler al getir**, *Va' a prendere qualcosa al* (dal) *ristorante di fronte* (v. lezione 12, frase 12).

6 Zeynep e Nuri camminano fino al molo d'imbarco per le Isole, che è a Sirkeci. Comprano dei gettoni e salgono sul battello.

7 Nei fine settimana, non si trova posto nei battelli che vanno alle Isole. Perciò i due amici hanno preferito fare questa escursione in settimana *(settimana interno-suo-in)*.

8 Trovano un posto confortevole *(bello)* sul ponte e si siedono.

9 Poi al buffet del battello entrambi *(ognuno)* prendono un tè con un "simit" e bevono il loro tè contemplando il mare e i gabbiani.

10 Il battello passa in successione *(sequenza-con per)* le isole di Kınalı, Burgaz e Heybeli.

11 Vedono sulle rive quelli che sono seduti nei caffè, sotto i pergolati, lontani dal rumore delle grandi città.

12 Qui, è come se si fosse [in] un altro mondo *(Qui-[plur.]-suo altro un mondo come-se)*.

⑨ **birer**, *ognuno, uno a testa* (v. lezione 34, nota 9).

⑩ **sırayla**, *in successione*; **sıra** vuol dire *fila, coda, riga, ordine, sequenza, turno...* Lo avete già trovato nell'espressione **o sırada**, *in quel momento*. Questa parola la incontrerete in altre espressioni che vedremo più avanti.

⑪ **sanki**, è una congiunzione che significa *come se*. È formata da **san**, dal verbo **sanmak**, *pensare, credere*, e da **ki**.

1. alıştırma – Çeviriniz

① Şu yolcular jeton almadan vapura binmek istediler, ama kimse jetonsuz geçemez. ② Vapur hareket eder etmez, yolculara çay getiriyorlar. ③ Hafta sonları, iki arkadaş işten çıkar çıkmaz adalara dönüyorlar. ④ Çocuklar bağırarak otobüs bileti satıyorlar. ⑤ Ben Adalara hafta içinde gitmeyi tercih ediyorum. Hafta sonları çok kalabalık oluyor. ⑥ Otobüs duraklarında yolcular uzun kuyruklar yapıyorlar. ⑦ Vapur iskelesinin önünde, jeton satılıyor. ⑧ Adaların önünden geçerken, kıyılardaki çardaklı kahveleri görüyorlar.

2. alıştırma – Tamamlayınız

① Oggi Eminönü è, come sempre, molto animato.
..... Eminönü ... . gibi çok ....

② Sui barconi attraccati a riva, si griglia e si vende il pesce.
Deniz .... sandallarda balık ....
satılıyor.

③ Questo luogo è come un quadro che cambia senza sosta.
Bu yer .... bir tablo .....

④ Nei fine settimana, non si trova posto sui battelli.
Hafta ...., vapurlarda ... .

⑤ Al buffet del battello, hanno preso del tè e un "simit" ciascuno.
Vapurun .... simitle ... aldılar.

⑥ Qui è come se si fosse in un altro mondo.
.... başka bir dünya ......

Soluzioni dell'esercizio 1

❶ Questi passeggeri pretendevano di salire sul battello senza prendere il gettone, ma nessuno può passare senza gettone. ❷ Non appena il battello parte, servono del tè ai passeggeri. ❸ Nei fine settimana i due amici, non appena escono dal lavoro, tornano alle Isole. ❹ I ragazzi, urlando, vendono biglietti dell'autobus. ❺ Io preferisco andare alle Isole in settimana. Nei fine settimana c'è troppa folla. ❻ Alle fermate dell'autobus, i passeggeri fanno delle lunghe code. ❼ Davanti ai moli d'imbarco dei battelli, si vendono i gettoni. ❽ Passando davanti alle Isole, vedono i caffè con i pergolati che sono sulle rive.

Soluzioni dell'esercizio 2

❶ Bugün – her zamanki – hareketli ❷ – kıyısındaki – pişirilip – ❸ – durmadan değişen – gibi ❹ – sonları – yer bulunmaz ❺ – büfesinden birer – çay – ❻ Buraları – sanki

44 *Il **vapur** è uno degli elementi indissociabili dalla quotidianità di Istanbul. È impensabile prescindere da questi battelli per potersi spostare da una riva all'altra della città, un po' come a Venezia. D'altronde l'antica forza motrice, il vapore, lega linguisticamente il **vapur** con il suo corrispettivo veneziano, il vaporetto.*

***Adalar**, le Isole, con la lettera maiuscola, sono le **Prens Adaları**, le isole dei Principi, che portano questo nome poiché sia in epoca bizantina che in epoca ottomana, la dinastia regnante vi confinava i parenti divenuti scomodi per varie ragioni. È un arcipelago di nove isole strategicamente situato all'imbocco del Bosforo, di fronte alla riva asiatica di Istanbul. **Kınalı**, **Burgaz**, **Heybeli** e **Büyükada**, la Grande Isola, sono le più importanti. Queste isole oggi rappresentano il modo migliore per gli stambulioti per staccare la spina e dimenticare il tran tran quotidiano immergendosi in pittoresche ambientazioni senza tempo. Una delle caratteristiche più apprezzate delle **Adalar** è la completa assenza di macchine, rimpiazzate da calessi trainati da cavalli.*

***Eminönü** è il cuore del centro turistico di Istanbul e corrisponde all'ubicazione dell'acropoli di Costantinopoli. La città fu infatti costruita sulla penisola adiacente al Corno d'oro, per la como-*

---

44 Kırk dördüncü ders

Büyükada'da bir gezinti ①

1   Vapur Büyükada'ya yanaşınca Zeynep ve Nuri vapurdan indiler. Küçük meydandan geçip biraz çarşıyı gezdiler.
2   "Burası ne kadar sakin ve temiz bir yer. Araba yok, egzos yok. İnsan ② rahat rahat gezebilir", dediler.

Note

① **gezinti**, come **gezi**, deriva da **gezmek**, verbo che avete già incontrato e che vuol dire *passeggiare* ma anche *visitare (un luogo)*. Anche se possono sembrare simili, **gezi** significa *escursione*, *gita* mentre **gezinti** *passeggiata*, *passeggio*, *giro*. ▸

dità offerta da questo porto naturale e per la facilità di difesa che questa particolare situazione geografica offriva. È sui moli del quartiere, che oggi costituiscono uno degli snodi marittimi principali per la navigazione urbana, che in epoca medievale i mercanti veneziani, pisani, genovesi e amalfitani hanno costruito la fortuna delle repubbliche marinare! **Sirkeci**, sulla riva orientale della penisola, è famosa per la sua stazione ferroviaria, che è stata per lungo tempo il capolinea del mitico Orient Express.

Il **simit** è una sorta di ciambella cosparsa di semi di sesamo, molto simile al bagel. Questo panino è tipico della tradizione culinaria di tutti i paesi che hanno conosciuto la dominazione o l'influenza ottomana. In Grecia, per esempio, si chiama **koulouri**. Nel cercare l'origine di questa leccornia, gli studiosi sono riusciti a risalire nel tempo almeno sino al 1525, dimostrando dunque che il **simit** ha praticamente da sempre fatto parte della cultura gastronomica ottomana. Una leggenda narra inoltre che il ben più noto bagel sia stato inventato a Vienna nel 1683, per celebrare il fallimento del secondo assedio turco alla capitale asburgica. E se il panino yiddish, ormai entrato a far parte dell'immaginario comune newyorchese, fosse un discendente diretto dell'ottomano **simit**?

Quarantaquattresima lezione

Una passeggiata a Büyükada

1 Quando il battello ha attraccato a Büyükada, Zeynep e Nuri sono scesi a terra *(battellodal)*. Hanno attraversato la piazzetta e hanno passeggiato un po' per il mercato.

2 "*(Qui)* Che posto tranquillo e pulito! Non ci sono macchine, non ci sono gas di scarico. Si può passeggiare tranquilli", [si] sono detti.

▶ ② **insan** accompagnato da un verbo alla terza persona singolare equivale alla forma impersonale, resa in italiano col *si*. Avete già trovato questa costruzione alla lezione 32, nota 6: **insan düşebilir**, *si può cadere*.

3 Tam o sırada yanlarından hızla bir fayton geçti. Az kaldı eziliyorlardı!
4 "Demek ki burada da dikkat etmek gerekiyor, araba yok ama faytonlar var", diye düşündüler.
5 Sonra bir ada turu yapmak üzere bir faytona bindiler.
6 Araba ana ③ caddeden geçerek tepelere doğru yol aldı.
7 Yol boyunca ④ eski ahşap köşkleri ⑤ hayranlıkla seyredip, Ada'nın eski günlerini kafalarında canlandırmaya çalıştılar ⑥.
8 Yukarıdaki meydana gelince arabadan inip, eşeklerle ⑦ tepedeki manastıra çıktılar.
9 Yolda çalıların dallarına bağlanmış kağıt kurdeleler dikkatlerini çekti.

Note

③ **ana** usato come sostantivo vuol dire *madre*, come **anne**; usato come aggettivo significa *principale, fondamentale, basilare*: **ana cadde**, *via o viale principale*; **ana yol**, *strada statale*; **ana vatan**, *la madrepatria*. **Ana dil** è *la lingua madre* da cui derivano altre lingue, come il latino per le lingue romanze; un **anadil** è un *madrelingua* mentre per dire *la lingua materna* (della madre) si usa la costruzione **ana dili**.

④ **boyunca**, *durante, lungo* è un avverbio formato dal sostantivo **boy**, *statura, altezza, dimensione, taglia*. Questo avverbio si pospone al nominativo del sostantivo cui si riferisce: **ömür boyunca**, *durante la vita*. **Ömür boyu** significa *vitalizio*.

⑤ **köşk** indica all'origine un padiglione che i turchi costruivano per decorare i giardini. Il nome ha designato in seguito tutti i tipi di edifici residenziali, non necessariamente situati in giardini. Da questo termine turco deriva la parola italiana "chiosco". Un altro edificio tipico dell'edilizia ottomana è il **konak**, che designa una sorta di *grande dimora* o *residenza nobiliare*. Il **saray** è invece il *palazzo* ottomano per eccel- ▶

3 Proprio in quel momento, un calesse è passato a tutta velocità *(velocità-con)* vicino a loro. Ci è mancato poco *(poco è-restato)* [che] si facessero *(facevano)* schiacciare!

4 "Vuol dire che pure qui bisogna fare attenzione, non ci sono macchine ma ci sono i calessi!", *(dicendo)* hanno pensato.

5 Poi, sono saliti su un calesse per fare un giro dell'isola *(un isola giro-suo)*.

6 Il veicolo, passando per il viale principale, ha preso la direzione delle colline *(colline-a verso)*.

7 Lungo la strada, hanno contemplato con ammirazione le vecchie dimore residenziali in legno e hanno provato *(hanno-lavorato)* a immaginarsi *(teste-loro-in far-rivivere-a)* i fasti passati *(vecchi giorni)* dell'isola.

8 Una volta arrivati alla piazza che sta in cima [all'isola], sono scesi dal veicolo e sono saliti *(partiti)* con degli asini fino al monastero che sta sulla collina.

9 Per strada hanno notato dei fiocchi di carta legati ai rami dei cespugli *(carta fiocchi attenzione-loro-[accus.] ha-attirato)*.

▸ lenza, come il **Topkapı Sarayı**, il *Palazzo della Porta del Cannone*, la magnifica residenza dei sultani ottomani fino a metà del XIX secolo. **Saray** è un termine che ha marcato a tal punto il nostro immaginario comune, da possedere un corrispettivo italianizzato: "serraglio"; si pensi per esempio alla celebre opera del 1782 di W. A. Mozart, *Il ratto dal serraglio*.

⑥ **canlandırma-y-a çalıştılar**, *hanno provato a immaginarsi* (far rivivere). L'espressione *provare a* si rende in turco con **-a/-e çalışmak**, *lavorare a*.

⑦ **eşek**, *asino*. Nonostante attualmente si pensi che siano di origine onomatopeica, la parola siciliana *sciuccu* e l'italiana *ciuco* potrebbero derivare dal turco **eşek**.

44 10   Zeynep de içinden bir dilek tutup ⑧, bir kurdele bağladı. Acaba Nuri de aynı şeyi diliyor muydu?
11   Manastırı gezdikten sonra ⑨, oradaki kır lokantasında denizi ve öbür adaları seyrederek, bir şeyler yiyip şarap içtiler.
12   Güneşin batışını ⑩ görmeden dönmek istemediler, onun için biraz geciktiler.
13   Dönüşte iskeleye kadar yürümek zorunda kaldılar ⑪. Ama gene de son vapura yetişebildiler ⑫.
14   Vapurda Adalar'ın ışıklarını seyrederek hayal kurdular.

Note

⑧ **tutmak** può voler dire *tenere, reggere, fermare, trattenere* e viene usato per formare alcune espressioni, come **dilek tutmak**, *esprimere un desiderio*; **kendini tutmak**, *trattenersi*; **sözünü tutmak**, *mantenere la parola*. **Dilemek** significa *desiderare, augurare*: **hepinize mutluluklar dilerim**, *auguro a tutti voi [tanta] felicità* (v. lezione 38, frase 8); oppure *chiedere*: **özür dilemek**, *chiedere scusa, scusarsi*.

⑨ **manastırı gez-dik-ten sonra**, *dopo aver visitato il monastero*; **-dikten (-dükten, -dıktan, -duktan) sonra** è una forma fissa che si colloca dopo la radice verbale.

⑩ **güneşin batışı**, *il tramonto [del sole]*; **batmak** vuol dire *sprofondare, tuffarsi, declinare*: l'immagine racchiusa nell'espressione è dunque quella del sole che si tuffa dietro l'orizzonte! **Bat-ış** è il nome deverbale (che deriva dal verbo) di **batmak** e si forma con il suffisso **-ış** (**-iş, -üş, -uş**), che ritrovate per esempio in **dönüş**, *ritorno*; **gidiş dönüş bileti**, *biglietto andata e ritorno*. **Kalk-ış** e **var-ış**, *partenza* e *arrivo*, si formano allo stesso modo. ▸

10 Anche Zeynep dentro di sé ha espresso *(tenuto)* un desiderio e ha legato [ai rami] un fiocco. Chissà se anche Nuri ha desiderato la stessa cosa *(stessa cosa-[accus.] desiderava)*!

11 Dopo aver visitato il monastero, hanno mangiato qualcosa e hanno bevuto del vino in una trattoria rustica *(campagna trattoria-sua-in)* che si trova lì, contemplando il mare e le altre isole.

12 Non sono voluti rientrare senza aver visto il tramonto *(del-sole)* e per questo hanno fatto un po' tardi.

13 Al ritorno, hanno dovuto camminare fino al molo d'imbarco. Ma sono riusciti ad arrivare comunque in tempo per l'ultimo battello.

14 Sul battello, hanno cominciato a fantasticare *(hanno-fantasticato)* contemplando le luci delle Isole.

BÜYÜKADA'DA BİR GEZİNTİ

▸ ⑪ **yürümek zorunda kaldılar**, *hanno dovuto camminare* ("sono restati nell'obbligo di camminare"), v. lezione 36, nota 2.

⑫ La forma **-ebil-di**, **-abil-di** esprime la possibilità al passato.

1. alıştırma – Çeviriniz

❶ Adalara bir gezinti yapmak üzere, Sirkeci iskelesine gidip vapura bindiler. ❷ Yukarıdaki meydanda faytondan iner inmez, tepedeki manastıra doğru yürümeye başladılar. ❸ Tepeye varınca, manastırı gezmeye gittiler. ❹ Tepedeki lokantada şarap içip yemek yedikten sonra, yürüyerek iskeleye döndüler. ❺ Acele edelim. İskeleye dönüp son vapura yetişmeye çalışacağız. Yoksa geceyi adada geçirmek zorunda kalırız. ❻ Az kaldı son vapuru kaçırıyorduk. ❼ Biz durmadan iskeleye kadar yürüdük. Son vapura yetişebildik.

2. alıştırma – Tamamlayınız

❶ Quando il battello attraccherà a Büyükada, i due giovani scenderanno [a terra] e passeggeranno.
Vapur Büyükada . . . . iki genç . . . .
. . . .

❷ C'è mancato poco [che] si facessero schiacciare!
. . . . eziliyorlardı!

❸ Hanno provato a immaginarsi i vecchi fasti dell'isola.
. . . . eski . . . . kafalarında . . . .
çalıştılar.

❹ Chissà se anche Nuri ha desiderato la stessa cosa!
. . . . . Nuri de . . . . şeyi diliyor . . . . . . ?

❺ Dopo aver visitato l'isola, sono tornati al molo d'imbarco camminando.
Adayı . . . . , ... iskeleye döndüler.

Soluzioni dell'esercizio 1

❶ Sono andati al molo d'imbarco di Sirkeci e sono saliti sul battello per fare un giro alle Isole. **❷** Non appena scesi dal calesse nella piazza che sta in cima, hanno cominciato a camminare verso il monastero che è sulla collina. **❸** Arrivati in collina, sono andati a visitare il monastero. **❹** Dopo aver pranzato e bevuto del vino nel ristorante sulla collina, sono tornati, camminando, al molo d'imbarco. **❺** Sbrighiamoci. Torniamo al molo d'imbarco e proviamo ad arrivare in tempo per l'ultimo battello. Altrimenti, ci toccherà passare la notte sull'isola. **❻** Per poco [non] perdevamo l'ultimo battello. **❼** Abbiamo camminato fino al molo d'imbarco senza fermarci. Siamo riusciti ad arrivare in tempo per l'ultimo battello.

❻ Non sono voluti rientrare senza aver visto il tramonto.
.... batışını .... dönmek ....

❼ I due giovani fantasticano contemplando il panorama.
Manzarayı ...., iki genç ....

Soluzioni dell'esercizio 2

❶ – 'ya yanaşınca – inip gezecekler **❷** Az kaldı – **❸** Ada'nın – günlerini – canlandırmaya – **❹** Acaba – aynı – muydu **❺** – gezdikten sonra yürüyerek – **❻** Güneşin – görmeden – istemediler **❼** – seyrederek – hayal kuruyorlar

45 *La parola che designa l'asino in turco,* **eşek***, è curiosamente identica a livello fonetico alla parola francese "échec", che significa "insuccesso". La cosa non dovrebbe sorprendere visto che il turco presenta molte influenze francofone. Un legame diretto tra le due parole non è però ancora stato evidenziato da storici o linguisti; ciò non ci impedisce di proporvi una possibile interpretazione. L'asino è da sempre presente nelle culture mediterranee come fedele e infaticabile compagno di lavoro dell'uomo. Il suo carattere mite (salvo la proverbiale ostinazione!) e la resistenza alla fatica ne hanno fatto l'animale da soma per eccellenza. Da tempo immemore, come*

---

45 Kırk beşinci ders

Leyla Hanım hazırlanırken

1 Leyla Hanım biraz sonra çıkmak üzere ① hazırlanıyor.
  Telefon çalıyor:
2 – Merhaba Filiz. Sahi mi? Metin seni bırakıp gitti mi?
  Üzülme, yine gelir. Kusura bakma ②, uzun konuşamayacağım.
3 Acelem var. Yirmi dakikaya kadar ③ çıkmam gerekiyor ④. Ben seni sonra ararım.

Note

① **çıkmak üzere**, *sta per uscire*. **Üzere** ha il senso di *stare per fare qualcosa* (v. lezione 13, frase 9).

② **kusura bakmamak**, *perdonare*, lett. "non guardare la mancanza", v. lezione 12, nota 3.

③ **yirmi dakikaya kadar**, *tra venti minuti*. Il complemento di tempo introdotto da "tra" può essere reso anche con l'avverbio **sonra**: **yarım saat sonra onu arayın**, *lo chiami tra mezz'ora* (v. lezione 18, nota 2 e lezione 21, § 9). **Kadar** si usa quando ▸

testimoniato anche dallo storico greco Erodoto e dai testi biblici, l'asino accompagna l'uomo in guerra, per il trasporto delle vettovaglie, ma soprattutto per portare via il bottino dopo i saccheggi delle città sconfitte. E il "bottino" sembra proprio essere la nostra sottile linea rossa! La parola "saska", che significa "bottino" in francese antico ed è una delle etimologie del francese échec, *potrebbe infatti essere l'anello di congiunzione tra le due parole... Tutte queste piste interpretative (*sciuccu, ciuco, échec*) sono, allo stadio attuale, delle semplici ipotesi, ma una cosa è certa: d'ora in avanti non dimenticherete più come si dice* asino *in turco!*

Quarantacinquesima lezione 45

Leyla Hanım si prepara *(Leyla Hanım preparandosi)*

1 Leyla Hanım si sta preparando [perché] sta per uscire *(un-po' dopo)*.
 Il telefono suona:
2 – Salve, Filiz. Davvero? Metin ti ha lasciato e se n'è andato *(te ha-lasciato è-partito* **mi***)*?
 Non preoccuparti, tornerà *(di-nuovo verrà)*.
 Perdonami, non posso *(potrò)* parlare a lungo.
3 Ho fretta. Tra venti minuti devo uscire. Ti chiamerò più tardi.

▸ qualcosa deve accadere entro il lasso di tempo enunciato, mentre **sonra** si usa quando la cosa deve avvenire dopo il lasso di tempo enunciato.

④ **çıkma-m gerekiyor**, *devo uscire*; letteralmente "il-mio-uscire è-necessario". **Çıkma** è il verbo **çıkmak** sostantivato. Così come tutti i nomi, è possibile aggiungergli i possessivi e i casi. In questo caso è insieme a un possessivo e funge da soggetto per il verbo che segue.

iki yüz seksen sekiz • 288

45 4   Leyla Hanım telefonu kapatır kapatmaz ⑤, banyoya gidiyor.
Diş macununu fırçasına sıkıyor.
5 – Bıktım ⑥ şunun aşk hikayelerinden…
6   Dişlerini fırçalarken telefon bir daha çalıyor. Hemen ağzını çalkalayıp koşuyor:
7 – Alo, Gönül, sen misin? Canın mı sıkılıyor ⑦? Tabii, biraz gevezelik etmek iyi gelirdi ⑧, ama şu anda mümkün değil.
8   Şimdi çıkmak zorundayım. Görüşmek üzere.
… Çok şükür, bu gevezeden de kurtuldum.
9   Makyajını yaparken, yine telefonun zili…
Yine koşup açıyor.

Note

⑤ **kapatır kapatmaz**, *messo giù / non appena mette giù* (v. lezione 43, nota 1). Come avrete certamente già notato, il verbo **açmak**, *aprire*, si usa per dire *alzare* la cornetta del telefono e **kapatmak**, *chiudere*, per *mettere giù*.

⑥ **bir şeyden bıkmak** vuol dire *infastidirsi, annoiarsi, stufarsi di qualcosa*; dunque anche *averne abbastanza*. Anche se in turco viene usato generalmente al passato (**bıktım**, *ne ho avuto abbastanza*), in italiano si rende col presente: *ne ho abbastanza*. Lo stesso discorso vale per altre espressioni, come **geldi** *eccolo, arriva*; **susadım**, *ho sete* ecc.

⑦ **can-ın sıkılıyor**: letteralmente "anima-tua si-annoia", da cui *ti annoi*. Imparate questa costruzione frequente, che segue lo stesso modello di **canım istiyor**, *ho voglia di…*: **canım gitmek istiyor**, *ho voglia di partire*.

⑧ **biraz gevezelik etmek iyi gelirdi**, *chiacchierare un po' sarebbe stato bello* ("era ben venuto"). Già avete visto **iyi gelmek** (v. lezione 31, nota 7: **çok iyi geldi**, *mi ha fatto bene*). **Gel-ir-di** è una forma del presente generale con l'aggiunta del verbo *essere* al passato: **-di**. Ha un senso equivalente all'imperfetto o, come in questo caso, al condizionale passato.

4 Leyla Hanım, messo giù *(non appena chiude)* **45**
il telefono, va in bagno. Mette *(spreme)* il
dentifricio *(dente pasta-sua-[accus.])* sul suo
spazzolino.

5 – Ne ho abbastanza delle storie d'amore di quella
là...

6 Mentre si lava *(spazzola)* i *(suoi)* denti, il
telefono squilla di nuovo *(uno ancora)*.
Immediatamente, si sciacqua la *(sua)* bocca e
corre [a rispondere]:

7 – Pronto, Gönül, sei tu? Ti annoi? Naturalmente,
sarebbe stato bello chiacchierare un po'
(chiacchierata fare bene veniva), ma in questo
momento non è possibile.

8 Adesso devo uscire. A presto *(arrivederci)*.
... Grazie a Dio, mi son salvata da questa
chiacchierona!

9 Mentre si trucca *(trucco-suo facendo)*, [sente]
nuovamente lo squillo *(campanello)* del
telefono...
Di nuovo, corre a rispondere *(apre)*.

45 10 – Hayır efendim, her halde yanlış numara çevirdiniz. Burası ⑨ ev. Doğumevi ⑩ değil. Rica ederim.
11   ... Gecikeceğim. Kemerim nerede? Kolyemi bulamıyorum.
12   Tam çıkarken, yine telefon...
13   Açayım mı, açmayayım mı ⑪? derken, açıyor.
14   Telefondaki ses:
15 – Alo, Leyla hanım, affedersiniz. Bugün Mesut Beylerin bir akrabası vefat etmiş. Onun için yemeği iptal etmek zorunda kaldılar.
16   Bütün davetlileri arayıp haber veriyoruz...
17   Biraz sonra Leyla Hanım:
18 – Gönül, hadi bana gel de biraz gevezelik edelim. □

Note

⑨ **bura-sı**: "qui-suo", ossia *qui, questo luogo* ma non *in questo luogo* che sarebbe **burada**. Si tratta di un'espressione tipica della lingua turca che, come avete visto, non lesina nell'utilizzo del possessivo alla terza persona singolare (v. lezione 38, nota 10)! Per esempio potete chiedere: **burası neresi, Arnavutköy mü, Bebek mi?**, *qui cos'è (dove è), Arnavutköy o Bebek?* oppure dire **burası çok güzel**, *qui è molto bello*.

⑩ **doğum-ev-i**, "casa della nascita", da cui *reparto di maternità*. Il verbo **doğmak** significa *nascere*, **doğurmak**, *partorire*. **Doğum günü** (o **doğum yıldönümü**), è *il compleanno* e **yıldönümü**, *l'anniversario, la ricorrenza* di un evento. **Evlilik yıldönümü** è *l'anniversario di matrimonio* (v. lezione 40, frase 13); ▶

10 –	No signore, probabilmente ha sbagliato numero *(sbagliato numero avete-girato)*. Questa è una casa *(qui-suo casa)*. Non è il reparto maternità… Si figuri *(prego)*.	45
11	… Arriverò in ritardo. Dov'è la *(mia)* cintura? Non riesco a trovare la *(mia)* collana.	
12	Proprio quando sta uscendo [squilla] di nuovo il telefono…	
13	Mentre si chiede se rispondere o meno, risponde *(che-io-apra* **mı**, *che-io-non-apra* **mı** *dicendo apre)*.	
14	La voce alla cornetta *(che-è-al-telefono)* [dice]:	
15 –	Pronto, Leyla Hanım, scusi [il disturbo]. Un parente di Mesut Bey *(Mesut Bey-[plur.]-[gen.])* è morto oggi. Per questo hanno dovuto annullare la cena *(pasto)*.	
16	Stiamo chiamando tutti gli invitati per informarli *(stiamo informando)*.	
17	Poco dopo, Leyla Hanım:	
18 –	Gönül, dai, vieni da me e chiacchieriamo un po'.	

▶ **Atatürk'ün 100. (yüzüncü) doğum yıldönümü**, *il centenario della nascita di Atatürk*, che è avvenuto nel 1981, è stato celebrato con grandi manifestazioni e festeggiamenti. Un'altra parola che deriva da **doğmak** è **doğuş**, che designa *l'alba* ossia "la nascita del sole": **güneşin doğuşu**; *il tramonto* si dice **güneşin batışı** (v. lezione 44, nota 10).

⑪ **aç-ayım mı?, aç-ma-y-ayım mı?**, *che io apra, che io non apra?*: per mettere l'ottativo alla forma negativa, si aggiunge alla radice verbale la particella negativa **-me/ma**, che diventa **-m(i)** nella lingua parlata come avete sentito in questo dialogo. Ma la forma corretta resta comunque **aç-ma-y-ayım**. Per l'ottativo, fate riferimento alla lezione 35, § 4.

1. alıştırma – Çeviriniz

❶ Şu anda, seninle konuşamıyorum, çünkü yarım saate kadar, hazır olmam gerekiyor. ❷ Telefon çalar çalmaz, Leyla Hanım açmaya koşuyor. ❸ Sana bu sabah gelirdim, ama evden çıkamadım: televizyon tamircisini bekliyordum. ❹ Bu gevezelerden bıktım. Acelem var. Gecikeceğim. ❺ Bu gevezeyle konuşayım mı, konuşmayayım mı?... Hayır, vaktim yok. ❻ Canın sıkılırsa, bana gel, gevezelik edelim. ❼ Seninle görüşmem lazım, ama şu anda evde olmak zorundayım.

2. alıştırma – Tamamlayınız

❶ Non appena Leyla Hanım ha messo giù il telefono, squilla di nuovo.
Leyla Hanım .... kapatır .... yine
....

❷ Sarebbe stato bello chiacchierare un po', ma in questo momento non è possibile.
Biraz .... etmek ... ., ama şu anda ....

❸ Grazie a Dio, mi sono salvata da questa chiacchierona!
Çok ....., bu .... kurtuldum!

❹ No, signore, qui non è il reparto maternità. Probabilmente ha sbagliato numero.
Hayır ...., ... doğumevi değil. Her halde ...... numara ....

❺ Ne ho abbastanza delle storie d'amore di quella lì!
...... şunun ... . !

Soluzioni dell'esercizio 1

❶ In questo istante non posso parlare con te, perché tra mezz'ora devo essere pronta. ❷ Non appena il telefono squilla, Leyla Hanım corre a rispondere. ❸ Sarei venuta da te stamattina, ma non sono potuta uscire di casa: aspettavo il riparatore di televisori. ❹ Sono stufa di queste chiacchierone. Ho fretta. Arriverò in ritardo. ❺ Parlo o non parlo con questa chiacchierona?... No, non ho tempo. ❻ Se ti annoi, vieni da me [e] chiacchieriamo. ❼ Ho bisogno di vederti, ma in questo momento sono obbligato a restare a casa.

❻ Un parente di Mesut Bey è morto.
Mesut .... bir .... vefat etmiş.

❼ Per questo, hanno dovuto annullare la cena.
.... için yemeği ..... etmek ....

Soluzioni dell'esercizio 2

❶ – telefonu – kapatmaz – çalıyor ❷ – gevezelik – iyi gelirdi – mümkün değil ❸ – şükür – gevezeden – ❹ – efendim burası – yanlış – çevirdiniz ❺ Bıktım – aşk hikayelerinden ❻ – Beylerin – akrabası – ❼ Onun – iptal – zorunda kaldılar

Macun *vuol dire* pasta *in generale, ma il suo significato più goloso è sicuramente quello che ritroviamo in* **macun şekeri**! *Già diffuso in epoca ottomana, il* **macun şekeri** *è un tipico dolce turco che si trova facilmente in vendita per la strada. È una pasta di zucchero con la consistenza della cera che viene servita arrotolata intorno a un bastoncino e può essere di qualsiasi colore! Certo, se non volete avere delle carie, dopo aver gustato il* **macun şekeri** *non dimenticate di fare come Leyla Hanım e usare il* **diş macunu**...

46 Kırk altıncı ders

Koyuncular yalılarını yeniliyorlar

1 Serap Hanım kocasıyla konuşuyor:
2 – Evimizi biraz yenileyelim. Üç yıldır her şey aynı.
3 – Peki yavrum, istersen ① hemen ustaları ② çağırayım. Ama başlamadan önce ③, bana söyle. Ne gibi değişiklikler istiyorsun?
4 – İlk olarak ④ evin cephesini pembeye boyatalım. Bu yıl pastel renkler moda.
5   Sonra rıhtıma ⑤ demir parmaklık ⑤ koyduralım da sarhoş olan misafirlerimiz bir daha denize düşmesinler ⑥.

Note

① **ister-se-n**, *se vuoi*, si forma aggiungendo a **ister-se**, *se vuole*, la desinenza **-n** della seconda persona singolare. Lo stesso procedimento vale per **yapar-sa**, *se fa*, e **yapar-san**, *se fai*.

② **usta** vuol dire *maestro, esperto, artigiano* e si usa per designare una persona preparata, competente nel suo ambito. Per avere maggiore fluidità nel testo italiano, abbiamo reso **ustalar** con *gli operai*, ma sarebbe stato più corretto tradurlo con *le maestranze*.

③ **başla-madan önce**, *prima di cominciare*. Conoscete già la forma **-madan**, **-meden**, che significa *senza (fare)*, v. lezione 42, § 5, lezione 43, nota 5 e lezione 44, frase 12.

④ **ilk ol-arak**, letteralmente "primario essendo", da cui *innanzitutto*. **İlk** vuol dire *primo, primario*, che viene prima di ogni altra cosa; **birinci** significa invece *primo di una serie*, senza che questa esprima per forza una gerarchia, come nel caso di **ilk**. **İlk okul**, *la scuola elementare*, ossia *di primaria importanza, fondamentale*; **ilk insan**, *i primi esseri umani, l'essere umano primitivo* (preistorico).

Quarantaseiesima lezione 46

I Koyuncu rimettono a nuovo il loro yalı

1 Serap Hanım parla con suo marito:
2 – Rinnoviamo un po' casa nostra. Tutto *(ogni cosa)* è uguale da tre anni.
3 – D'accordo, piccola mia, se vuoi chiamo *(che-io-chiami)* subito gli operai *(artigiani)*. Ma, prima di cominciare, dimmi: che tipo di cambiamenti vuoi [fare]?
4 – Innanzitutto *(Primario essendo)*, facciamo dipingere di rosa la facciata della casa. Quest'anno i colori pastello [vanno di] moda.
5 Poi, facciamo mettere in terrazza una ringhiera di ferro [di modo] che i nostri ospiti quando sono ubriachi non cadano più *(uno di-più)* in mare.

▶ ⑤ **rıhtım** significa *banchina* di un porto (*la banchina* di una stazione ferroviaria si dice **peron**, che significa anche *marciapiede*). Questa parola designa anche *le terrazze* degli **yalı** sul bordo del mare che, a volte, servono anche da molo d'attracco per le imbarcazioni private. **Parmaklık** deriva da **parmak**, *dito*, e significa *cancellata, ringhiera, recinto, grata*.

⑥ **düş-me-sinler**, *che non cadano*; è la forma negativa dell'imperativo **düş-sünler** (v. lezione 35, § 5). Quando si interpone la negazione **-me-** o **-ma-** bisogna fare attenzione al cambio della vocale nella desinenza verbale, causato dalla necessità di armonia vocalica. All'imperativo negativo ci saranno dunque solo due forme possibili: **-mesinler** e **-masınlar**; il suffisso **-ler**, **-lar** è facoltativo.

6 – Peki hayatım, sen ne dersen öyle olsun. ⑦
7 – Bir de havuzu büyütelim. Bahçeyi birkaç çıplak kadın heykeliyle süsleyelim.
8 Şimdi nasıl olsa Güney'deki plajlarda üstsüz dolaşıyorlar. Onun için hiçbir sakıncası yok ⑧.
9 – Evin içinde nasıl bir düzenleme arzu ediyorsun?
10 – Alt katın duvarlarını fildişi badana yaptıralım. Tavanlar yaldızlı olsun, seçkin evlerdeki gibi.
11 Salona yeni mobilyalar almamız lazım ⑨. Ayrıca ⑩ mutfakla yemek odasının arasındaki duvarı yıktırıp bir servis penceresi açtıralım, daha modern olsun diye ⑪.

Note

⑦ **ne dersen öyle olsun**, *così sia*, *come vuoi tu* rendono meglio questa espressione che più letteralmente equivarrebbe a "qualsiasi cosa tu dica così sia". Ne con la forma in **-se** si traduce con *qualsiasi cosa* seguito da un congiuntivo. Vi consigliamo di imparare questa espressione così com'è, senza cercare di analizzarla. Stessa cosa per **nasıl olsa** (v. frase 8), che equivale all'italiano *ad ogni modo*, *comunque*.

⑧ **sakınca-sı yok**, *non c'è nessun problema al riguardo* ("problema-suo"); il possessivo indica che si parla sempre di qualcosa di preciso, già menzionato precedentemente. A poco a poco vi abituerete a questo costrutto…

⑨ **alma-mız lazım**, *dobbiamo comprare*. Esattamente come **çıkma-m gerekiyor**, *devo uscire*, nella lezione 45, nota 4.

⑩ **ayrı-ca**, da **ayrı**, *distinto*, *dissimile*, *separato*, *diviso*. **Ayrıca**, a seconda del contesto, può significare *inoltre*, *oltretutto*, *poi* (v. lezione 20, frase 8).

6 – Bene, mia cara *(vita-mia)*, così sia *(tu cosa se-tu-dici, così che-sia)*.

7 – E poi, ingrandiamo la piscina. Abbelliamo il giardino con qualche statua di donne nude.

8 Ad ogni modo *(come se-è)*, adesso sulle spiagge del sud si gira in topless *(alto-senza)*. Perciò non c'è nessun problema al riguardo.

9 – All'interno della casa, che tipo *(come un)* di sistemazione desideri?

10 – Facciamo fare [sulle] pareti del piano inferiore un'imbiancatura avorio *(elefante-zanna-sua)*. I soffitti che siano dorati, come nelle case nobiliari *(distinte case-in-che come)*.

11 Per il salone dobbiamo comprare nuovi mobili *(il-nostro-comprare è-necessario)*. Inoltre, facciamo abbattere il muro che sta tra la cucina e la sala da pranzo e facciamo aprire una finestra passavivande *(servizio finestra-sua)*, affinché sia più moderno *(più moderno che-sia dicendo)*.

▶ ⑪ **bir servis penceresi açtıralım, daha modern olsun diye**, *facciamo aprire una finestra passavivande affinché sia più moderno*. Letteralmente: "dicendo: che sia più moderno…". La forma **diye** permette di esprimere un desiderio ed equivale in italiano a una proposizione subordinata finale introdotta da "per" o da "affinché". Alla frase 5, usando lo stesso costrutto, si sarebbe potuto dire anche **sarhoş olan misafirlerimiz bir daha denize düşmesinler diye, rıhtıma bir demir parmaklık koyduralım**.

12 Üst kata gelince ⑫… Misafir yatak odalarının duvar kağıtlarıyla yer döşemelerini yenileyelim.
13 Bizimkini duvardan duvara halıyla kaplatalım ⑬. Karyolayı ve yatağı değiştirelim. Yuvarlak olsun. Şimdi modaymış…
14 – Peki kuzum, bende de herhangi bir değişiklik istiyor musun bakayım?
15 – Tabii, sen de bıyıklarını kesip ⑭, göbeğini eriteceksin.

Note

⑫ **üst kata gelince** vuol dire *arrivando al piano superiore*. In questo contesto **gelmek** ha un senso figurato e perciò **gelince** significa *per quanto riguarda…* Quest'espressione serve a introdurre l'ultimo elemento di una lista o di un elenco.

⑬ **bizim-ki-n-i halıyla kaplatalım**, *ricopriamo la nostra con la moquette*: letteralmente "quella-che-è-nostra + accusativo";

***

1. alıştırma – Çeviriniz

❶ Üç yıldır evimizde hiçbir şey değiştirmedik. İlk olarak burayı boyatalım. ❷ Yatak odamızda ne gibi değişiklikler istiyorsun? ❸ Üst kattaki odaların duvar kağıtlarını değiştirmemiz lazım. ❹ Usta mutfağın duvarlarını pembe badana yapmasın. ❺ Bahçeyi heykellerle süslemek istersen, öyle olsun. Heykeller mermerden olsun. ❻ Bu sene yuvarlak yataklar modaymış. ❼ Salondaki duvarı yıktıralım, daha büyük olsun diye. ❽ Rıhtıma gelince, onu denize doğru biraz büyütelim. Nasıl olsa deniz kenarındaki lokantalar da öyle yapıyorlar.

12 Per quanto riguarda *(arrivando)* il piano superiore… rinnoviamo la carta da parati *(muro carte-loro-con)* e le pavimentazioni delle camere degli ospiti.
13 Ricopriamo la nostra con la moquette *(da-muro a-muro tappeto)*. Cambiamo il letto e il materasso. Che siano rotondi. Sembra sia alla moda in questo momento…
14 – Bene, tesoro *(agnello-mio)*; e vediamo *(che-io-veda)*… in me vorresti un qualche cambiamento?
15 – Certamente, anche tu, ti taglierai i *(tuoi)* baffi e dimagrirai *(scioglierai la-tua-pancia)*!

▸ come potete notare c'è una **-n-** di legamento, e non la solita **-y-**, prima dell'accusativo. È un'eccezione. Le parole formate con **-ki** si comportano come dei nomi: si possono declinare e reggono i suffissi del plurale (come **zemin kattakiler**, *quelle del piano terra*; lezione 29, nota 12).

⑭ **bıyıklarını kesip** (= **keseceksin**), *ti taglierai i* (tuoi) *baffi*.

***

Soluzioni dell'esercizio 1

❶ Sono tre anni che non cambiamo niente in casa nostra. Innanzitutto, facciamola ridipingere. ❷ Che tipo di cambiamenti vuoi nella nostra camera da letto? ❸ Dobbiamo cambiare la carta da parati delle camere del piano superiore. ❹ Che il capomastro non ci vernici di rosa i muri della cucina. ❺ Se vuoi abbellire il giardino con statue, così sia. Che le statue siano in marmo. ❻ Quest'anno, i letti rotondi sembrano essere alla moda. ❼ Facciamo demolire il muro che sta in salone, affinché sia più grande. ❽ Per quanto riguarda la terrazza, ingrandiamola un po' verso il mare. Ad ogni modo, anche i ristoranti che stanno in riva (**kenar**) al mare fanno la stessa cosa.

2. alıştırma – Tamamlayınız

❶ Se vuoi chiamo subito gli operai.
   . . . ., hemen . . . .

❷ Che tipo di cambiamenti vuoi?
   . . . . . . değişiklikler . . . . ?

❸ Quest'anno, i colori pastello sono alla moda.
   Bu . . . pastel renkler . . . . .

❹ Tesoro, come vuoi tu.
   . . . . ., sen . . . . öyle . . . . . .

❺ Non c'è nessun problema al riguardo. Possiamo abbellire il giardino con statue di donne nude.
   Hiçbir . . . . yok. Bahçeyi . . . . . . kadın
   . . . .

❻ Che tipo di sistemazione desideri?
   . . . . . bir . . . . ediyorsun?

---

47 Kırk yedinci ders

Postanede ①

1 – Buyurun efendim.
2 – Bu mektubu ② yurt dışına ③ özel ulakla göndermek istiyorum.

Note

① **postane**, "la casa della posta": *l'ufficio postale* o semplicemente *la posta*; **(h)ane** è un termine persiano usato per formare molte parole turche come, per esempio, **hastane**, **hasta** + **hane**, "casa dei malati" ossia *ospedale*.

② **mektup, mektubu**, come **kitap, kitabı**. *Cassetta delle lettere* si dice **mektup kutusu**.

❼ Che i soffitti siano dorati!
   Tavanlar ....

❽ Anche tu, ti taglierai i baffi e dimagrirai.
   Sen de .... kesip, ... eriteceksin.

Soluzioni dell'esercizio 2
❶ İstersen – ustaları çağırayım ❷ Ne gibi – istiyorsun ❸ – yıl – moda ❹ Kuzum – ne dersen – olsun ❺ – sakıncası – çıplak – heykelleriyle süsleyebiliriz ❻ Nasıl – düzenleme arzu – ❼ – yaldızlı olsun ❽ – bıyıklarını – göbeğini –

I baffi hanno da sempre costituito un segno distintivo dell'identità turca. Nel Così fan tutte i turchi sono definiti "i monsù mustacchi". All'epoca delle **tanzimat** *portare i baffi significava esser favorevoli alle riforme. Nel Novecento il tipo di baffo determinava l'appartenenza politica. Radersi prima di assistere a una cerimonia pubblica è ormai diventata un'usanza comune tra gli uomini turchi.*

Quarantasettesima lezione 47

All'ufficio postale

1 – Salve, signore, desidera *(comandate signore)*?
2 – Vorrei *(voglio)* inviare questa lettera all'estero *(patria straniero-suo-a)*, con invio prioritario *(speciale corriere-con)*.

▶ ③ **yurt dışına**, *all'estero*. **Yurt** significa *patria*, ma all'origine, per gli antichi turchi e gli altri popoli nomadi dell'Asia centrale, designava la grande tenda rotonda che fungeva da casa e che non a caso in italiano chiamiamo **yurta**. **Atatürk** soleva dire **Yurtta sulh, cihanda sulh**, *Pace in patria, pace nel mondo*. **Sulh** è una parola araba e significa *pace*. Oggi si utilizza piuttosto il corrispettivo turco, **barış**.

3 – Epeyce ağırmış ④, tartalım…
4 – Aynı zamanda taahhütlü olacak.
5 – Öyleyse şu kartı doldurmanız gerekiyor ⑤.
6 – Teşekkür ederim. Ayrıca bunlar da yurt dışına normal olarak gidecek.
7 – Buyurun, bu pulları yapıştırıp, karşıdaki kutuya atın.
8 – Bir de havale göndermek istiyorum, ama havale gişesi kapalı.
9 – Yarım saat sonra açılır, efendim.
…
10 Beklerken, kuyruğa girip telefon faturasını ödüyor ⑥ ve gişe açılınca havalesini gönderiyor.
11 Daha sonra, telefonla ilgili ⑦ memura:
12 – Boston'la bir telefon görüşmesi yapmak istiyorum.

Note

④ **epeyce ağırmış**: l'impiegato vedendo la lettera immagina che sia pesante: "Sembra sia alquanto pesante, pesiamola". In questo caso si usa il verbo *essere* alla forma in **-(i)miş**. Se arrivate in una stanza che è appena stata arredata, direte **Güzelmiş!** oppure **Çok güzel olmuş!** (v. lezione 39, nota 2), *È bella* (Sembra bella)*!*

⑤ **şu kartı doldurma-nız gerekiyor**, *deve compilare quel modulo*; così come **bekleme-niz gerekecek**, *dovrà aspettare* (v. frase 15). Dopo **çıkma-m gerekiyor**, *devo uscire* (v. lezione 45, nota 4) e **yeni mobilyalar alma-mız lazım**, *dobbiamo comprare nuovi mobili* (v. lezione 46, nota 9), riecco nuovamente questa costruzione. Ora sapete che per esprimere un obbligo potete usare **lazım** o **gerekmek**, anteponendogli un verbo sostantivato e suffissato da un possessivo.

3 – Sembra alquanto pesante, pesiamola…
4 – Inoltre, deve essere una raccomandata. *(Stesso tempo-in raccomandata sarà)*
5 – In tal caso, deve compilare *(riempire)* quel modulo *(scheda)*.
6 – La ringrazio. Poi, anche queste sono per l'estero, [ma] con spedizione ordinaria *(normale essendo partirà)*.
7 – Ecco *(comandate)*, incolli questi francobolli e [le] infili *(butti)* nella buca [delle lettere] che sta di fronte.
8 – Inoltre, vorrei effettuare *(spedire)* un vaglia postale *(bonifico bancario)*, ma lo sportello dei vaglia *(bonifici)* è chiuso.
9 – Aprirà tra mezz'ora, signore.
   …
10 Durante l'attesa *(Aspettando)*, si mette *(s'introduce)* in fila, paga la *(sua)* bolletta del telefono e quando lo sportello apre effettua il *(suo)* vaglia.
11 Più tardi, [si rivolge] all'impiegato che si occupa della telefonia *(telefono-con inerente)*:
12 – Vorrei fare una telefonata *(comunicazione telefonica)* a *(con)* Boston.

▶ In caso vi troviate veramente alla posta turca, sappiate che *mittente* e *destinatario* si dicono rispettivamente **gönderen** e **alıcı**, dai verbi **göndermek**, *inviare, spedire* e **almak**, *prendere, ricevere*.

⑥ **telefon faturasını ödüyor**, *paga la* (sua) *bolletta del telefono*: si può dire anche **telefon parasını yatırmak**, *paga* ("versa, impegna") *i soldi del telefono*. **Yatırmak** si usa quando per pagare bisogna fare un versamento; per esempio **kirayı yatırmak**, *pagare l'affitto* (tramite versamento).

⑦ **ilgi** vuol dire *interesse* e **-le ilgili**, *pertinente, inerente, che si occupa di*. **İlgili** può significare anche *interessato*.

13 – Şu anda Amerika'yla bağlantı kurulamıyor ⑧. Hatlar meşgul ⑨. Ama isterseniz, jetonla konuşabilirsiniz.
14 – Jetonla birkaç defa aradım, fakat hat düşmüyor ⑩.
15 – O zaman numaranızı verin, hatlar açılır açılmaz ⑪ bağlamaya çalışacağım ⑫. Yalnız beklemeniz gerekecek.
16 – Olsun, beklerim.
17   Bir süre sonra memur sesleniyor:
18 – 3 numaralı kabin Boston'la görüşebilir. Buyurun… Bağlanamadı mı? Ayrılmayın… Tamam. Şimdi konuşabilirsiniz.

Note

⑧ **bağlantı kurulamıyor**, *non è possibile* (si può) *mettersi in comunicazione*. Avete già incontrato **kurmak** col senso di *fondare* nell'espressione **hayal kurmak**, lett. "fantasia fondare", *fantasticare, sognare* (v. lezione 44, frase 14); **kur-ul-mak** vuol dire *troneggiare*.
Quando ci si siede con le gambe incrociate, in italiano si può anche dire che si è seduti alla turca! E questo modo di sedersi, in turco, si dice **bağdaş kurmak**.
Bağlantı è della stessa famiglia lessicale di **bağ**, *legame, relazione*; **bağlamak**, *collegare, connettere, allacciare, annodare* e **bağlanmak**, la forma passiva, che rende i verbi riflessivi seguenti: *legarsi, unirsi, attaccarsi*, anche nel senso figurato dei sentimenti. L'aggettivo **bağlı** significa *connesso, collegato* ma anche *subordinato, dipendente, ligio, devoto*: **bu gezi havaya bağlı**, *questa gita dipende dal tempo*.

⑨ Il contrario di **meşgul** è **boş**: le due parole significano rispettivamente *occupato* e *libero*, sia in senso concreto che figurato: **tuvalet meşgul**, *il bagno è occupato*; **bugün meşgulüm**, *oggi sono occupato* (in **meşgulüm**, la **u** è seguita da **ü** in virtù dell'armonia vocalica tipica delle parole d'origine araba, ▸

13 – In questo istante, non è possibile *(non-si-può)* mettersi in comunicazione *(collegamento)* con l'America. Le linee sono occupate. Ma se vuole, può telefonare *(parlare)* con i gettoni.

14 – Ho chiamato più volte con i gettoni, ma non ottengo *(non-cade)* la linea.

15 – Allora [mi] dia il suo numero, non appena le linee saranno libere *(apriranno)*, proverò a mettermi in comunicazione *(collegarmi)*. Solo che dovrà aspettare *(il-vostro-aspettare sarà-necessario)*.

16 – D'accordo *(che-sia)*, aspetterò.

17 Dopo un po' *(periodo)*, l'impiegato chiama ad alta voce:

18 – La cabina numero 3 può comunicare con Boston. Prego… È caduta la linea *(non-è-riuscito-a-connettersi* **mı***)*? Non metta giù *(Non lasciate)*… Perfetto. Può parlare adesso.

▶ v. lezione 19, nota 9); **bu otelde boş oda var mı?**, *in questo albergo, ci sono delle camere libere?*; **bu akşam boş musun?** *stasera sei libero?*

⑩ **hat düşmüyor**, letteralmente "linea non cade", ossia *non ottengo la linea*. Nelle cabine telefoniche a gettoni, poteva capitare che il gettone non fosse correttamente preso (ossia *non cadesse*: **jeton düşmüyor**) e non permettesse dunque di ottenere la linea. Da questo possibile inconveniente è nata un'espressione che viene usata per dire che avete finalmente capito ciò che qualcuno sta cercando di farvi capire: **jeton düştü!**, "il gettone è caduto": *Ah, adesso ho capito!*

⑪ **açılır açılmaz**, *non appena saranno libere (si apre)*, dal verbo **açılmak**, *aprirsi* (v. lezione 43, nota 1).

⑫ **bağlamaya çalışacağım**, *proverò a mettermi in comunicazione (collegarmi)*; ricordate questa costruzione col verbo **çalışmak** che avete già visto alla lezione 44, nota 6?

19 – Alo? Merhaba Mehmet. Nasılsın?... Biz iyiyiz. Merak edecek bir şey yok ⑬. İnan, herkes iyi...
20 — Seni uykudan mı kaldırdım? A! Sahi! Saat farkını unuttum! Çok özür dilerim, affedersin. □

Note

⑬ **merak edecek bir şey yok**, *non c'è motivo di preoccuparsi*; non è la prima volta che trovate la forma **-ecek** utilizzata in questo tipo di costrutti.

***

1. alıştırma – Çeviriniz

❶ Postaneye gidip taahhütlü bir mektup göndermem lazım. ❷ Lütfen bu mektubu tartar mısınız? Eğer ağırsa birkaç pul daha yapıştıracağım. ❸ Bu mektubu yurt dışına özel ulakla göndermek isterseniz, postaneye gitmeniz gerekir. ❹ Bunları normal olarak gönderelim. ❺ Havale gişesi kapanınca, bekleyenler telefon faturalarını ödemek üzere yandaki kuyruğa girdiler. ❻ Jetonu koyduktan sonra, numarayı çevireceksiniz. Jeton düşünce konuşabilirsiniz. ❼ Bu pulları yapıştırmanız lazım. Sonra kutuya atacaksınız. ❽ Şu kartı doldurduktan sonra, havale gişesine gitmeniz lazim. On beş dakika sonra açılır.

19 – Pronto, salve, Mehmet. Come stai?… Noi stiamo bene. Non c'è motivo di preoccuparsi *(Preoccuparsi una cosa non-c'è)*. Credimi, tutti stanno bene…

20 Ti ho svegliato *(dal-sonno)*? Ah, è vero! Ho dimenticato il fuso orario *(ora differenza-sua-[accus.])*! Chiedo *(molto)* perdono, scusa…

***

Soluzioni dell'esercizio 1

❶ Devo andare alla posta e spedire una lettera raccomandata. ❷ Per favore, [mi] pesa questa lettera? Qualora (**Eğer**) fosse [troppo] pesante, incollerò qualche francobollo in più. ❸ Se vuole spedire in modo prioritario questa lettera all'estero, deve andare alla posta. ❹ Spediamo queste in modo ordinario. ❺ Quando lo sportello dei vaglia ha chiuso, quelli che aspettavano si sono messi nella fila a fianco per pagare le bollette telefoniche. ❻ Dopo aver messo il gettone, farà il numero. Quando il gettone cade, potrà parlare. ❼ Deve incollare questi francobolli. Poi, infilerà [le lettere] nella buca. ❽ Dopo aver compilato questo modulo, deve andare allo sportello dei bonifici. Apre tra un quarto d'ora.

2. alıştırma – Tamamlayınız

1. Vorrei fare una telefonata a Boston.
   .... bir telefon .... yapmak istiyorum.

2. Le linee sono occupate. Se vuole, può telefonare con i gettoni.
   Hatlar .... jetonla ....

3. Ho chiamato qualche volta col gettone, ma non prendo la linea.
   ...... birkaç defa ......, fakat hat ....

4. Non appena le linee saranno libere, proverò a collegare il suo numero.
   Hatlar ...., numaranızı ....

5. L'impiegato della telefonia non riesce a mettersi in comunicazione con l'America.
   Telefonla .... Amerika'yla bağlantı ....

6. Solo che dovrà aspettare. – D'accordo, aspetterò.
   Yalnız .... gerekecek. – Olsun, ...

Soluzioni dell'esercizio 2

❶ Boston'la – görüşmesi – ❷ – meşgul – İsterseniz – konuşabilirsiniz ❸ Jetonla – aradım – düşmüyor ❹ – açılır açılmaz – bağlamaya çalışacağım ❺ – ilgili memur – kuramıyor ❻ – beklemeniz – beklerim

L'immigrazione turca in America sembra avere dei natali nobili, che risalgono ai tempi della fondazione di Roanoke, il mitico primo ed effimero insediamento inglese su un'isola di fronte alle coste dei futuri Stati Uniti d'America. Nel 1586, il corsaro Sir Francis Drake portò nella colonia duecento schiavi turchi che aveva sottratto a dei galeoni spagnoli dopo uno scontro navale nel mar dei Caraibi. A essi era stata promessa la libertà, che effettivamente venne resa a un centinaio di loro, i quali furono riportati in terra ottomana. Ma che successe ai restanti cento? Le fonti non ce lo dicono. Nel 1590, quando gli inglesi tornarono sull'isola, non trovarono traccia dell'insediamento né dei coloni. Sin da subito si ritenne che i coloni avessero abbandonato l'insediamento per assimilarsi ai nativi. Oggi alcuni studiosi ritengono di avere individuato in una comunità che abita nel Sud degli Appalachi i probabili discendenti dei coloni di Roanoke... e nel loro DNA il pool genico anatolico sembra essere rilevante. Grazie a un inatteso cortocircuito storico, i turchi possono forse essere annoverati tra i padri fondatori degli Stati Uniti!

Adesso siete in grado di esprimere, oltre alla volontà, il desiderio, la possibilità e l'impossibilità, anche l'obbligo personale e impersonale. Inoltre, il verbo sostantivato in **-me***,* **-ma***, declinato ai vari casi o unito ai possessivi, così come la forma verbale in* **-dik***, vi permetteranno di tradurre altre costruzioni linguistiche che vedremo più avanti. Coraggio, siete quasi arrivati al termine della prima fase della vostra scoperta della lingua turca!*

48 Kırk sekizinci ders

Gösteriler, kültür etkinlikleri ①

1 – Ayten, bu akşamki Rus balesine iki biletim var. Gelmek ister misin?
2 – Ben sinemaya gitmeyi düşünüyordum, ama tabii baleyi tercih edeceğim. Bu fırsat her zaman elime geçmez.
3 – Çok yetenekli bir dans grubuymuş, görenler çok beğenmişler. İki ay önce Açık Hava Tiyatrosu'ndaki şu "Modern Bale" gibi değildir, inşallah.
4   Konusu, figürleri ne kadar yapay, sahne düzeni de ne kadar kötüydü, hatırlıyor musun?
5 – Bu gösteri çok farklı olacak, eminim. Gazetelerde olumlu eleştiriler ② çıktı.
6   Ben de seni Victor Hugo'nun *Doksan Üç* adlı oyununa davet ediyorum. Şu anda Devlet Tiyatrosu'nda oynuyor.

Note

① **gösteri** viene dal verbo **göstermek**, *mostrare*, e significa *spettacolo*; può significare anche *proiezione di un film*: **film gösterisi**. Questa parola può avere anche il senso di *manifestazione di strada*: **gösteri yürüyüşü** (manifestazione marcia-sua). Attenzione, non confondetela con **gösteriş**, che significa *esibizionismo, ostentazione, vanteria*.
Etkinlik (**etkin**, *attivo, dinamico*) ha il senso di *attività*, da cui pure *manifestazione culturale*. **Kültür etkinlikleri** significa dunque "attività di cultura", ossia *culturali*. Ormai siete abituati a tradurre questo tipo di complemento di specifi- ▸

Quarantottesima lezione 48

Spettacoli e attività culturali

1 – Ayten, ho due biglietti per il Balletto russo di questa sera. Vuoi venire?
2 – Io pensavo di andare al cinema, ma naturalmente preferisco *(preferirò)* il balletto. Un'occasione del genere non capita tutti i giorni *(Questa occasione ogni tempo mano-mia-a non-passa)*.
3 – Sembra sia una compagnia di danza molto valida *(capace)*; sembra che chi li ha visti abbia molto apprezzato. Spero *(inshallah)* non sia come quel "Balletto moderno" che c'è stato al Teatro all'Aria Aperta due mesi fa.
4 Ti ricordi quanto era artificiale il soggetto *(suo)* e le figure *(sue)* e quanto era brutta la scenografia *(scena organizzazione-sua)*?
5 – Questo spettacolo sarà molto diverso, ne sono sicura. Sono uscite sui giornali delle critiche positive.
6 Anch'io ti invito a una rappresentazione di Victor Hugo chiamata *Novantatré*. È di scena in questo momento al Teatro Nazionale *(statale)*.

---

cazione con l'ausilio dell'aggettivo, come per esempio **ruh sağlığı**, *salute mentale*; **Türk hükümeti**, *il governo turco* ecc. *Fare/frequentare/seguire un'attività culturale* si dice **kültür etkinliklerini izlemek**.

② **eleştiri**, *recensione, critica*, da **eleştirmek**, *criticare, recensire* ma anche *biasimare, deplorare* e *disapprovare*. **Olumlu** vuol dire *positivo, affermativo, favorevole*; il suo contrario è **olumsuz**, *negativo*.

7 – Ben o oyunu geçen sene Fransa'da gördüm, ama buradakini ③ de gördükten sonra ④ bir karşılaştırma yapabilirim.

8 – Yarın gidip biletlerimizi alayım. Senin için hangi gün uygun?

9 – Mümkünse haftaya salı olsun. Biliyorsun çarşamba günleri dersim yok, o sabah erken kalkmam gerekmiyor.

10 – Unutmadan söyleyeyim ⑤: haftaya salı günü, Selim'in sergisinin açılışına da gitmemiz lazım.

11 – Tabii, gideriz. Bu sıralarda günlerimiz kültür etkinlikleriyle dolu olacak.

12 Haydi hoşça kal, akşam sekize çeyrek kala ⑥ Atatürk Kültür Merkezi'nin kapısında buluşmak ⑦ üzere…

Note

③ **bura-da-ki-n-i gördükten sonra**, *dopo aver visto quella [di scena] qui*: questa parola, composta da **burada** e da **ki** è all'accusativo, come **bizimkini** alla lezione 46, nota 13. **-ki** non segue l'armonia vocalica, salvo nelle parole **dünkü**, *quello di ieri* e **bugünkü**, *quello di oggi*, che troverete negli esercizi di questa lezione.

④ **gör-dükten sonra**, *dopo aver visto*; come **manastırı gezdikten sonra**, *dopo aver visitato il monastero* (v. lezione 44, nota 9).

⑤ **unut-madan söyleyeyim**, "che senza dimenticare io dica", cioè *non devo dimenticarmi di dirti*. Imparate questo costrutto frequente. Attenzione, nella lingua parlata la parola **söyleyeyim** viene pronunciata "söyliyeyim", ma sappiate che non è la forma corretta.

⑥ **sekize çeyrek kala**, *alle otto meno un quarto*. *Le otto meno un quarto* si dice invece **sekize çeyrek var**. In turco, come potete notare, si usano due espressioni diverse per indicare le ore che sono e l'orario in cui si fa qualcosa. Allo stesso modo, *le otto*

7 – Io ho visto questa pièce l'anno scorso in Francia, ma [solo] dopo aver visto anche quella [di scena] qui, potrò fare una comparazione.
8 – Domani andrò *(che-io-vada)* a prendere *(che-io-prenda)* i *(nostri)* biglietti. Che giorno preferisci *(Te per quale giorno conveniente)*?
9 – Se possibile, *(che-sia)* martedì della prossima settimana *(settimana-a)*. Lo sai, i mercoledì non ho lezione, non devo [dunque] alzarmi presto la *(questa)* mattina.
10 – Ah, non devo dimenticarmi di dirti *(dimenticare-senza che-io-dica)* che martedì della prossima settimana, dobbiamo anche andare all'inaugurazione della mostra di Selim.
11 – Certo, ci andremo. In questo periodo, le nostre giornate saranno piene di attività culturali *(giorni-nostri cultura attività-sue-con pieni sarà)*.
12   Dai, stammi bene; ci troviamo *(trovarsi per)* stasera alle otto meno un quarto alla porta del Centro Culturale Atatürk.

▶ *e un quarto* si dice **sekizi çeyrek geçiyor**; ma *alle otto e un quarto* si dice **sekizi çeyrek geçe**. Alla lezione 49, § 8 avrete uno specchietto illustrativo sui diversi modi di dire l'ora.

⑦ **bul-uş-mak**, *trovarsi, incontrarsi* (v. lezione 43, nota 3).

1. alıştırma – Çeviriniz

❶ Bugün Rus balesine gitmeyi tercih edersen, sinemaya yarın gideriz. ❷ Bu fırsatı kaçırmak istemiyoruz; her zaman elimize geçmez. ❸ Tiyatroya gitmek için hangi gün size uygun? ❹ İsterseniz, haftaya çarşamba için bilet alabilirim. ❺ Bu baleyi görenler hiç beğenmemişler, çünkü sahne düzeni çok kötü, figürleri de çok yapaymış. ❻ Bu hafta birkaç gösteriye ve bir sergi açılışına gitmemiz lazım. Çok meşgul olacağız. ❼ Bu yıl, bütün kültür etkinliklerine gitmek istiyorum, çünkü gazetelerde eleştiriler yapmam gerekiyor.

2. alıştırma – Tamamlayınız

❶ Vuoi venire al Balletto russo di stasera?
Bu .... Rus .... gelmek ....?

❷ Un'occasione del genere non capita tutti i giorni.
Bu fırsat ..... her zaman ....

❸ Lo spettacolo di oggi sarà molto diverso dal precedente, ne sono sicuro.
.... gösteri .... çok ...... olacak, ...

❹ Ah, non devo dimenticarmi di dirti che in questo momento è di scena un'ottima pièce al Teatro Nazionale.
.... söyleyeyim: şu anda .... çok güzel bir ....

❺ Sui giornali sono uscite delle critiche positive.
Gazetelerde ...... eleştiriler ......

Soluzioni dell'esercizio 1

❶ Se preferisci andare oggi al Balletto russo, andremo domani al cinema. ❷ Non vogliamo perdere questa occasione; non capita tutti i giorni. ❸ Che giorno è migliore per voi per andare a teatro? ❹ Se volete, posso prendere dei biglietti per mercoledì della prossima settimana. ❺ Quelli che hanno visto questo balletto sembra non abbiano per niente apprezzato, perché la scenografia era molto brutta e le figure molto artificiali. ❻ Questa settimana dobbiamo andare ad alcuni spettacoli e all'inaugurazione di una mostra. Saremo molto occupati. ❼ Quest'anno voglio frequentare tutte le attività culturali, poiché devo fare delle recensioni sui giornali.

❻ Ci troviamo questa sera alle sette meno un quarto all'ingresso del Teatro Nazionale.
Akşam ...... çeyrek .... Devlet .... kapısında .... üzere.

Soluzioni dell'esercizio 2

❶ – akşamki – balesine – ister misin ❷ – elime – geçmez ❸ Bugünkü – geçen gösteriden – farklı – eminim ❹ Unutmadan – Devlet Tiyatrosu'nda – oyun oynuyor ❺ – olumlu – çıktı ❻ – yediye – kala – Tiyatrosu'nun – buluşmak –

*L'***Atatürk Kültür Merkezi** *è stato chiuso nel 2008 per quelli che inizialmente sembravano essere solo dei lavori di restauro, ma che nel 2013 sono stati ufficializzati come opera di demolizione. In attesa di una futura ricostruzione, è stato creato l'***Uluslararası İstanbul Opera Festivali***, Festival internazionale dell'opera di Istanbul, che ogni anno, nei mesi di giugno o luglio, propone una programmazione itinerante che porta l'opera in scenari d'eccezione come giardini di musei, complessi architettonici bizantini o al* **Topkapı***. L'altro grande teatro operistico stambuliota è il* **Süreyya Operası** *di* **Kadıköy***: fondato nel 1927, è stato il primo teatro d'opera della sponda asiatica.*

49 Kırk dokuzuncu ders

Gözden geçirme – *Ripasso*

In quest'ultima serie di lezioni ci siamo focalizzati sulle diverse possibilità supplementari che vi si offrono usando le forme che già conoscete.

1 Le costruzioni equivalenti alla proposizione subordinata di tempo

Dalla lezione 36 alla 42 avevate già visto diverse forme che rendono la subordinata temporale in italiano eccone altre tre:

1.1 "non appena"

Per tradurre *non appena*..., si deve usare il costrutto **-(e)r/-mez**, **-(a)r/-maz**, ossia si ripete lo stesso verbo al presente generale, la prima volta alla forma affermativa e la seconda alla negativa. Questa forma è sempre invariabile e non dipende dal soggetto del verbo o dal tempo della proposizione principale.

İnsanlar vapurlardan iner inmez, otobüslere koşuyorlar, *La gente* (le persone), *non appena scende* (scendono) *dai battelli, corre* (corrono) *verso gli autobus* (v. lezione 43, nota 1). **Telefonu kapatır kapatmaz, banyoya gidiyor**, *Non appena mette giù il telefono, va in bagno* (v. lezione 45, nota 5).

Hatlar açılır açılmaz, bağlamaya çalışacağım, *Non appena le linee saranno libere, proverò a collegarmi* (v. lezione 47, nota 11). Come vedete, se il soggetto delle due proposizioni è lo stesso o è diverso, non cambia niente nella forma in questione.

1.2 "dopo aver / dopo essere / dopo che"

-dikten sonra è la sola forma, in questa serie di lezioni, che ha come base un suffisso verbale nuovo. Più avanti vedremo nello specifico i diversi usi e valori di **-dik**, ma per il momento consideratelo come una forma invariabile che significa *dopo aver*...:

gez-dikten sonra, *dopo aver passeggiato / visitato* (v. lezione 44)
gör-dükten sonra, *dopo aver visto* (v. lezione 48)
çık-tıktan sonra, *dopo essere uscito*
bul-duktan sonra, *dopo aver trovato*

Quarantanovesima lezione 49

Manastırı gezdikten sonra, lokantada şarap içtiler, *Dopo aver visitato il monastero, hanno bevuto vino al ristorante*. In questa frase, il soggetto delle due proposizioni è lo stesso. Quando è diverso, **-dikten sonra** sarà tradotto in italiano con *dopo che*:
Ben telefon ettikten sonra, o annesini aradı, *Dopo che ho telefonato, ha chiamato sua madre*.
Sen gittikten sonra, ben ders çalışacağım, *Dopo che sarai partito, studierò*.

1.3 "prima di/che"

-meden, -madan önce significa *prima di*, *prima che*; il soggetto delle due proposizioni può essere uguale o diverso:
Ben gitmeden önce, pencereleri kapatacağım, *Prima di partire, chiuderò le finestre*.
Ama başlamadan önce, bana söyle…, *Ma prima di cominciare / che cominciamo, dimmi...* (v. lezione 46, nota 3).

2 Il verbo sostantivato e il nome deverbale

2.1 Il verbo sostantivato in *-me*, *-ma*

Questa forma la conoscevate da tempo, ma ultimamente avete scoperto che, aggiungendo un possessivo, vi permette di tradurre la nozione di obbligo personale. Fin qui infatti potevate esprimere solo l'obbligo impersonale utilizzando l'infinito: **çıkmak lazım o gerekiyor**, *bisogna uscire*. In quest'ultima serie avete invece trovato:
çıkma-m gerekiyor, *devo uscire / ho bisogno di uscire* (v. lezione 45, nota 4);
kalkma-m gerekmiyor, *non devo alzarmi / non ho bisogno di alzarmi* (v. lezione 48, frase 9);
yeni mobilyalar alma-mız lazım, *dobbiamo comprare nuovi mobili* (v. lezione 46, frase 11).
Selim'in sergisinin açılışına gitmemiz lazım, *dobbiamo andare all'inaugurazione della mostra di Selim* (v. lezione 48, frase 10);
bekleme-niz gerekecek, *dovrà aspettare* (v. lezione 47, frase 15);
şu kartı doldurma-nız gerekiyor, *deve compilare questo modulo* (v. lezione 47, frase 5).

Ovviamente, potete usare anche i possessivi alla seconda persona singolare e alla terza singolare e plurale.
Per **çıkma**, avrete in tal caso **çıkma-n**; **çıkma-sı**; **çıkma-ları**.

2.2 Il nome deverbale d'azione in *-(i)ş*

Il verbo sostantivato non è l'unico tipo di sostantivo che si può derivare da un verbo. Come nome deverbale (che deriva da un verbo) esiste infatti anche il nome d'azione in **-(i)ş** che indica l'azione desumibile dal verbo: per esempio **bakış**, da **bakmak** (*guardare*), vuol dire *sguardo, occhiata*; **yürü-y-üş**, da **yürümek** (*camminare, marciare*) significa *andatura, passo, camminata, marcia* ecc.; più avanti troverete altri esempi, anche se ne avete già incontrato qualcuno, come **alış veriş**, *commercio*, **giriş**, *entrata*, **batış**, *tramonto*, **gidiş dönüş**, *andata e ritorno*, **açılış**, *apertura, inaugurazione*.

3 Il potenziale, il suppositivo e le frasi condizionali

Adesso siete in grado di porre una condizione basata su un'azione realizzabile (ciò che viene chiamato per l'appunto <u>potenziale</u> in grammatica turca): vi basta solo aggiungere il verbo *essere* alla forma ipotetica, ossia **-se, -sa** (+ le desinenze delle persone), a un sostantivo, un aggettivo, un avverbio oppure un verbo (intercalando una **-y-** in caso di bisogno). La forma ipotetica completa del verbo *essere* è **ise**, che si coniuga **isem, isen** ecc., ma, una volta aggiunta a un verbo, diventa automaticamente **-se, -sa**. Anche per le altre parole, è preferibile generalmente impiegare la forma abbreviata e suffissata.

Le desinenze delle persone di questa forma sono le stesse che si usano per il passato in **-di: -m, -n, -k, -niz, -ler**.

Con un nome, un aggettivo, un avverbio, **-se, -sa** si tradurrà con *se* + verbo *essere* coniugato alle diverse persone:

boş-sa-m	*se sono libero*
iyi-y-se-n	*se sei buono*
mümkün-se	*se è possibile*
var-sa	*se c'è*
öyle-y-se	*se è così*
yalnız-sa-k	*se siamo soli*
doktor-sa-nız	*se è (siete) dottore*
yorgun-larsa	*se sono stanchi*

- Aggiungendo **-se**, **-sa** e le desinenze del presente generale, si ottiene un'altra forma, che permette di esprimere una supposizione, il <u>suppositivo</u> per l'appunto.

gider-se-m	*se vado*	**yapar-sa-m**	*se faccio*
gider-se-n	*se vai*	**yapar-sa-n**	*se fai*
gider-se	ecc.	**yapar-sa**	ecc.
gider-se-k		**yapar-sa-k**	
gider-se-niz		**yapar-sa-nız**	
gider-lerse		**yapar-larsa**	

Attenzione, la desinenza della terza persona plurale è **-larsa**, **-lerse** (e non **-salar**).

Adesso che disponete di tutti gli elementi utili, vediamo qualche esempio di <u>frasi condizionali</u>:
Yer varsa, biz oraya gideriz, *Se c'è posto, andiamo/andremo laggiù*;
Mümkünse, biz de yemek yeriz, *Se possibile, mangiamo anche noi*;
Öyleyse, şu kartı doldurmanız gerekiyor, *In tal caso, deve compilare quel modulo* (v. lezione 47);
İstersen, hemen ustaları çağırayım, *Se vuoi, chiamo subito gli operai* (v. lezione 46);
İsterseniz, jetonla konuşabilirsiniz, *Se vuole, può telefonare con i gettoni* (v. lezione 47);
Sevgiliniz sizi bırakırsa, bıraksın, *Se il vostro amante vi lascia, che vi lasci* (v. lezione 38);
oppure:
Sevgiliniz sizi bırakırsa, ağlamaya değmez, *Se il vostro amante vi lascia, non vale la pena di piangere*;
Bir hırsız eşyalarınızı çalarsa, daha iyilerini alırsınız, *Se un ladro ruba le vostre cose, ne comprerete di più belle*.

Tutti questi esempi mostrano che quando viene posta una condizione al potenziale col verbo *essere* (esplicito o sottinteso), nella proposizione seguente possono esserci diversi tempi verbali: presente attuale, presente generale, futuro, ottativo.
Se la condizione è espressa da un verbo al suppositivo (diverso da *essere*), in questo caso il verbo della seconda proposizione sarà di preferenza al presente generale o all'ottativo.

49 Questa è la principale differenza tra potenziale e suppositivo da ricordare per il momento.

4   -*di* e l'espressione del passato

Aggiungendo il suffisso **-di** ad altre forme verbali, è possibile, come avete potuto constatare, ottenere altri tempi:

• **-ebil-di** serve a esprimere la possibilità al passato:
Son vapura yetişebildiler, *Sono riusciti ad arrivare in tempo per l'ultimo battello* (v. lezione 44).

• **-ir-di** è l'imperfetto che corrisponde al presente generale, così come **-yor-du** è l'imperfetto attuale che corrisponde al presente attuale. Questa forma serve spesso a esprimere un'abitudine all'imperfetto:
Her ay yurt dışına giderdim, *Ogni mese andavo all'estero*.
Ma l'avete trovata anche con un altro valore, quello di condizionale passato:
Biraz gevezelik etmek iyi gelirdi, ama şu anda mümkün değil, *Sarebbe stato bello chiacchierare un po', ma in questo momento non è possibile* (v. lezione 45).

5   La forma negativa

Attualmente sapete mettere i verbi alla forma negativa eccezion fatta per il presente generale, di cui conoscete solo la terza persona in **-mez**, **-maz**. In quest'ultima serie, avete incontrato la prima persona dell'ottativo e la terza persona dell'imperativo alla forma negativa. Per questi due tempi basta aggiungere, come avete visto, la particella negativa **me/ma** dopo la radice verbale.
Aç-ayım mı, aç-ma-y-ayım mı?, *Rispondo o non rispondo [al telefono]?*
Ver-eyim mi, ver-me-y-eyim-mi?, *[Lo] do o no?*

La terza persona dell'imperativo ha di solito quattro varianti. Alla forma negativa, ne ha solo due:

gir-sin → gir-
düş-sün → düş- mesin

bak-sın → bak-
koş-sun → koş- masın

6 *demek*, "dire"

Il verbo **demek**, *dire*, viene molto usato e sotto forme spesso differenti.

- **demek** o **demek ki** significa *cioè, ossia, vuol dire che*:
Demek, her şeyim var, *Ovvero/Insomma ho tutto* (v. lezione 19, frase 11).
Ev sahibiniz, demek ki, çok cimri, *Vuol dire che il vostro padrone di casa è molto avaro* (v. lezione 32, frase 11).
Evde ışık yoktu... "Demek karım evde değil" diye düşündü; *Non c'era luce in casa... Vuol dire che mia moglie non è a casa* (v. lezione 40, frasi 2 e 3).
Se usare o meno il **ki**, è una scelta di stile.
Ne demek significa *Che vuol dire?, Come si dice?*
"Cugino", türkçe ne demek?, *Come si dice "cugino" in turco?*
"Kuzen" demek, *Si dice "kuzen"*.
Altrimenti si possono usare anche le espressioni equivalenti **nasıl deniyor?** e **nasıl söyleniyor?**

- **diyelim ki**, *diciamo che, mettiamo che, supponiamo che*:
Diyelim ki, uçağınızı kaçırdınız, *Mettiamo che perdiate il vostro volo* (v. lezione 38, frase 3). **Demek**, come in italiano, può avere anche il senso di *pensare*: **Buna ne diyorsunuz?**, *Che ne dice / che ne pensa di questo?* (v. lezione 16, frase 10).

- **demek**, *dire*, si usa con una frase al discorso diretto, cioè quando si introduce una frase citata così come è stata pronunciata:
Dedi ki, yorgunum, *Ha detto: "Sono stanco"*.
Yorgunum, dedi, *"Sono stanco", ha detto*.
Queste due frasi, in italiano, possono anche essere rese con un discorso indiretto: *Ha detto che era stanco*. Per il momento, disponete dunque di una costruzione molto semplice per esprimere i due tipi di discorso.
Ovviamente il turco possiede un costrutto propriamente indicato per il discorso indiretto, ma per il momento non potete ancora utilizzarlo.

- **diye** è una sorta di gerundio di **demek**. Significherebbe *dicendo*, ma non si traduce. Serve per riferire delle parole o un pensiero e introduce verbi come "domandare", "rispondere", "supplicare", "pensare che" ecc., i quali invece si traducono.

49 **Sinemaya gidelim mi, diye soruyorlar**, *Andiamo al cinema, domandano / Domandano se andiamo al cinema.*
Hayır, mümkün değil, diye cevap verdi, *No, non è possibile, mi ha risposto / Mi ha risposto che non è possibile.*
Acaba nerede? Annesinde mi? diye düşündü merakla, *Dove potrà mai essere? Da sua madre?, si domandò* (pensò) *inquieto / Si chiese inquieto dove fosse e se non fosse da sua madre* (v. lezione 40, frase 3).
Beni al, diye yalvarır, *Prendimi [in casa tua], supplica / Supplica di prenderlo [in casa sua]* (v. lezione 41, frase 2).

Inoltre, un imperativo seguito da **diye** equivale in italiano a una subordinata finale introdotta da "affinché" o da "per":
Bir servis penceresi açtıralım, daha modern olsun diye, *Facciamo aprire una finestra passavivande affinché sia più moderno* (v. lezione 46, nota 11).

• Attenzione, **demek** ha spesso il senso di *dirsi (dire fra sé e sé)*:
Biraz uyuyayım dedim…, *Mi son detta che sarei andata un po' a dormire...* (v. lezione 40, frase 11).
Ma questo riflessivo può anche essere precisato dall'uso di **kendi kendine demek**:
Aceleden eşarbını da düşürmüş, dedi kendi kendine, *Nella fretta, deve aver fatto cadere la sua sciarpa, si disse / disse fra sé e sé* (v. lezione 40, frase 5).

• Infine avete incontrato **demek** in alcune espressioni da imparare per la loro frequenza e utilità:
Ne dersin?, *Che ne dici?, Che ne diresti?* (v. lezione 30, frase 6).
Ne dersen öyle olsun, *Che sia così come dici* (v. lezione 46, nota 7), ossia *come vuoi tu, così sia*.

7 La particella *-ki*

Ormai questa particella vi è familiare e avete già scoperto tutti i suoi possibili impieghi:

• con un locativo o un avverbio, serve a precisare una parola e equivale a una relativa: *che è a…*

tepedeki manastır, *il monastero che sta sulla collina* (v. lezione 44, frase 8).
deniz kıyısındaki sandallar, *i barconi che sono attraccati a riva (del mare)* (v. lezione 43, frase 4).
oradaki vapur, *il battello che è laggiù*
yarınki hayat, *la vita di domani*

• grazie a **-ki**, è possibile creare una sorta di pronome relativo, *quello che...*:

• con il locativo o un avverbio: *quello che è a...*
Beşiktaş'taki lokanta çok güzel, ama karşıdaki daha ucuz, *Il ristorante che sta a Beşiktaş è molto buono, ma quello che sta di fronte è più economico.*
Bugünkü iş zor, yarınki daha kolay, *Il lavoro di oggi è difficile, quello di domani [sarà] più facile.*

• con il genitivo: *quello che appartiene a, il mio, il tuo ecc.*
Sizin ev yeni, bizimki eski, *La vostra casa è nuova, la nostra è vecchia.*
Le parole così formate si comportano come dei nomi e possono dunque essere declinate nei vari casi o al plurale:
zemin kattakiler, *quelle che sono al piano terra* (v. lezione 29, nota 12);
buradakini gördükten sonra, *dopo aver visto quella [di scena] qui* (v. lezione 48, nota 3);
bizimkini halıyla kaplatalım, *ricopriamo la nostra con la moquette* (v. lezione 46, nota 13).

Dopo **-ki** si mette eccezionalmente la **n** davanti ai casi. Di solito la **n** si usa solo davanti al genitivo, mentre davanti all'accusativo e al dativo si usa la **y**: **bizim-ki-n-i** (**n** invece della **y**).
È la medesima **-n-** che si interpone tra un possessivo e un caso: **valizleri-n-i**, *le sue valigie* all'accusativo.
Kendi segue la stessa regola, per esempio **kendi kendine demek**, *dirsi, dire a se stessi* (v. lezione 40, frase 5).

Qui di seguito vi diamo la declinazione di **buradaki** e di **kendi**:

50

buradaki	kendi
buradaki-n-i	kendi-n-i
buradaki-n-in	kendi-n-in
buradaki-n-e	kendi-n-e
buradaki-n-de	kendi-n-de
buradaki-n-den	kendi-n-den

Un'ultima osservazione a proposito di **-ki**: questa particella non segue l'armonia vocalica, tranne nei casi di **dünkü** e **bugünkü**, *quello di ieri* e *quello di oggi* (v. lezione 48, nota 3).

8 Esprimere l'ora

sono le...		alle...
saat iki	2:00	**saat ikide**
saat iki buçuk	2:30	**saat iki buçukta**
saat iki-y-e yirmi var	1:40	**saat iki-y-e yirmi kala**
saat iki-y-e çeyrek var	1:45	**saat iki-y-e çeyrek kala**
saat iki-y-i yirmi geçiyor	2:20	**saat iki-y-i yirmi geçe**
saat iki-y-i-çeyrek geçiyor	2:15	**saat iki-y-i çeyrek geçe**

---

50 Ellinci ders

Tahtakale'de ①

1 Galata köprüsünde iki arkadaş karşılaşıyor ②:
2 – Merhaba, Filiz. Nereye böyle?
3 – Tahtakale'ye. Perdeler için tahta çubuk ve halkaya ihtiyacım var ③. İstersen sen de gel benimle.

Note

① **Tahtakale** è uno dei vecchi quartieri di Istanbul. Il suo nome significa *fortezza di legno*.

② **karşı-la-ş-mak**, *incontrarsi*: questo verbo deriva da **karşı**, *opposto*. Il suffisso **-la-** serve per creare dei verbi partendo da un sostantivo, come **hazır-la-mak**, *preparare*. La particella **-(i)ş-** indica la reciprocità, come in **bağır-ış-mak**, *gridare* ▶

La seconda ondata

Durante le prime 49 lezioni vi siete impregnati dell'essenza della lingua turca e ne avete assimilate strutture e forme, ma seguendo i nostri consigli, lo avete fatto in maniera passiva.

*A partire dalla prossima lezione passerete alla **fase attiva**, che noi chiamiamo **seconda ondata**: cercherete quindi di pensare e di esprimervi direttamente in turco.*

Vi fa sorridere? Dubitate delle vostre capacità? Fidatevi di voi stessi e lanciatevi, non ve ne pentirete!

Alla fine della lezione 50 troverete nel dettaglio le indicazioni su quello che vi sarà richiesto di fare...

Cinquantesima lezione 50

A Tahtakale

1   Due amiche s'incontrano sul ponte di Galata:
2 – Salve, Filiz, dove [vai] di bello?
3 – A Tahtakale. Ho bisogno del bastone di legno e degli anelli per le tende. Se ti va *(vuoi)*, vieni pure tu con me.

▸ *insieme, all'unisono* (v. lezione 43, nota 3) e **bul-uş-mak**, *ritrovarsi* (v. lezione 48, frase 12); **karşı-la-ş-mak** è la forma reciproca di **karşı-la-mak**, *accogliere*.

③ **halka-y-a ihtiyac-ım var**, *ho bisogno di anelli*. Questa costruzione formata dal dativo accompagnato dalla parola **ihtiyaç**, *bisogno*, è molto comune.

4 Büyük caddeden karşıya geçtikten ④ sonra sağa doğru yürüyeceğiz. İşte şu küçük cami Rüstempaşa camisi ⑤.
5 – Girip gezelim mi?
6 – Şu anda gezilemez, namaz kılıyorlar ⑥. Sağa dönelim.
7 Mısır Çarşısı'na ⑦ giden bu sokak, semtin en işlek yerlerinden biri.
8 Burada her türlü tahta işleri yapılıyor, mesela fırınlarda ⑧ kullanılan tahta kürekler, sonra tahta merdivenler, raflar yapıyorlar.
9 Bir dükkana giriyorlar.
10 – Oğlum ⑨, perde çubuğu ve halkası var mı?

Note

④ *Attraversare* una strada o un ponte, si traduce in turco con **geçmek**, che in tal caso regge l'ablativo ("passare per/attraverso").

⑤ **Rüstempaşa camisi** o **cami-i**: la parola **cami** è di origine araba. La forma corretta del possessivo di terza persona è **camii**, a causa della presenza originaria di una consonante in termine di parola che si è persa nel passaggio dall'arabo al turco. Nonostante ciò, nel turco contemporaneo si ha la tendenza ad accettare sempre di più l'esistenza della forma **camisi**.

⑥ **namaz kılmak**, *fare la preghiera*. **Namaz** è la parola di origine persiana che designa la preghiera musulmana. **Kılmak** vuol dire *fare*, *compiere* e viene usato soprattutto in questa espressione.

⑦ **Mısır Çarşısı**, il *Bazar egiziano* (v. lezione 23, nota 1). Questo mercato, dove si trovano tutti i tipi di spezie, era il luogo di vendita delle merci che arrivavano dall'Egitto, territorio ottomano dal 1517 al 1867. L'**Eyaleti Mısır**, *provincia d'Egitto*, era un territorio strategico per l'impero ottomano in quanto gli assicurava il controllo del Mar Rosso e dell'importante flusso di ▶

4 Dopo aver attraversato lo stradone *(grande strada-da di-fronte-a essere-passati dopo)*, andiamo *(cammineremo)* a *(verso)* destra… Ecco, questa piccola moschea è la moschea di Rüstempaşa.

5 – E se entrassimo per visitarla *(entriamo e-visitiamo* **mi***)*?

6 – Non si può visitare in questo momento; è in corso *(fanno)* la preghiera. Giriamo a destra.

7 Questa via che va al Bazar egiziano è uno dei luoghi più frequentati del quartiere.

8 Qui viene fabbricato ogni genere di oggetto di legno, per esempio le pale di legno che sono usate dai fornai *(forni-in)*, oppure *(poi)* le scale in legno, gli scaffali.

9 Entrano in un negozio.

10 – Ragazzo *(figlio-mio)*, avete *(ci-stanno)* bastoni e anelli per tende?

---

merci che caratterizza da sempre questo mare. **Mısır** significa in turco *Egitto*, ma anche *mais*. Questo non dovrebbe stupire perché, come per i Romani, l'Egitto era il granaio dell'impero. È piuttosto curioso invece vedere come per noi italiani, il mais sia il grano turco, mentre per i turchi sia il grano egiziano!

⑧ **fırın** vuol dire *forno* ma anche *fornaio* e *panificio*.

⑨ **oğlum**, *figlio mio*, *ragazzo mio*, è uno dei modi familiari usati in Turchia per rivolgersi a una persona, conosciuta o sconosciuta. A seconda dell'età, si può dire **evladım**, *figlio mio*; **oğlum** e **kızım**, *ragazzo mio*, *ragazza mia*; **abi** e **abla**, "fratello maggiore" e "sorella maggiore". Se invece di **abi** o **abla**, cominciano a darvi dell'**amca**, *zio*, o **teyze**, *zia*, non è buon segno! Vuol dire che cominciate ad avere un aspetto maturo… Lo stadio successivo è quello di **baba** e **anne**, termini utilizzati per le persone anziane. Ma quando si parla con dei propri pari, si usa spesso **kardeş**, *fratello*, *sorella*, o **canım**, *anima mia*… pure se si sta litigando!

50
11 – Var efendim, ama usta camiye gitti. Geldiği zaman ⑩, ölçünüze göre kesip verir.
12 – Peki, o zaman biz bir dolaşıp gelelim.
13 – Ustayı beklerken, çarşıyı gezip bir mangal ⑪ alıyorlar ve aynı dükkana dönüyorlar.
14 – Buyurun efendim. Perde çubuğu istemişsiniz ⑫. Ölçünüzü verin bana. Bir çay alır mısınız?
15 – Evet, teşekkür ederiz… Siz içmiyor musunuz?
16 – Ben oruçluyum ⑬ da.
17 – Sahi, Ramazan… Bayrama az kaldı. Zaten perdeleri de bayram için hazırlıyorum.
18 – Güle güle kullanın. ⑭ ☐

Note

⑩ **gel-diği zaman**: *quando viene/è venuto/verrà/sarà venuto…* Per il momento imparate questa forma, **-diği zaman**, senza analizzarla; si applica alla terza persona. **Usta dükkana girdiği zaman**, *Quando il proprietario è entrato in negozio*; **camiye gittiği zaman**, *quando è andato alla moschea* ecc.

⑪ Una delle cose tipiche che potrete trovare tra i banchetti del mercato di Tahtakale è il **mangal**, una sorta di barbecue sul quale i turchi grigliano gli spiedini di carne o di pesce, gli **şiş kebabı** e i **balık şiş**.

⑫ **perde çubuğu istemiş-siniz**, *a quanto pare, avete chiesto dei bastoni per le tende*. Il passato in **-miş** serve per riportare un fatto a cui non avete assistito. Questa è la seconda persona plurale; fino a oggi lo avevate trovato solo alla terza persona.

⑬ **oruçlu**, *digiunante, che fa/ha fatto il digiuno*. Durante il mese di Ramadan, i musulmani praticanti digiunano; ossia non bevono né mangiano dall'alba al tramonto. La sera, dall'alto dei minareti, gli imam annunciano la rottura del digiuno e si

11 – Sì, signora, li abbiamo *(ci-stanno)*, ma il proprietario *(maestro)* è andato alla moschea. Quando sarà tornato, ve li taglierà su misura *(misura-vostra-a secondo)* e ve li darà.
12 – Bene, in tal caso andiamo a fare un giro e ritorniamo.
13 Aspettando il proprietario, passeggiano nel mercato, comprano un barbecue e tornano nello stesso negozio.
14 – Prego, signore. A quanto pare, avete chiesto dei bastoni per le tende. Datemi le *(vostre)* misure. Prendete un tè?
15 – Volentieri *(Sì)*, grazie… E Lei, non beve?
16 – È che io faccio il digiuno *(Io digiunante-sono e)*.
17 – Ah, è vero! Siamo in Ramadan. [Ma] manca poco alla festa della rottura del digiuno *(festività-a poco è-restato)*. Proprio *(poiché)* per la festa preparo le tende.
18 – Speriamo allora che vi facciano fare una bella figura *(Ridendo ridendo utilizzate)*!

può finalmente mangiare dopo una lunga e stancante giornata. Il calendario musulmano è un calendario lunare, perciò il Ramadan non ha delle date fisse, ma varia ogni anno. La fine del Ramadan è celebrata da tre giorni di festa (v. lezione 51).

⑭ **güle güle kullanın**, lett. "utilizzate [la cosa in questione] ridendo": è la formula d'augurio che vi rivolgono i commercianti quando avete comprato qualcosa. In caso si tratti di un vestito, vi diranno **güle güle giyin**, lett. "indossate ridendo". Allo stesso modo, se traslocate in una nuova casa, le persone vi diranno **güle güle oturun**; ecc. Avevate già trovato **güle güle** utilizzato da solo, ma ora sappiate che in tal caso il verbo **git** o **gidin** è sottinteso. Quando partite per un viaggio, vi diranno **güle güle git, güle güle gel**, *parti e torna nella gioia*.

1. alıştırma – Çeviriniz

❶ Usta camiden döndükten sonra, müşterinin ölçüsüne göre çubuk kesti. ❷ Yeni perdelere ihtiyacım var. Eskileri de çok kötü bir halde. ❸ Tahtakale İstanbul'un en işlek çarşılarından biri. ❹ Usta gittiği zaman, çocuk dükkana bakıyor. ❺ Rüstempaşa camisi semtin en güzel camisidir. ❻ Filiz Hanım çarşıyı gezdiği zaman, güzel bir mangal görüp aldı. ❼ Sağa dönüp, camiye giden sokaktan geçelim.

2. alıştırma – Tamamlayınız

❶ Dopo aver attraversato, sono andate a destra.
Karşıya .... sonra, ... doğru ....

❷ In questo mercato, si fabbrica ogni genere di oggetto in legno, per esempio gli scaffali.
Bu çarşıda ... . tahta ...... yapılıyor, ... raflar.

❸ Quando il proprietario sarà tornato, taglierà i bastoni su misura e ve li darà.
Usta ...., ölçünüze .... çubuk ....

❹ Manca poco alla festa [della rottura del digiuno].
.... az ......

❺ Aspettando il proprietario, possiamo fare un giro al mercato.
Ustayı ...., çarşıyı ....

Soluzioni dell'esercizio 1

❶ Quando il proprietario è tornato dalla moschea, ha tagliato i bastoni secondo le misure del cliente. **❷** Ho bisogno di nuove tende. È che le vecchie sono in cattivissimo stato. **❸** Tahtakale è una delle zone commerciali più frequentate d'Istanbul. **❹** Quando il proprietario se ne va, il garzone controlla il negozio. **❺** La moschea di Rüstempaşa è la più bella moschea del quartiere. **❻** Quando Filiz Hanım ha fatto un giro per il mercato, ha visto un bel barbecue e l'ha comprato. **❼** Giriamo a destra e passiamo per la strada che va alla moschea.

❻ Dopo aver fatto un giro al mercato, sono tornate allo stesso negozio.
Çarşıyı .... dükkana ....

❼ Durante la preghiera, non si visita la moschea.
Namaz ...., cami ....

❽ Le due amiche si sono incontrate sul ponte.
İki .... köprüde ....

Soluzioni dell'esercizio 2

❶ – geçtikten – sağa – yürüdüler **❷** – her türlü – işleri – mesela – **❸** – geldiği zaman – göre – kesip verir **❹** Bayrama – kaldı **❺** – beklerken – gezebiliriz **❻** – gezdikten sonra aynı – döndüler **❼** – kılındığı zaman – gezilmez **❽** – arkadaş – karşılaştılar

50 *Il ponte di Galata è dai tempi di Bisanzio un cantiere infinito. Innumerevoli progetti e ponti si sono susseguiti nel desiderio di agevolare il passaggio tra le due sponde del Corno d'oro, solcato da ogni tipo di imbarcazione, e unire così la Punta del Serraglio, centro assoluto del potere prima bizantino e poi ottomano, alla ricca Pera, dove l'attività dei mercanti italiani ed europei assicurava alla città il suo ruolo di chiave di volta tra Oriente e Occidente. Nel primo decennio del XVI secolo, la questione della costruzione del ponte di Galata diventa un affare tutto toscano e la storia assume i tratti della leggenda. Nel 1502 il sultano Bayezid II invita il genio fiorentino Leonardo da Vinci a Istanbul per progettare e costruire un ponte che risolva definitivamente la questione del passaggio sul Corno d'oro. Quel viaggio Leonardo non lo farà mai e il progetto che egli inviò al Topkapı fu destinato a rimanere secretato negli archivi per più di mezzo millennio. Probabilmente non contento delle idee leonardiane, Bayezid II decise allora di rivolgersi a un altro toscano, Michelangelo Buonarroti, ma anche il progetto michelangiolesco non venne mai attuato. Se il passaggio sul Corno d'oro trova momentaneamente pace solo nel 1994 con l'attuale ponte sollevabile, il mancato incontro tra il Rinascimento italiano e la Istanbul ottomana non ha smesso di destare curiosità, ispirare sogni e fantasie. Dopo la riscoperta archivistica nei carteggi di Bayezid II, il progetto leonardesco è stato esibito in una mostra nel 1994 ed effettivamente costruito in Norvegia nel 2002. Il governo turco ha poi annunciato nel 2012 la sua intenzione di costruire veramente un ponte pedonale sul Corno d'oro basato interamente sul progetto del genio fiorentino. Se Leonardo ha avuto dunque la sua rivincita, Michelangelo non è da meno: lo scrittore francese Mathias Énard, nel 2010, ha infatti pubblicato un avvincente racconto in cui viene messa in scena l'immaginata avventura michelangiolesca nella capitale ottomana (v. Bibliografia).*

*A partire da oggi, dopo aver svolto la lezione del giorno, riprenderete una delle lezioni passate. Questa **seconda ondata** coinvolgerà tutte le lezioni del corso: anche quando avrete terminato le nuove lezioni continuerete la seconda ondata fino a ripassarle tutte. Ne consegue che terminerete idealmente il metodo fra 71 giorni a partire da oggi.*

Come sempre, vi accompagneremo passo dopo passo e alla fine di ogni lezione vi indicheremo la lezione corrispondente per la seconda ondata.

Di tale lezione dovrete leggere il testo turco o, ancor meglio, ascoltarne le registrazioni. Poi prendete il testo italiano (sia della lezione che degli esercizi) e traducetelo in turco. Questo esercizio potete svolgerlo oralmente oppure scrivendo i testi su un quaderno (se desiderate curare anche l'ortografia).

In tal modo constaterete voi stessi quanti progressi avete fatto in meno di due mesi: ciò che vi sembrava difficile un tempo, ora vi risulta naturale! La ragione del vostro successo è semplice: siccome giorno dopo giorno aggiungete un tassello in più alla vostra conoscenza del turco, i mattoncini che avevate aggiunto 50 giorni fa e che ora costituiscono le fondamenta della vostra costruzione, vi sembreranno ormai ovvi.

USTA GİTTİĞİ ZAMAN, ÇOCUK DÜKKANA BAKIYOR

Seconda ondata: birinci ders

51 Elli birinci ders

Bayramlar

1. Bugün Şeker Bayramı. Sokaklarda insanlar, çoluk çocuk ① yepyeni, tertemiz ② giysileriyle, akrabalarını ③ ziyaret etmeye gidiyorlar.
2. Türk geleneğine göre bayramlarda büyüklerin eli öpülür. Oğul annesinin, kardeş ağabeyinin elini öper.
3. Büyükler evlerinde çocuklarını, gelin ve damatlarını, torunlarını beklerler.
4. Komşular birbiriyle bayramlaşır ④. Uzaktaki dostlara tebrik ⑤ kartları gönderilir: "Bayramınız kutlu olsun" denir ⑥.

Note

① **çoluk çocuk**, *bambini*, *prole*, *famiglia* (v. lezione 17, nota 10).

② **ter-temiz**, **yep-yeni**, **bom-boş** (v. frase 9) sono degli aggettivi il cui significato viene rafforzato dalla ripetizione della prima sillaba, a cui viene aggiunta una consonante in armonia con la lettera iniziale. Per rendere questa costruzione in italiano, bisogna far precedere l'aggettivo dall'avverbio *completamente*: **bam-başka**, *completamente diverso*. Tale costruzione è frequente con gli aggettivi di colore, come **sap-sarı**, *completamente giallo*; **sim-siyah**, *completamente nero*; **mas-mavi**, *completamente blu*; **kıp-kırmızı**, *completamente rosso*; **yem-yeşil**, *completamente verde*; **bem-beyaz**, *completamente bianco* ecc.

Le prime volte che proverete a formare questo tipo di aggettivi da soli, magari non sceglierete subito la consonante giusta, ma non preoccupatevi, a forza di sentire queste forme, il tutto vi diverrà naturale.

Cinquantunesima lezione 51

Le feste

1 Oggi è la festa della caramella. Per le strade la gente, vestita di tutto punto, va, con la famiglia al seguito *(bambini bambini completamente-nuovi completamente-puliti vestiti-loro-con)*, a trovare i parenti.
2 Secondo la tradizione turca, nei giorni di festa *(nelle-feste)* si bacia la mano delle persone più anziane *(grandi)*; il figlio [quella] di sua madre, il fratello minore, quella del maggiore.
3 Le persone anziane aspettano in casa loro i *(loro)* figli, le *(loro)* nuore, i *(loro)* generi e i *(loro)* nipoti.
4 I vicini si scambiano *(uno-uno-suo-con)* gli auguri. Agli amici *(che-sono)* lontani, si inviano delle cartoline di auguri con scritto *(si-dice)* "Buone feste" *(Festa-vostra benedetta sia)*.

---

③ **akraba** vuol dire *parente*. *Imparentarsi* si dice **akraba olmak**; *genitore* in generale si dice **ebeveyn**, mentre la madre è **ana** e il padre è **baba**. La parola **gelin** (v. frase 3), significa sia *sposa* che *nuora*, così come **damat** significa *sposo* e *genero*.

④ **bayram-laş-mak**, *scambiarsi gli auguri*. Per la formazione di questo verbo, v. lezione 50, nota 2. Questo verbo in particolare, non esiste col solo suffisso **-la** e senza la particella di reciprocità -**(i)ş**-.

⑤ **tebrik** vuol dire *congratulazione*; **tebrik etmek**, *complimentarsi, congratularsi*. **Tebrik kartları** si rende con *cartoline di auguri*.

⑥ **de-n-ir**, *si dice*; **de-n-mek**, passivo di **demek**.

51   5   Gelenlere şeker ve tatlı ⑦ ikram edilir. Çocukları sevindirmek için bayram harçlığı verilir.
6   Onlar da harçlıklarını ⑧ alır almaz bayram yerlerine gidip, salıncaklara, dönme dolaplara ⑨ binerler.
7   Bazıları paralarını biriktirerek defter, kalem alırlar.
8   Son yıllarda, özellikle büyük şehirlerde yaşayanlar, bayramlarda şehirlerden kaçıp dinlenmeyi tercih ediyorlar.
9   Bu bayram da herkes İstanbul dışına çıktığı için ⑩ caddeler neredeyse bomboş.
10 Trafik yok, otuz kırk sene öncesi ⑪ gibi… Ah, keşke ⑫ hep böyle olsa…

Note

⑦ **şeker** significa innanzitutto *zucchero* e poi per estensione *dolciume*, *caramella*. Tradizionalmente, si offrono caramelle e dolciumi alle persone che vengono a trovarvi durante le feste. Da questa usanza deriva il nome della Festa della caramella. Il sostantivo **tatlı** vuol dire *pasticcino*, *dessert*; l'aggettivo significa *dolce*. Se si dice **çok tatlı** riferito a una persona, vuol dire che è *molto amabile*. **Tatlı su** è l'*acqua dolce*, che si oppone all'*acqua salata*, **tuzlu su**.

⑧ **harçlık**, deriva da **harç**, *spesa*, e designa *i soldi che sono da spendere* ossia *la mancia*, *la paghetta*. **Bayram harçlığı** è in particolar modo la paghetta che viene data ai bambini nei giorni di festa. **Harcamak** significa *spendere*.

⑨ **dönme dolaplar** designa la *ruota panoramica*. Il nome d'azione **dönme** funge da aggettivo (lett. "armadi girevoli/che girano"). **Kesme şeker**, *zucchero in zollette* (tagliato), segue la medesima costruzione (v. lezione 33, nota 2).

5 A quelli che vengono [a trovarli], si offrono dolciumi e pasticcini. Per compiacere i bambini, si dà loro la paghetta *(festa mancia-sua)*.

6 Non appena ricevono *(prendono)* questi soldi, vanno alle giostre *(festa posti-loro-a)*, salgono sulle altalene e sulla ruota panoramica *(che-gira armadi-a)*.

7 Alcuni *(alcuni-loro)*, risparmiando i *(loro)* soldi, comprano quaderni e penne.

8 Negli ultimi anni, specialmente quelli che vivono nelle grandi città, preferiscono, durante le feste, scappare dalla città e [andare a] riposarsi.

9 Dal momento che tutti sono partiti *(esterno-suo-a è-uscito)* [da] Istanbul [per] queste feste, i viali sono quasi completamente vuoti.

10 Non c'è traffico, come trenta o quarant'anni fa *(trenta quaranta anni prima-suo)*… Ah, magari fosse sempre così!

▶ ⑩ **herkes çıktığı için**, *dal momento che tutti sono partiti*: come **geldiği zaman** nella lezione precedente (nota 10). Con un soggetto alla terza persona singolare potete usare **-diği için**, **-diği zaman**.

⑪ **önce-si**, *prima*.

⑫ **keşke**, seguito da un verbo con particella ipotetica, introduce l'espressione di un rimpianto e si rende con l'italiano *magari*. Avete già trovato **ol-sa** nella formula **nasıl olsa**. Quando si aggiunge alla radice verbale la particella ipotetica **-sa**, si esprime un'ipotesi il cui tempo varia a seconda del contesto e della consecutio temporum. Lo vedremo più avanti. Per il momento imparate che questa forma verbale deve sempre essere usata dopo **keşke**: **keşke hep böyle olsa**, *magari fosse sempre così*; **keşke bu iş bugün bitse**, *magari questo lavoro finisse oggi!*

51 11 Bayram tatili bitince insanlar, iki ay sonraki Kurban Bayramı'nı düşünerek işlerine dönecekler. ☐

***

1. alıştırma – Çeviriniz

❶ Bugün bayram olduğu için, herkes tertemiz giysisiyle sokaklarda dolaşıyor. ❷ Ahmet, akrabalarını ziyaret ettiği zaman, büyüklerinin elini öpüyor. ❸ Bu çocuk bir anda bütün harçlığını harcadığı için, defter kalem alamayacak. ❹ Bayramlarda, bazıları İstanbul'dan kaçmayı tercih ediyorlar. ❺ Komşular, bayramlaştıktan sonra, sohbet ederek birbirine şeker ikram ediyorlar. ❻ Evin hanımı ziyaret edenlere şeker ve tatlı ikram eder.

2. alıştırma – Tamamlayınız

❶ Quando le vacanze saranno finite, la gente tornerà al proprio lavoro.
Bayram . . . ., insanlar . . . . dönecekler.

❷ Dal momento che tutti sono partiti da Istanbul, i viali sono quasi completamente vuoti.
. . . . . . İstanbul dışına . . . ., caddeler
. . . .

❸ Ah, magari fosse sempre così!
Ah . . . . . hep böyle . . . .!

❹ Si inviano cartoline di auguri con scritto "Buone feste".
. . . . . . kartları . . . . Bayramınız . . . . .
. . . . . denir.

11 Quando le feste *(feste vacanza-loro)* saranno finite, la gente tornerà al proprio *(loro)* lavoro pensando alla Festa del Sacrificio che cade due mesi dopo.

***

Soluzioni dell'esercizio 1

❶ Oggi, dal momento che è festa, tutti passeggiano per le strade tirati a lucido *(con i loro vestiti completamente puliti)*. ❷ Quando Ahmet va a trovare i suoi parenti, bacia la mano delle persone più anziane. ❸ Dal momento che questo bambino ha speso in un solo colpo tutta la sua paghetta, non potrà comprare quaderni e penne. ❹ Durante le feste, alcuni preferiscono scappare da Istanbul. ❺ I vicini, dopo essersi scambiati gli auguri, conversando si offrono a vicenda delle caramelle. ❻ La padrona di casa offre caramelle e pasticcini agli ospiti.

❺ Non appena i bambini ricevono la loro paghetta, vanno a comprare le caramelle.

Çocuklar .... alır ....., şeker ...... giderler.

❻ Secondo la tradizione turca, durante le feste si offrono caramelle agli ospiti.

Bayramlarda, Türk .... göre .... şeker ....

Soluzioni dell'esercizio 2

❶ – tatili bitince – işlerine – ❷ Herkes – çıktığı için – neredeyse bomboş ❸ – keşke – olsa ❹ Tebrik – gönderilir – kutlu olsun – ❺ – harçlıklarını – almaz – almaya – ❻ – geleneğine – gelenlere – ikram edilir

52 *Dalla fondazione della repubblica turca, ogni tipo di festa, religiosa o laica, viene definita* **bayram**. *Vi sono due grandi feste religiose, accompagnate da periodi di vacanza. La prima è* **Ramazan Bayramı**, *la* Festa del Ramadan, *chiamata anche* **Şeker Bayramı**, Festa della Caramella, *che rompe il digiuno del mese di* **Ramazan**. *Dieci settimane più tardi, cade la* **Kurban Bayramı**, Festa del Sacrificio, *durante la quale ogni famiglia musulmana un minimo facoltosa, dovrebbe sacrificare un agnello e darne una parte ai poveri. Da usanza, se ne offre un po' anche ai vicini.*
Le feste laiche sono numerose; le più importanti sono la Festa della Sovranità Nazionale e Giornata dell'Infanzia, **Ulusal Egemenlik ve Çocuk Bayramı**, *il 23 aprile; la* Festa della Gioventù e dello Sport, **Gençlik ve Spor Bayramı**, *il 19 maggio; l'*Anniversario della Vittoria, **Zafer Bayramı**, *il 30 agosto (che celebra la vittoria nella battaglia di Dumlupınar nel 1922, decisiva per l'esito della Guerra d'Indipendenza contro l'esercito greco) e la* Festa della Repubblica, **Cumhuriyet Bayramı**, *il 29 ottobre (che ricorda la proclamazione della repubblica nel 1923, da parte di Atatürk).*

---

52 Elli ikinci ders

Bir gezi tasarısı

1 İki emekli ①, kahvede oturmuş, sohbet ediyorlar:
2 – Ben yıllardır devamlı çalıştığım için ② İstanbul dışına pek çıkmadım. Şimdi emekliyim. Bol bol vaktim var.

Note

① **emekli** vuol dire *pensionato*; la parola **emek** significa *manodopera, lavoro*, da non confondere col verbo **emmek**, *succhiare, assorbire, aspirare*.

② **devamlı çalış-tığ-ım için**, *dal momento che ho lavorato senza sosta*. Adesso potete capire che **-diğ-i** era il suffisso **-dik** seguito dalla terza persona del possessivo (come alla frase 9: **kalabalık ol-duğ-u için**) e che **-diğ-im** è la stessa costruzione ▸

Seconda ondata: ikinci ders

Cinquantaduesima lezione 52

Un progetto di viaggio *(gita)*

1 Due pensionati chiacchierano seduti al caffè:
2 – Io, dal momento che ho lavorato senza sosta per anni, non sono uscito molto da Istanbul. Adesso sono in pensione. Ho tanto tempo [libero].

▶ alla prima persona singolare; analogamente **emekli ol-duğ-um zaman**, *quando sono andato in pensione* (v. frase 8). La particella **-dik** seguita da **için** o da **zaman**, può essere usata con tutte le persone del possessivo per tradurre sia le subordinate causali introdotte da "dal momento che", sia le temporali introdotte da "quando". Il suffisso **-dik** lo avevate già trovato nella sua forma impersonale **-dikten sonra**, *dopo che, dopo avere/essere* (v. frase 6 e lezione 49 § 1); in questa lezione avete imparato la sua forma personale e presto scoprirete i suoi ulteriori utilizzi.

3 Memleketimi gezip görmek istiyorum. İlk olarak Doğu'ya gitmeyi düşündüm. Fakat neyle gidebilirim?
4 Trenle gidersem ③, yol uzun sürecek, ama küçük kasabaların istasyonlarından geçeceğiz, çok ilginç olmalı.
5 Otobüs yolculuğu yaparsam, saatlerce ④ hareketsiz durmak zor gelecek.
6 Uçağa gelince… Hem korkuyorum, hem de çok pahalı, ayrıca havalimanlarında indikten sonra otele taksiyle gitmek gerekecek.
7 Fazla masrafa girmek ⑤ istemiyorum. Bir karar vermeden önce ⑥ fikrinizi ⑦ alacağım. Siz bana ne tavsiye edersiniz?
8 – Ben dört sene önce emekli olduğum zaman, bizim hanımla ⑧ Karadeniz'e gittik.
9 Artık Güney çok kalabalık olduğu için, herkes Karadeniz'i tercih ediyor.

Note

③ **gider-sem**, *se vado*; **yapar-sam**, *se faccio* (v. frase 5); **alır-sanız**, *se prende* (v. frase 12). Se volete rinfrescarvi la memoria sull'uso del suppositivo, andate alla lezione 49 § 3.

④ **saat-ler-ce**, *per ore*. Per quanto riguarda il plurale irregolare di **saat**, v. lezione 19, nota 9. A proposito del suffisso **-ce**, v. lezione 35 § 13.

⑤ L'espressione **masrafa girmek**, "entrare nella spesa", significa *spendere*.

⑥ **bir karar vermeden önce**, *prima di prendere una decisione*. Come **başlamadan önce**, *prima di cominciare*, nella lezione 46, nota 3. **Karar vermek**, *prendere una decisione* è molto simile a **karara varmak**, *arrivare a una decisione*. ▶

3 Vorrei vedere e visitare il mio paese. Innanzitutto, ho pensato di andare nell'Est. Ma come *(cosa-con)* posso andar[ci]?

4 Se vado in treno, il tragitto sarà *(perdurerà)* lungo, ma si passerà *(passeremo)* per le stazioni dei paesini *(piccoli paesi)* e dovrebbe essere molto interessante.

5 Se faccio il viaggio in autobus, sarà *(verrà)* difficile stare fermo immobile *(movimento-senza)* per ore.

6 Per quanto riguarda *(venendo)* l'aereo... Da una parte mi spaventa, dall'altra è molto caro; inoltre, dopo essere arrivati *(scesi)* all'aeroporto *(aeroporti-in)*, bisogna *(bisognerà)* andare all'albergo in taxi.

7 Non vorrei spendere troppo *(troppo spesa-a entrare)*. Prima di prendere una decisione, chiederò *(prenderò)* il suo parere. Lei che mi consiglia?

8 – Io, quando quattro anni fa sono andato in pensione *(pensionato sono-diventato)*, con mia moglie *(nostra donna-con)* siamo andati sul Mar Nero.

9 Dal momento che ormai il Sud è diventato molto affollato, tutti preferiscono il Mar Nero.

▶ ⑦ **fikir (fikr-i)** significa *pensiero*, *idea*, *opinione* quindi *parere*.

⑧ **bizim hanımla**, "con la nostra donna", ossia *mia moglie*: questa sorta di plurale maiestatis serve a dimostrare rispetto verso la persona designata e non, come potrebbe sembrare, verso il locutore stesso.

52 10 Siz de önce vapurla yemyeşil ⑨ kıyılardan geçerek Trabzon'a kadar gidebilirsiniz.
11 Gemi birkaç limana uğruyor. Trabzon'da Sumela manastırını gezersiniz. Sonra Doğu'ya geçebilirsiniz.
12 Şimdi Demiryollarıyla indirimli yolculuklar yapılabiliyor. Biletinizi yataklı alırsanız, hem otel derdinden ⑩ kurtulursunuz, hem de rahat ve güvenli bir yolculuk ⑪ yaparsınız.
13 Trenle Akdeniz'e kadar inmek mümkün. Oradan tekrar vapurla İstanbul'a dönebilirsiniz.
14 Size şimdiden iyi yolculuklar… ☐

Note

⑨ **yemyeşil**, *completamente verde*, da cui *verdeggiante*: v. lezione 51, nota 2.

⑩ **dert** vuol dire *dolore*, *sofferenza*, *male* e in senso figurato *tormento*, *problema*. **Otel derdinden kurtulmak**, *evitare il problema del pernottamento* (albergo): ecco un'altra espressione da imparare e sfoderare al momento giusto! Per esempio **valizlerimi önceden oraya gönderdim, böylece bagaj derdinden kurtuldum**, *ho spedito laggiù le mie valigie in anticipo, così ho evitato problemi di bagaglio*.

⑪ **yolculuk**, *viaggio*; *viaggiare* si dice **yolculuk yapmak** o **seyahat etmek**. **Seyahat** è il sinonimo di origine araba della parola turca **yolculuk**. Per formare dei verbi partendo da sostantivi, si usa di solito **yapmak** per le parole di origine turca e **etmek** per quelle di origine araba. Come si riconosce una parola di origine araba? Se ha più di due sillabe, bisogna vedere se nella parola vi sia o meno armonia vocalica: in caso negativo, come in **seyahat, iptal, ihtiyaç, mesela** (ecc.), avete a che fare con una parola di origine araba. Per le parole monosillabiche, fate attenzione alla vocale dei suffissi. Anche in ▸

10 Anche Lei può *(prima)* andare fino a Trebisonda costeggiando *(passando)* in barca le rive verdeggianti.

11 La nave fa scalo in più porti. A Trebisonda, visiti il monastero di Sumela. Poi, può andare *(passare)* a Est.

12 Adesso col treno *(ferrovia)* si possono fare dei viaggi a poco prezzo *(scontati)*. Se prenota *(prende il-vostro-biglietto)* una cuccetta, evita il problema *(tormento-da vi-liberate)* del pernottamento *(albergo)* e allo stesso tempo fa un viaggio confortevole e sicuro.

13 È possibile scendere in treno fino al Mediterraneo. Da là, può tornare a Istanbul di nuovo in barca.

14 Già da adesso le auguro buon viaggio! *(Voi-a adesso-da buoni viaggi)*

BİR GEZİ TASARISI

▶ questo caso, infatti, nelle parole di origine araba non c'è armonia vocalica tra parola e suffisso, come in **hal, halde, hali**; **harf, harfi**, *lettera dell'alfabeto* ecc. (v. lezione 19, nota 9 e lezione 52, nota 4).
Güvenli bir yolculuk: *un viaggio sicuro* (senza pericoli); **güven** significa anche *fiducia*. **Güvenmek**, *fidarsi*.

1. alıştırma – Çeviriniz

❶ İki emekli, kahve içerek, sohbet ediyorlardı. ❷ Ben, emekli olduğum için, gezmeye bol bol vaktim var. ❸ Uçakla gidersem yol fazla sürmeyecek, fakat çok korkacağım. ❹ Gemiyle Trabzon'a uğrarsanız, Sumela manastırını gezmeyi unutmayın(ız). ❺ Ben Güney'i birkaç defa gezdiğim için, bu sefer başka bir yere gitmeyi düşünüyorum. ❻ İstanbul'da çalıştığım zaman, seyahat etmek için vaktim yoktu. Gezemiyordum. Şimdi çok farklı.

2. alıştırma – Tamamlayınız

❶ Adesso, si possono fare dei viaggi in treno a prezzi ridotti.
Şimdi .... yolculuklar
....

❷ Se prendeste delle cuccette, potreste evitare il problema del pernottamento.
.... trenle ...., otel ....
....

❸ Quando vado in autobus, mi risulta difficile stare immobile per ore.
Ben otobüsle ...., saatlerce
.... durmak .... zor ....

❹ Il treno passa per le stazioni dei paesini.
Tren küçük .... istasyonlarına ......

❺ La nave va fino a Trebisonda costeggiando le rive verdeggianti del Mar Nero.
Gemi Karadeniz'in .... kıyılarından
.... Trabzon'a ....

Soluzioni dell'esercizio 1

❶ Due pensionati chiacchieravano bevendo caffè. ❷ Io, dal momento che sono in pensione, ho molto tempo per passeggiare. ❸ Se prendessi l'aereo, il viaggio non durerebbe troppo, ma avrei molta paura. ❹ Se in nave fate scalo a Trebisonda, non dimenticate di visitare il monastero di Sumela. ❺ Dal momento che ho visitato il Sud a più riprese, questa volta penso di andare in un altro posto. ❻ Quando lavoravo a Istanbul, non avevo tempo per fare dei viaggi. Non potevo andare in giro. Adesso, è molto diverso.

❻ Se volete fare un viaggio sicuro, dovete andare in treno.
.... bir .... yapmak ...., trenle .... lazım.

❼ La nave fa scalo in più porti.
Gemi birkaç ....

Soluzioni dell'esercizio 2

❶ – demiryollarıyla indirimli – yapılabiliyor ❷ Yataklı – giderseniz – derdinden kurtulabilirsiniz ❸ – gittiğim zaman – hareketsiz – bana – geliyor ❹ – kasabaların – uğrar ❺ – yemyeşil – geçerek – kadar gider ❻ Güvenli – yolculuk – isterseniz – gitmeniz – ❼ – limana uğrayacak

Trebisonda, il più grande porto turco sul Mar Nero, ha da sempre avuto un ruolo strategico nelle rotte per l'Oriente. La città è sempre stata un punto di riferimento per i marinai italiani che in epoca antica, medievale e moderna navigavano in quelle acque, tant'è che ancor oggi per dire che si è disorientati, si può dire "perdere la Trebisonda". L'Est turco è l'affascinante zona compresa tra Sivas e il lago di Van, vicino all'Iran.

Seconda ondata: üçüncü ders

53 Elli üçüncü ders

Küçük eski bir araba

1. Yoğun trafiğin arasında küçük, eski bir araba yokuşu çıkmaya çalışıyor. Epeyce zorlanıyor, ama gene de çıkıyor.
2. Aslında bu arabayı durdurmak, yokuşu çıkartmaktan çok daha zor ①, fakat sahibi her zaman bir kolayını buluyor.
3. Ya bir kaldırıma yanaşıyor, ya bir ara sokağa sapıyor, ya da başka bir çare arıyor.
4. Sürücü ② bu kez, yokuşu çıktıktan sonra, arabayı durdurabilmek ③ için bir kamyonun arkasına yanaşıyor.
5. O sırada onu gören bir polis:
6. – Arabanızın freni yok mu? Bozuk frenle yola çıkmaya nasıl cesaret ④ ediyorsunuz? Camı açar mısınız?

Note

① **bu arabayı durdurmak, yokuşu çıkartmaktan çok daha zor**, *è molto più difficile fermare questa macchina piuttosto che farla andar su per la salita*: come vi ricorderete **-den daha**, *più di/che*, serve a rendere il comparativo di maggioranza. I due termini della comparazione, in questo caso, sono dei verbi all'infinito che, come i nomi, prendono il suffisso di comparazione: **çıkartmak-tan**. **Çıkartmak** è un verbo a valore fattitivo; lo rivedremo alla lezione 63.

② **sürücü**, *conducente*, *autista* da **sürmek**, *guidare*, *condurre*. Questo verbo ha molti altri significati: *coltivare*, *espellere*, *esiliare*, *spalmare*, *cospargere*, *germogliare*. Nella lezione precedente lo ▶

Cinquantatreesima lezione 53

Una vecchia macchinetta

1 Nel [bel] mezzo del traffico *(denso)*, una vecchia macchinetta prova ad andar su per una salita. Si sforza molto *(alquanto)*, *(ma)* eppure sale.
2 In realtà, è molto più difficile fermare questa macchina [piuttosto] che farla andar su per la salita, ma il suo proprietario trova sempre una soluzione *(un facile-suo-[accus.])*.
3 O va contro *(attracca a)* un marciapiede, o devia in una traversa *(via intermedia)*, oppure cerca un altro espediente.
4 Questa volta, dopo essere andato su per la salita, il conducente, per poter fermare la macchina, sta andando contro il retro di un camion.
5 In quell'istante un poliziotto, vedendolo, [gli dice]:
6 – La sua macchina non ha i freni? Come osa andare *(partire)* per strada con i freni rotti? Apra il finestrino!

▶ abbiamo trovato con il senso di *perdurare*: **yol uzun sürecek**, *il viaggio durerà a lungo*, *il tragitto sarà lungo*. Tutti questi significati differenti non devono spaventarvi! Il contesto saprà indicarvi quale senso **sürmek** ha in una determinata frase... *Guidare (una macchina)* si dice anche **araba kullanmak**.

③ **durdur-abil-mek**, *poter fermare*: è la prima volta che trovate la forma verbale della possibilità all'infinito.

④ Se non mancate di coraggio, vi sarà certamente utile l'espressione **-a cesaret etmek**, *osare*, *ardire*.

üç yüz elli • 350

53   7   Genç, arabanın camını açarken, cam kapının içine düşüp takılıyor.
   8 – Aksiliğe bakın. Şimdi bunu kapatamam ⑤ da. Üşüyeceğim.
   9   Polis arabayı kontrol etmeye başlıyor:
  10 – Bu araba bir hurda yığını. Her tarafı bozuk.
  11   Gaz pedalı yerinden çıkmış. El freni sicimle bağlanmış. Bir de kemeriniz yok.
  12   Lambaları yakmaya çalışıyor.
  13 – Lambalar da yanmıyor.

Note

⑤ **kapat-a-mam**, *non riesco a chiudere*: la **-a-**, come già sapete, indica l'impossibilità; la desinenza **-mam** è invece la prima persona della forma negativa del presente generale; fino a oggi conoscevate solo la terza persona singolare. **Kapat-maz** significa *non chiude* e **kapat-mam**, *non chiudo*. Allo stesso modo, **öde-y-e-mez-siniz**, *non può (potete) pagare*, è la forma negativa del presente generale **öde-mez-siniz**. Per il momento, conoscete tre persone della forma negativa del presente generale: **-mem, -mam; -mez, -maz; -mezsiniz, -mazsınız**… le altre le scopriremo più avanti.

7   Quando il giovane tira giù il finestrino della macchina, questo *(il-finestrino)* cade all'interno della portiera e s'incastra.
8 – Guardi che è successo *(contrattempo-a)*. Ora non riesco più a chiuderlo e avrò freddo.
9   Il poliziotto comincia a controllare la macchina:
10 – Questa macchina è un cumulo di rottami. Ogni parte è rotta.
11   L'acceleratore è uscito dal suo posto. Il freno a mano è legato con uno spago. Poi non ha la cintura.
12   Prova ad accendere i fari.
13 – Nemmeno i fari funzionano *(bruciano)*.

KÜÇÜK ESKİ BİR ARABA

53
14 – Yanması lazım ⑥. Yalnız şuraya vurmak gerekiyor.
15   Delikanlı inip kaportaya yumruğuyla vurunca lambalar yanıyor.
16 – Tekerleklerin vidaları da eksik. Bu ne kadar tehlikeli, bilmiyor musunuz?
17   Şimdi size öyle bir ceza yazmam gerekiyor ki, bir yıllık maaşınızla bile ödeyemezsiniz.
18 – Memur Bey, diyelim ki bu arabayı hurdacıya götürüyorum…
19   Ve küçük eski araba sarsılarak hareket edip, diğerlerinin arasında gözden kayboluyor. □

Note

⑥ **yanma-sı lazım**, *devono accendersi*: ecco un verbo sostantivato accompagnato dal possessivo alla terza persona singolare; letteralmente, "il loro (suo) bruciare è necessario". Viene impiegato il possessivo singolare perché i fari sono delle cose. È lo stesso principio alla base della regola che dice che un verbo si coniuga al singolare quando come soggetto ha un plurale di cose: **lambalar yanıyor** (riguardo questa regola, v. lezione 5, nota 7).

***

1. alıştırma – Çeviriniz

❶ Eski bir araba bu yokuşu çıkamaz. ❷ Camı açamam; açarsam, düşer. ❸ Bu arabayı çalıştırmak durdurmaktan daha kolay. ❹ Ben, bu kadar yoğun bir trafikte yola çıkmam. Siz, yine de gitmek isterseniz, yürümeniz lazım. ❺ Lambaları yakabilmek için, kaportaya vurmam lazım. ❻ Bozuk frenle yola çıkamazsınız. ❼ Gence ceza yazıldı. On beş gün içinde ödemesi lazım.

14 – [Ma] devono funzionare. Bisogna solo dare un colpo *(battere)* là.

15 Il giovanotto scende e colpendo col *(suo)* pugno la carrozzeria, accende i fari.

16 – Mancano anche i bulloni delle ruote *(ruote-di viti-loro anche mancanti)*. Non sa quanto è pericoloso?

17 Adesso devo farle *(scrivere)* una tale multa, che neanche con lo stipendio di un anno *(non)* potrà pagare.

18 – Agente *(Signor impiegato)*, se facessimo *(diciamo)* che io porto questa macchina dal demolitore…

19 E la vecchia macchinetta sobbalzando riparte *(si muove)* e si dilegua *(dalla vista)* in mezzo alle altre *(altre-sue-[gen.])*.

***

Soluzioni dell'esercizio 1

❶ Una macchina vecchia non può andar su per questa salita. ❷ Non posso aprire il finestrino; se lo tiro giù, cade. ❸ È più facile far funzionare questa macchina piuttosto che fermarla. ❹ Io, con questo traffico così intenso, non mi metto in strada. Se nonostante ciò volete partire, dovrete andare a piedi. ❺ Per poter accendere le luci, bisogna battere sulla carrozzeria. ❻ Non potete prendere la strada con i freni rotti. ❼ Un giovane ha preso una multa. Deve pagarla entro quindici giorni.

2. alıştırma – Tamamlayınız

❶ Come osa guidare senza cintura?
.... arabayı ...., nasıl ....
.... ?

❷ Il conducente cerca di trovare un espediente per poter fermare la macchina.
Arabayı .... için, ... bir çare .... çalışacak.

❸ Dopo che il poliziotto ha fatto la multa, sembra che il giovanotto abbia portato la macchina dal demolitore.
Polis ceza .... delikanlı .... hurdacıya ....

❹ Bisogna che le faccia una tale multa, che non potrà pagarla neanche con lo stipendio di un anno.
Size .... ceza ...... gerekiyor .. bir .... bile ....

❺ La sua macchina è un cumulo di rottami. Ogni pezzo è rotto.
.... bir ....; her ...... bozuk.

❻ La macchina del giovane partì e scomparve in mezzo alle altre.
.... hareket edip .... arasında ....

❼ Se svolti nella piccola traversa, poi non potrai più tornare nel grande viale.
Bu küçük ... sokağa .... sonra büyük caddeye ....

Soluzioni dell'esercizio 2
❶ Kemersiz – sürmeye – cesaret edersiniz ❷ – durdurabilmek – sürücüsü – bulmaya – ❸ – yazdıktan sonra – arabasını – götürmüş ❹ – öyle bir – yazmam – ki – yıllık maaşınızla – ödeyemezsiniz ❺ Arabanız – hurda yığını – tarafı – ❻ Gencin arabası – diğerlerinin – gözden kayboldu ❼ – ara – saparsan – dönemezsin

Le due storiche case automobilistiche turche sono la **Otosan** *e la* **Tofaş**, *entrambe nate su iniziativa del magnate dell'industria turco* **Vehbi Koç**. *La Otosan, acronimo di* **Otomobil Sanayisi**, *industria automobilistica, fu la prima casa di costruzione automobilistica turca. Nata inizialmente come una società che importava i modelli statunitensi della Ford, nel 1966 produsse la prima automobile di serie turca, la* **Anadol**. *Nel 1968, in collaborazione con il gruppo FIAT, Koç fondò la* **Tofaş**, *acronimo di* **Türk Otomobil Fabrikası A.Ş.**, *Fabbrica automobilistica turca. Dalla collaborazione con gli italiani nacque, nel 1971, la seconda marca turca di automobili di serie, la* **Murat**. *La presenza automobilistica italiana in Turchia cominciò nel 1920, con l'apertura del primo concessionario FIAT a Istanbul. Al giorno d'oggi la* **Tofaş** *è un gruppo controllato da Stellantis e lo stabilimento storico di Bursa, poco a sud del mar di Marmara, è uno dei pilastri della produzione dell'ex FCA nel mondo.*

Seconda ondata: dördüncü ders

54 Elli dördüncü ders

Suya düşen evlilik

1. Arkadaşları onları, evlensinler diye ①
   tanıştırır ②. Birbirinden hoşlanırlar.
2. Erkek elli yaşlarında ③, kadınsa ④ ondan
   biraz daha gençtir.
   İkisi de daha önce hiç evlenmemiştir ⑤.

Note

① **evlensinler diye**, *affinché si sposino*. L'imperativo seguito da **diye** permette di rendere la proposizione finale, introdotta in italiano da *affinché* (v. lezione 46, nota 11 e lezione 49, § 6).

② **tanı-mak**, *conoscere*; **tanı-ş-mak**, *conoscersi*; **tanı-ş-tır-mak**, *far conoscere, presentare, far incontrare*. Quando incontrate qualcuno per la prima volta, potete dire **memnun oldum**, *piacere* ("lieto sono-stato") oppure **tanıştığımıza memnun oldum**, *piacere di conoscerla*.

③ **erkek elli yaşlarında**, *l'uomo è sulla cinquantina*. Se avesse esattamente cinquant'anni, si direbbe **erkek elli yaşında**. Per le altre persone, si aggiunge il verbo *essere* (che è invece sottinteso alla terza persona); **Kaç yaşındasınız?**, *Quanti anni ha?* **Yirmi üç yaşındayım**, *Ho ventitré anni*.
Gönül ha cinque anni meno / più di Ertan si dice **Gönül Ertan'dan beş yaş daha küçük/büyük**. **Yaş** significa *età* (e anche *umido* e *bagnato*!) mentre **yaş-lı** vuol dire *anziano, vecchio*. Anche **ihtiyar** significa *anziano, vecchio*.

④ **kadın-sa**, "se è la donna" ha il senso di *quanto alla donna, a lei*. Si può dire anche **kadın ise**, ma è un'espressione molto più letteraria e nella lingua corrente si preferisce usare la forma suffissata. Dunque, a seconda del contesto, **-se** e **-sa** suffissati a un nome, oltre a significare *se è...*, vogliono dire anche *quanto* ▶

Cinquantaquattresima lezione 54

Il matrimonio fallito *(acqua-a che-cade)*

1 I loro amici li fanno incontrare affinché si sposino *(che-si-sposino dicendo)*. *(L'un-l'altro)* Si piacciono.
2 Lui *(L'uomo)* è sulla cinquantina *(cinquanta anni-loro-in)*, quanto a lei *(donna-se)*, è un po' più giovane *(di lui)*. Nessuno dei due *(due-suo)* si è mai sposato prima.

▸ *a.* **Kapı çalınıyor, Gönen'se söyle çabuk yanıma gelsin**, *Suonano alla porta; se è Gönen, dille di venire subito da me.*
Biz sinemaya gittik, Gönen'se ders çalıştı, *Noi siamo andati al cinema; quanto a Gönen, ha studiato.*
Nuri'nin evi büyük, bahçesiyse (o **bahçesi ise**) **çok küçük**, *La casa di Nuri è grande; quanto al suo giardino, è piccolissimo.*
Ise si preferisce quando si vuole marcare un'opposizione netta.
L'espressione **-e gelince**, già vista alla lezione 46 (nota 12), introduce invece un elemento supplementare in una lista: **üst kata gelince**, *quanto al piano superiore, per quanto riguarda il piano superiore* (dopo la facciata, la terrazza, il piano terra…).
Abbiamo tradotto **erkek** e **kadın** con *lui* e *lei*; il turco, infatti, non può esprimere questa opposizione utilizzando i pronomi personali, dal momento che per entrambi i generi si dice **o**!

⑤ **evlen-me-miş-tir** (o **-lerdir**): letteralmente "non-essendo-stato-sposato-è". Il verbo *essere*, aggiunto al gerundio passato, serve per insistere e rinforzare una constatazione.

3   Birkaç kez yemeğe çıktıktan sonra evlilikten söz etmeye başlarlar.
4   Kadın:
5 – Evlenirsek ⑥ Bağdat caddesinde oturalım. Hem iş yerlerimize yakın, hem de çok güzel bir semt ⑦.
6 – Ama annemi Nişantaşı'nda yalnız bırakamam ⑧.
7 – İsterse o da bizimle gelsin. Alt katımızda oturur. Onunla ilgileniriz ⑨, hiç yalnız kalmaz.
8 – Annem oradaki arkadaşlarından ayrılamaz. Doğduğu günden beri ⑩ aynı mahallede oturuyor.
9 – Neyse, bunu sonra düşünürüz. Bir de ben, evlenince çalışmaya devam etmek istiyorum.
10 – Annem çalışan gelin istemiyor.

Note

⑥ **evlenir-sek**, *se ci sposassimo*; **-sek**, **-sak** sono le desinenze della prima persona plurale della forma verbale suppositiva.

⑦ **semt** e **mahalle** (v. frase 8) sono entrambi traducibili in italiano con *quartiere*, ma in turco un **semt** può comprendere più **mahalleler**.

⑧ **bırak-a-mam**, *non posso lasciare*, come **kapatamam** nella lezione precedente (nota 5).

⑨ **ilgilenmek**, *occuparsi di*, si costruisce con **ile**, come **-le uğraşmak**, che ha un significato simile.

⑩ **doğ-duğ-u gün-den beri**, *dal giorno in cui è nata*. Già conoscevate **-diği için**, **-diği gibi** e **-diği zaman** (v. frase 12: **evlen-diğ-imiz zaman**) che permettono di tradurre le proposizioni temporali e causali.

3 Dopo essere usciti più volte a cena, cominciano a parlare di matrimonio.
4 La donna [dice]:
5 – Se ci sposassimo, abiteremmo *(abitiamo)* in viale Bagdad. Da un lato, è vicino ai nostri luoghi di lavoro e dall'altro, è un bellissimo quartiere.
6 – Ma non posso lasciare mia madre da sola a Nişantaşı.
7 – Se vuole, che venga anche lei con noi. Abiterà al piano di sotto. Ci occuperemo di lei; non resterà per niente sola.
8 – Mia madre non può separarsi dalle sue amiche che stanno laggiù. Dal giorno in cui è nata, vive nello stesso quartiere.
9 – Vabbè *(comunque-sia)*, ci penseremo in seguito. E poi io, quando mi sposerò, voglio continuare a lavorare.
10 – Mia madre non vuole una nuora che lavora.

▸ La forma in **-dik**, seguita da un sostantivo permette di tradurre le relative, introdotte da qualsiasi pronome relativo: *che, in cui, con cui* ecc. Quando il pronome relativo ha funzione di soggetto, la relativa si costruisce col participio in **-en**: **suya düşen evlilik**, "il matrimonio che cade nell'acqua". Non abbiate fretta! Pian piano scoprirete i diversi tipi di proposizione relativa in turco…

54 11 – Peki ama işten ayrılırsam bunca ⑪ yıllık emeğime yazık olur. Neyse, bunu da daha sonra görüşürüz ⑫.
12   Sonra, evlendiğimiz zaman, hafta sonları sinemaya, tiyatroya gider, eğleniriz. Yalnızken ⑬ pek eğlenmedim de.
13 – Ama annem diyor ki…
14 – Anneniz her şeye bu kadar karışırsa, her halde balayına ⑭ da üçümüz beraber çıkarız!
15 – Hmm, bilmem… Tabii, bizi bırakamaz.
16 – Allahaısmarladık ⑮.
17 – Ne oldu? Nereye gidiyorsunuz?
18 – Annesiz bir koca bulmaya…

Note

⑪ **bu-n-ca** si traduce *tutto questo* e serve per rendere l'idea di un grosso ammontare (in questo caso di tempo).

⑫ **görüşmek** vuol dire *vedersi*, *parlarsi*, ma **bir şeyi görüşmek** significa *veder qualcosa* nel senso di *parlarne*, *consultarsi*, *confrontarsi*: **bunu görüşürüz**, *lo vedremo, ne parleremo*.

⑬ **yalnız-ken**, *quando ero sola*. Il suffisso **-ken**, che avete visto di solito unito a una radice verbale, può anche essere posposto a un aggettivo o un nome (v. lezione 42, § 5).

⑭ **bal-ay-ı**, *luna di miele*, *viaggio di nozze*; **bal** significa *miele* mentre **ay** *luna* e *mese*. Questa coincidenza si spiega col fatto che il calendario musulmano è legato al ciclo lunare.

⑮ **Allahaısmarladık** significa *addio*; letteralmente "abbiamo raccomandato a Dio": **Allah'a ısmarladık**.

11 – Beh, ma se lascio il lavoro, sarebbe un peccato [dopo] tutti questi anni *(di mio lavoro)*.
Insomma *(meno-male)*, vedremo pure questo più avanti.

12 Poi, quando saremo sposati, il fine settimana andremo al cinema e a teatro, ci divertiremo.
In effetti, quando ero sola, non mi sono molto divertita.

13 – Ma mia madre dice che…

14 – Se tua *(vostra)* madre s'immischia in ogni cosa a tal punto, è probabile che andremo tutti e tre insieme in luna di miele!

15 – Uhm, non so… certo, non può lasciarci.

16 – Addio!

17 – Che è successo? Dove vai *(andate)*?

18 – A cercare *(trovare)* un marito senza madre…

1. alıştırma – Çeviriniz

❶ Kayınvalidem yakınımızda otursun diye alt kattaki daireyi satın aldık. ❷ Birbirlerinden hoşlandıktan sonra, evlilik tasarıları yapmaya başladılar. ❸ Bağdat caddesinde oturursak, evimiz iş yerlerimize çok yakın olacak. Dolmuşla işe on dakikada gidebileceğiz. ❹ Kocamın annesiyle aynı evde yaşayamam. ❺ Tanıştığımız günden beri birbirimizden hiç ayrılmadık. ❻ Oturduğumuz semtte çok arkadaşımız var. ❼ Evlendiğim adam balayına annesini de götürmek istiyordu.

2. alıştırma – Tamamlayınız

❶ I loro amici li hanno presentati affinché si sposino.
Arkadaşları, ... onları
....

❷ Non posso lasciare il quartiere in cui sono nato.
.... mahalleden ....

❸ Se continuo a lavorare, sarà meglio per la mia pensione.
.... devam ...., ... için daha iyi .....

❹ Se s'immischia a tal punto per ogni cosa, rinuncerò a sposarmi con suo figlio.
Her .... bu kadar ...., ben ....
evlenmekten ....

❺ Quando ero giovane, non ho potuto divertirmi molto. Adesso, nei fine settimana voglio fare attività culturali.
Ben .... pek .... Şimdi hafta .... kültür .... katılmak istiyorum.

Soluzioni dell'esercizio 1

❶ Abbiamo comprato l'appartamento che è al piano inferiore affinché mia suocera abiti vicino a noi. ❷ Dopo essersi piaciuti, hanno cominciato a fare progetti di matrimonio. ❸ Se abitassimo in viale Bagdad, casa nostra sarebbe vicinissima ai nostri luoghi di lavoro. Potremmo andare al lavoro in dieci minuti col dolmuş. ❹ Non posso abitare nella stessa casa della madre di mio marito. ❺ Dal giorno in cui ci siamo conosciuti, non ci siamo mai separati. ❻ Abbiamo molti amici nel quartiere in cui abitiamo. ❼ L'uomo che ho sposato voleva portare anche sua madre in luna di miele.

❻ La donna è sulla quarantina, quanto all'uomo è un po' più vecchio.
Kadın kırk . . . . , ... biraz daha . . . . . .

❼ Ne parleremo più avanti.
. . . . sonra . . . .

Soluzioni dell'esercizio 2

❶ – evlensinler diye – tanıştırdılar ❷ Doğduğum – ayrılamam ❸ Çalışmaya – edersem – emekliliğim – olur ❹ – şeye – karışırsanız – oğlunuzla – vazgeçeceğim ❺ – gençken – eğlenemedim – sonları – etkinliklerine – ❻ – yaşlarında – erkekse – yaşlı ❼ Bunu – görüşürüz

55 **Bağdat caddesi** *è un gran viale che attraversa i bei quartieri della riva asiatica di Istanbul. Antica via militare, deve il suo nome attuale alla celebrazione della presa di Bagdad del 1638, da parte del sultano Murad IV. Questa strada era un tempo puntellata di* fontane, **çeşmeler**, *che servivano ai viandanti per le abluzioni rituali prima della preghiera. Questa antica presenza architettonica è ancora testimoniata dalla toponomastica dei quartieri che sorgono lungo il viale, come* **Söğütlüçeşme** (la fontana slanciata), **Selamiçeşme** (la fontana del saluto) *e* **Çatalçeşme** (la fontana della biforcazione).

---

55 Elli beşinci ders

Boğaz'da tekneyle gezinti

1. Turistlerle dolu tekne Kabataş'tan hareket ederek, ağır ağır Boğaz'a doğru ilerliyor.
2. Rehber:
3. – Hemen solumuzdaki bu görkemli bina Dolmabahçe Sarayı. Denizi doldurup, üzerine sarayı yapmışlar. İsmi buradan geliyor.
4. Saray on dokuzuncu yüzyılın ortalarında ① yapıldı. Padişahlar Topkapı Sarayı'nı terk edip burada oturdular.
5. Cumhuriyet kurulduktan sonra, Atatürk Ankara'dan İstanbul'a geldikçe ② burada kalırdı ve burada da öldü.

Note

① **on dokuzuncu yüzyılın ortalarında,** *alla metà del diciannovesimo secolo*; per indicare l'inizio di un secolo si usa **baş**, *testa*, e per la fine **son**, *fine*: **on dokuzuncu yüzyılın başlarında / sonlarında,** *all'inizio/alla fine del diciannovesimo secolo*. L'indicazione del secolo può essere abbreviata nel modo seguente: **19.yy.'ın sonlarında,** *alla fine del XIX secolo.* ▸

*Anche il toponimo **Nişantaşı** è legato a un'antica presenza architettonica in questo ricco quartiere della parte europea d'Istanbul. Il suo nome significa infatti "pietra del bersaglio". I principi ottomani onoravano i vincitori delle gare di tiro con l'arco con questa sorta di monumenti, che segnalavano il punto di arrivo della freccia scagliata più lontano. Questa pratica viene ricordata da un ulteriore toponimo, **Okmeydanı**, quartiere vicino a **Nişantaşı**, il cui nome significa "piazza della freccia", ossia del tiro con l'arco.*

Seconda ondata: beşinci ders

Cinquantacinquesima lezione   55

Escursione in barca sul Bosforo

1   La barca piena di turisti parte *(partendo)* da Kabataş e avanza lentamente *(adagio adagio)* verso il Bosforo.

2   La guida:

3 –   Lo splendido edificio che sta subito sulla nostra sinistra è il Palazzo del Dolmabahçe *(riempito-giardino)*. Hanno riempito il mare e hanno costruito il palazzo al di sopra. Da qui viene il suo nome *(nome-suo qui-da viene)*.

4   Il palazzo è stato costruito *(fatto)* alla metà del diciannovesimo secolo. I sultani hanno abbandonato il Palazzo del Topkapı e son venuti a vivere *(hanno-abitato)* qui.

5   Dopo l'instaurazione della Repubblica *(Repubblica l'essere-fondata-da dopo)*, ogni volta che Atatürk da Ankara veniva a Istanbul, soggiornava qui; ed è qui che è morto.

▶ ② **gel-dik-çe**: **-dik-çe** è una variante di **-dik**, che significa *ogni volta che*, *man mano che*.

6 Saray bugün müze olarak kullanılmaktadır ③.
7 Yabancılar ellerindeki kameralarla film çekiyorlar ④.
8 – Şimdi Beşiktaş'tan geçiyoruz. İskelenin yakınındaki şu bina Deniz Müzesi. Gezerseniz sultanların kayıklarını görebilirsiniz.
9 Az ilerde gördüğünüz heykel ⑤, büyük Türk denizcisi Barbaros Hayrettin Paşa'nın heykelidir. Bu Ortaköy camisi.
10 Şu anda Asya'yı Avrupa'ya bağlayan Boğaziçi Köprüsü'nün ⑥ altından geçmekteyiz…

Note

③ **kullanılmaktadır**, lett. "è nell'essere utilizzato", ossia *è/viene utilizzato*. Si potrebbe dire più semplicemente **kullanılıyor**, ma questa costruzione con l'infinito di un verbo al locativo appartiene a un linguaggio ufficiale o volutamente descrittivo, come nel caso di una conferenza o di una visita guidata. Potete vedere la stessa costruzione alla frase 10: **geç-mek-te-y-iz**, invece di **geçiyoruz**, *stiamo passando*. L'infinito può essere declinato solamente ai tre casi nominativo, locativo e ablativo.

④ *Fare delle foto* si dice **resim çekmek** (v. lezione 31, frase 5) e *filmare, fare dei video* **film çekmek**. **Çekmek** ha come significato principale *tirare*.

⑤ **gördüğünüz heykel**, *la statua che vedete* e, alla frase 13, **yaklaştığımız yer**, *il luogo a cui ci avviciniamo*, sono altri due esempi di relative (v. lezione 54, nota 10).

⑥ Il Ponte sul Bosforo, **Boğaziçi Köprüsü**, è il primo *ponte sospeso* (**asma köprü**) costruito sullo stretto, nel 1973. Nel 1988, è stato costruito un secondo ponte, situato oltre il primo in direzione del Mar Nero, il **Fatih Sultan Mehmet Köprüsü**, il *Ponte Fatih Sultan Mehmet,* ossia il *Ponte del sultano Maometto II il Conquistatore*.

6 Oggi il palazzo è un museo *(museo essendo utilizzato-è)*.
7 Gli stranieri [lo] filmano con i loro apparecchi tecnologici *(mani-loro-in-che videocamere-con)*.
8 – Adesso, passiamo per Beşiktaş. Questo edificio che sta a fianco dello scalo è il Museo della Marina. Se lo visiterete, potrete vedere i caicchi *(le-barche)* dei sultani.
9 La statua che vedete un po' più avanti è quella del grande ammiraglio turco Barbarossa *(grande turco marinaio-suo Barbarossa Hayrettin Ammiraglio-[gen.] statua-sua-è)*. Questa è la moschea di Ortaköy.
10 In questo istante, stiamo passando sotto il Ponte sul Bosforo che unisce l'Asia all'Europa.

BOĞAZ 'DA TEKNEYLE GEZİNTİ

55 11 Burası Rumeli Hisarı. Fatih Sultan Mehmet tarafından yaptırılan ⑦ hisar dört ayda tamamlanmıştır ⑧. Bunun karşısındaki Anadolu Hisarı…
12 Şimdi Anadolu yakasına gidiyoruz. Gördüğünüz gibi, Boğaz'ın kıyılarında birbirinden güzel yalılar yer alıyor.
13 Şu anda yaklaştığımız yer Kanlıca. Burada biraz mola verip, meşhur yoğurdunu yiyeceğiz.
14 Bir saat sonra tekrar tekneye binip, Kavaklar'da balık yemek üzere yola çıkıyorlar.

Note

⑦ **Mehmet tarafından yaptırılan**, *che è stata fatta costruire da Maometto II* (lett. "da parte di Maometto II"), ossia *su ordine di Maometto II*. L'espressione composta da un nome seguito da **tarafından**, vuol dire *da parte di*.

⑧ **tamamlan-mış-tır**, "è-essendo-stato-completato", v. lezione 54, nota 5.

***

1. alıştırma – Çeviriniz

❶ Karşımızda gördüğümüz heykel, Atatürk'ün heykelidir. ❷ Gezdiğiniz saray 19. yy.'ın başlarında yapıldı. ❸ Biraz önce anlattığım gibi, Atatürk Dolmabahçe Sarayı'nda öldü. ❹ Tekne Kabataş'tan hareket ettikten sonra, Boğaz'a doğru ilerlemeye başladı. ❺ Mola verdiğimiz yerde, turistler yoğurt yediler. ❻ Turistler güzel yalıları gördükçe, resim çekiyorlardı. ❼ Şu anda Kanlıca iskelesine yaklaşmaktayız.

11 Questa è *(Qui)* Rumeli Hisarı *(la-fortezza di-Rumelia)*. La fortezza, che è stata costruita su ordine del sultano Maometto II il Conquistatore, è stata completata in quattro mesi. Di fronte a questa *(questa-[gen.] di-fronte-suo-in-che)*, [c'è] Anadolu Hisarı *(la-fortezza di-Anatolia)*…

12 Adesso, ci dirigiamo *(andiamo)* verso il lato anatolico. Come vedete, sulle rive del Bosforo si susseguono *(prendono posto)* gli "yalı", uno più bello dell'altro *(l'un-l'altro belli)*.

13 Il luogo a cui ci avviciniamo in questo momento è Kanlıca. Qui faremo una piccola sosta *(un-po' pausa daremo)* e mangeremo il *(suo)* celebre yogurt.

14 Dopo un'ora, risalgono in barca *(nuovamente in-barca montano)* e riprendono il cammino *(strada-a partono)* per [andare a] mangiare pesce nei [villaggi di] Kavak.

***

Soluzioni dell'esercizio 1

❶ La statua che vediamo di fronte a noi è la statua di Atatürk. ❷ Il palazzo che avete visitato è stato costruito all'inizio del XIX secolo. ❸ Come ho spiegato poco fa, Atatürk è morto nel Palazzo del Dolmabahçe. ❹ Dopo essere partiti da Kabataş, la barca ha cominciato a dirigersi verso il Bosforo. ❺ Nel luogo dove abbiamo fatto una sosta, i turisti hanno mangiato yogurt. ❻ I turisti, man mano che vedevano dei begli "yalı", facevano delle foto. ❼ In questo istante, ci stiamo avvicinando allo scalo di Kanlıca.

2. alıştırma – Tamamlayınız

❶ Oggi il Palazzo del Dolmabahçe viene utilizzato come museo.
Dolmabahçe ..... bugün müze ......
....

❷ Se visitate il Museo della Marina, non dimenticate di vedere i caicchi dei sultani, che stanno al piano terra.
Deniz ....,zemin.......
sultanların kayıklarını .... •

❸ Dopo l'instaurazione della Repubblica, Ankara è diventata capitale al posto di Istanbul.
Cumhuriyet .... sonra, ...
..... Ankara başkent .....

❹ La fortezza, che è stata costruita su ordine del Conquistatore [il sultano Maometto II], è stata completata in quattro mesi.
Fatih .... hisar dört ....
.... •

❺ Il secondo ponte sospeso che unisce l'Asia all'Europa è il Ponte Fatih Sultan Mehmet.
.... Avrupa'ya .... ikinci ....
köprü Fatih Sultan Mehmet .... •

❻ Sulle rive del Bosforo si susseguono gli "yalı", uno più bello dell'altro.
Boğaz'ın .... güzel
yalılar ... .

❼ I turisti, dopo essere risaliti in barca, partono per [andare a] mangiare pesce nei [villaggi] di Kavak.
Turistler, ... tekrar ....,
Kavaklar'da balık .... yola
.... •

Soluzioni dell'esercizio 2

❶ – Sarayı – olarak kullanılmaktadır ❷ – Müzesi'ni gezerseniz – kattaki – görmeyi unutmayınız ❸ – kurulduktan – İstanbul'un yerine – oldu ❹ – tarafından yaptırılan – ayda tamamlanmıştır ❺ Asya'yı – bağlayan – asma – Köprüsü'dür ❻ – kıyılarında birbirinden – yer alır ❼ – tekneye – bindikten sonra – yemek üzere – çıkacaklar

Nella seconda metà del XIX secolo, i sultani decidono che sia arrivato il momento di lasciare la storica residenza del **Topkapı**, *porta del cannone, il cui nome si fonda su una sineddoche architettonica, e si fanno costruire sul Bosforo il* **Dolmabahçe sarayı**, *il palazzo del giardino ricolmo, una nuova residenza rococò di marcato gusto europeo nel quartiere di* **Beşiktaş**. *Nonostante* **Mustafa Kemal Atatürk**, *originario di Salonicco, risiedesse nella capitale Ankara, quando era a Istanbul veniva ospitato al* **Dolmabahçe**. *Fu proprio in questo palazzo che morì nel 1938 e ancora oggi è possibile visitare le stanze da lui abitate durante i suoi viaggi nella vecchia capitale ottomana Il palazzo che rappresenta il tramonto dell'impero ottomano è dunque anche un luogo di memoria della Turchia repubblicana.*

Barbaros Hayrettin Paşa *è ricordato in Italia come il temuto corsaro Barbarossa, ma per i turchi fu un grande ammiraglio ottomano, capo della flotta imperiale e reggente di Algeri. Di origine greca, grazie alle sue vittorie navali nonché alle sue conoscenze marittime viene oggi considerato come il padre della marina ottomana. Il suo mausoleo funerario è ancora visibile e visitabile nel quartiere di* **Beşiktaş**. *Fu tumulato nel luogo in cui la sua flotta si riuniva prima di salpare e ancora dopo la sua morte ogni partenza veniva celebrata con dei colpi di cannone esplosi in suo onore. La città di Istanbul gli ha intitolato un parco,* **Barbaros parkı**, *in cui si trova il suo mausoleo,* **Barbaros Hayrettin Paşa türbesidir**, *e un monumento,* **Barbaros Hayrettin Paşa heykeli**, *nonché il viale che dal parco porta verso l'imbocco del primo dei tre ponti sul Bosforo,* **Barbaros bulvarı**. *Anche due rinnegati italiani, il calabrese* **Uluç Ali Paşa** *(al secolo Giovan Dionigi Galeni) il cui nome venne italianizzato in* Occhiali *e il veneto Hassan Veneziano, riuscirono nel XVI secolo a ricoprire la carica di grande ammiraglio della flotta ottomana!*

Seconda ondata: altıncı ders

56 Elli altıncı ders

Gözden geçirme – *Ripasso*

Ogni settimana macinate chilometri sulla strada del turco! Tutte le volte che incontrate una nuova forma verbale, un ventaglio di nuove possibilità di comunicazione si apre a voi, grazie ai mille usi che un verbo turco può offrire con la semplice aggiunta di suffissi.

1 Il suffisso *-dik*

In quest'ultima serie di lezioni, avete scoperto le molteplici risorse del suffisso **-dik**:

• La forma invariabile **-dikten sonra**, traducibile con *dopo aver/essere*..., è già stata incontrata nella serie precedente, v. lezione 49, § 1.
Müzeyi gezdik-ten sonra, turistler restorana gidiyorlar, *Dopo aver visitato il museo, i turisti vanno al ristorante.*
Il suffisso **-dik**, aggiunto alla radice verbale, indica un'azione effettuata: *dopo aver visitato*... la forma verbale **gez-dik** si comporta dunque come un sostantivo, si declina all'ablativo e viene accompagnata dalla posposizione **sonra**. Il soggetto a cui si riferisce si trova nella seconda parte della frase: nel caso sopraccitato, **turistler**. Si potrebbe anche dire, per esempio:
Müzeyi gezdik-ten sonra, biz restorana gittik, *Dopo aver visitato il museo, siamo andati al ristorante.*
Dal momento che, come avete visto, questa forma non cambia a seconda del soggetto, viene definita invariabile, ma nell'ultima serie di lezioni avete imparato che la forma **-dik** può anche essere declinata alle varie persone e diventare dunque variabile:

• La forma in **-dik**, unita al possessivo e seguita da **zaman**, **için**, **gibi**, permette di tradurre le proposizioni subordinate temporali, causali e modali.
Emekli ol-duğum zaman, bizim hanımla Karadeniz'e gittik, *Quando sono andato in pensione, con mia moglie siamo andati sul Mar Nero* (v. lezione 52, frase 8).
Devamlı çalıştığım için, İstanbul dışına pek çıkmadım, *Dal momento che ho lavorato senza sosta, non sono uscito molto da Istanbul* (v. lezione 52, nota 2).

Cinquantaseiesima lezione 56

Gördüğünüz gibi, Boğaz'ın kıyılarında birbirinden güzel yalılar yer alıyor, *Come vedete, sulle rive del Bosforo si susseguono gli "yalı", uno più bello dell'altro* (v. lezione 55, frase 12).

• La forma in **-dik** può tradurre anche le proposizioni subordinate relative; quando però il pronome relativo ha funzione di soggetto, si usa il participio in **-en**, **-an**: **burada çalışan memur**, *l'impiegato che lavora qui*.
gördüğünüz heykel, *la statua che vedete*
oturduğum semt, *il quartiere dove/in cui abito*
evlendiğim adam, *l'uomo col quale/con cui mi son sposata*
geçtiğim sokak, *la via da cui son passato*
çalıştığım şirket, *la società per la quale/in cui lavoro*
Come potete vedere, questo tipo di costruzione rende inutile l'utilizzo dei pronomi relativi, la cui scelta, per una persona che impara la nostra lingua, può rivelarsi alquanto ostica. Questo è uno dei casi in cui la costruzione della frase turca è più facile rispetto a quella italiana!

• **-dik-çe**, e le sue varianti **-dükçe**, **-dıkça**, **-dukça**, è un'ulteriore forma invariabile di **-dik**: serve per rendere una proposizione subordinata introdotta da "ogni volta che" "man mano che", a seconda del contesto.
Atatürk İstanbul'a geldikçe, burada kalırdı, *Ogni volta che Atatürk veniva a Istanbul, soggiornava qui* (v. lezione 55, frase 5).
Boğaz'da ilerledikçe, birbirinden güzel yalıları görüyoruz, *Man mano che avanziamo nel Bosforo, vediamo degli "yalı" uno più bello dell'altro*.

• Nei quattro possibili impieghi che abbiamo visto del suffisso **-dik**, il tempo della subordinata formata da **-dik** si allinea su quello della principale, salvo alcuni casi.

-dikten sonra:
Se il soggetto dei due verbi è lo stesso, la subordinata si traduce sempre in italiano con l'infinito passato, ma il tempo della principale può cambiare:
Müzeyi gezdikten sonra, turistler restorana gittiler;

Müzeyi gezdikten sonra, turistler restorana gidiyorlar (giderler);
Müzeyi gezdikten sonra, turistler restorana giderler (gidecekler):
Dopo aver visitato il museo, i turisti sono andati/vanno/andranno al ristorante.
Se il soggetto delle due proposizioni è diverso, **-dikten sonra** si traduce con *dopo che* e il tempo varia:
Turistler müzeyi gezdikten sonra, rehber onları otele götürecek,
Dopo che i turisti avranno visitato il museo, la guida li porterà all'albergo;
Turistler müzeyi gezdikten sonra, rehber onları otele götürdü,
Dopo che i turisti ebbero visitato il museo, la guida li portò all'albergo.
In queste due frasi, la subordinata introdotta da **-dikten sonra** presenta un'azione anteriore rispetto a quella della principale. Per questo, il tempo del verbo della subordinata non si allinea a quello della principale.

-diği zaman, -diği için, -diği gibi:
Geldiği zaman, sohbet ettik.
Geldiği zaman, sohbet ediyoruz (ederiz).
Geldiği zaman, sohbet ederiz (edeceğiz).
Quando è venuto, abbiamo parlato.
Quando viene, parliamo.
Quando verrà, parleremo.

-diği + nome:
Yazdığım mektubu gönderdim.
Yazdığım mektubu gönderiyorum (gönderirim).
Yazdığım mektubu gönderirim (göndereceğim).
Ho spedito la lettera che ho scritto.
Spedisco la lettera che ho scritto.
Spedirò la lettera che ho scritto (che scrivo).

-dikçe:
İstanbul'a geldikçe, burada kaldı.
İstanbul'a geldikçe, burada kalıyor (kalır).
İstanbul'a geldikçe, burada kalır (kalacak).
Ogni volta che è venuto a Istanbul, ha soggiornato qui.
Ogni volta che viene a Istanbul, soggiorna qui.
Ogni volta che verrà a Istanbul, soggiornerà qui.

In tutte queste frasi, abbiamo sempre indicato il presente attuale e generale per tradurre il presente italiano; il presente generale e il futuro per tradurre il futuro italiano. Certamente vi ricorderete che il presente generale turco ha un valore di presente abituale, ma anche di futuro incerto. Il futuro certo viene invece espresso dalla forma **-ecek**. Non preoccupatevi, torneremo più avanti su questo punto. Per il momento, aiutatevi con questi esempi:

Yazdığım mektubu gönderiyorum, *Spedisco* (in questo momento o tra un attimo) *la lettera che ho scritto.*
Yazdığım mektupları uçakla gönderirim, *Spedisco* (in genere) *per via aerea le lettere che scrivo* (in genere).
Yazdığım mektubu gönderirim, *La lettera che ho scritto, la spedirò...* (non so quando precisamente).
Yazdığım mektubu göndereceğim, *Spedirò* (sicuramente) *la lettera che ho scritto.*

Tornando alla forma verbale in **-dik**, avete avuto modo di constatarne la praticità, dal momento che vi permette di esprimere molteplici subordinate in maniera semplice e rapida. Nella prossima serie completeremo il quadro con delle piccole aggiunte.

2 I nomi d'azione in *-me*

Nomi d'azione, verbi sostantivati o nomi deverbali sono tre modi per dire la stessa cosa: che sono dei verbi che diventano nomi. A differenza di quelli in **-dik**, questi verbi sostantivati in **-me** esprimono un'azione virtuale, nel senso che deve ancora essere compiuta, e non è detto che alla fine lo sia: una sorta di azione in potenza.

Fino a oggi avete trovato questi nomi d'azione uniti a un possessivo e accompagnati da **lazım** o **gerekiyor**. Questa costruzione esprime l'idea dell'obbligo:

Öyle bir ceza yazma-m gerekiyor, *Devo farle una tale multa* (v. lezione 53, frase 17).
Yanma-sı lazım (possessivo singolare riferito a un plurale di cose), *i fari devono funzionare* (v. lezione 53, frase 14).

Attenzione, se la parola **lambalar**, *fari*, fosse espressa, dovrebbe essere al <u>genitivo</u>: **lambaların yanması lazım.**
Turistlerin Boğaz'ı görmeleri lazım, *I turisti devono vedere il Bosforo.*

3 Forma negativa del presente generale

Il presente generale ha una forma negativa completamente diversa rispetto a quella affermativa. Ecco per la prima volta la coniugazione intera:

yaz-ar-ım	yaz-ma-m	*scrivo, non scrivo*
yaz-ar-sın	yaz-ma-z-sın	ecc.
yaz-ar	yaz-ma-z	
yaz-ar-ız	yaz-ma-y-ız	
yaz-ar-sınız	yaz-ma-z-sınız	
yaz-ar-lar	yaz-ma-z-lar	

Come potete notare, la z della desinenza **-mez**, **-maz**, che caratterizza il presente generale alla forma negativa, non compare alla prima persona singolare e plurale. Questa forma negativa può spesso assumere un valore perentorio: **Bunu yapmam!**, *Questo, non lo farò!* Se, in più, si vuole esprimere un'impossibilità assoluta, si aggiunge la solita particella **-a-**, **-e-**.
Camı kapatamam, *Non riesco più a chiudere il finestrino* (v. lezione 53, nota 5).

4 Usi dell'infinito

• Al locativo:
L'infinito declinato al locativo e seguito dal verbo *essere* è una forma di stile più elevato, usata per conferire un tono solenne o pomposo a un'azione che si sta svolgendo. Sostituisce la forma in **-yor**:
Boğaz Köprüsü'nün altından geçmek-te-y-iz, *Stiamo passando sotto il Ponte sul Bosforo.*
Saray bugün müze olarak kullanılmaktadır, *Oggi il palazzo è un museo/viene utilizzato come museo* (v. lezione 55, nota 3).
Vi ricordiamo che l'infinito può essere declinato solo in tre casi: il locativo, di cui abbiamo appena visto due esempi, l'ablativo e ovviamente il nominativo.

• All'ablativo, seguito da **daha** nelle comparative:
Bu arabayı durdurmak, yokuşu çıkartmak-tan çok daha zor, *È molto più difficile fermare questa macchina piuttosto che farla andar su per la salita* (v. lezione 53, nota 1).

- Al nominativo:
La proposizione principale dell'ultimo esempio ci mostra l'uso dell'infinito al caso nominativo: **bu arabayı durdurmak zor**, *è difficile fermare questa macchina*.

5 La desinenza -*miş*

Infine, in quest'ultima serie, avete trovato anche delle forme in **-miş**.

- Il passato in **-miş** esprime un fatto appreso, raccontato, ma di cui non si è stati testimoni:
Perde çubuğu istemiş-siniz (v. lezione 50, nota 12), *A quanto pare avete chiesto dei bastoni per le tende*, dice il commerciante di Tahtakale alle due signore. Per coniugare questo passato in **-miş**, si aggiungono le desinenze del verbo *essere* alla forma base:

gel-miş-im
gel-miş-sin
gel-miş   *sembra sia venuto / a quanto pare è venuto* ecc.
gel-miş-iz
gel-miş-siniz
gel-miş-ler

- Il gerundio passato: *avendo fatto*.
İkisi de daha önce hiç evlen-me-miş-tir (v. lezione 54, nota 5), *Nessuno dei due si è mai sposato prima* ("non-essendo-stato-sposato-è").
Evlen-miş, *avendo sposato, essendosi sposato*; aggiungendo il verbo *essere* si conferisce al gerundio passato un valore di constatazione.
Attenzione a non confondere il gerundio con la terza persona singolare del passato in **-miş**; hanno la stessa forma ma non lo stesso valore: **Bu adam evlenmiş, sonra yurt dışına gitmiş ve bir daha gelmemiş**, *A quanto pare quest'uomo si è sposato, poi è partito all'estero e non è più ritornato*.

Se avete compreso i diversi valori delle forme in **-miş**, ma a volte avete l'impressione di confondervi, non preoccupatevi, è normale! Rileggete la spiegazione e gli esempi della lezione 42 e poi i testi in cui queste forme appaiono. Vedrete che pian piano, grazie alla pratica, ogni cosa s'incasellerà al posto giusto!

57

57 Elli yedinci ders

Yeni eve taşınırken ①

1 Bir aile evden taşınmak üzere. Yeni kiraladıkları daireyi ② onarıp hazırlıyorlar.
2 Hanım, dışarda çalışmadığı için ③ evin bütün işleriyle kendisi ilgileniyor.
3 Marangozda:

Note

① **taşınmak** è il riflessivo di **taşımak**, *trasportare*, e significa *trasferirsi*. Con la parola **ev** prende il senso di *traslocare*: **evden taşınmak** o **yeni eve taşınmak**.

② **kirala-dık-ları daire**, *l'appartamento che affittano / hanno affittato*; già conoscete questa costruzione di **-dik** col possessivo (v. lezione 56, § 1), ma è la prima volta che trovate questa forma alla terza persona plurale. In questa lezione, sono presenti numerose relative costruite allo stesso modo: **yaptığınız dolap**, *l'armadio che ha fatto* (v. frase 4), **taktığınız musluklar**, *i rubinetti che ha installato* (v. frase 10), **ısmarladığım yorgan**, *la trapunta che ho ordinato* (v. frase 15), **verdiğiniz ölçü**, *le misure* (la misura) *che ha dato* (v. frase 19). ▸

Quanta strada avete fatto in soli due mesi! Siete già in grado di sostenere una conversazione in turco. Ancora un po' di coraggio e vedrete che, senza accorgervene, arriverete a sentirvi a vostro agio in ogni circostanza. **Kolay gelsin!**

Seconda ondata: yedinci ders

Cinquantasettesima lezione 57

Quando si trasloca…
(Nuova casa-a traslocando)

1 Una famiglia sta per traslocare *(casa-da traslocare sta-per)*. Ristrutturano e preparano l'appartamento che hanno affittato da poco.
2 Dal momento che la moglie non lavora *(all'esterno)*, è lei che si occupa di tutti i lavori della casa.
3 Dal falegname:

▶ Guardate ora le diverse possibilità che si offrono cambiando di posizione la parola **yeni** nella frase 1: **yeni kiraladıkları daire**, *l'appartamento che hanno appena affittato / affittato da poco*; oppure **kiraladıkları yeni daire**, *il nuovo appartamento che hanno affittato*. Se **yeni** precede un nome funge da aggettivo, come nel secondo caso. Quando invece precede un verbo, ha funzione di avverbio; in tal caso **yeni** si traduce con *appena*, *da poco*.

③ **hanım çalış-ma-dığ-ı için**, *dal momento che la moglie non lavora*: **çalış-ma-dığ-ı** è la forma negativa di **çalış-tığ-ı**. La forma verbale **-dik**, come tutte le altre, può essere preceduta dalla particella negativa **-me-**, **-ma-**.

57

4 – Usta ④, geçen gün yaptığınız dolabın kapağı kapanmıyor. Bu akşam uğrayıp bakabilir misiniz?
5   Nalburda:
6 – Yirmi metre karelik bir odaya, üç kilo plastik duvar boyası ⑤ yeter mi acaba?
7 – Boyayı iki kat sürerseniz yeter, ama duvarlar çok kirliyse üç kat sürmeniz gerekir, o zaman üç kilo az gelir.
8 – Ben bir de yüz gram küçük çiviyle iki tane fırça ⑥ istiyorum.
9   Su tesisatçısında:
10 – Usta, geçen gün taktığınız musluklar damlıyor ⑦. Yeni muslukların damlamaması lazım.

Note

④ **usta** significa *maestro, mastro, esperto, artigiano* (v. lezione 46, nota 2) e si usa per rivolgersi a un artigiano.

⑤ **boya** significa *pittura, tintura, vernice*. **Suluboya** è *l'acquerello* mentre la **yağlı boya** è *la pittura a olio*. **Boya-mak** vuol dire *colorare, verniciare, dipingere*; **boya-t-mak**, *far dipingere, far verniciare*.

⑥ **fırça** significa *pennello* ma anche *spazzola*: **diş fırçası**, *spazzolino da denti* (v. lezione 45, frase 4), **saç fırçası**, *spazzola per capelli* ecc.

⑦ Il verbo **damlamak**, *gocciolare*, deriva dalla parola **damla**, *goccia*. **Yeni musluklar-ın damla-ma-ma-sı lazım**, *i rubinetti nuovi non dovrebbero perdere*; letteralmente "il loro non gocciolare è necessario". Per tradurre *non è necessario, non bisogna*, la negazione va nel verbo e non su **lazım**. In questo ▶

4 – *(Mastro,)* la porta dell'armadio che ha fatto l'altro giorno non si chiude. Può passare a darle un'occhiata questa sera *(passare guardare)*?

5 Dal ferramenta:

6 – Per una stanza di 20 m², tre chili di vernice acrilica *(plastica muro vernice-sua)* bastano?

7 – Se passate due mani di vernice *(Vernice-[accus.] due strati se-spalmate)*, bastano, ma se i muri sono molto sporchi, deve passare tre mani e allora tre chili non bastano *(poco viene)*.

8 – Poi *(io)* vorrei cento grammi di chiodini e due pennelli.

9 Dall'idraulico *(Acqua idraulico-in)*:

10 – *(Mastro,)* i rubinetti che ha installato l'altro giorno perdono *(gocciolano)*. I rubinetti nuovi non dovrebbero perdere.

▶ modo si ottiene **-me-me-**, **-ma-ma-** seguito dal possessivo e da **lazım**. Come avete visto alla lezione 56, il soggetto va al genitivo. In questo caso il possessivo è al singolare perché il soggetto del verbo è un plurale di cose.

11 Ayrıca lavabo da tıkalı. Bir ara uğrayıp bakmanızı rica ediyorum ⑧.
12 Bakırcıda:
13 – Bu tepsiyle bakracı parlatmanızı istiyorum. Eski eşyayı yenileyip yeni evimde kullanacağım.
14 Yorgancıda:
15 – Oğlum için ısmarladığım yorgan bitti mi? Haftaya askerden ⑨ dönüyor da.
16 – Bu kadar acele olduğunu bilmiyordum ⑩.
17 Tuhafiyecide ⑪:
18 – Ustanın diktiği perdeler ⑫ çok uzun geldi.
19 – Verdiğiniz ölçüye göre yaptı. O zaman getirin kısaltalım.

Note

⑧ **bak-ma-nız-ı rica ediyorum**, *la prego di guardare*; letteralmente "prego il vostro guardare"; ecco un altro utilizzo della forma verbale in **-me**: aggiungendo un possessivo e un accusativo il verbo diventa il complemento oggetto del verbo della frase principale, che solitamente esprime una domanda o una volontà. In questo modo si rendono, in turco, le frasi completive italiane, per esempio *voglio che tu venga*, **gel-me-n-i istiyorum**; oppure **parlat-ma-nız-ı istiyorum**, *vorrei che lucidasse* (v. frase 13). Alla forma negativa: *vi prego di non parlare*, **konuş-ma-ma-nız-ı rica ediyorum**.

⑨ **asker** vuol dire *soldato*, *militare*. Si può usare per parlare del *servizio militare*: **ben askerdeyken**, *quando ero militare, durante il servizio militare*; **oğlum askerden dönüyor**, *mio figlio torna dal servizio militare*. Se si vuole invece insistere sul periodo di tempo del servizio militare, si userà piuttosto **askerlik**: **askerliğimi Manisa'da yaptım**, *ho fatto il mio servizio militare a Manisa*.

11 Oltretutto, pure il lavandino è otturato. La prego di passare un attimo a vedere.
12 Dal ramaio:
13 – Vorrei che lucidasse *(il-far-brillare-vostro-[accus.])* questo vassoio e questa brocca. Rimetto *(rimetterò)* a nuovo i vecchi oggetti e li utilizzerò nella mia nuova casa.
14 Dal fabbricante di trapunte:
15 – La trapunta che ho ordinato per mio figlio è pronta *(ha-finito* **mi***)*? È che torna dal servizio militare *(soldato-da)* tra una settimana.
16 – Non sapevo fosse così urgente.
17 In merceria:
18 – Le tende che il mastro ha cucito sono troppo lunghe *(troppo lungo è-venuto)*.
19 – [Le] ha fatte secondo le misure *(misura-a secondo)* che ha dato. Va bene *(allora)*, [le] porti che [le] accorciamo.

▶ ⑩ **bu kadar acele olduğ-u-n-u bilmiyordum**, *non sapevo fosse così urgente*; letteralmente "non sapevo il suo essere così urgente". Si tratta sempre della stessa costruzione: aggiungendo un possessivo e un accusativo alla forma verbale, in questo caso in **-dik-**, si ottiene la completiva.

⑪ Il negozio del **tuhafiyeci** è una *merceria*, ma diventa sempre di più un luogo dove si può trovare un po' di tutto: tessuti, passamaneria, giocattoli e oggetti di plastica, ombrelli, specchi…

⑫ **usta-n-ın dik-tiğ-i perdeler**, *le tende che il mastro ha cucito*: come il soggetto della forma verbale in **-me** (v. nota 7), anche quello della forma in **-dik** va al genitivo.

üç yüz seksen dört

20 Hanım bütün bu işleri bitirdikten sonra birkaç dükkana daha uğruyor:
21 Kunduracıya tamir edilecek ayakkabıları ⑬ bırakıyor. Kuru temizleyiciden temizlenmiş elbiseleri alıyor ⑭, sonra kırtasiyeciden kağıtla yapıştırıcı alıyor.
22 Ve tabii eve dönmeden önce ⑮ eczaneden vitamin almayı da unutmuyor. Yorucu bir gündü!

Note

⑬ **tamir edilecek ayakkabılar**, "le scarpe che saranno riparate", dunque, in italiano, *da riparare*; **yapılacak bir şey yok**, *non c'è niente da fare*; **kırılacak eşya var**, *ci sono delle cose che saranno rotte* (suscettibili d'essere rotte), da cui *fragili*. Avete già trovato questa costruzione con un verbo alla forma attiva (v. lezione 47, nota 13).

⑭ Ricordatevi che **almak**, con il senso di *prendere*, *comprare in un negozio*, regge l'ablativo (v. lezione 12, nota 11).

⑮ **eve dön-me-den önce**, *prima di tornare a casa*. Avete già trovato questa costruzione alle lezioni 46 (nota 3) e 52 (nota 6), ma adesso potete capire perché si forma in questo modo: "prima del rientrare a casa".

***

1. alıştırma – Çeviriniz

❶ Bir dolap yapmanızı istiyorum. ❷ Ismarladığımız yorgan henüz hazır değil. ❸ Perdeler için ölçülerinizi vermeniz lazım. ❹ Bugün vermenizi rica ederim, yoksa öbür gün için yapamam. ❺ Ailenin yeni taşındığı ev eski bir ahşap evdir. ❻ Boya ve fırça almayı unutmamanız lazım. ❼ Kızımın oturduğu ev buradan çok uzak. ❽ Ismarladığım dolabı yarına kadar bitirebilir misiniz?

20 La signora, dopo aver terminato tutte queste faccende, passa ancora in alcuni negozi:
21 Lascia dal calzolaio le scarpe da riparare. Prende in tintoria i vestiti che sono stati lavati *(puliti)*, poi dal cartolaio compra carta e colla.
22 E naturalmente, prima di tornare a casa, non dimentica di comprare le vitamine in *(dalla)* farmacia. Che giornata faticosa *(Faticosa una giornata-è-stata)*!

▸ In questa lezione, oltre ai diversi valori di **-dik**, avete visto alcuni fattitivi che, vi ricordiamo, si creano interponendo **-dir/-tir** o **-t-**:

bit-mek	*finire, terminare*	**bit-ir-mek**	*concludere*
yap-mak	*fare*	**yap-tır-mak**	*far fare*
boya-mak	*dipingere*	**boya-t-mak**	*far dipingere*
parla-mak	*brillare*	**parla-t-mak**	*far brillare*
kısal-mak	*accorciarsi*	**kısal-t-mak**	*accorciare*
gönder-mek	*spedire*	**gönder-t-mek**	*far spedire*

***

Soluzioni dell'esercizio 1

❶ Vorrei che [mi] facesse un armadio. ❷ La trapunta che abbiamo ordinato non è ancora pronta. ❸ Deve darmi le misure per le tende. ❹ La prego di darme[le] oggi, altrimenti non riuscirò a far[le] per dopodomani. ❺ La casa in cui la famiglia ha appena traslocato è una vecchia casa in legno. ❻ Bisogna che non dimentichi di comprare la vernice e il pennello. ❼ La casa dove abita mia figlia è molto lontana da qui. ❽ Può finire entro domani l'armadio che ho ordinato?

2. alıştırma – Tamamlayınız

❶ Prima di abitarci, ristrutturerete e preparerete l'appartamento che avete appena affittato.
.... önce, yeni .... daireyi
....

❷ Se passate tre mani di vernice, un chilo non basterà.
Boyayı üç ... ., bir kilo ....

❸ Il gabinetto perde. La prego di passare un attimo a vedere.
Tuvaletten su .... Bir ara ....
.... rica ....

❹ Facciamo dipingere questi muri. Non sapevamo che fossero così sporchi.
Bu duvarları .... Bu ..... kirli
....

❺ Prima che io traslochi, voglio che faccia ridipingere questo appartamento.
Ben .... önce, bu ....
.... istiyorum.

❻ La signora ha lasciato al ramaio una brocca da lucidare.
Hanım, bakırcıya .... bir ......
bıraktı.

❼ Ho dato al falegname un tavolo da riparare.
.... tamir .... bir masa ....

❽ Mi ha spedito una trapunta che non ho ordinato. Deve esserci un errore.
Bana, ... bir yorganı
.... Bir yanlışlık ....

Soluzioni dell'esercizio 2

❶ Oturmadan – kiraladığınız – onarıp hazırlayacaksınız ❷ – kat sürerseniz – yetmez ❸ – akıyor – uğrayıp bakmanızı – ediyorum ❹ – boyatalım – kadar – olduğunu bilmiyorduk ❺ – taşınmadan – daireyi boyatmanızı – ❻ – parlatılacak – bakraç – ❼ Marangoza – edilecek – verdim ❽ – ısmarlamadığım – göndermişsiniz – olmalı

La parola turca **marangoz** *deriva dall'italiano dialettale "marangon",* falegname, *diffuso nel nord Italia in una vasta area che corrisponde più o meno all'estensione dell'antico Dominio di Terraferma della Repubblica di Venezia. Questa parola ha un'etimologia discussa: alcuni studiosi la fanno risalire al marangon, un tipo di uccello che si tuffa nell'acqua per prendere i pesci. Ma come si è arrivati da questi uccelli alla lavorazione del legno? Sembra che all'Arsenale di Venezia ci fossero degli operai addetti alle riparazioni subacquee degli scafi, i quali, proprio come gli uccelli, armati di ascia si tuffavano in acqua per raggiungere la zona d'intervento. Il passaggio linguistico dal veneto al turco non desta poi particolari problemi: i veneziani erano una delle comunità più importanti nella Istanbul ottomana, i quotidiani contatti tra mercanti italiani e mercanti ottomani hanno lasciato numerose tracce linguistiche nel Mediterraneo e vi è poi la possibile interpolazione del greco moderno* marangós, *falegname (anch'esso derivante dal veneziano). Non bisogna però dimenticare che la Serenissima è sempre stata ossessionata dall'idea che il Sultano inviasse delle spie nell'Arsenale per carpirle i segreti in esso custoditi... e se questo prestito linguistico fosse proprio la dimostrazione che queste paure non erano infondate?*

Seconda ondata: sekizinci ders

58 Elli sekizinci ders

Bir aşk ① mektubu

1 "Canım sevgilim,
Bir aydır senden uzaktayım. Seni ne kadar özlediğimi bilemezsin ②. Buraya geldiğimden beri ③ durmadan ④ çalıştım.

2 Son bir iki gündür işler hafiflediği ⑤ için sana yazmaya vakit bulabildim ⑥.

3 Her zaman seni düşünüyorum. Biliyor musun, tanıştığımız günü hiç unutamıyorum ⑦. Ne kadar mutluyduk.

Note

① **aşk**, *amore*; **aşık** vuol dire *innamorato*; **birisine aşık olmak**, *innamorarsi di qualcuno*. Questa parola designa anche i cantori che intonano motivi popolari accompagnandosi col **saz**, un liuto, conosciuto in Italia anche col nome di "chitarra saracena".

② **seni ne kadar özlediğ-im-i bilemezsin**, *non puoi sapere quanto mi manchi* ("il-mio-sentire-la-tua-mancanza"): questa forma verbale unita a un possessivo e a un accusativo diventa complemento oggetto del verbo **bilemezsin** e si traduce in italiano con una completiva; questa costruzione è la stessa che avete visto nella lezione precedente alla frase 16: **bu kadar acele olduğunu bilmiyordum** e che ritroviamo in questa lezione alla frase 11: **beni özlediğini yazıyorsun**.

③ **buraya geldiğ-im-den beri**, *da quando sono arrivato qui*: come vedete alla forma in **-dik** è possibile aggiungere anche un ablativo; se seguito da **beri**, come in questo caso, rende l'italiano *da quando...*; **sizi tanıdığ-ımız-dan beri**, *da quando vi conosciamo*.

Cinquantottesima lezione 58

Una lettera d'amore

1 "Mio caro tesoro *(anima-mia caro-mio)*,
  È un mese che sono lontano da te. Non
  puoi sapere quanto mi manchi *(te sento-la-
  mancanza)*. Da quando sono arrivato qui,
  ho lavorato senza sosta *(fermarsi-senza ho-
  lavorato)*.
2 Dal momento che in questi ultimi *(uno due)*
  giorni il lavoro è diminuito, son riuscito a
  trovare il tempo per scriverti.
3 Penso a te ogni istante *(tempo)*. Sai, non posso
  assolutamente dimenticare il giorno in cui ci
  siamo conosciuti. Come eravamo felici!

▶

④ **dur-madan**, *senza sosta*; questa forma la avete già trovata alle lezioni 36 (nota 12) e 43 (nota 5). Non confondetela con **-madan önce**, *prima di...*, di cui avete alcuni esempi nelle ultime lezioni (come alla lezione 57, nota 15).

⑤ **hafif-le-mek**, da **hafif**, *leggero, lieve, tenue, fioco*, da cui *alleggerirsi, attenuarsi, diminuire*.

⑥ **bul-abil-dim**, *sono riuscito a / ho potuto trovare*; ricordatevi la forma che esprime la possibilità al passato: **yetişebildiler**, *sono riusciti ad arrivare in tempo* (v. lezione 44, nota 12 e lezione 49, § 4).

⑦ **tanış-tığ-ımız gün-ü unutamıyorum**, *non posso dimenticare il giorno in cui ci siamo conosciuti*: la parola a cui è attaccata la relativa è essa stessa complemento della principale; ma può anche esserne il soggetto: **tanı-dığ-ım en değerli varlıksın**, *sei l'essere più prezioso che conosca / abbia conosciuto* (v. frase 4).

üç yüz doksan • 390

4   Sen hayatta tanıdığım en değerli varlıksın. Senin için her fedakarlığa hazırım, bunu bilmeni isterim ⑧.
5   Sana kavuşacağım anı dört gözle bekliyorum ⑨. Çok yakında görüşmek ümidiyle, kucaklarım."
6   Genç kız mektubu okur okumaz telefona sarıldı:
7 – Alo, canım, sen misin? Mektubunu biraz önce aldım. Ben de seni çok özledim. Bu hafta sonu gelebilir misin?
8 – Şey ⑩, hava çok soğuk, yağış ⑪ var.
9 – Ama yollar açık. İstersen yataklıyla gel.
10 – Ben trende hiç uyuyamam.
11 – Mektubunda beni özlediğini yazıyorsun da.
12 – Tabii, seni görmeyi çok isterim, ama biliyorsun, hafta sonları arkadaşlarla satranç oynuyoruz.
13 – Peki, o zaman senden bir tek fedakarlık istiyorum: Bir daha canın sıkıldığı zaman bana aşk mektubu yazma.

Note

⑧ **bunu bilme-n-i isterim**, *voglio che tu lo sappia*, v. nota 8 della lezione precedente.

⑨ **sana kavuş-acağ-ım an-ı bekliyorum**, *aspetto il momento in cui ti ritroverò*: il futuro con il possessivo permette di tradurre la relativa, tanto quanto la forma in **-dik**.

⑩ La parola **şey**, *cosa*, viene usata per temporeggiare, quando si cerca una parola o si prende il tempo di riflettere su quello che si vuole dire. Non fa certo parte degli aspetti stilisticamente eleganti della lingua, ma statene certi, questa interiezione vi si rivelerà preziosissima!

4 Sei l'essere più prezioso che abbia conosciuto in vita mia. Per te sono pronto a qualsiasi *(ogni)* sacrificio, voglio che tu lo sappia *(questo-[accus.] il-sapere-tuo-[accus.] voglio)*;

5 Aspetto con impazienza *(quattro occhio-con)* il momento in cui ti ritroverò. Nella speranza di vederti prestissimo, [ti] abbraccio."

6 Non appena la *(giovane)* ragazza legge la lettera, afferra *(si-è-aggrappata)* il telefono:

7 – Pronto, amore mio, sei tu? Ho appena *(poco prima)* ricevuto la tua lettera. Anche tu mi manchi molto *(Io anche te molto ho-sentito-la-mancanza)*. Questo fine settimana puoi venire?

8 – Uhm *(cosa)*... fa molto freddo e piove.

9 – Ma le strade sono libere *(aperte)*. Se vuoi, vieni in vagone letto.

10 – Io in treno non riesco per niente a dormire.

11 – Eppure nella *(tua)* lettera scrivi che ti manco.

12 – Naturalmente vorrei tanto vederti, ma sai, i fine settimana gioco *(giochiamo)* con gli amici a scacchi.

13 – Bene, in tal caso l'unico sacrificio che ti chiedo *(da-te un solo sacrificio voglio)* è di non scrivermi lettere d'amore quando ti annoi!

▶ ⑪ **yağış** significa *precipitazione* e designa tutto ciò che cade dal cielo: **yağmur**, *pioggia*; **kar**, *neve*; **dolu**, *grandine*. Nella lingua di tutti i giorni, **yağış var** significa *piove*.

1. alıştırma – Çeviriniz

❶ Beni çok sevdiğini yazıyor. Benim için her fedakarlığa hazırmış. ❷ Ne kadar mutlu olduğumuzu bilemezsiniz. ❸ Sizinle tanışacağım günü dört gözle bekliyorum. ❹ Bana hiç aşk mektubu yazmadığı için, onu terk ettim. ❺ Kız, sevgilisinin mektubunu alır almaz, onu aradı. ❻ Bana mektup yazmanı bekliyorum. Burada çok yalnız olduğumu bilmen lazım. ❼ Seninle tanıştığımdan beri, durmadan, hep seni düşünüyorum.

2. alıştırma – Tamamlayınız

❶ Poiché da due mesi non trovo il tempo per venire da te, [ti] scrivo una lettera.

İki ..... sana .... vakit ....
...., mektup ....

❷ Ho capito che non ti mancavo davvero.

.... gerçekten .... anladım.

❸ Ti prego di non scrivermi lettere d'amore ogni volta che ti annoi.

Bir daha canın ...., bana ... mektubu .... rica ederim.

❹ Non sapevo che giocasse ogni settimana a scacchi con i suoi amici.

.... her ..... satranç ....
bilmiyordum.

❺ Non pensare che ti abbia dimenticato. Quando il lavoro diminuirà, verrò certamente.

Seni .... sanma. İşlerim ....
mutlaka ....

Soluzioni dell'esercizio 1

❶ Scrive che mi ama molto. Sembra che sia pronto a ogni sacrificio per me. ❷ Non potete sapere quanto siamo felici. ❸ Aspetto con impazienza il giorno in cui la conoscerò. ❹ Dal momento che non mi ha scritto nessuna lettera d'amore, l'ho lasciato. ❺ La ragazza, non appena ha ricevuto la lettera del suo amato, lo ha chiamato. ❻ Aspetto che tu mi scriva delle lettere. Devi sapere che sono molto solo qui. ❼ Da quando ti ho conosciuta, penso sempre a te, senza sosta.

Soluzioni dell'esercizio 2

❶ – aydır – gelmeye – bulamadığım için – yazıyorum ❷ Beni – özlemediğini – ❸ – sıkıldıkça – aşk – yazmamanı – ❹ Arkadaşlarıyla – hafta – oynadığını – ❺ – unuttuğumu – hafifleyince – geleceğim

Seconda ondata: dokuzuncu ders

59 Elli dokuzuncu ders

Karakolda

1   Bir kadın telaş ① içinde karakola girip komiserle konuşuyor:
2 – Komiser bey, oğlumu kaybettim ②. Ne olur ③, bulun oğlumu.
3 – Sakin olun hanımefendi. Nasıl, nerede kaybettiniz?
4 – Pazardaydık, elinden tutuyordum. Bir ara, aldığım sebzeleri çantaya koymak için elini bıraktım ④.
5   Kaçıp gitmiş. Orada bulunanlar, karakola haber verin, dediler.
6 – Çocuğu bize tarif edin ⑤.

> **Pronuncia**
> **6 tarif**: pronunciate questa parola come se avesse due **a**.

Note

① **telaş** significa *smania*. **Telaş içinde** rende uno stato e si può tradurre con *sconvolto*, *trafelato*. **Telaşla** vuol dire invece *di fretta*, *di corsa*: **evden telaşla çıkıp gitti**, *è uscito di casa di corsa*. I verbi **telaş etmek** e **telaşlanmak** significano *allarmarsi*, *agitarsi*, *perdere la calma*: **telaşlanmayın**, **telaş edecek bir şey yok**, *non perdete la calma, non c'è alcun motivo per agitarsi*.

② **kayb-etmek** significa *perdere* e **kayb-olmak**, *perdersi*, *sparire*: **küçük eski araba gözden kayboluyor**, *la vecchia macchinetta si dilegua* (dalla vista) (v. lezione 53, frase 19).

Cinquantanovesima lezione   59

Alla stazione di polizia

1 Una donna sconvolta entra nella stazione di polizia e dice al *(parla col)* commissario:
2 – Signor commissario, ho perso mio figlio. La prego, trovate[lo] *(figlio-mio-[accus.])*.
3 – Si calmi *(calma siate)*, signora. Come e dove [lo] ha perso?
4 – Eravamo al mercato, [lo] tenevo per *(sua)* mano. A un [certo] momento, ho lasciato la sua mano per mettere nella borsa le verdure che avevo comprato.
5 A quanto pare è scappato *(scappato-sembra-sia partito-sembra-sia)*. Quelli che si trovavano là mi hanno detto di chiamare la polizia *(stazione-di-polizia-a informazione date hanno-detto)*.
6 – Ci descriva il bambino.

③ **ne olur**, *che succederà...* In questo caso si sottintende *se non fate niente*, per questo abbiamo deciso di renderlo con *la prego* (v. lezione 41, frase 2). **Oraya şapkasız gidersem, ne olur?**, *Se vado laggiù senza cappello, che può mai succedere?*

④ **bırakmak** significa *lasciare* in tutti i sensi che questo verbo può avere: *mollare, depositare, abbandonare, permettere...*

⑤ **tarif etmek**, *descrivere* ma anche *indicare*; **yolu tarif etmek**, *indicare il tragitto*.

7 – Üç yaşında, sarışın. Üzerinde lacivert kadife pantolon ⑥, yeşil yün kazak var.
8 – Merak etmeyin, gerekeni yaparız ⑦.
9   O sırada genç bir adam:
10 – Vapurdan inerken çantamı düşürdüm ⑧. Hüviyetim, ehliyetim, her şeyim içindeydi. Bana yardımcı olmanızı ⑨ rica ediyorum.
11 – Nasıl bir çantaydı?
12 – Küçük kahve rengi, deriden.
13   Biraz sonra, komiser:
14 – Şimdi ekipten bildirdiler. Bir çocuk bulunmuş. Yalnız sizinki olup olmadığını bilmiyorlar ⑩. Ama öğreneceğiz.

Note

⑥ **pantolon** (o **pantalon**) è il *pantalone* all'occidentale. Il **şalvar**, è invece il *pantalone* alla turca, col tipico cavallo basso, che è ancora molto utilizzato nelle campagne. Nonostante sia alla base un vestito unisex, viene oggigiorno utilizzato soprattutto come capo femminile nella moda occidentale!

⑦ **gereken-i yaparız**, *faremo il necessario*. La forma in **-en**, **-an**, come avete già visto, può essere declinata e comportarsi dunque come un nome: in questo caso funge da complemento oggetto ed è dunque all'accusativo. Alla frase 16, **getiren adam**, la stessa forma funge da aggettivo ed è invariabile; lo stesso discorso vale per **verilen tarife** (sempre alla frase 16).

⑧ In questa frase **düşürmek** vuol dire *far cadere* nel senso di *farsi sfuggire di mano* e indica dunque un atto involontario. Ma sappiate che, in un altro contesto, questo verbo può indicare un atto volontario: **hırsız, çantasını almak için, kadını düşürdü**, *il ladro ha fatto cadere la signora per prendere la sua borsa*.

7 – Ha tre anni ed è biondo. Indossa dei pantaloni in velluto blu marino e un maglione di lana verde.
8 – Non si preoccupi, faremo il necessario.
9 In quel momento, un giovane *(uomo)* [arriva e dice]:
10 – Scendendo dal battello, mi è caduto il borsello *(la-borsa-mia-[accus.] ho-fatto-cadere)*. Dentro c'era tutto *(ogni cosa-mia dentro-era)*: i *(miei)* documenti, la *(mia)* patente. La prego, mi aiuti *(Me-a aiutante l'essere-vostro-[accus.] preghiera faccio)*.
11 – Come era il borsello?
12 – Piccolo, marrone *(caffè colore)*, in cuoio.
13 Un po' più tardi, il commissario [dice]:
14 – È appena stato comunicato da una volante *(squadra)* che è *(sembra-sia)* stato trovato un bambino. Solo che non sanno se sia il suo o meno. Ma lo scopriremo *(verremo-a-sapere)*.

▶ ⑨ **olma-nız-ı** è all'accusativo perché funge da complemento oggetto di **rica ediyorum**; per approfondire questa costruzione v. lezione 57, nota 8 e lezione 58, nota 8.

⑩ **sizinki ol-up ol-madığı-n-ı bilmiyorlar**, *non sanno se sia il suo o meno*, letteralmente "se è o non è il vostro". **Olup** rimpiazza **olduğunu**; imparate questa costruzione. Allo stesso modo, potrete formare qualsiasi frase introdotta in italiano da *non so se, mi chiedo se, non ha detto se... o meno*: **dün eve dönüp dönmediğini bana söylemedi**, *non mi ha detto se ieri sia tornato o meno a casa*.

59 15 Bir polis memuru elinde bir çantayla geliyor:
16 – Komiserim, bu çanta verilen tarife uyuyor ⑪. Getiren adam iskelenin önünde bulduğunu söyledi ⑫.
17 Genç adam:
18 – A… bu benim çantam… İçindekiler olduğu gibi duruyor ⑬. Ne iyi insanlar var…
19 Teşekkür edip, sevinerek gidiyor.
20 Daha sonra, iki kadın sarışın bir çocuğun elinden tutmuş, getiriyorlar.
21 – Pazar yerinde bu çocuğu bulduk. Annesini kaybetmiş.
22 Kadın sevinçten ağlayarak çocuğunu kucaklıyor.

Note

⑪ Attenzione, **uy-mak** vuol dire *coincidere, combaciare* (e dunque *corrispondere*), ma anche *confarsi, adeguarsi, ispirarsi* e non deve in alcun modo essere confuso con **uyu-mak**, *dormire*. Al presente attuale presentano la stessa forma: **uyuyor**, ma al presente generale sono diversi: **uy-mak** diventa **uyar** mentre **uyu-mak** diventa **uyur**.

⑫ **bulduğu-n-u söyledi**, *ha detto di aver[lo] trovato, ha detto che [lo] ha trovato*, è la stessa costruzione usata in **acele olduğunu bilmiyordum**, *non sapevo fosse urgente* (v. lezione 57, nota 10) o in **sizinki olup (= olduğunu) olmadığını bilmiyorlar** (nota 10 della presente lezione).

⑬ **içindekiler olduğu gibi duruyor**, *le cose che erano dentro sono rimaste* (rimangono) *tali e quali*: imparate l'espressione **olduğu gibi** per tradurre *tale/i e quale/i*. Tra i vari significati del verbo **durmak**, che qui ha il senso di *restare*, *rimanere*, c'è anche *stare*: **kitabın, koyduğun masada hâlâ duruyor**, *il tuo libro sta ancora sul tavolo, [laddove lo] hai messo*.

15 Un poliziotto arriva con un borsello in mano:
16 – *(Mio)* Commissario, questo borsello corrisponde alla descrizione fatta *(che-è-stata-data)*. L'uomo che l'ha portato ha detto di averlo trovato davanti al molo d'imbarco.
17 Il giovane:
18 – Ah, questo è il mio borsello! Le cose che erano dentro sono rimaste tali e quali. Che brave persone ci sono [a questo mondo]!
19 Ringrazia e se ne va contento *(gioendo)*;
20 Ancora più tardi, due donne che hanno preso un bambino biondo per mano *(biondo un bambino-[gen.] mano-sua-da avendo-preso)* lo portano [alla stazione di polizia];
21 – Abbiamo trovato questo bambino al mercato *(mercato luogo-suo-in)*. Sembra abbia perso la sua mamma.
22 La donna abbraccia il suo bambino piangendo di gioia.

1. alıştırma – Çeviriniz

❶ Bir kadın karakola koşup, komisere oğlunu pazarda kaybettiğini söylüyor. ❷ Çocuğu tarif etmenizi rica ederiz. ❸ Orada bulunanlara kaybettiğiniz cüzdanı tarif ettiniz mi? ❹ Çocuğun bulunup bulunmadığını söylemediler. ❺ Aradığımız çocuk üç yaşında sarışın bir kız. Hemen bulmamız lazım. ❻ Kadının karakola haber verip vermediğini bilmiyorum. ❼ Genç, vapurdan inerken çantasını düşürmüş. Bunu farkedince karakola koşmuş.

2. alıştırma – Tamamlayınız

❶ Un'ora dopo, un poliziotto porta, tenendolo per mano, un bambino biondo.
Bir ...., bir polis ...... sarışın bir çocuğun .... getiriyor.

❷ Questo borsello in cuoio corrisponde alla descrizione che l'uomo ha fatto. Questo borsello corrisponde alla descrizione data.
Bu .... çanta .... tarife ....
Bu çanta .... uyuyor.

❸ Abbiamo trovato questo borsello davanti al molo d'imbarco di Beşiktaş. Non sappiamo se sia suo o meno.
Bu ...... Beşiktaş .... bulduk. Sizinki .... bilmiyoruz.

❹ Abbiamo aperto e controllato il borsello che l'uomo aveva portato. Siamo stati molto contenti di vedere che le cose che erano dentro sono rimaste tali e quali.
...... getirdiği çantayı .... baktık. .... olduğu .... görünce çok ....

Soluzioni dell'esercizio 1

❶ Una donna corre alla stazione di polizia e dice al commissario che ha perso suo figlio al mercato. ❷ La preghiamo di farci una descrizione del bambino. ❸ Ha descritto a quelli che si trovavano là il portafoglio che ha perso? ❹ Non hanno detto se il bambino sia stato trovato o meno. ❺ La bambina che cerchiamo è una ragazzina bionda di tre anni. Dobbiamo trovarla subito. ❻ Non so se la donna abbia avvisato o meno la polizia. ❼ A quanto pare il giovane ha fatto cadere il suo borsello scendendo dal battello. Quando se n'è accorto, è corso alla stazione di polizia.

❺ La donna piange di gioia perché il suo bambino è stato ritrovato.
Kadın, çocuğu .... için .... ağlıyor.

❻ Si calmi; non si preoccupi, faremo il necessario.
Sakin ...., merak ...., ... yaparız.

❼ La prego di aiutarmi.
Bana .... rica ediyorum.

Soluzioni dell'esercizio 2

❶ – saat sonra – memuru – elinden tutmuş – ❷ – deri – adamın verdiği – uyuyor – verilen tarife – ❸ – çantayı – iskelesinin önünde – olup olmadığını – ❹ Adamın – açıp – İçindekilerin – gibi durduğunu – sevindik ❺ – bulunduğu – sevinçten – ❻ – olun – etmeyin gerekeni – ❼ – yardımcı olmanızı –

Seconda ondata: onuncu ders

60 Altmışıncı ders

Bir aile ①

1. Doğan ailesi orta halli ② bir Türk ailesidir. Beşiktaş çarşısına yakın, sakin bir mahallede oturuyorlar.
2. Baba Belediye'de memur. Anne ev kadını ③, aynı zamanda komşulara dikiş dikiyor ④. Dört çocukları var: üçü erkek, biri kız.
3. Zor geçiniyorlar ⑤, ama büyük oğulları askerden dönünce ⑥, onlara yardım edecek.

Note

① **aile** è *la famiglia*. Per dire che talune attività (come gite, visite ecc…) si fanno *in famiglia*, si usa l'avverbio **ailece**.

② **hal-li**, lett. "avente la condizione"; **orta halli**, "di condizione media", ossia di *classe media*. **Hal** è una parola di origine araba, perciò i suffissi che le si attaccano non seguono l'armonia vocalica che ci si aspetterebbe: per esempio **her halde**, *ad ogni modo*, *probabilmente* (v. lezione 19, nota 9).

③ **ev kadını** significa *casalinga* mentre **evin hanımı** designa *la padrona di casa*.

④ **dikiş dikmek** vuol dire *cucire*, letteralmente "cucire la cucitura". Conoscete già i verbi di questo tipo, composti da un nome e da un verbo della stessa famiglia: **yemek yemek**, *mangiare*; **yağmur yağmak**, *piovere*; ma anche **örgü örmek**, *lavorare a maglia* ("intrecciare la treccia / lavorare a maglia la maglia") e **oyun oynamak**, *giocare* (v. frase 8). Questo ▸

Sessantesima lezione 60

Una famiglia

1   La famiglia Doğan *(Falco)* è una famiglia turca della classe *(condizione-avente)* media. Abitano in un quartiere tranquillo, vicino alla zona commerciale *(mercato)* di Beşiktaş.
2   Il padre è un impiegato comunale *(al-comune)*. La madre è casalinga *(casa donna-sua)* e, allo stesso tempo, cuce per i vicini. Hanno quattro bambini, tre *(di-loro)* maschi e una *(di-loro)* femmina *(ragazza)*.
3   Hanno difficoltà ad arrivare a fine mese *(a-malapena si-sostentano)*, ma quando il figlio maggiore *(grande figlio-loro)* tornerà dal servizio militare, li aiuterà.

▸ raddoppiamento è presente solo quando tali verbi non hanno un complemento espresso. In caso contrario, non si raddoppia: **bir kazak örmek**, *lavorare a maglia un maglione*; **çikolata yemek**, *mangiare la cioccolata*; **elbise dikmek**, *cucire, confezionare un vestito*; **futbol oynamak**, *giocare a calcio*.

⑤ **geçinmek** significa *sostentarsi*, da cui **zor geçinmek**, *sostentarsi a malapena / con difficoltà* ossia *non arrivare a fine mese*. Seguito da un nome con il suffisso **-le**, **geçinmek** vuol dire *intendersi con qualcuno*: **onunla geçinemiyorum**, *non mi intendo con lei/lui*.

⑥ **askerden dönünce**, *tornando dal servizio militare*, *quando tornerà dal servizio militare*: al riguardo v. lezione 57, nota 9.

dört yüz dört • 404

4 Babası ⑦ delikanlının bilgisayara girmesini istiyordu ⑧. Onun için bir kursa gidip diploma aldı.
5 Nerede çalışacağını henüz bilmiyor ⑨, ama bu dalda her zaman iş bulunur.
6 Şu anda nişanlı ⑩. Ancak iki sene sonra evlenebilecekler. Genç, para kazandığı zaman, yeni evine eşya almaya başlayacak. Düğün için de para biriktirmesi gerekiyor.
7 Diğer çocuklar okula gidiyor. Erkekler orta okula, kız ilk okula ⑪. Oturdukları semtte, çocukların çok arkadaşları var.

Note

⑦ **babası**, *suo padre*, in italiano *il padre*. La lingua turca presenta questo uso particolare del possessivo per esprimere la relazione esistente tra due parole, aspetto non necessariamente esplicitato in italiano. Nella frase 2, **Baba Belediye'de memur**, *il padre è un impiegato comunale*, non c'è il possessivo in quanto in questo caso non è stabilita alcuna relazione di senso tra il padre e il figlio.

⑧ **delikanlı-n-ın bilgisayara girme-si-n-i istiyordu**, letteralmente "voleva l'entrare del giovanotto nell'informatica" ossia *voleva che il giovanotto facesse informatica*; **girmesi**, all'accusativo, equivale a una completiva; come **bakmanızı rica ediyorum**, *la prego di guardare* (v. lezione 57, nota 8). Come avete già visto, quando in questa costruzione il soggetto è espresso, si declina al genitivo, come nella formula che traduce l'obbligo: **yeni muslukların damlamaması lazım**, *i rubinetti nuovi non dovrebbero perdere* (v. lezione 57, nota 7). ▸

4 Il *(suo)* padre voleva che il giovanotto facesse *(entrasse)* informatica. Per questo ha seguito un corso *(corso-a è-andato)* e ha ottenuto il diploma.

5 Non sa ancora dove lavorerà, ma in questa branca si trova sempre lavoro.

6 Al momento è fidanzato, [ma] potranno sposarsi solamente *(comunque)* tra due anni. Quando il giovane guadagnerà da vivere *(soldi)*, comincerà a comprare le cose per la sua nuova casa. Deve anche risparmiare dei soldi per la festa di nozze.

7 Gli altri figli *(bambini)* vanno a scuola. I maschi sono alla scuola media, la ragazzina è alle elementari. I bambini hanno molti amici nel quartiere dove abitano.

▶ ⑨ **nerede çalış-acağ-ı-n-ı bilmiyor**, *non sa dove lavorerà*: la forma in **-acak**, come quelle in **-me** e in **-dik**, può avere dei possessivi ed essere declinata nei diversi casi, formando così delle completive; in questo caso, al futuro.

⑩ **nişan-lı**, letteralmente "avente un segno"; **nişan** ha il senso di *segno*, *contrassegno*, da cui anche *onorificenza*, *medaglia*. **Nişanlı** vuol dire *fidanzata, fidanzato*, perché una volta, nei villaggi, i giovani portavano sugli indumenti degli elementi distintivi che permettevano di sapere se fossero sposati, fidanzati, celibi o nubili. L'*anello di fidanzamento*, **nişan yüzüğü**, conserva ancor oggi lo stessa funzione. **Nişan** è pure la *cerimonia di fidanzamento* mentre **nişanlılık** è il *fidanzamento* inteso come periodo. Ora che conoscete tutti i vocaboli del caso, potete finalmente innamorarvi in Turchia!

⑪ Per quanto riguarda i differenti livelli scolastici, v. lezione 17, nota 12.

60   **8**   Akşamları derslerine başlamadan önce sokakta oyun oynuyorlar. Ortanca oğulları futbola düşkün ⑫. Belki de bir gün tanınmış bir futbolcu olur, kim bilir?
9   Küçük oğulları her gün okuldan sonra dayısının berber dükkanında çırak olarak çalışıp, harçlığını çıkarıyor.
10   Geceleri yemekten sonra amcalar, halalar ⑬, teyzeler, kısaca çok sevdikleri yakınları, onlara oturmaya ⑭ geliyor,
11   çünkü, onlar da aynı mahallede oturuyorlar. Televizyon seyrederek, sohbet ediyorlar.
12   Doğanlar sade, iyi insanlar. Mutlu bir aile onlar.

Note

⑫ **düşkün** deriva da **düşmek**, *cadere*, e significa *affezionato* (eccessivamente), *appassionato* ma anche *dipendente*. Regge il dativo: **futbol-a düşkün**, *appassionato di calcio*. In un altro contesto, **düşkün** può avere anche il senso di *decaduto*, *pezzente*.

⑬ In turco, ogni parente ha un nome preciso a seconda che faccia parte del lato materno o paterno; **amca** e **hala** sono lo *zio* e la *zia* dal lato paterno, mentre **dayı** e **teyze** sono lo *zio* e la *zia* dal lato materno. Per i cugini, si può dire *figlio dello zio paterno / materno* ecc. **amca oğlu**, **dayı oğlu**… oppure si può usare **yeğen**, termine generale che designa innanzitutto i *nipoti*, ma anche ogni grado di *cugini*. Ultimamente, prende piede anche il francesismo **kuzen**.

⑭ **oturmak** è una parola dai molteplici significati, come *sedersi*, *abitare*, *vivere*, ma anche, *sedersi per parlare con gli ospiti*, traducibile in italiano con *andare / venire a trovare*. In Turchia, in casa così come in un negozio, vi sentirete spesso rivolgere l'invito: **otur!**, **oturun!** Se eravate solo di passaggio, ▸

8 La sera, prima di cominciare i compiti *(le-lezioni)*, giocano *(gioco)* in strada. Il figlio di mezzo *(mediano figlio-loro)* è un appassionato di calcio. Magari un giorno diventerà un calciatore famoso, chi [lo] sa?

9 Il più piccolo *(piccolo figlio-loro)* ogni giorno, dopo la scuola, lavora come garzone nel negozio da barbiere del suo zio materno e guadagna *(deriva)* la *(sua)* paghetta.

10 La sera *(la-notte)* dopo cena, gli zii paterni, le zie paterne, le zie materne, insomma i parenti che [lo] amano molto, vengono a trovarli *(loro-a sedersi-a vengono)*,

11 dal momento che *(perché)* anche loro vivono nello stesso quartiere. Conversano guardando la televisione.

12 I Doğan sono delle persone semplici e brave. *(Loro)* Sono una famiglia felice.

BİR AİLE

▶ mettetevi il cuore in pace: non ve la caverete molto facilmente, il tempo di una tazza di tè è il minimo sindacale! In Turchia, come in ogni paese mediterraneo che si rispetti, l'ospitalità è un valore condiviso da tutti.

dört yüz sekiz • 408

1. alıştırma – Çeviriniz

❶ Ortanca oğullarının iyi bir futbolcu olmasını istiyorlar. ❷ Ne iş yapacağını henüz bilmiyor. ❸ İki nişanlı nerede oturacaklarını daha düşünmediler. ❹ Çocukların oyun oynadıkları mahallede herkes futbola düşkün. ❺ Genç düğün için nasıl para biriktireceğini bilmiyor. ❻ Akşamları, eve dönmeden önce akrabaları, Doğanlara uğrayıp sohbet ediyorlar. ❼ Çocuk, bir berber dükkanında çalıştığı için, harçlığını çıkarıyor. ❽ Evlenmeden önce, yeni evimize eşya almaya başlamamız lazım.

2. alıştırma – Tamamlayınız

❶ Il padre ha voluto che il giovane facesse informatica.
Babası ...... bilgisayara .... istedi.

❷ In questa branca, dopo aver ottenuto il diploma, si trova sempre lavoro.
Bu ....., diploma ...., her ..... iş ....

❸ Potranno sposarsi solo dopo che il giovanotto sarà tornato dal servizio militare.
Ancak delikanlı .... sonra, ...

❹ Passano le serate a casa, guardando la televisione e chiacchierando con i loro parenti.
Televizyon ...., ... sohbet ......, akşamları evde ....

❺ Non sappiamo quando ci sposeremo. Prima dobbiamo mettere da parte i soldi.
Ne zaman .... bilmiyoruz. .... para .... gerekiyor.

Soluzioni dell'esercizio 1

❶ Vogliono che il figlio di mezzo diventi un buon calciatore. ❷ Non sa ancora che lavoro farà. ❸ I due fidanzati non hanno ancora pensato a dove abiteranno. ❹ Nel quartiere dove i bambini giocano, tutti sono appassionati di calcio. ❺ Il giovane non sa come risparmiare i soldi per le nozze. ❻ La sera, prima di tornare a casa, i loro parenti passano dai Doğan a fare due chiacchiere. ❼ Poiché lavora da un barbiere, il bambino guadagna la sua paghetta. ❽ Prima di sposarci, dobbiamo cominciare a comprare delle cose per la nuova casa.

❻ Poiché il padre è un semplice impiegato comunale, il suo stipendio non è molto alto (**yüksek**). Raggiungono a malapena la fine del mese.
Baba, ... sade bir memur ...... için, ... pek yüksek değil. Zor ....

❼ Dal momento che la moglie cuce per i vicini, guadagna anche un po' di soldi.
Hanım komşulara .... için, biraz ...... kazanıyor.

Soluzioni dell'esercizio 2

❶ – gencin – girmesini – ❷ – dalda – aldıktan sonra – zaman – bulunur ❸ – askerden döndükten – evlenebilecekler ❹ – seyrederek – akrabalarıyla – ederek – geçiriyorlar ❺ – evleneceğimizi – Önce – biriktirmemiz – ❻ – Belediye'de – olduğu – maaşı – geçiniyorlar ❼ – dikiş diktiği – para da –

Seconda ondata: on birinci ders

61 Altmış birinci ders

Kararsız bir adam

1. Sabahleyin uyanınca kalkayım mı, kalkmayayım mı ①, diye düşünüyor, bir türlü ② kalkamıyor.
2. Çalar saatini ③ yarım saat sonraya ④ kurup ⑤, yeniden uyuyor.

Note

① **kalkayım mı, kalkmayayım mı**, "che io mi alzi, che io non mi alzi", ha il senso di *mi alzo o no?*, come avete già visto alla lezione 45, nota 11: **(telefonu) açayım mı, açmayayım mı**, "che io apra, che io non apra", ossia *rispondo o no?* Quando questi due verbi ripetuti sono seguiti da **diye düşünüyor**, si traducono con una completiva introdotta da "se": *si chiede se alzarsi o meno.* Se l'alternativa non si riferisce a due verbi, ma a due sostantivi, si mettono le particelle interrogative dopo entrambi i nomi, introducendo il secondo con **yoksa**: **süt mü içeyim, yoksa çay mı deyip**, *si chiede se bere latte oppure tè* (v. frase 3); anche la frase 5 ha la stessa costruzione: **otobüsle mi gideyim, yoksa dolmuşla mı?**

② **bir türlü**, letteralmente "un genere" (**tür** significa *genere, razza, specie*). Quando **bir türlü** precede un verbo alla forma negativa, ha il senso di *per niente, assolutamente* e diventa un sinonimo di **hiç**.

③ **çalar saat**, "la sveglia squillante"; non dimenticate che la parola **saat**, *ora*, viene utilizzata per designare ogni tipo di strumento che indica l'ora: orologi, pendoli, sveglie. **Çalar** è la forma base del presente generale di **çalmak**, *suonare, squillare*; un altro esempio di forma base del presente generale che funge da aggettivo è **akar su**, *acqua corrente, corso d'acqua*. A volte questa forma può fungere anche da sostantivo: **gelir**, *reddito*; **gider**, *spesa*. Ricordatevi della particolare vocalizzazione dei suffissi di **saat**: qui **saat-i**; ma anche **saat-ler**.

Sessantunesima lezione 61

Un uomo indeciso

1 Quando si sveglia *(svegliandosi)* la mattina, si chiede se alzarsi o meno, [ma] non riesce assolutamente ad alzarsi *(che-io-mi-alzi che-io-non-mi-alzi dicendo pensa un genere non-riesce-ad-alzarsi)*.
2 Rinvia *(ricarica più tardi)* la sveglia *(squillante sveglia-sua-[accus.])* di mezz'ora e si riaddormenta *(di-nuovo dorme)*.

▶ ④ **yarım saat sonra-y-a**, *a una mezz'ora dopo*: la posposizione **sonra** può essere declinata ai vari casi e reggere i possessivi: **harp sonrası**, *il dopoguerra*. Allo stesso modo, **seçim öncesi** designa *il periodo pre-elettorale*. Per quanto riguarda la frase 4, attiriamo la vostra attenzione sul fatto che potete dire **yarım saat düşünüyor**, *riflette per mezz'ora*, ma non "riflette per un quarto d'ora", in quanto in turco, come vedrete, si dice "riflette per quindici minuti".

⑤ **kurmak**, significa innanzitutto *fondare, installare, mettere* ma anche, quando è utilizzato con **saat**, *ricaricare* (la sveglia).

61 3 Kahvaltıda ne yiyeceğine karar veremiyor ⑥. Süt mü içeyim, yoksa çay mı, deyip, sütlü çay içiyor.
4 Elbise dolabının önünde on beş dakika düşünüyor. Bütün yeni elbiselerini çıkarıp, sonunda yine bir gün önce giydiği elbiseyi giyiyor.
5 Evden çıkınca otobüsle mi gideyim, yoksa dolmuşla mı, diye düşünürken geç kalıyor ve taksiye biniyor.
6 Akşama ⑦, erkek erkeğe bir yemeğe ⑧ davet ediliyor. Aynı zamanda bir hanım arkadaşı ⑨ da onu, evindeki toplantıya çağırıyor.
7 Hangisine ⑩ gideceğine karar veremediği için, vakit geç oluyor.

Note

⑥ **ne yiyeceği-n-e karar veremiyor**, *non riesce a decidere che cosa mangerà*; **ne yiyeceğine** funge da complemento del verbo **karar vermek**, il quale regge il dativo. Questa costruzione è la stessa della lezione precedente: **nerede çalışacağını bilmiyor**, *non sa dove lavorerà* (nota 9). In questa lezione troverete altre completive: **hangisine gideceği-n-e karar veremediği için**, *dal momento che non riesce a decidere a quale andare* (v. frase 7); **yapacağımı bilirim**, *so cosa farò* (v. frase 10). Inoltre, ne troverete anche una col verbo alla forma negativa: **bir daha bu kadar kararsız ol-ma-y-acağı-n-a söz veriyor**, *si ripromette di non essere mai più così indeciso* (v. frase 9).

⑦ **akşam-a**, *la sera*, si usa per far riferimento a un giorno preciso a differenza di **akşamları**, *la sera* in generale; lo stesso discorso vale per **sabah-a**, *la mattina*. **Akşama sabaha gelir**, *arriverà di sera* (questa sera) *o di mattina* (domani mattina).

⑧ **erkek erkeğe bir yemek**, *una cena tra uomini*; imparate questa espressione. Ovviamente funziona anche per l'altro sesso: **kadın kadına**, *tra donne*.

3 Non riesce a decidere che cosa mangerà *(che mangerà-suo-a decisione non-riesce-a-dare)* a colazione. Si chiede se bere latte oppure tè, e [alla fine] beve tè con latte *(latte **mü** che-io-beva oppure tè **mı** dice latte-avente tè beve)*.

4 Riflette per un quarto d'ora *(quindici minuti)* davanti al suo armadio *(dei-vestiti)*. Tira fuori tutti i suoi abiti nuovi [e] alla fine mette *(indossa)* di nuovo l'abito che indossava il giorno prima.

5 Quando esce *(uscendo)* di casa, chiedendosi se prendere l'autobus oppure il dolmuş *(autobus-con **mi** che-io-vada oppure dolmuş-con **mı** dicendo pensando)*, fa tardi *(tardi rimane)* e sale su un taxi.

6 La sera *(sera-a)*, lo invitano a una cena tra uomini *(uomo uomo-a pasto-a)*. Allo stesso momento, anche una amica *(signora amica-sua)* lo invita per una serata da lei *(casa-sua-in-che)*.

7 Dal momento che non riesce a decidere a quale *(Quale-suo-a)* andare, si fa tardi *(tempo tardi diventa)*.

▶ ⑨ La parola **arkadaş** non precisa il genere della persona. Per farlo, bisogna aggiungere le parole che indicano precisamente il sesso della persona in questione: **hanım arkadaşı** traduce dunque *amica*, mentre **erkek arkadaşı** *amico*.

⑩ **hangi-si-n-e**, *a quale (delle due)*, il possessivo rappresenta la totalità da cui si estrae una parte, come in **biri-si**, *uno di quelli*. Per rinfrescarvi la memoria su questo particolare uso del possessivo in turco, riprendete la nota 10 della lezione 38.

61 8 Şimdi, önünde bir tabak yağda yumurta, ⑪ tek başına ⑫ oturuyor.
9 Ve bir daha bu kadar kararsız olmayacağına söz veriyor.

10 Yoksa ben yapacağımı bilirim… ⑬
11 Nasreddin Hoca bir gün misafir olarak kaldığı bir köyde heybesini kaybetmiş.
12 Kahvedekilere:
– Bana çabuk heybemi bulun, demiş, yoksa ben yapacağımı bilirim.
13 Köylüler hemen heybeyi arayıp bulmuşlar. O zaman muhtar sormuş:
– Hocam, ben yapacağımı bilirim derken, ne demek istiyordun?
14 Hoca şöyle cevap vermiş:
– Evdeki eski kilimi bozup heybe yapacaktım ⑭ da.

Note

⑪ **yağda yumurta**, "uovo all'olio (nell'olio)", ossia *l'uovo all'occhio di bue*; *l'uovo alla coque* è il **rafadan yumurta** mentre *uovo sodo* si dice **katı yumurta** (uovo solido) o **haşlanmış yumurta** (uovo bollito).

⑫ **tek başına**, *tutto solo*, *da solo* (lett. "solo testa-sua-a"), è un'espressione molto utile che viene usata spesso. Si può anche cambiare il possessivo: **tek başıma yaptım**, *l'ho fatto da solo*. Anche l'espressione **kişi başına**, (lett. "persona testa-sua-a"), che significa *a persona,* funziona allo stesso modo: **kişi başına bin lira ödemek lazım**, *bisogna pagare mille lire* (turche!) *a persona*.

⑬ **"Yoksa yapacağımı bilirim"** è una delle frasi di Nasreddin Hoca che sono diventate di uso comune!

8 Adesso, è seduto tutto solo davanti a un piatto di uova all'occhio di bue.
9 E si ripromette *(parola dà)* di non essere mai più *(un più)* così indeciso…

10 Altrimenti, so cosa farò…
11 Un giorno, Nasreddin Hoca perse la sua bisaccia in un villaggio dove soggiornava *(restava)* come ospite.
12 [Disse a] quelli che erano al caffè: "Trovate*(mi)* velocemente la mia bisaccia, altrimenti so cosa farò…"
13 Gli abitanti del villaggio cercarono subito la bisaccia e la trovarono. Allora il sindaco gli chiese:
– Hoca, dicendo "so cosa farò", che intendevi *(volevi)* dire?
14 Nasreddin Hoca rispose:
– Avrei disfatto il vecchio kilim che sta a casa e ci avrei fatto una bisaccia!

▶ ⑭ **yapacak-tım**, lett. "stavo per fare". In una frase condizionale si può tradurre con *avrei fatto*. Sui valori della forma verbale **-acaktı / -ecekti** ci torneremo più avanti.

Ecco un proverbio per finire bene questa lezione: **Bugünün işini yarına bırakma!**, Non rinviare a domani ciò che puoi fare oggi!

1. alıştırma – Çeviriniz

❶ Şimdi kahvaltı edeyim mi, etmiyeyim mi? ❷ Çalar saatini bir saat sonraya kurduktan sonra, yeniden uyur. ❸ Ne içeceğini düşünüyor. Çay mı, kahve mi? Sonunda değişik olsun diye, süt içiyor. ❹ Geçen gün giydiği elbiseyi kuru temizlemeye verdi. Bugün hangi elbiseyi giyeceğini düşünüyor. ❺ Geç kaldığı için, taksiye bindi. ❻ İki ayrı arkadaşı onu aynı gün davet ettikleri zaman, hangisine gideceğine karar veremez. ❼ Yağda yumurta mı yiyeyim yoksa omlet mi? ❽ Bugün ne yapacağıma karar veremiyorum.

2. alıştırma – Tamamlayınız

❶ Non riesce assolutamente a decidere se onorerà o meno quell'invito.
O davete .... mi, ... mi .... düşünüyor, bir ..... karar ....

❷ Quando è invitato a una cena tra uomini, torna a casa tardi.
.... bir ...... davet .... zaman, eve geç .... dönüyor.

❸ Si è vestito bene, perché questa sera un suo amico lo ha invitato a una serata.
Bir .... bu akşam ... bir .... için, güzelce ....

❹ Si è ripromesso di non essere più così indeciso.
Bir .... bu kadar .... söz ......

Soluzioni dell'esercizio 1

❶ Faccio colazione adesso o no? ❷ Dopo aver rinviato di un'ora la sveglia, si riaddormenta. ❸ Si chiede che cosa berrà: tè o caffè? Alla fine, per cambiare, beve latte. ❹ Ha portato in lavanderia l'abito che indossava ieri. Si chiede che abito metterà oggi. ❺ Visto che era in ritardo, è salito su un taxi. ❻ Quando due amici diversi lo invitano lo stesso giorno, non riesce a decidere da quale andare. ❼ Mangio delle uova all'occhio di bue oppure una frittata? ❽ Non riesco a decidere ciò che farò oggi.

❺ Ogni mattina, dopo aver tirato fuori tutti i suoi abiti dall'armadio, mette l'abito che indossava il giorno prima.
Her sabah, ... bütün ....
.... sonra, bir gün .... giydiği
.... giyiyor.

❻ La mattina, svegliandosi, guarda la sveglia e si riaddormenta.
Sabahları ...., saate ....
uyuyor.

❼ Visto che non è riuscito a decidere dove andare, adesso è seduto tutto solo a casa.
Nereye .... karar ....,
şimdi ... . evde oturuyor.

Soluzioni dell'esercizio 2

❶ – gideyim – gitmeyeyim – diye – türlü – veremiyor ❷ Erkek erkeğe – yemeğe – edildiği – saatlerde – ❸ – arkadaşı – onu – toplantıya çağırdığı – giyindi ❹ – daha – kararsız olmayacağına – verdi ❺ – dolaptan – elbiselerini çıkardıktan – önce – elbiseyi – ❻ – uyanınca, – bakıp yeniden – ❼ – gideceğine – veremediği için – tek başına –

Seconda ondata: on ikinci ders

62 Altmış ikinci ders

Bizim mahalledekiler

1. Metin, canı sıkıldığı zaman arkadaşlarıyla tavla ① oynar.
2. Parasız olduğu halde ② herkese çay kahve ikram eder.
3. Çalışmayı pek sevmediği için işine üç günde bir gider.

***

4. Çalıştığımız atölye gürültülü.
5. Oturduğumuz ev yıkılmak üzere.
6. Kazandığımız para az.
7. Ama mahallede görüştüğümüz insanlar çok tatlı.

***

8. Ayşe işittiği her şeyi başkalarına anlatır. ③
9. Gittiği her yerde dedikodu yapar.

Note

① Il backgammon, in turco **tavla**, è un gioco di millenaria memoria! In Turchia, in un qualsiasi caffè tradizionale troverete almeno due uomini intenti a giocarci…

② **parasız olduğu halde**, *nonostante sia senza soldi*: ecco un altro tipo di subordinata, introdotta da **-diği halde**.

Sessantaduesima lezione   62

La gente del nostro quartiere
(Noi-di quartiere-in-che-[plur.])

1   Quando Metin si annoia, gioca a backgammon con i suoi amici.
2   Nonostante sia senza soldi, offre tè e caffè a tutti.
3   Poiché non gli piace molto lavorare, va al *(suo)* lavoro un giorno su tre.

***

4   L'officina in cui lavoriamo è rumorosa.
5   La casa dove abitiamo sta per crollare.
6   I soldi che guadagniamo sono pochi.
7   Ma le persone che frequentiamo nel quartiere sono molto gentili.

***

8   Ayşe racconta agli altri *(altri-suoi-a)* ogni cosa che sente.
9   Fa dei pettegolezzi ovunque vada *(che-lei-vada ogni posto-in)*.

▶ ③ **Ayşe işittiği her şeyi başkalarına anlatır**: in questa frase, il soggetto di **işittiği** e di **anlatır** è lo stesso, per questo **Ayşe** resta al nominativo.
Invece, alla frase 11, **Ayşe** va al genitivo, in quanto soggetto del verbo **olmadığını** (equivalente a una completiva).

10 Ama tanıdığı, tanımadığı herkese yardım eder.
11 Ayşe'nin kötü olmadığını, sadece geveze olduğunu herkes biliyor.

***

12 İsmail amcayla ④ karısı hep kavga eder:
13 – Dün nereye gittiğini söylemedin.
14 – Bugün de nereye gideceğimi ⑤ söylemeyeceğim.
15 – Dün kahveye gidip gitmediğini bilmiyorum. ⑥
16 – Bugün de gidip gitmeyeceğimi bilmeyeceksin. ⑦

Note

④ **İsmail amca**, *lo zio Ismail*, equivale all'italiano *il signor Ismail*. **Amca** viene usato frequentemente per rivolgersi a un uomo, che lo si conosca o meno. Per quanto concerne l'uso "improprio" dei nomi che esprimono una parentela, v. lezione 50, nota 9.

⑤ **gideceğ-im-i**, come **yapacağ-ım-ı** nella lezione precedente (v. nota 6).

⑥ **kahveye gidip gitmediğini bilmiyorum**, *non so se tu sia andato o no al caffè* (v. lezione 59, nota 10). Questa frase, in un altro contesto, potrebbe significare anche *non so se lui sia andato o meno al caffè*: **gitmediğ-in-i** (seconda persona all'accusativo) e **gitmediğ-i-n-i** (terza persona all'accusativo).

⑦ **gidip gitmeyeceğimi bilmeyeceksin**, *non saprai se andrò o no*; comparando questa frase con quella della nota precedente, potete vedere che, per esprimere un'alternativa, si può applicare la stessa costruzione alle forme **-dik** e **-ecek**.

10 Ma aiuta tutti, quelli che conosce [così come] quelli che non conosce.
11 Tutti sanno che Ayşe non è cattiva, [ma] semplicemente chiacchierona.

***

12 Il signor Ismail e sua moglie litigano sempre *(Ismail zio-con moglie-sua sempre litigio fa)*:
13 – Non hai detto dove sei andato ieri.
14 – E non dirò dove andrò oggi!
15 – Non so se ieri tu sia andato o no al caffè *(ieri caffè-a sei-andato non-sei-andato non-so)*.
16 – E non saprai nemmeno oggi se [ci] andrò o no *(andrò non-andrò)*!

1. alıştırma – Çeviriniz

❶ Biz nereye gittiğimizi kimseye söylemedik. ❷ Bu gece amcama gidip gitmeyeceğimi henüz bilmiyorum. ❸ Oturduğumuz mahallede çok tatlı insanlar var. ❹ Bu kadın, dedikodu yapmayı sevmediği için, komşularla pek görüşmüyor. ❺ Parasız olduğumuz halde her akşam lokantaya gidiyoruz. ❻ Ahmet'in nereye gittiğini bilmiyorum. ❼ Grev olduğu için, yarın çalışıp çalışmayacağımıza henüz karar vermedik.

2. alıştırma – Tamamlayınız

❶ La donna faceva dei pettegolezzi in ogni negozio in cui andava.
Kadın, ... her .... yapıyordu.

❷ Questa signora aiuta tutti, quelli che ama [ma anche] quelli che non ama.
Bu hanım ...., ... herkese ...... ediyor.

❸ Voglio che tu mi dica se ieri hai giocato o no a backgammon.
Dün tavla .... bana .... istiyorum.

❹ Dovete decidere se abiterete o meno in questa casa.
Bu evde .... karar .... lazım.

❺ Non potete sapere quanto è caro questo quartiere.
Bu ..... ne ..... pahalı ....

Soluzioni dell'esercizio 1

❶ Noi non abbiamo detto a nessuno dove andavamo. ❷ Non so ancora se stasera andrò o meno da mio zio. ❸ Nel quartiere dove abitiamo, ci sono persone molto gentili. ❹ Poiché a questa signora non piace fare pettegolezzi, non si incontra spesso con i vicini. ❺ Nonostante non abbiamo soldi, andiamo ogni sera al ristorante. ❻ Non so dove sia andato Ahmet. ❼ Visto che c'è sciopero, non abbiamo ancora deciso se domani lavoreremo o meno.

❻ Quando vi annoiate, potete venire da noi e giocare a backgammon.
 . . . . sıkıldığı . . . . . , bize . . . . . tavla
 . . . .

❼ Hanno detto che faranno un albergo di lusso al posto della casa che ho appena venduto.
 Yeni . . . . evin . . . . . . , lüks bir otel
 . . . . söylediler.

Soluzioni dell'esercizio 2

❶ – gittiği – dükkanda dedikodu – ❷ – sevdiği sevmediği – yardım – ❸ – oynayıp oynamadığını – söylemeni – ❹ – oturup oturmayacağınıza – vermeniz – ❺ – semtin – kadar – olduğunu bilemezsiniz ❻ Canınız – zaman – gelip – oynayabilirsiniz ❼ – sattığım – yerine – yapacaklarını –

Come avrete certamente capito, in questa lezione abbiamo riepilogato le innumerevoli possibilità che vi si propongono con le forme **-dik** *e* **-ecek**. *Nonostante le abbiate già viste nel corso delle ultime due serie di lezioni, vi consigliamo di rileggere ogni tanto le frasi presenti in questo testo, di modo da essere sicuri di assimilarne appieno il meccanismo!*

Seconda ondata: on üçüncü ders

63 Altmış üçüncü ders

Gözden geçirme – *Ripasso*

Non fatevi spaventare dalla densità di questa lezione. Come al solito, non apporterà nulla di nuovo, ma vi permetterà di fare il punto delle conoscenze assimilate nel corso della ultima serie di lezioni.

Nelle ultime lezioni in particolare, avete scoperto tutte le possibilità che vi si offrono grazie alle forme **-dik**, **-ecek** e **-me** che già conoscevate.
Per le prime due, faremo qui un bilancio esaustivo, in quanto ne avete visto praticamente tutti gli usi. Per quanto riguarda **-me**, ne scoprirete degli ulteriori valori nell'ultima serie di lezioni.

1 *-dik* et *-ecek*

• Vi ricordiamo innanzitutto che esistono due forme invariabili con **-dik** (v. lezione 56, § 1):
-dikten sonra, *dopo aver...*
-dikçe, *ogni volta che..., man mano che...*

• **-dik** + possessivo + **zaman**:
quando + soggetto + verbo
-dik + possessivo + **için**:
perché, poiché, visto che, dal momento che + soggetto + verbo
-dik + possessivo + **gibi**:
tale e quale + soggetto + verbo
-dik + possessivo + **halde**:
nonostante + soggetto + verbo
-dik + possessivo + **kadar**:
per quanto + soggetto + verbo (quest'uso non è finora comparso)

La forma **-dik** permette dunque di esprimere delle subordinate temporali, causali, comparative e concessive. Ecco degli esempi, per vedere applicati i diversi usi di **-dik**:
Genç, para kazandığı zaman, yeni evine eşya almaya başlayacak, *Quando il giovane guadagnerà da vivere* (soldi), *comincerà a comprare le cose per la sua nuova casa* (v. lezione 60, frase 6).

Sessantatreesima lezione 63

Hanım, dışarda çalışmadığı için, evin bütün işleriyle kendisi ilgileniyor, *Dal momento che la moglie non lavora* (all'esterno), *si occupa di tutti i lavori della casa* (v. lezione 57, frase 2).
İçindekiler olduğu gibi duruyor, *Le cose che erano dentro sono rimaste tali e quali* (v. lezione 59, frase 18).
Metin parasız olduğu halde herkese çay kahve ikram eder, *Nonostante Metin sia senza soldi, offre tè e caffè a tutti* (v. lezione 62, frase 2).
Yarın mümkün olduğu kadar, erken gelmenizi rica ediyorum, *Per quanto sia possibile, la prego di venire presto domani.*

• **-dik** + possessivo + **-den beri**: *da quando*
Buraya geldiğimden beri durmadan çalıştım, *Da quando sono arrivato qui, ho lavorato senza sosta* (v. lezione 58, frase 1).
Quando il soggetto della forma verbale è alla terza persona ed è espresso da un nome, rimane al nominativo, come si vede negli esempi precedenti (questa regola vale per tutte le forme in **-dik** che abbiamo visto). Per ciò che concerne la forma **dik** + possessivo + **-den beri**, si dirà dunque:
Mehmet buraya geldiğinden beri, durmadan çalıştı,
Da quando Mehmet è arrivato qui, ha lavorato senza sosta.

• **-dik** + possess. + nome	**-ecek** + possess. + nome
yaptığınız dolap	**yapacağınız dolap**
l'armadio che avete fatto	*l'armadio che farete*

Questa costruzione vi permette di tradurre le relative, al presente, al passato o al futuro. Il nome che regge la relativa può essere soggetto, complemento oggetto o un complemento indiretto; sarà declinato in base alla funzione che la parola ha all'interno della frase principale:

– al nominativo:
Ismarladığım yorgan bitti mi?, *La trapunta che ho ordinato è pronta?* (v. lezione 57, frase 15 e anche lezione 60, frase 10, lezione 62, frasi 4, 5, 6, 7).

– all'accusativo:
Tanıştığımız günü hiç unutamıyorum, *Non posso assolutamente dimenticare il giorno in cui ci siamo conosciuti* (v. lezione 58, frase 3).
Sana kavuşacağım anı dört gözle bekliyorum, *Aspetto con impazienza il momento in cui ti ritroverò* (v. lezione 58, frase 5 e anche lezione 57, frase 1, lezione 59, frase 4, lezione 61, frase 4).

– al genitivo:
Il nome non potrà essere al genitivo, in quanto nessun verbo turco regge questo caso.

– al dativo:
Tanıdığı, tanımadığı herkese yardım eder, *Aiuta ("a") tutti quelli che conosce [così come] quelli che non conosce* (v. lezione 62, frase 10).

– al locativo:
Gittiği her yerde dedikodu yapar, *Fa dei pettegolezzi ovunque vada* (v. lezione 62, frase 9).

– all'ablativo:
In queste lezioni non c'erano esempi al riguardo, ma ve ne proponiamo comunque uno:
Yeni taşındığımız evden pek hoşlanmadım, *La casa in cui abbiamo appena traslocato non mi piace* (è piaciuta) *molto*.

Attenzione: il soggetto va al genitivo nel caso di una frase alla terza persona in cui il soggetto è espresso e non è lo stesso nella principale e nella subordinata. Comparate a riguardo i due esempi:
Ayşe işittiği her şeyi herkese anlatır, *Ayşe racconta a tutti ogni cosa che sente* (v. lezione 62, frase 8).
Ayşe'nin işittiği şeyi herkese anlattım, *Ho raccontato a tutti ciò che Ayşe aveva sentito*.

- **-dik** + possess. + caso
  Acele olduğunu bilmiyordum,
  Non sapevo che fosse urgente
  (v. lezione 57, frase 16).

  -ecek + possess. + caso
  Yapacağımı bilirim,
  So cosa farò
  (v. lezione 61, frase 10).

Queste costruzioni corrispondono alle subordinate completive italiane. Il caso usato più spesso è l'accusativo, in quanto la completiva è il più delle volte il complemento oggetto di verbi che

esprimono un'opinione o una conoscenza, come "sapere", "pensare", "credere" ecc. Ma si può trovare anche il dativo, come dopo il verbo *decidere*, **-e karar vermek**, o *promettere*, **-e söz vermek**.
Ne yiyeceğine karar veremiyor, *Non riesce a decidere cosa* (che) *mangerà* (v. lezione 61, frase 3).
Bir daha bu kadar kararsız olmayacağına söz veriyor, *Si ripromette di non essere mai più così indeciso* (v. lezione 61, frase 9).
Alla terza persona, se il soggetto è espresso, il nome va al genitivo:
Bu işin ne kadar zor olduğunu (zor olacağını) bilemez-sin, *Non puoi sapere quanto questo lavoro sia difficile*.
Ayşe'nin kötü olmadığını herkes biliyor, *Tutti sanno che Ayşe non è cattiva* (v. lezione 62, frase 11).

• Per esprimere un'alternativa dopo un verbo d'opinione o di conoscenza, si usa la costruzione seguente:
radice-**ip** -**me-diği-n-i** ⎱
radice-**ip** -**me-yeceği-n-i** ⎰ -**i**, desinenza dell'accusativo
Sizinki olup olmadığını bilmiyorlar, *Non sanno se sia il suo o meno* (v. lezione 59, frase 14).
Bugün gidip gitmeyeceğimi bilmeyeceksin, *Non saprai se oggi andrò o no* (v. lezione 62, frase 16).

Anche con questa costruzione, il soggetto della subordinata va al genitivo:
**Temizlikçinin dün gelip gelmediğini bilmiyorum /
Temizlikçinin bugün gelip gelmeyeceğini bilmiyorum**,
Non so se la donna delle pulizie sia venuta ieri / verrà oggi.

Si mette **-e** con i verbi come **karar vermek**.
Bugün kahveye gidip gitmeyeceğime karar veremiyorum,
Non riesco a decidere se oggi andrò o meno al caffè.
Per qualsiasi dubbio circa i diversi tempi che la forma in **-dik** può tradurre, v. lezione 56, § 1.

2 *-me, -ma*

• **-me** + possessivo + **lazım** = *bisogna, si deve*:
Şimdi uyumam lazım, *Adesso devo dormire*.
Şimdi uyumamam lazım, *Adesso non devo dormire*.

Attenzione, mentre in italiano si pone alla forma negativa il verbo che esprime l'obbligo, in turco è sempre il verbo che esprime l'azione ad andare alla forma negativa. Alla terza persona, il soggetto va al genitivo: **Yeni muslukların damlamaması lazım**, *I rubinetti nuovi non dovrebbero perdere!* (v. lezione 57, frase 10).

• **-me** + possessivo + accusativo seguito da un verbo che esprime una volontà, una preghiera o un ordine, equivale a una completiva: **Bunu bilmeni isterim**, *Voglio che tu lo sappia* (v. lezione 58, frase 4).

Un altro esempio in cui il soggetto è al genitivo:
Babası delikanlının bilgisayara girmesini istiyordu, *Il padre voleva che il giovanotto facesse informatica* (v. lezione 60, frase 4).

3 La completiva formata da due ipotesi

L'utilizzo dell'ottativo affermativo e negativo, seguito da **diye**, permette di tradurre una completiva formata da due ipotesi:
Kalkayım mı, kalkmayayım mı diye düşünüyor, *Si chiede (pensa) se alzarsi o meno* (v. lezione 61, frase 1 e nota 1).
La stessa cosa può anche essere detta in questo modo:
Kalkıp kalkmayacağını düşünüyor.
Queste due costruzioni si equivalgono per quanto riguarda il senso, ma sappiate che il discorso diretto con l'ottativo è più familiare.

Siete ormai in grado di esprimere in turco tutte le principali subordinate italiane. Come avete potuto constatare, la costruzione delle subordinate turche è semplice e logica. Una volta che si conoscono le forme verbali essenziali, basta comporre i possessivi con i casi appropriati. Non esitate dunque a lanciarvi e a provare sempre nuove combinazioni!
Per fare in modo che l'uso delle forme in **-dik**, **-ecek** e **-me** vi divenga naturale, vi consigliamo di rileggere gli esempi delle lezioni: una prima volta analizzando le frasi e poi più volte senza riflettere.
Per esempio, **gelmeni isterim**:
Pronunciate **gelmek, gel, gelme, gelmen lazım, gelmeni isterim**.
Oppure, **kararsız olmayacağına söz veriyor**:
Pronunciate **kararsız olmak, kararsız olmamak, kararsız olmaması lazım, kararsız olmayacak, kararsız olmayacağına söz veriyor** ecc.
Bu cümleleri sık sık tekrarlamanızı tavsiye ediyoruz, *Vi consigliamo di ripetere spesso queste frasi.*

4 Il fattitivo

Vi proponiamo qui una breve sintesi delle forme che può avere il fattitivo.

• Dopo una radice verbale monosillabica *(a)* oppure una radice verbale plurisillabica che termina per consonante (tranne **l** o **r**) *(b)*, si aggiunge **-d(i)r/-t(i)r**:

a)
ye-dir-mek	*far mangiare*
gez-dir-mek	*far visitare*
gül-dür-mek	*far ridere*
al-dır-mak	*far prendere*
dur-dur-mak	*far fermare*
yap-tır- mak	*far fare*

(ricordate: la **d** diventa **t** dopo **p, t, k, ç, f, s, h, ş**)

b)
çalış-tır-mak   *far lavorare / funzionare*

• Dopo una radice verbale plurisillabica che termina per vocale o con le consonanti **l**, **r**, si aggiunge **-t**:

anla-t-mak	*far capire*
bekle-t-mek	*far aspettare*
düzel-t-mek	*correggere* ("far raddrizzare")
geber-t-mek	*far crepare*

<u>Eccezioni</u>: alcuni verbi molto frequenti costituiscono delle eccezioni alle regole appena viste; il suffisso può dunque diventare **-(i)r** *(a)*, **-er/-ar** *(b)*, **-(i)t** (raro) *(c)* oppure avere una forma completamente irregolare *(d)*:

a)
geç-ir-mek	*far passare*
bit-ir-mek	*concludere* (far finire)
düş-ür-mek	*far cadere*
kaç-ır-mak	*far scappare*

b)
gid-er-mek	*far partire*
çık-ar-mak	*far uscire*

c)
ak-ıt-mak	*versare* (far scorrere)
kork-ut-mak	*spaventare* (far temere)

d)
getir-mek *portare* (far venire), dal verbo
    gel-mek, *venire*
kal-dır-mak *far partire, alzare*, dal verbo
    kalk-mak, *alzarsi, andarsene*

• Tutti questi verbi fattitivi possono anche avere il senso di *lasciar fare*: **düşürmek**, *far cadere, lasciar cadere* (v. lezione 59, nota 8).

• Il suffisso del fattitivo può seguire sia quello del riflessivo, **-(i)n**, sia quello che indica la reciprocità, **-(i)ş**:

sev-in-dir-mek   *allietare* (far gioire)
    (v. lezione 26, frase 2)
yet-iş-tir-mek   *far arrivare in tempo*;
    educare, crescere, allevare
    (v. lezione 30, frase 6).

64 Altmış dördüncü ders

Türkiye'nin başkenti ① Ankara

1 Ankara'da büyük, modern bir şehirle bir banliyöyü her an iç içe, bir arada ② bulmak mümkündür.
2 Geniş, uzun ana caddelerdeki yüksek binaların hemen arkasında küçük, sakin sokaklar ve bahçeli, alçak evlerle karşılaşılır.

Note

① La *capitale* si dice **baş-kent**: **baş** significa *testa, principale*, mentre **kent** vuol dire *città*.

È anche possibile aggiungere a questi verbi il suffisso del passivo:

sev-in-dir-il-mek e **yet-iş-tir-il-mek**.

- Alcuni suffissi del fattitivo possono cumularsi:

anla-t-mak	*far(si) capire, spiegare* *
anla-t-tır-mak	*far spiegare*
çık-ar-mak	*far uscire, estrarre*
çık-ar-t-mak	*far estrarre, far andar su*
	(v. lezione 53, frase 2)

* **Anlatabildim mi?** è un'espressione usata spesso che significa *Mi sono spiegato / fatto capire?*

Seconda ondata: on dördüncü ders

Sessantaquattresima lezione 64

Ankara, la capitale della Turchia

1 Ad Ankara, è possibile in ogni momento trovare una grande città moderna e una periferia presenti una dentro l'altra *(interno interno-a)* allo stesso tempo.
2 Subito dietro i grandi edifici che stanno sui principali vialoni lunghi e larghi, si incontrano delle stradine *(piccole strade)* tranquille e delle *(con)* case basse con giardino.

▶ ② **bir arada**, "in un intervallo (di tempo)", da cui *allo stesso tempo*.

3   Atatürk Bulvarı kuzeyden ③ güneye bütün şehri geçerek tepelerdeki eski ve yeni Ankara'yı birbirine bağlar:
4   Bir ucunda Kale ve Ulus, öbür ucunda Çankaya.
5   Angora denilen eski şehir bir tepe üzerinde kurulmuştur. Dar yokuşları ve duvarlarıyla kalesi hâlâ durmaktadır ④.
6   Tepenin eteklerinde, köy çarşıları, Saman Pazarı, ve ahşap camileriyle yeni şehrin en eski kısmı yer alır.
7   Orada Ankara'nın incisi olan, aynı zamanda Hitit Müzesi de denilen Eski Anadolu Medeniyetleri Müzesi bulunmaktadır.
8   Kimse bu müzeyi gezmeden Ankara'yı görmüş sayılmaz.
9   Atatürk Ankara'yı başkent olarak kurduğu zaman, boş arsaların ortasına çizilen Atatürk Bulvarı'nda birkaç resmi ⑤ bina ve elçilikten başka bir şey yoktu.

Note

③ I quattro punti cardinali sono: **kuzey**, *nord*; **güney**, *sud*; **batı**, *ovest* e **doğu**, *est*.

④ **durmak-ta-dır**, *sta*; alla frase 7, **bulunmak-ta-dır**, *si trova*: questa costruzione la avete già vista utilizzata al posto del presente attuale nelle descrizioni o nei discorsi ufficiali (v. lezione 55, nota 3).

⑤ **resmi**, **resmî** (l'accento circonflesso indica l'origine araba dell'aggettivo) significa *ufficiale*. Non bisogna confonderlo con l'accusativo di **resim**, *immagine*, *foto*, o con questa stessa parola accompagnata dal possessivo di terza persona.

3	Viale Atatürk, attraversando tutta la città da nord a sud, collega *(l'un-l'altra-a)* la vecchia e la nuova Ankara, che sono situate su delle colline.
4	A un'estremità [si trovano] la Fortezza e [il quartiere di] Ulus, dall'altro lato, Çankaya.
5	La città vecchia che si chiamava Angora fu fondata in cima a una collina. La sua fortezza sta ancora [là], con le sue mura e le sue salite strette.
6	Sul pendio della collina si trova *(prende posto)* la parte più antica della città moderna *(nuova)*, con le sue vie commerciali che sembrano un villaggio *(villaggio mercati-suoi)*, il quartiere di Samanpazarı *(il Mercato del Fieno)* e le sue moschee di legno.
7	È là che si trova la perla di Ankara che è il Museo delle *(antiche)* civiltà anatoliche, chiamato anche *(allo stesso tempo)* Museo degli Ittiti.
8	Nessuno può considerare di aver visto Ankara senza aver visitato questo museo *(Nessuno questo museo-[accus.] senza-aver-visitato Ankara-[accus.] avendo-visto non-si-considera)*.
9	Quando Atatürk ha posto la capitale ad Ankara *(capitale in-quanto ha-messo)*, su Viale Atatürk, che era tracciato in mezzo a terreni vuoti, non c'era altro che *(altra una cosa non-c'era)* qualche edificio di rappresentanza *(ufficiale)* e [qualche] ambasciata.

10 Bugün bu geniş ana cadde boyunca bakanlıklar, bazı fakülteler, büyük şirketlere ait ⑥ gökdelenler, v.s. ⑦ yer almaktadır.
11 Birbirinden görkemli binalar ⑧ böyle Çankaya'ya kadar devam eder.
12 Cumhurbaşkanlığı Köşkü'nün de bulunduğu bu semt, başkentin en lüks yerlerinden biridir.
13 Ankara, biraz fazla yalın olmasına rağmen ⑨, ulaşım kolaylığı ve şehrin düzeni nedeniyle Ankaralılar tarafından İstanbul'a tercih edilir.
14 Onlara göre İstanbul düzensiz, disiplinsiz, yoğun trafiği olan yaşanılmaz bir yerdir ⑩!
15 Ankara Türkiye'nin aşağı yukarı merkezinde bulunduğu için başkent olarak seçilmiştir.
16 Oradan İstanbul'a, İzmir'e, Antalya'ya, Karadeniz'e, kısaca ülkenin hemen hemen her yerine, karadan sekiz on saatte gidilebilir. □

Note

⑥ L'aggettivo **ait** significa *appartenente a, spettante a, riguardante* e regge il dativo.

⑦ **v.s.** è l'abbreviazione di **ve saire**, lett. "e il resto". È l'equivalente del latino *et cetera* che è alla base dell'italiano *eccetera*.

⑧ **birbirinden görkemli binalar**, *gli edifici, uno più splendido dell'altro*. In questo tipo di costruzioni turche, è possibile non utilizzare **daha**, *più*, che però vi consigliamo di usare in generale per i nomi e gli aggettivi. **Birbirinden güzel yalılar**, *Gli yalı uno più bello dell'altro* (v. lezione 55, frase 12) o **birbirinden tatlı kızlar**, *delle ragazze una più dolce dell'altra* ecc. La frase 12 **başkentin en lüks yerlerinden biridir**, *è uno dei luoghi più lussuosi della capitale*, si costruisce invece in modo diverso, così come **Hitit Müzesi Türkiye'nin en güzel müzelerinden biridir**, *Il Museo degli Ittiti è uno dei più bei musei della Turchia*. ▸

10 Oggi, lungo questo *(principale)* viale largo ci sono *(prendono posto)* ministeri, alcune facoltà [universitarie], grattacieli appartenenti a grandi società ecc.

11 Gli edifici, uno più splendido dell'altro, si susseguono *(continuano)* così fino a Çankaya.

12 Questo quartiere, in cui si trova la residenza del Presidente della Repubblica, è uno dei luoghi più lussuosi della capitale.

13 Nonostante Ankara sia un po' troppo austera, gli ancirani la preferiscono a Istanbul, per la facilità nei trasporti e l'organizzazione della città *(trasporto facilità-sua e città-di organizzazione-sua causa-sua-con ancirani a-carico-di Istanbul-a preferenza è-fatta)*.

14 Secondo loro, Istanbul è un posto invivibile, disorganizzato *(ordine-senza)*, senza regole e con *(avente)* un traffico infernale *(denso)*!

15 Ankara è stata scelta come capitale perché si trova più o meno *(giù su)* al centro della Turchia.

16 Da lì, si può andare a Istanbul, a Izmir, a Antalya, sul Mar Nero, insomma quasi in ogni posto del paese, in otto [o massimo] dieci ore di strada *(via-terra)*.

▶ ⑨ **Ankara, biraz fazla yalın olmasına rağmen**, *Nonostante Ankara sia un po' troppo austera*: ecco una nuova costruzione con la forma verbale in **-me**. Si compone così: **-me** + possessivo + dativo + **rağmen**.

⑩ **yaşanılmaz bir yer**, *un posto invivibile*. Questa forma, messa davanti al nome, funge da aggettivo. **İnanılmaz bir şey**, *Una cosa incredibile* ecc.

1. alıştırma – Çeviriniz

❶ İş adamları, ulaşım kolaylığı nedeniyle Ankara'yı tercih ederler. ❷ Ankara'da, Hitit Müzesi'yle Anıtkabir'den başka gezilecek bir şey yok. ❸ Ankara, başkent olmasına rağmen, Türkiye'nin en büyük şehri değil. ❹ Eski şehrin kurulduğu tepedeki kale hâlâ durmaktadır. ❺ Bence, yoğun trafiği olan başkentler yaşanılmaz yerlerdir. ❻ Çankaya'da birbirinden güzel bahçeli evler olduğunu duydum. Orada yaşamak isterdim. ❼ Hitit Müzesi'ni tamamen gezmemesine rağmen, eski Anadolu medeniyetleri hakkında çok şey biliyor.

2. alıştırma – Tamamlayınız

❶ Nonostante Istanbul sia un po' disorganizzata, gli stambulioti la preferiscono ad Ankara.
İstanbul, biraz düzensiz ....,
İstanbullular .... Ankara'ya ......
....

❷ Subito dietro i grattacieli che stanno sui viali principali, si incontrano le case con giardino.
... caddelerde ... alan .... hemen
.... bahçeli .... karşılaşılır.

❸ Chi non ha visitato Istanbul non può considerare di aver visto la Turchia.
..... İstanbul'u .... Türkiye'yi ......
....

Soluzioni dell'esercizio 1

❶ Gli uomini d'affari preferiscono Ankara per la facilità dei trasporti. ❷ Ad Ankara, non c'è altro da visitare [a parte] il Museo degli Ittiti e Anıtkabir*. ❸ Nonostante Ankara sia la capitale, non è la più grande città della Turchia. ❹ La fortezza che [è stata costruita] sulla collina dove fu fondata la città antica sta ancora [là]. ❺ Secondo me, le capitali in cui il traffico è intenso sono dei luoghi invivibili. ❻ Ho sentito dire che a Çankaya ci sono delle case con giardino una più bella dell'altra. Avrei voluto abitarci. ❼ Nonostante non abbia visitato per intero il Museo degli Ittiti, sa molte cose sulle *(circa)* antiche civiltà anatoliche.

* **Anıtkabir** è il grande mausoleo di Atatürk.

❹ Il quartiere chiamato Çankaya è uno dei posti più lussuosi di Ankara.
Çankaya .... semt .... en lüks .... biridir.

❺ Viale Atatürk, attraversando tutta la città, collega la vecchia e la nuova Ankara.
Atatürk .... bütün şehri .... eski .. .... Ankara'yı .... bağlar.

❻ Da Ankara, si può andare in quasi ogni posto del paese in otto ore di strada.
Ankara'dan .... hemen ..... her yerine .... sekiz ....

Soluzioni dell'esercizio 2

❶ – olmasına rağmen – tarafından – tercih edilir ❷ Ana – yer – gökdelenlerin – arkasında – evlerle – ❸ Kimse – gezmeden – görmüş sayılamaz ❹ – adlı – Ankara'nın – yerlerinden – ❺ – bulvarı – geçerek – ve yeni – birbirine – ❻ – ülkenin – hemen – karadan – saatte gidilebilir

65 *Fu **Atatürk**, fondando la Repubblica turca nel 1923, a fare di Ankara la nuova capitale. Ma Istanbul resta sempre la prima città del paese, la capitale economica e culturale; mentre Ankara è la sede del governo e dei ministeri. Molto austera fino a una ventina di anni fa, la città diventa sempre più attraente, ma di una cosa potete essere certi: un ancirano preferirà sempre Ankara a Istanbul, così come lo stesso discorso all'inverso vale per gli stambulioti!*
*In proposito, ricordate questa provocazione di **Yahya Kemal Beyatlı**, grande poeta turco (1884-1958):*
Yahya Kemal'e sormuşlar:
– Ankara'nın nesi güzel?
– İstanbul'a dönüşü, diye cevap vermiş.
Domandarono a Yahya Kemal: Cosa ha di bello Ankara?
Rispose: Il (suo) ritorno a Istanbul.

---

65 Altmış beşinci ders

Kapadokya'ya giderken

1   Türkler kara yolculuklarında, hem hızlı hem de ucuz olduğu için otobüsü tercih ediyorlar. Otogarlar şehirlerin en işlek yerlerinden biri. ①
2   İki arkadaş Ankara otogarında, giden gelen otobüslerin gürültüsü arasında karşılaşıyor.
3 – Merhaba Erdoğan. Yolculuk mu var? Yoksa ② birini mi bekliyorsun?
4 – Antalya'ya gidiyorum.
5 – Tatile mi?

Note

① **otogarlar şehirlerin en işlek yerlerinden biri**: v. nota 8 della lezione precedente.

Le mura della fortezza, **kale,** *sono di epoca bizantina e proteggono una sorta di villaggio, molto pittoresco con i suoi saliscendi e i bambini che giocano nelle stradine, incuranti delle rare macchine che si inerpicano per le viuzze.*
Saman Pazarı, *il Mercato del Fieno, è il luogo dove si andava a rifornirsi di fieno per i cavalli. In cima a un'altra collina adiacente, c'è* **Ulus,** *il quartiere più antico della città moderna. Questo era il cuore della Ankara kemalista: ancora oggi in* **Ulus Meydanı** *è possibile vedere la prima sede del parlamento turco. Al centro della piazza c'è lo* **Zafer Anıtı,** *il Monumento della Vittoria, eretto nel 1927 per commemorare la guerra di indipendenza turca (1919-1923),* **Türk Kurtuluş Savaşı,** *la serie di eventi bellici che dalla fine della prima guerra mondiale e dallo smembramento dell'impero ottomano ha portato alla proclamazione della repubblica.*

Seconda ondata: on beşinci ders

Sessantacinquesima lezione 65

In viaggio per la Cappadocia
(Cappadocia-a andando)

1 I turchi, per i viaggi via terra *(terra viaggio-loro-in)*, preferiscono la corriera, perché è sia rapida che economica. Le stazioni delle corriere sono tra i posti più frequentati delle città.
2 Due amici si incontrano alla stazione delle corriere di Ankara, in mezzo al rumore delle corriere che vanno e vengono.
3 – Ciao, Erdoğan. Parti per un viaggio *(viaggio* **mu** *c'è)*? Oppure aspetti qualcuno?
4 – Vado ad Antalya.
5 – In vacanza?

▶ ② **yoksa** vuole dire *oppure*, *altrimenti* (v. frase 6) a seconda del contesto.

6 – Hayır, bir işim var orada. Yaz tatillerini ailece geçirmek için bir ev almıştım ③, ama eski kiracılar hâlâ çıkmamış ④. Onları çıkarmam lazım, yoksa dava açmak zorunda kalacağım.
7   Peki sen nereye böyle? Her zamanki gibi yine Kapadokya'ya gittiğine bahse girerim ⑤.
8 – Evet, doğru tahmin ettin.
9 – Ürgüp yakınındaki o küçük köyde sevdiğin bir evden söz ederdin hep. Onu alabildin mi?
10 – Maalesef hayır. Evin ortak ⑥ sahipleri bir türlü anlaşamıyorlar. Bu sefer alıp alamayacağımı bilmiyorum,
11   ama ben sabırlı ve inatçı biri olduğum için, bu evi bir gün mutlaka elde edeceğim ⑦, eminim.
12 – Neden bu kadar çok istiyorsun? Özelliği ne?
13 – Manzarası harika. Peri bacalarının olduğu bir vadiye bakıyor. Sarı kayalar arasında yer yer minicik tarlalar görülüyor.

Note

③ **bir ev al-mış-tı-m**, *avevo comprato una casa*: la forma **-mış-ti** traduce il trapassato prossimo italiano. Si forma col participio **-miş** seguito dal verbo *essere* al passato: "avente comprato ero", ossia "avevo comprato".

④ **eski kiracılar hâlâ çıkmamış(lar)**, *i vecchi inquilini non sono ancora usciti, a quanto pare*: la desinenza **-lar** del plurale è facoltativa quando non si rischia di confondersi e, soprattutto, quando il soggetto espresso è già al plurale; come qui, **kiracılar**. Questa regola è valida per tutti i tempi verbali.

⑤ In questo testo figurano molte espressioni utili: **-e bahse girmek**, *scommettere che* e, alla frase 14, **-e bayılmak**, *adorare* ("infatuarsi di"); entrambi i verbi reggono il dativo. **Bir şeye dikkat** ▶

6 – No, ho un impegno laggiù. Avevo comprato una casa per passar[ci] le vacanze estive in famiglia, ma i vecchi inquilini non sono ancora usciti, a quanto pare. Devo farli andare via *(uscire)*, altrimenti sarò obbligato a fare *(aprire)* causa.

7 Vabbé… tu, dove [vai] così? Scommetto che, come sempre, vai di nuovo in Cappadocia!

8 – Sì, hai indovinato *(esatto previsione hai-fatto)*.

9 – Hai sempre parlato di una casa che ti piaceva, in quel piccolo villaggio che sta vicino a Ürgüp. Sei riuscito a comprarla?

10 – Purtroppo no. I comproprietari della casa non riuscivano assolutamente a mettersi d'accordo. Non so se stavolta riuscirò o meno a comprar[la],

11 ma dal momento che sono un tipo *(un-suo)* paziente e ostinato, sono sicuro che un giorno otterrò *(mano-in farò)* certamente questa casa.

12 – Perché la vuoi a tal punto? Che ha di particolare *(Particolarità-sua cosa)*?

13 – Ha un panorama meraviglioso *(panorama-suo meraviglia)*. Dà *(guarda)* su una valle dove ci sono i camini delle fate. Tra le rocce ocra *(gialle)*, si vedono qua e là *(posto posto)* dei minuscoli appezzamenti.

▸ **etmek**, *far attenzione a qualcosa* (v. frase 20) e **bir şeyin tadını çıkarmak**, letteralmente "estrarre il gusto da qualcosa", ossia nel nostro caso *approfittare* (v. frase 21).

⑥ **ortak** significa *socio*, se sostantivo, oppure *comune*, se aggettivo; **ortak sahipler**, *comproprietari*.

⑦ **bir şeyi elde etmek** vuol dire *ottenere qualcosa*.

14 — Sonra, kanyonlar da var. Oralarda yürüyüş yapmaya bayılıyorum. Gerçekten, büyüleyici bir yer... hele mehtap olduğu zaman.
15 — İnsanları nasıl?
16 — Köylüler çok tatlı. Biraz dedikoducular ama bir şeye ihtiyacın olduğu zaman hemen yardım etmeye çalışıyorlar.
17 — Peki oraları turizm bozmadı mı acaba?
18 — Hayır, Allaha çok şükür, henüz böyle bir felaket olmadı, ama çevrenin bozulmaması için ⑧ belediyelerin çok ciddi önlemler alması gerekiyor. ⑨

Note

⑧ **çevrenin boz-ul-ma-ma-sı için**, *affinché l'ambiente non venga rovinato*: ecco un modo per tradurre una subordinata finale introdotta da *affinché*: **-me** + possessivo + **için**. Come potete osservare, il soggetto va al genitivo. Fino a oggi, potevate esprimere le proposizioni finali solo servendovi dell'imperativo seguito da **-diye** (v. lezione 46, nota 11). Si potrebbe, dunque, anche dire: **Çevre bozulmasın diye belediyeler önlem aldılar**, *I comuni hanno adottato delle precauzioni affinché l'ambiente non venga rovinato*. Ma questa costruzione appartiene piuttosto al linguaggio parlato e presenta delle leggere differenze di senso. Ci torneremo più avanti.
Bozmak significa *disfare* (v. lezione 61, frase 14), *rompere*, *rovinare*, da cui **bozuk**, *rotto* (v. lezione 53, frase 6), *guasto*, *fuori servizio*.

⑨ In questa lezione, la forma passiva viene usata frequentemente, soprattutto dalla frase 18 alla 20; nella 19 appare insieme al suffisso **-meli**, **-malı** che esprime l'obbligo. La forma passiva **-il**, **-in** (v. lezione 35, § 7) si traduce in italiano con la forma passiva oppure col *si* impersonale.

14 Poi, ci sono anche i canyon. Adoro farci delle camminate *(camminata fare-a m'infatuo)*. Davvero, è un posto incantevole… specialmente quando c'è il chiaro di luna.

15 – [E] la gente *(sua)*, com'è?

16 – I paesani sono molto gentili. Sono un po' pettegoli, ma quando hai bisogno di qualcosa, cercano subito di aiutarti.

17 – E il turismo non ha rovinato questi posti *(laggiù-[plur.]-[accus.])*?

18 – No, grazie a Dio, una tale catastrofe non è ancora avvenuta, ma affinché l'ambiente non venga rovinato, i comuni devono adottare *(prendere)* delle precauzioni molto serie.

19 Örneğin bölgede kesinlikle yüksek beton bina inşa edilmemeli. Oteller ya kayalara yerleştirilmeli, ya da eski köy evlerinden yapılmalı. Büyük turizm tesisleri, bölgenin içinde değil, yakınında kurulmalı.
20 – Evet çok haklısın. Bütün bunlara dikkat edilirse doğal güzellikler korunabilir.
21 – Ayrıca, Kapadokya'nın tadını çıkarmak istersen, oraya turizm mevsiminin dışında, yani ekimle mayıs arasında gelmen gerekir. □

***

1. alıştırma – Çeviriniz

❶ Birkaç yıl önce, Kapadokya'ya gelip bütün bölgeyi gezmiştim. Bu sene yine buraya geldim. ❷ O zaman kiracıları çıkarmak için bir dava açıp kazanmıştım. Şimdi böyle davaları kazanmak çok zor. ❸ Ciddi önlemler alınarak bölge korunmalı, yoksa çabuk bozulacak. ❹ Mehtap olduğu zaman, peri bacalarını seyretmeye bayılıyorum. ❺ Kapadokya'daki evi alacağına bahse girerim. ❻ Yeni turizm tesislerinin kurulup kurulmayacağını bilmiyoruz. ❼ Doğal güzelliklerin bozulmaması için, önlem almak zorunda kalacağız. ❽ Büyük otellerin köylerde inşa edilmemesi için, belediyelerin önlem alması lazım.

19 Di sicuro, per esempio, non devono essere costruiti edifici alti in cemento nella zona. Gli alberghi o devono essere incavati *(sistemati)* nella roccia oppure devono essere fatti sfruttando le *(dalle)* vecchie case rurali. I grandi complessi *(impianti)* turistici devono essere installati non dentro la zona, ma nei paraggi.

20 – Sì, hai assolutamente *(molta)* ragione. Se si facesse attenzione a tutte queste cose, si potrebbero proteggere le bellezze naturali [della zona].

21 – Inoltre se vuoi approfittare [appieno] della Cappadocia *(Cappadocia-di gusto-suo-[accus.] estrarre vuoi-se)*, devi venirci fuori dalla stagione turistica, cioè tra ottobre e maggio.

***

Soluzioni dell'esercizio 1

❶ Qualche anno fa, ero venuto in Cappadocia e avevo visitato tutta la regione. Quest'anno, ci sono venuto di nuovo. ❷ In quel periodo, avevo fatto causa per far andare via gli inquilini e avevo vinto. Adesso è molto difficile vincere questo genere di cause. ❸ Bisogna proteggere la zona adottando delle precauzioni serie, altrimenti verrà rapidamente rovinata. ❹ Quando c'è il chiaro di luna, adoro contemplare i camini delle fate. ❺ Scommetto che comprerai la casa che sta in Cappadocia. ❻ Non sappiamo se installeremo o meno dei nuovi complessi turistici. ❼ Saremo obbligati ad adottare delle precauzioni affinché le bellezze naturali non vengano rovinate. ❽ I comuni devono adottare delle precauzioni affinché non si costruiscano grandi alberghi nei villaggi.

2. alıştırma – Tamamlayınız

❶ Le stazioni delle corriere, che sono tra i luoghi più frequentati delle città, si trovano solitamente in centro.
Şehirlerin .. işlek .... biri .... otogarlar .... şehir .... bulunuyor.

❷ La casa che mi piace affaccia su una valle in cui ci sono delle chiese antiche.
.... ev eski .... bir ...... bakıyor.

❸ Due amici si sono incontrati alla stazione delle corriere e hanno chiacchierato in mezzo al rumore delle corriere che andavano e venivano.
İki .... otagarda ...., giden ..... otobüslerin .... arasında ...... ettiler.

❹ I comuni devono adottare delle precauzioni molto serie affinché l'ambiente non venga rovinato.
Çevrenin .... için, ... çok ciddi .... gerekiyor.

❺ Se volete approfittare [appieno] della Cappadocia, dovete venirci fuori dalla stagione turistica.
Kapadokya .... çıkarmak ...., ... turizm .... dışında ....

❻ I turchi, per i viaggi via terra, preferiscono la corriera al treno.
Türkler, kara .... otobüsü .... ediyorlar.

❼ Se in questa zona volete proteggere l'ambiente, bisogna innanzitutto proibire le costruzioni in cemento.
Bu bölgede .... isterseniz .... beton .... yasaklamanız ....

Soluzioni dell'esercizio 2

❶ – en – yerlerinden – olan – genellikle – merkezlerinde – ❷ Sevdiğim – kiliselerin olduğu – vadiye – ❸ – arkadaş – karşılaşıp – gelen – gürültüsü – sohbet – ❹ – bozulmaması – belediyelerin – önlemler alması – ❺ – 'nın tadını – isterseniz – oraya – mevsiminin – gelmeniz gerekir ❻ – yolculuklarında – trene tercih – ❼ – çevreyi korumak – önce – binaları – gerekir

---

Situata nel cuore dell'Anatolia, a sud-est di Ankara, la Cappadocia è una vasta zona di formazioni rocciose, create dalle eruzioni del vulcano **Erciyes**. *L'erosione ha scavato dei canyon e ha creato i famosi e tipici "camini delle fate", delle piramidi di terra sormontate da massi. La leggenda dice che questi massi, che sembrano sfidare la legge di gravità, siano stati apposti da delle divinità. Per questo gli abitanti del luogo dicono che questi comignoli naturali sono fatati!*

La roccia friabile ha permesso la creazione di abitazioni in stile troglodita. In epoca bizantina sono state costruite persino delle chiese e dei monasteri, decorati da affreschi. È una regione che vi ammalierà per la bellezza dei suoi paesaggi, ma anche per l'ospitalità dei suoi abitanti.

Seconda ondata: on altıncı ders

Adesso che parlate turco abbastanza da potervi lanciare senza problemi nelle più svariate conversazioni, vi consigliamo di partire per la Cappadocia, percorrerne le valli in lungo e in largo e fermarvi in ogni villaggio per parlare con la gente del luogo... Vi farete subito nuovi simpatici amici!

66 Altmış altıncı ders

Alış verişe giden karı koca

1 – Orhan'cığım ①, bugün çıkıp sana bir şeyler alalım mı? Hiç giyeceğin ② kalmadı.
2 – İstersen İstiklal Caddesi'ne gidelim. Trafiğe kapatılalı ③ insan orada rahatça dolaşıp alış veriş yapabiliyor ④.
3 – Çok iyi olur. Tünel'den Taksim'e doğru yürürüz. Yorulursak tramvaya biner, biraz çocukluk günlerimizi hatırlarız. Ya da Çiçek Pasajı'na girip birer bira ⑤ içebiliriz.
...
4 – Canım, bak ne güzel bir ipek. Ne dersin?
5 – Bilmem. Renkleri bana biraz çiğ gibi geldi.
6 – Ama bunlar bu yıl bahar modasının renkleri. Tabii, sen modayla pek ilgilenmediğin için bilmezsin.

Note

① **Orhan'cığım**, *mio caro Orhan*: non dimenticate il valore affettivo del diminutivo **-cık** (v. lezione 40, nota 6 e lezione 42, § 8).

② **giyecek + in: giyeceğin**, "da mettere tuo", *da metterti*, anche se nella traduzione italiana, per ragioni stilistiche, abbiamo preferito separare la particella pronominale dal verbo.

③ **trafiğe kapat-ıl-alı**, *da quando è chiuso al traffico*: il suffisso **-alı, -eli**, aggiunto alla radice verbale, significa *da quando* ed equivale a **-diğinden beri** (v. lezione 58, nota 3 e lezione 63, § 1). Si potrebbe dunque ugualmente dire: **Cadde trafiğe kapat-ıl-dığ-ı-ndan beri**. Entrambe le costruzioni sono possibili, anche se il suffisso **-alı** è più corto e ha il vantaggio di essere invariabile.

Sessantaseiesima lezione 66

Una coppia va a fare compere
(compere-a andando moglie marito)

1 – Mio caro Orhan, e se oggi uscissimo a comprarti qualcosa *(te-a una cose comprassimo mı)*? Non ti è rimasto più niente da mettere *(niente da-mettere-tuo non-è-rimasto)*.
2 – Se vuoi andiamo in viale İstiklal *(Indipendenza)*. Da quando è chiuso al traffico, *(vi)* si può passeggiare e fare compere tranquillamente.
3 – Molto bene. Cammineremo dal Tünel verso Taksim. Se ci stancheremo, prenderemo il tram e ricorderemo un po' il periodo della nostra infanzia. Oppure, potremo entrare al Çiçek Pasajı *(Passaggio dei Fiori)* e bere una birra *(ciascuno)*.
...
4 – Tesoro, guarda che bella seta! Che ne dici?
5 – Non so. I *(suoi)* colori mi sembrano un po' sgargianti.
6 – Ma quest'anno questi sono i colori della moda di primavera. Ovviamente, dal momento che tu non ti interessi molto alla moda, non puoi capire *(non-sai)*.

▶ ④ **yap-a-bil-iyor**, *può fare*. La particella che esprime la possibilità può essere utilizzata praticamente con tutti i tempi verbali, semplici e composti (ci torneremo nella lezione 70).
⑤ **bir-er bira**, *una birra ciascuno* (v. lezione 34, nota 9).

7 Bunun metresi kaça?
8 – Çok hesaplı, merak etmeyin beyefendi. Hanımefendi ⑥ çok zevkli. Yaptıracağı elbiseyi siz de beğeneceksiniz, eminim.
9 – Eni ne kadar? Bir kırk (1,40) mı?
10 – Evet. Kaç metre lazım size?
11 – Terzi üç metre almamı söyledi. ⑦
12 – Tamam, kesiyorum. Güle güle giyin ⑧. Size bir de şu iki metrelik, indirimli kuponlarımızdan almanızı tavsiye ederim. Bir bluz diktirebilirsiniz ⑨.
13 Bey kasaya gidip parayı ödüyor. Dükkandan çıkıyorlar. Vitrinlere bakarak yürümeye devam ediyorlar.

Note

⑥ **efendim**, vi ricordiamo che questa parola è una formula di cortesia che viene usata indifferentemente nei confronti di una donna, un uomo o più persone (v. lezione 10, nota 2). Se vogliamo precisare il genere della persona, si usa allora **beyefendi/ler**, **hanımefendi/ler**. **Efendi**, parola che la lingua ottomana ha preso in prestito dal greco bizantino e che significa *signore*, *maestro*, può anche fungere da aggettivo; in tal caso designa una persona cortese, gentile nei modi ed educata: **efendi bir çocuk, efendi bir adam**.

Hanım e **bey** vogliono dire più specificamente *signora* e *signore*. Queste parole possono accompagnare anche un nome, come **Nesli Hanım** e **Mehmet Bey** (v. lezione 11, nota 3). È possibile dire anche solo **bay** e **bayan**, *signore* e *signora* (meno eleganti di **beyefendi** e **hanımefendi**), facendo seguire il cognome dell'interessato: **Bayan Koyuncu**, *Signora Koyuncu*; ma questo è un uso abbastanza recente, di provenienza occidentale. In generale si preferisce usare il nome, seguito da **hanım** o da **bey**.

7 Quanto costa al metro *(Questo-di metro-suo quanto-a)*?

8 – È molto conveniente *(parsimonioso)*, non si preoccupi, signore. La signora ha un gusto raffinato *(molto piacevole)*. Anche lei apprezzerà il vestito che [la signora] farà fare, ne sono certo.

9 – Quanto è largo *(Larghezza-sua quanto)*? Uno e quaranta?

10 – Sì. Quanti metri le occorrono?

11 – La sarta mi ha detto di prenderne tre metri.

12 – Perfetto, [lo] taglio. *(Ridendo ridendo indossate)*. Le consiglio anche di prendere questi due metri di scampoli scontati. Può far[ci] confezionare *(cucire)* una camicetta.

13 L'uomo va a pagare *(il-denaro)* in cassa. Escono dal negozio e continuano a camminare guardando le vetrine.

▶ **Bey** e **hanım** accompagnano anche nomi di funzioni, in segno di rispetto: **Doktor Hanım, Doktor Bey**, *(Signora) dottoressa*, *(Signor) dottore* (v. lezione 25), **Müdür Hanım, Müdür Bey**, *Signora direttrice, Signor direttore* (v. lezione 31). Avete trovato anche **şoför Bey**, *signor conducente* (v. lezione 34) e **memur Bey**, *signor agente* (v. lezione 53).

⑦ **terzi üç metre almamı söyledi**, *la sarta mi ha detto di prenderne tre metri*; la forma in **-me**, seguita da **söylemek**, rende l'italiano *dire di fare*. Trovate la stessa costruzione, con *consigliare di fare*, alla frase 12: **bir kupon almanızı tavsiye ederim**.

⑧ **güle güle giyin**, *ridendo ridendo indossate*: a ogni acquisto di vestiti vi rivolgeranno questo augurio, che avevate già visto alla lezione 50, nota 14.

⑨ **dik-tir-mek**, *far confezionare* (cucire); fattitivo del verbo **dikmek**.

14 – Sevgilim, bak ne güzel bir takım. Gelecek ay sizin müdürün yalısındaki davete giderken giyerim. Bunu alsak, iyi olur. ⑩
15 – Fiyatından haberin yok ⑪ her halde.
16 – Belki indirim yaparlar.
17 – Sen burayı Kapalı Çarşı mı sanıyorsun? Burada pazarlık yapılmaz.
18 – Peki, almayız ⑫, sadece girip bir bakalım.
19 İçerde, satıcı:
20 – Sanki ⑬ tam sizin ölçünüze ⑭ göre yapılmış! Bunu kaçırmamalısınız ⑮. Hemen almazsanız pişman olursunuz.

Note

⑩ **bunu alsak, iyi olur**, *sarebbe bello se lo comprassimo*. La forma **al-sak** introduce una presunta ipotesi irrealizzabile. La moglie finge di non credere alla possibilità di tale acquisto. Altrimenti avrebbe usato **al-ır-sak**: **bunu alırsak, iyi olur**, *se lo compriamo, sarebbe bello*. Questa forma, che si chiama ipotetica ed è composta dalla radice verbale + **se/sa**, la avete già trovata nelle espressioni **nasıl olsa** *ad ogni modo, comunque* (v. lezione 46, nota 7), e **Keşke hep böyle olsa**, *Magari fosse sempre così* (v. lezione 51, nota 12).

⑪ **fiyatından haberin yok**, "non sei al corrente del suo prezzo". Imparate questa costruzione: **-den haber** + possessivo **var/yok**. **Bu sergiden haberim var**, *so che c'è questa mostra* ("sono al corrente di questa mostra").

⑫ **almayız**, *non compriamo*: la prima persona plurale del presente generale alla forma negativa non era ancora stata usata nei testi delle lezioni. **Alamayız**, *Non possiamo comprare* (v. frase 24).

⑬ **sanki** significa *si direbbe che*.

14 – Amore mio, guarda che bel completo! Lo metterò per andare al ricevimento *(invito-a)* del vostro direttore che avrà luogo nel suo yalı il mese prossimo. Sarebbe bello *(buono)* se lo comprassimo.
15 – Probabilmente non hai visto il prezzo *(Prezzo-suo-da informazione-tua non-c'è)*!
16 – Forse faranno uno sconto.
17 – Credi che qui sia il Gran Bazar? Qui non si tratta *(trattativa non-viene-fatta)*.
18 – Vabbè, non lo compriamo; entriamo semplicemente per dare un'occhiata *(uno guardiamo)*.
19 All'interno, il commerciante *(venditore)*:
20 – Si direbbe che le sia stato fatto proprio su misura *(proprio voi-di misura-vostra-a secondo)*! Non può *(deve)* perderlo. Se non lo compra subito, se ne pentirà.

▶ ⑭ **ölçü** vuol dire *misura* mentre **beden**, *taglia*. Ecco qualche frase utile per comprare un vestito o delle scarpe:
Kaç beden giyiyorsunuz?, *Qual è la sua taglia?*
Bu benim bedenim oppure **Bu benim bedenime göre**, *Questo è della mia taglia.*
Bu benim bedenim(e göre) değil, *Questo non è della mia taglia.*
Bunun bir beden büyüğünü / küçüğünü istiyorum, *Vorrei una taglia più grande / più piccola (di questa).*
Kaç numara (ayakkabı) giyiyorsunuz?, *Qual è il suo numero (di scarpe)?*
Bu modelin 37 numarası var mı?, *Ha il 37 di questo modello?*

⑮ **bunu kaçır-ma-malı-sınız**, *non deve perderlo*: la forma **-malı** significa *bisogna*, ma anche *deve*. Nella sua forma base, indica la terza persona. Aggiungendo gli altri suffissi del verbo *essere*, si ottengono le altre persone: **bunu yap-malı-y-ım**, *devo farlo* ecc.

21 Biraz sonra büyük bir torbayla yine caddede yürüyorlar.
22 – Şimdi buna uygun ayakkabıyla çanta da almamız gerekir. Yoksa giyemem.
...
23 – Hayatım, az kalsın unutuyorduk. Sana neler alacaktık ⑯?
24 – Artık hiçbir şey alamayız. Bütün maaşı bitirdik.
25 – Eyvah! Sahi mi? Hep benim yüzümden?... Üstelik ayakkabıyla çantayı da aldık... Yoksa paramız bitmezdi, sana da bir şeyler alabilirdik.
26 – Evet ama, o zaman da sen bizim müdürün davetindeki en şık kadın olamazdın... □

Note

⑯ **al-acak-tık**, *stavamo comprando*. Avete già incontrato questo tempo composto alla lezione 61, nota 14, in una frase condizionale, con valore di condizionale passato. Anche altri tempi composti possono fungere in determinati contesti da condizionali passati, come **al-abilir-dik**, *avremmo potuto comprare* (v. frase 25), **bit-mez-di**, *non sarebbe finito* (v. frase 25) e **ol-a-maz-dın**, *non saresti potuta essere* (v. frase 26). Questo nuovo tempo composto, formato da **-mez** + **-di**, è la forma negativa dell'imperfetto **-(e)r-di**. **Bitmezdi** è la forma negativa di **biterdi** mentre **ol-a-maz-dın** è quella di **ol-abil-ir-din**.

21 Poco dopo, camminano di nuovo sul viale con un gran sacco.
22 – Adesso, dobbiamo comprare anche delle scarpe e una borsa che vadano bene con questo [completo] *(questo-a adatto)*. Altrimenti non potrò indossarlo.
...
23 – Vita mia, per poco dimenticavamo. Che ti stavamo comprando?
24 – Ormai non possiamo più comprar niente. Abbiamo speso *(finito)* tutto lo stipendio.
25 – Ma dai! È vero? Tutto a causa mia *(faccia-mia-da)*... Per di più abbiamo comprato anche le scarpe e la borsa... Altrimenti non avremmo speso tutto *(denaro-nostro non-sarebbe-finito)* [e] avremmo potuto comprare delle cose anche per te.
26 – Sì, ma in tal caso non saresti potuta essere la donna più elegante al ricevimento *(che-è-al-ricevimento)* del nostro direttore.

1. alıştırma – Çeviriniz

❶ İstersen, beraber alışverişe gidelim. Hiç giyeceğim kalmadı. ❷ Bir de, diktirdiğiniz elbiseye uyan bir çantayla ayakkabı almanızı tavsiye ederim. ❸ Fiyatını öğrenmeden, bir kumaşı kestirmem. ❹ Bu ipeğin renklerinin çok çiğ olmasına rağmen, yaptıracağım elbiseyi beğeneceksin. ❺ Koca, bütün maaşını bitirmesine rağmen, karısına bir elbise daha aldı. ❻ İstiklal Caddesi'ndeki dükkanlarda, Kapalı Çarşıda yapıldığı gibi pazarlık yapılmaz. ❼ En şık dükkanlardan alış veriş yaptık da... Yoksa o kadar para harcamazdık. ❽ İstiklal Caddesi'nde eskisi gibi tramvay olduğundan haberiniz yok mu?

2. alıştırma – Tamamlayınız

❶ Nonostante questa stoffa sia molto conveniente, non la comprerò. Penso di comprare uno di quegli scampoli.

Bu ......, çok hesaplı .... rağmen, ... Şu .... birini ...... düşünüyorum.

❷ Non deve perdere questo vestito. Le sta molto bene.
(Star bene: **yakışmak**)

Bu elbiseyi .... çok ....

❸ Se non lo compriamo subito, ce ne pentiremo.

.... hemen ...., pişman ....

Soluzioni dell'esercizio 1

❶ Se vuoi, andiamo insieme a fare compere. Non ho più niente da mettermi. ❷ E poi, le consiglio di comprare una borsa e delle scarpe che si addicano al vestito che ha fatto fare. ❸ Non faccio tagliare una stoffa senza essere a conoscenza del suo prezzo. ❹ Nonostante i colori di questa seta siano molto sgargianti, apprezzerai il vestito che farò fare. ❺ Il marito, nonostante abbia speso tutto il suo stipendio, ha comprato un altro vestito a sua moglie. ❻ Nei grandi negozi di viale İstiklal, non si tratta come si fa al Gran Bazar. ❼ È che abbiamo fatto compere nei negozi più eleganti… In caso contrario, non avremmo speso così tanti soldi. ❽ Non sa che c'è, come una volta, un tram in viale İstiklal?

❹ Non sono riuscito a decidere se comprarlo o meno.
Bunu .... karar ....

❺ Da quando abbiamo traslocato a Beyoğlu, andiamo spesso al Passaggio dei Fiori.
Beyoğlu'na .... beri, sık ...
Çiçek .... gidiyoruz.

Soluzioni dell'esercizio 2

❶ – kumaşı – olmasına – almayacağım – kuponlardan – almayı –
❷ – kaçırmamalısınız Size – yakıştı ❸ Bunu – almazsak – oluruz
❹ – alıp almayacağıma – veremedim ❺ – taşındığımızdan – sık
– Pasajı'na –

Fin dall'epoca di Selim III, che organizzò la prima rappresentazione operistica nel 1797 al **Topkapı**, *i sultani sono sempre stati molto sensibili all'opera. L'Ottocento fu il secolo che vide la musica italiana affermarsi nella Istanbul ottomana: il Belisario di Gaetano Donizetti fu la prima opera in assoluto a essere tradotta in turco e Giuseppe Donizetti, fratello maggiore di Gaetano, fu dal 1828 al 1856 compositore ufficiale di corte. Gli successe nella carica Callisto Guatelli, che la conservò fino a poco prima della sua morte, sopraggiunta nel 1900. Le opere di Bellini, di Donizetti*

67 Altmış yedinci ders

Ev sahibi ① hanım zor durumda

1 Kocası, çalıştığı şirketin müdürüyle iş arkadaşlarından bazılarını eve akşam yemeğine davet etmişti ②.
2 Son anda Belediye Başkanı'nı ③ da davet edip, Nermin Hanım'a yemekten iki saat önce ④ haber verdi.

Note

① **ev sahibi** significa *padrone di casa*; aggiungendo **hanım** si ha *padrona di casa*. Avete già visto un caso in cui l'aggiunta di **hanım** indica il femminile di una parola: **hanım arkadaşı**, *amica* (v. lezione 61, nota 9).

② **davet et-miş-ti**, *aveva invitato*; abbiamo già incontrato questo tempo composto alla lezione 65, nota 3; v. anche frase 11 **hazırla-mış-tım**, *avevo preparato*.

③ **Belediye Başkanı**, *il sindaco*; **başkan**, che deriva da **baş**, *testa*, significa *capo*, *presidente*; **Cumhurbaşkanı** è il *presidente della repubblica* (**Cumhuriyet**, *repubblica*). Attenzione a non confondere **başkan** con **bakan**, *ministro*: **Dışişleri Bakanı**, *ministro degli affari esteri*; **Dışişleri Bakanlığı** è invece il *Ministero degli affari esteri*.

e di Verdi ebbero sempre un gran successo di pubblico e furono spesso rappresentate nel prestigioso **Naum Tiyatrosu**. *Il grande incendio di Pera del 1870 non risparmiò il teatro, ma sulle sue ceneri fu costruito nel 1876 il* **Çiçek pasajı**, *prestigiosa galleria che rappresenta oggi il fiore all'occhiello di* **İstiklal Caddesi**, *storicamente conosciuta come la* Gran Via di Pera, *poiché attraversa il quartiere di* **Beyoğlu**, *l'antica Pera.*

Seconda ondata: on yedinci ders

Sessantasettesima lezione 67

Una padrona di casa in difficoltà
(difficile situazione-in)

1 Suo marito aveva invitato a casa per *(a)* cena il direttore della società dove lavora e alcuni colleghi *(amici)* di lavoro.
2 All'ultimo momento, ha invitato anche il sindaco *(Municipio Presidente-suo-[accus.])* e lo ha detto *(notizia ha-dato)* a Nermin Hanım [solo] due ore prima di cena *(pasto)*.

▶ ④ **yemekten iki saat önce**, *due ore prima di cena*: come potete vedere, **iki saat** si colloca tra il nome all'ablativo e **önce**. Lo stesso discorso vale per **sonra**: **düğünden üç ay sonra**, *tre mesi dopo le nozze*.

3 Yemekler hazır. Her şeyden yeteri kadar ⑤ var. Fakat Nermin Hanım sofrada kimi nereye oturtacağına bir türlü karar veremiyor:

4 "Müdür Bey'i yanıma oturtursak, Belediye Başkanı'na ayıp ⑥ olacak. Ama müdürü sofranın en güzel yerine oturtmazsak ⑦, bu defa o kızacak,

5 çünkü yemeği onun şerefine ⑧ veriyoruz. Sonra, eğer kızdırırsak Ali'ye işinde zarar verebilir.

6 A. unutuyordum! Seçkin Bey'i de kesinlikle Belediye Başkanı'nın yanına ya da karşısına oturtmamak lazım. Seçimleri kaybettiğinden beri ⑨ araları açık ⑩.

Note

⑤ **yeteri kadar**, *sufficientemente*, *a sufficienza*. Conoscete già il verbo **yetmek**, le cui forme **yeter** e **yetmez**, *basta* e *non basta*, sono frequentemente usate. Nell'espressione **yeter-i kadar**, lett. "quanto il suo sufficiente", **yeter** funge da sostantivo, come **gelir** che, oltre a *viene*, può significare *reddito* (v. lezione 61, nota 3). **Yeterince** vuol dire *discretamente* e **yeterli**, *sufficiente*.

⑥ **ayıp** significa sia *vergogna* che *vergognoso*. Questa parola viene usata spesso in turco e, a seconda dei contesti, può avere diverse traduzioni: *non conviene, non si fa, è vergognoso...* Se fate qualcosa di **ayıp** a qualcuno, costui può **kırılmak**, *offendersi*, o anche **kızmak**, *arrabbiarsi*!

⑦ **oturt-maz-sak**, *se non facessimo sedere*, è la forma negativa di **oturt-ur-sak** (v. frase precedente). Per formarla, basta inserire **-maz-**, **-mez-** tra la radice verbale e **-sa**, **-se**.

3 La cena *(le-portate)* è pronta. C'è cibo a sufficienza *(ogni cosa-da sufficiente-suo quanto c'è)*. Ma Nermin Hanım non riesce assolutamente a decidere dove far sedere a tavola le persone *(chi-[accus.] dove-a)*.

4 "Se facessimo sedere il direttore vicino a me, sarebbe scorretto *(vergognoso)* nei confronti del sindaco. Ma se non dessimo al direttore il miglior posto a tavola *(direttore-[accus.] tavola-di più bel posto-suo-a se-non-facessimo-sedere)*, stavolta sarebbe lui ad arrabbiarsi *(lui si-arrabbierà)*,

5 dal momento che organizziamo *(diamo)* la cena in suo onore. Poi, qualora lo facessimo arrabbiare, potrebbe *(può)* arrecare danni ad Ali sul lavoro.

6 Ah, dimenticavo! Non bisogna assolutamente far sedere Seçkin Bey vicino o di fronte al sindaco. Da quando ha perso le elezioni, non vanno più d'accordo *(relazioni-loro aperte)*.

▸ ⑧ **şeref** significa *onore*. Questa parola si trova anche nell'espressione **o-nun şeref-i-ne**, *in suo onore*; **müdür-ün şeref-i-n-e**, *in onore del direttore*. Imparate anche **Şerefe**, *Cin cin!, Alla salute!* ("in onore"), oppure **Şerefine, Şerefinize**, *Alla tua / alla vostra / alla sua salute!*

⑨ **seçimleri kaybettiği-nden beri**, *da quando ha perso le elezioni*: per questa costruzione v. lezione 63, § 1.

⑩ **araları açık**, letteralmente "relazioni-loro aperte", ossia *non vanno più d'accordo, non corre buon sangue tra di loro*.

7   Ne yapsam ⑪ acaba? Filiz'i bulabilseydim ⑫ ona akıl danışırdım. Ama telefonu cevap vermiyor, yine seyahatte olmalı.
8   Ali'nin de fikrini alamayacağım, toplantıdaymış. O zaman, en iyisi ben bir büfe hazırlayayım ⑬.
9   Oradan herkes hoşuna gideni tabağına alıp, istediği yere otursun. Böylece ben yerleştirme işine karışmayacağım. Tabii, salondaki koltuklar ilk gelenlere düşer ⑭.
10   Şimdi hemen Çerkez tavuğunun yanına bir iki meze daha ilave edeyim. Kolay yapılabilenlerden olsun. Cacık, haydari filan… Boş ver ⑮. Vaktim yok.

Note

⑪ **Ne yap-sam** equivale pressappoco a **Ne yapayım**, *Che posso farci?* (v. frase 15).

⑫ **bul-abil-se-y-dim**, *se fossi riuscita a sentire* o più semplicemente **bul-sa-y-dım**, *se avessi trovato*. L'ipotetica passata (**-se + (y)di**) vi permette di esprimere una condizione al passato. Nella seconda parte della frase, dovrete usare la forma in **-(e)r-di / -mez-di**. **Filiz'i bulabilseydim ona akıl danışırdım**, *Se fossi riuscita a sentire Filiz, le avrei chiesto consiglio*. E alla forma negativa: **Belediye Başkanı'nı başka bir sefer çağırsaydık, bu kadar zor bir durumda kalmazdım**, *Se avessimo invitato il sindaco un'altra volta, non mi sarei trovata in una situazione così difficile* (v. frase 15).

7 Che potrei fare? Se fossi riuscita a sentire *(trovare)* Filiz, le avrei chiesto consiglio. Ma non risponde al *(suo)* telefono. Deve essere di nuovo in viaggio.

8 Non potrò nemmeno domandare ad Ali il suo parere; è in riunione, a quanto pare. In tal caso, è meglio che prepari un buffet.

9 Ognuno prende ciò che preferisce nel piatto e si siede dove vuole *(ognuno piacevole-suo-a andando-[accus.] piatto-suo-a che-prenda vuole posto-a che-si-sieda)*. Così io non mi complicherò [la vita] con la sistemazione [delle persone] *(sistemazione faccenda-sua-a non-mi-complicherò)*! Naturalmente, le poltrone del salone toccheranno ai primi arrivati!

10 Adesso, aggiungo subito *(aggiunta che-io-faccia)*, insieme al pollo alla circassa, altri *(in-più)* uno o due antipasti, che siano facili da fare *(facile potendo-essere-fatti-da che-sia)*. Lo tzatziki, l'haydari ecc. Oh, lasciamo perdere. Non [ne] ho il tempo.

▶ ⑬ **hazırla-y-ayım**, *che io prepari*; la stessa costruzione può anche essere resa in italiano con l'indicativo, come abbiamo fatto per **edeyim** (v. frase 10), **koyayım** (v. frase 13), **iteyim** e **yerleştireyim** (v. frase 14).

⑭ **koltuklar ilk gelenlere düşer**, *le poltrone toccheranno ai primi arrivati* ("quelli che arrivano primi"): **düşmek**, *cadere*, in senso figurato ha il senso di *essere per*, *toccare a*.

⑮ **boş ver!**, *lascia perdere* (lett. "dai vuoto") è un'espressione della lingua parlata che avrete occasione di sentire spesso! Se vi dicono di lasciar perdere, ma voi non siete d'accordo, direte **boş vermem / veremem**, *non lascio perdere!* La parola **boş** è al centro di un'altra espressione utile: **boşuna**, *per niente*, *invano*. **Boşuna geldim**, *Sono venuto per niente*.

11 Herkesi doyuracak kadar meze var ⑯ nasıl olsa. Dolma, zeytinyağlı barbunya, patlıcan salatası... Onları iyi ki dünden hazırlamıştım. Yoksa yetiştiremezdim ⑰.

12 Sıcak meze olarak, sigara böreğiyle patates köftesi hazır sayılır. Bir ara kızartıp getiririm.

13 Eti soğuttum. İncecik, dilim dilim kesip şu tepsiye koyayım. Kavun, peynirler, söğüş salatalık ve domates... Her şey tamam.

14 Masayı duvara kadar iteyim, büfe olsun. İşte böyle. Sehpaları çıkarıp koltukların yanlarına yerleştireyim. Evet... Artık gidip giyinebilirim.

15 Ali büfeyi pek sevmez ama ne yapayım, başka çarem yoktu. Aslında Belediye Başkanı'nı başka bir sefer çağırsaydık, bu kadar zor bir durumda kalmazdım.

16 Neyse gene de iyi oldu. Bu yorgunlukla bir de sofrada servis yapmaktan kurtuldum!"

Note

⑯ **herkesi doyuracak kadar meze var**, *ci sono abbastanza antipasti per saziare tutti*. **Doy-mak**, *saziarsi* e **doy-ur-mak**, *saziare*. La costruzione **-acak / -ecek kadar** significa *abbastanza per*.

⑰ **yetiştiremezdim**, *non sarei riuscita a farcela*. Come nella lezione precedente (nota 16), **-mezdi** ha il valore di un condizionale, anche se non è espressa alcuna condizione esplicita (**yoksa** è comunque sottinteso).

11 Comunque ci sono abbastanza antipasti per saziare tutti: involtini ripieni, fagioli all'olio d'oliva, caviale *(insalata)* di melanzane... Per fortuna *(bene)* che li avevo preparati *(da)* ieri. Altrimenti, non sarei riuscita a farcela.

12 Come antipasti caldi, i börek a [forma di] sigaretta e le polpette di patate sono praticamente pronti *(pronti sono-considerati)*. Al momento opportuno *(un momento)*, li friggerò e li porterò [in tavola].

13 Ho fatto raffreddare la carne. La taglio *(che-io-tagli)* a fettine *(fetta fetta)* sottili e la metto *(che-io-metta)* in questo piatto. Melone, formaggi, insalata di cetrioli e pomodori... ecco fatta ogni cosa!

14 Spingo *(che-io-spinga)* il tavolo contro *(fino-al)* il muro, che funga da buffet *(buffet che-sia)*. Ed ecco fatto *(Ecco così)*. Tiro fuori i tavolini e li sistemo *(che-io-sistemi)* vicino alle poltrone. Sì... Finalmente *(ormai)* posso andare a vestirmi.

15 Ad Ali non piacciono molto i buffet, ma che posso farci, non avevo altre soluzioni. Effettivamente, se avessimo invitato il sindaco un'altra volta, non mi sarei trovata *(non-sarei-restata)* in una situazione così difficile.

16 Meno male, nonostante tutto *(eppure)*, è andata bene. E con questa fatica, mi sono salvata dal servire a tavola.

1. alıştırma – Çeviriniz

❶ Geçen sene müdürü yanıma oturtmuştum. Seçkin Bey bana kızmıştı. ❷ Kocam, yemekten en az üç saat önce haber verseydi, birkaç meze daha hazırlayabilirdim. ❸ Nermin Hanım Belediye Başkanı'nı nereye oturtacağına karar veremiyor. ❹ Müdür bugün Ali'ye kızmasaydı, bize gelecekti. ❺ Davet ettiğimiz iki müdürün araları açık olduğu için, onları yan yana oturtmamalıyız. ❻ Seçimleri kaybedeli, Seçkin Bey yeni Belediye Başkanı'yla görüşmek istemiyor. ❼ Ekmek, yoğurt alacak kadar param var.

2. alıştırma – Tamamlayınız

❶ Beviamo. C'è da bere a sufficienza. Cin cin!
İçelim. . . . . . . kadar . . . . . . var. . . . . !

❷ Da quando Seçkin Bey ha perso le elezioni, non corre buon sangue tra loro.
Seçkin . . . seçimleri . . . . beri, ... açık.

❸ Preparo ancora qualche antipasto. Di quelli facili da fare.
. . . . . meze daha . . . . Kolay . . . . olsun.

❹ Preparando un buffet, mi son salvata dal sistemare gli invitati.
Büfe . . . . için, ... yerleştirmekten . . . .

❺ A mio marito non piacciono molto i buffet, ma che potevo farci? Non avevo altre soluzioni.
Kocam . . . . . . pek . . . . Ama ne . . . . ? Başka . . . . . yoktu.

Soluzioni dell'esercizio 1

❶ L'anno scorso, avevo fatto sedere il direttore vicino a me. Seçkin Bey si era arrabbiato con me. ❷ Se mio marito mi avesse informato almeno tre ore prima di cena, avrei potuto preparare qualche antipasto in più. ❸ Nermin Hanım non riesce a decidere dove farà sedere il sindaco. ❹ Se oggi il direttore non si fosse arrabbiato con Ali, sarebbe venuto da noi. ❺ Dal momento che non corre buon sangue tra i due direttori che abbiamo invitato, non dobbiamo farli sedere uno vicino all'altro. ❻ Da quando ha perso le elezioni, Seçkin Bey non vuole vedersi di nuovo col sindaco. ❼ Ho soldi solo per comprare pane e yogurt.

Soluzioni dell'esercizio 2

❶ – Yeteri – içecek – Şerefe ❷ – Bey – kaybettiğinden – araları – ❸ Birkaç – hazırlayayım – yapılabilenlerden – ❹ – hazırladığım – davetlileri – kurtuldum ❺ – büfeyi – sevmez – yapabilirdim – çarem

*L'orecchio non vi inganna: il **cacık** turco è proprio lo tzatziki greco! Lo avete visto, le culture italiana, greca e turca si trovano spesso fuse da pratiche comuni, somiglianze linguistiche nonché intimamente legate da un passato condiviso. Le differenze che oggi sembrano marcare più che mai una distanza incolmabile, sono sempre state un fattore secondario, epidermico, nella lunga storia di contatti e di scambi mediterranei. Un gioco a tre, una continua triangolazione culturale e linguistica che dal XIV secolo, epoca in cui gli ottomani si affacciano sulle rive dell'**Akdeniz**, Mediterraneo, arriva fino al XX secolo e oltre. Se oggi si ha la tendenza a celebrare molto di più la comunanza culturale tra italiani e greci (come non ricordare la celeberrima frase "Italiani, Greci, una faccia, una razza"), non bisogna dimenticare che anche i turchi hanno da sempre partecipato a questo continuo sincretismo culturale sulla costa settentrionale del Mediterraneo orientale. È forse proprio questo, in fondo, il significato della battuta che Gabriele Salvatores nel pluripremiato film del 1991 "Mediterraneo", fa dire al pescatore turco Aziz quando, arrivando a riva, pronuncia la fatidica frase "Italiani, Turchi, una faccia, una razza"!*

Seconda ondata: on sekizinci ders

68 Altmış sekizinci ders

Bin bir hünerli küçük meslek yaratıcıları

1. Türkiye'de, özellikle büyük şehirlerde insan, belli bir mesleği olmasa da ① yapılacak bir iş bulup karnını doyurabilir ②. Mevsime ③, havalara, halkın ihtiyaçlarına göre durmadan yeni işler yaratılır.
2. Örneğin, kışın soğuklar başlar başlamaz sokaklarda, otobüs duraklarında, kapı ve pencerelere yapıştırılan sünger ④ bantlardan satanlar beyaz top çiçekler gibi bitiverir ⑤.
3. Şiddetli bir yağmurdan sonra çukur semtlerdeki caddeler sular altında kaldı mı ⑥, bazıları için birkaç kuruş ⑦ daha kazanma fırsatı doğar.

Note

① **belli bir mesleği olmasa da**, *anche se non si ha un mestiere determinato*; **ol-ma-sa** è la forma negativa di **ol-sa**. Allo stesso modo, **git-me-se** è quella di **git-se**. Per quanto concerne la formazione dell'ipotetica, v. lezione 66, nota 10.

② **karnını doyurmak**, "saziare il proprio ventre", viene utilizzato nel senso di *sopravvivere, non morire di fame*.

③ **dört mevsim**, *le quattro stagioni* sono: **bahar**, **ilkbahar**, *la primavera*; **yaz**, *l'estate*; **sonbahar**, *l'autunno* e **kış**, *l'inverno*.

④ **sünger** vuol dire *spugna*. I venditori di queste fasce isolanti di spugna le tengono attaccate a un bastone, a formare una sorta di grosso fiore bianco.

⑤ **bit-i-verir**, lett. "danno da germogliare", significa *spuntano immediatamente, di colpo*. Questa forma è composta da **bit-mek**, *germogliare* (*pianta* si dice **bitki**) e da **vermek**, *dare* e serve a ▶

Sessantottesima lezione 68

L'arte di arrangiarsi coi lavoretti
(Mille un abile piccolo lavoro creatori-loro)

1 In Turchia, specialmente nelle grandi città, anche se non si ha un mestiere [ben] determinato, si può trovare un lavoro da fare e non morire di fame *(ventre-suo-[accus.] si-può-saziare)*. Nuovi lavori vengono inventati senza sosta a seconda della stagione, del tempo o dei bisogni della gente *(popolo-di)*.

2 Per esempio, d'inverno, non appena comincia il freddo *(i-freddi)*, spuntano [di colpo] nelle strade e alle fermate degli autobus, come fossero dei grossi fiori bianchi, dei venditori di fasce di spugna da attaccare alle porte e alle finestre.

3 Se dopo una pioggia torrenziale, le strade dei quartieri che stanno [più] in basso sono inondate *(acque sotto è-restato* **mi***)* ecco *(nasce)* l'occasione per alcuni di guadagnare qualche soldo in più.

▸ conferire un senso di immediatezza. I due verbi sono uniti da una **i** che segue la regola dell'armonia vocalica. Per esempio, potete anche dire **kapıyı aç-ı-ver**, *apri svelto la porta*, **onu bul-u-ver**, *trovalo subito*.

⑥ **kaldı mı**, in questo caso la particella **mı** rende una frase ipotetica introdotta da "se": *se le strade sono inondate ecco l'occasione...*

⑦ Il **kuruş** è il *centesimo* della lira turca, ma traduce anche i termini generici *quattrino* e *soldo*.

4 Hemen ayakkabılarını çıkarıp, paçalarını sıvayarak, isteyenleri sırtlarında karşıdan karşıya geçirirler. Bir de sürekli olarak yapılan işler vardır.

5 Üst ve alt geçitlerde ⑧, tren istasyonlarında, otogarlarda önündeki tartı aletiyle gelip geçeni tartıp para kazanan bir işsize ya da bir çocuğa her zaman rastlayabilirsiniz.

6 Birdenbire tartılmak gelir içinizden. Böylece hem kilonuzu öğrenmiş, hem de bu insanlara yardım etmiş olursunuz ⑨.

7 Sıcak havalarda susadınız mı? Merak etmeyin. Su, limonata, ayran satan biri hemen çıkar karşınıza.

8 Acıktınız mı? Sayısız büfelerden başka her köşede sandöviç, börek, çörek ⑩ satıcıları bulunur. Ayrıca mevsime göre kestane veya mısır satılan el arabaları parklarda, sahilde dolaşır.

Note

⑧ **üst geçit**, *passerella* e **alt geçit**, *sottopasso, sottopassaggio*: i passaggi pedonali che permettono in ogni grande città di attraversare senza pericolo grandi strade o binari si chiamano **geçit**, *passaggio*. Questi passaggi sono **üst**, *alto, superiore*, se passano sopra l'ostacolo oppure **alt**, *basso, inferiore*, se passano sotto.

⑨ **öğrenmiş olursunuz** e **yardım etmiş olursunuz** sono l'equivalente del nostro futuro anteriore: *avrete imparato* e *avrete aiutato*.

⑩ il **çörek** è una sorta di panino dolce tipico della cucina turca, greca e armena. In Italia è conosciuto anche come *tsoureki*, secondo la traslitterazione latina del suo nome greco.

4 Subito [si] tolgono le *(loro)* scarpe, tirano su *(tirando-su)* l'orlo dei pantaloni e fanno passare [portandoli] sulle spalle *(schiene-loro-in)* da un lato all'altro *(di-fronte-da di-fronte-a)* [della strada] quelli che lo desiderano. E poi, ci sono anche i lavori che esistono sempre *(permanenti essendo che-si-fanno)*.

5 Sulle passerelle e nei sottopassaggi, nelle stazioni ferroviarie o delle corriere, potete sempre incontrare un disoccupato o un bambino con una bilancia davanti a sé, che guadagna soldi pesando i passanti *(chi-viene chi-passa-[accus.])*.

6 Volete all'improvviso pesarvi *(Improvvisamente pesarsi viene interno-vostro-da)*? Così saprete *(avrete-imparato)* il vostro peso *(chilo)* e, al tempo stesso, avrete aiutato queste persone.

7 Fa caldo *(caldi tempi-in)* e avete sete? Non preoccupatevi. Troverete subito di fronte a voi un venditore d'acqua, limonata o ayran *(che-vende un-suo subito esce di-fronte-vostro-a)*.

8 Avete fame? Oltre *(altro)* agli innumerevoli minimarket, a ogni angolo [di strada] si trovano dei venditori di panini, börek e çörek. Inoltre, dei carrettini *(vetture a-mano)* che vendono, a seconda della stagione, castagne o pannocchie girano nei parchi e in riva [al mare].

9 İstanbul'da Eminönü, Kadıköy gibi işlek yerlerde, büyük plastik yaygılar üzerinde çorap, iç çamaşırı ⑪, ayakkabı satanlar görürsünüz.

10 Bunlar belediye memurlarının geldiğini öğrenince çarçabuk ⑫ yaygılarını, kenarlarındaki iplerden çekerek toplayıp kaçarlar. Tehlike geçince yeniden sermek üzere…

11 Vapurlarda da Denizyolları'nın kendi büfecilerinin dışında, birçok işportacı abartılı sözlerle yolcuların ilgisini ve parasını çekmeye çalışır.

12 Her yerde boyacılar parlatılacak ayakkabıların peşindedir ⑬. Kaldırımlarda, buzdolabı, çamaşır makinası gibi çok ağır yükleri taşıyan eğilmiş hamallarla karşılaştığınızda ⑭ kenara çekilip yol verirsiniz.

Note

⑪ **çamaşır** significa *biancheria, bucato*. **İç çamaşırı** è la *biancheria intima*, mentre **çamaşır makinası** è la *lavatrice* (v. frase 12).

⑫ **çar-çabuk**, *a gran velocità* ("molto velocemente"). Avete già trovato questo modo di rafforzare l'aggettivo o l'avverbio: **yepyeni**, *nuovissimo, nuovo di zecca*; **tertemiz**, *pulitissimo* ecc. (v. lezione 51, nota 2).
In questa frase viene usato **geldiğini** invece di **geldiklerini**: come sapete, quando non c'è rischio di confusione, il turco preferisce sempre utilizzare il singolare.

⑬ **bir şeyin peşinde olmak** vuol dire *essere alla ricerca di qualcosa* (o *qualcuno*).

9 A Istanbul, nei luoghi animati come Eminönü e
Kadıköy, vedete delle persone che vendono su
dei grandi teli impermeabili in plastica calzini,
biancheria intima o scarpe.

10 Quando questi vedono *(vengono-a-sapere)*
che gli agenti municipali arrivano, raccolgono
[tutto] a gran velocità e scappano tirando i loro
teli con delle corde che stanno alle estremità.
Passato il pericolo *(Pericolo passando)*,
risistemano tutto *(di-nuovo stendere stanno-per)*...

11 Sui battelli, accanto ai *(fuori-suo-in)* veri
(propri) addetti alla caffetteria della Compagnia
marittima *(Tragitti Marittimi)*, molti piazzisti
provano ad attirare l'attenzione *(interesse)* e
i soldi dei passeggeri con i loro stratagemmi
(spropositate parole-con).

12 Ovunque i lustrascarpe *(pittori)* sono alla
ricerca di scarpe da lucidare *(da-esser-lucidate)*.
Sui marciapiedi, quando incontrate dei facchini
che, piegati in due *(contorti)*, trasportano
carichi molto pesanti, come frigoriferi o
lavatrici, vi fate da parte e cedete il passo
(strada date).

▸ ⑭ **karşılaş-tığ-ınız-da**, "nel vostro incontrarsi". Questa forma
equivale in italiano a una subordinata introdotta da "quando":
quando incontrate / incontrerete. È possibile anche dire
karşılaştığınız zaman.

13 Ve her mahallede seyyar satıcılar el arabası ya da kamyonetle dolaşıp bağıra bağıra ⑮ patates soğan, sebze meyve satar.
14 Sonra sütçü, yoğurtçu, muslukçu ve bileyicilerin sesleri. Hele, kışın soğuk, ıssız gecelerde yükselen hüzün dolu bir ses, bozacının sesi…
15 Yüzyıllardır bizlere arkadaş olan bu sesler İstanbul'un eski, geleneksel hayatının yaşayan kanıtlarıdır.

Note

⑮ **bağır-a** è una forma del verbo **bağırmak**, *gridare*, che, ripetuta (**bağıra bağıra**), rende il gerundio *gridando*.

***

1. alıştırma – Çeviriniz

❶ İnsan sürekli olarak çalışmasa da, ara sıra yapılacak bir iş bulabilir. ❷ Bu genç, isteyenleri sırtında karşıdan karşıya geçirirse, birkaç kuruş kazanmış olur. ❸ Belediye memurları geldiler mi, işportacılar hemen tezgahlarını *(banchi)* toplayıp kaçıveriyorlar. ❹ Ev kadınları meyve satıcılarının sesini duyar duymaz, pencerelerden sepetlerini indiriyorlar. ❺ Şiddetli bir yağmur yağdığında, çukur semtlerdeki bazı caddeler sular altında kalıyor. ❻ Acıktığınızda her köşede bir büfe bulabilirsiniz. ❼ Yayalar hamallarla karşılaştıklarında, kenara çekilip yol vermek zorundadır.

13 E in ogni quartiere, i venditori ambulanti girano in camioncino o con carretti e gridando vendono patate, cipolle, verdura e frutta.
14 Poi [ci sono] le grida *(voci)* del lattaio, del venditore di yogurt, dell'idraulico e dell'arrotino. E soprattutto il grido del venditore di boza, una voce carica di tristezza che s'innalza nelle notti fredde e desolate *(disabitate)* d'inverno…
15 Queste grida, che ci sono familiari *(amiche)* da secoli, sono delle vive testimonianze della vita tradizionale di una volta di Istanbul.

***

Soluzioni dell'esercizio 1

❶ Anche se non si lavora in modo continuativo, si può trovare occasionalmente un lavoro da fare. ❷ Se questo giovane fa passare sulle spalle, da un lato all'altro, quelli che lo desiderano, avrà guadagnato qualche soldo. ❸ Se arrivano gli agenti municipali, gli ambulanti raccolgono subito i loro banchi e si danno alla fuga. ❹ Non appena le casalinghe sentono le grida dei fruttivendoli, fanno scendere le loro ceste dalla finestra. ❺ Quando c'è una pioggia torrenziale, alcune strade dei quartieri bassi si inondano. ❻ Quando avete fame, a ogni angolo [di strada] potete trovare un minimarket. ❼ Quando i pedoni incontrano i facchini, devono farsi da parte [per] lasciarli passare.

2. alıştırma – Tamamlayınız

❶ Se vi pesate quando vedete una bilancia per strada, avrete aiutato un bambino o un disoccupato.

.... bir .... aleti .... tartılırsanız, bir çocuğa .... bir ...... yardım ....

❷ Quando i venditori vedono un agente municipale, scappano subito tirando i loro teli impermeabili con delle corde.

Satıcılar bir .... memuru ...., hemen .... yaygılarını .... kaçıyor(lar).

❸ Gli ambulanti sono scappati. Passato il pericolo, stendono di nuovo i loro teli impermeabili.

.... kaçtılar. Tehlike .... yeniden .... üzere.

❹ In ogni quartiere, i venditori ambulanti vendono, gridando, frutta e verdura.

... mahallede ...... satıcılar ...... bağıra .... ve meyve ....

❺ Nelle sere d'inverno, le grida del venditore di boza che gira per le strade deserte ricorda alla gente la vita tradizionale di una volta di Istanbul.

Kış ...., ıssız sokaklarda .... bozacının .... insana eski, ... İstanbul ... . hatırlatıyor.

Soluzioni dell'esercizio 2

❶ Sokakta – tartı – gördüğünüzde – ya da – işsize – etmiş olursunuz ❷ – belediye – gördüklerinde – iplerle – çekerek – ❸ İşportacılar – geçince – yaygılarını sermek – ❹ Her – seyyar – bağıra – sebze – satıyorlar ❺ – geceleri – dolaşan – sesi – geleneksel – 'un hayatını –

Nonostante abbia conquistato il mercato mondiale con l'appellativo di greco, lo yogurt è uno degli alimenti turchi per eccellenza! Tipico della cultura nomade e pastorale dell'Asia centrale, la parola stessa ci indica quanto siamo debitori ai turchi per la conoscenza di questa specialità. **Yoğurt** *deriva infatti dal verbo turco* **yoğurmak**, *impastare. Il dubbio che talvolta può sorgere sulla grafia della parola (yogurt e non yoghurt), è dovuto al fatto che, prima dell'adozione nel 1928 della grafia latina da parte della lingua turca, il suono "ğ" veniva spesso trascritto "gh".*
*I turchi, con i loro venti chili annuali, sono la popolazione che consuma più yogurt pro capite al mondo! E in questa statistica non viene nemmeno contato l'***ayran**.
*L'***ayran** *è una bevanda tipica dei popoli turcofoni. Consiste in yogurt allungato con acqua e sale. Sembra che l'aggiunta del sale sia nata per necessità di conservazione dello yogurt stesso. La Turchia è il primo produttore mondiale di* **ayran**, *una bevanda molto apprezzata anche nei paesi arabi.*
La **boza** *è una bevanda invernale a base di miglio fermentato. Leggermente alcolica, viene spesso servita accompagnata da ceci tostati. Nel quartiere stambuliota di* **Vefa** *c'è il* **Vefa Bozacısı**, *un vero e proprio santuario della* **boza**; *aperto nel 1876 da due fratelli albanesi, ancora oggi serve questa bevanda tradizionale in un'ambientazione d'epoca. Anche il* **Vefa Bozacısı** *non è esente dal culto repubblicano di* **Atatürk**: *sotto una campana di vetro è infatti esposto il bicchiere che il* padre dei turchi, *assiduo frequentatore del locale, era solito usare!*

Seconda ondata: on dokuzuncu ders

69 Altmış dokuzuncu ders

İstanbul'un gizli büyüsü ①

1. İstanbul'u arabayla değil, yürüyerek gezip dolaşmalı. Ancak o zaman tadını yudum yudum çıkarabilirsiniz.
2. İstanbul'un günlük hayatını yakından tanımak isterseniz, Ayasofya Müzesi, Topkapı Sarayı, Sultanahmet camisi gibi büyük eserlerle turistik çevrelerin dışında kalan gerçek, yaşayan mahallelerini görmelisiniz ②.
3. Bunun için, plansız, programsız dolaşmalı, ayaklarınız sizi nereye götürürse oraya gitmelisiniz ③.

Note

① **gizli**, *nascosto, segreto, occulto*; **gizlemek** vuol dire *occultare, nascondere, camuffare, mascherare* mentre **gizlenmek** significa *nascondersi, celarsi*. **Büyü** vuol dire *incantesimo, magia*, ma anche *incanto*. In un questo contesto lo abbiamo tradotto *fascino*. Partendo da questa parola, si può creare il verbo **büyü-le-mek**, *incantare, stregare*, ma in senso figurato anche *affascinare, sedurre*. Il suffisso **-le-** serve dunque a creare dei verbi, come **giz-le-mek, hazır-la-mak, baş-la-mak** ecc. Aggiungendo poi **-(y)ici** alla nuova radice che si ottiene, si formano ulteriori sostantivi o aggettivi: **büyüle-y-ici**, che vorrà dunque dire *incantevole* (v. lezione 65, frase 14); allo stesso modo, **bileyici**, *arrotino* (v. lezione 68, frase 14) da **bilemek**, *affilare, arrotare*; o ancora **temizle-y-ici**, *detergente, detersivo* da **temizlemek**, *pulire*.

Quando viene aggiunto a una radice verbale, il suffisso è **-(y)ici**, mentre quando si aggiunge a un nome, si riduce a **-ci/-cı/-cu/-cü**: **kapı-cı**, *portinaio*; **sat-ıcı**, *venditore*.

Sessantanovesima lezione 69

Il fascino nascosto di Istanbul

1 Bisogna girare e visitare Istanbul non con la macchina, [ma] camminando. D'altronde solo così *(allora)* potrete assaporare passo dopo passo il suo fascino *(gusto-suo-[accus.] sorso sorso tirar-fuori-potrete)*.
2 Se volete conoscere da vicino la vita quotidiana di Istanbul, dovete vedere i quartieri autentici e brulicanti di vita *(che-vivono)*, che stanno *(restano)* fuori dalle zone *(dintorni)* turistiche con i grandi monumenti *(capolavori)*, come Santa Sofia *(Museo-suo)*, il Palazzo di Topkapı o la Moschea blu *(di Sultanahmet)*.
3 Per [far] questo, dovete girare senza un piano o un programma, e andare là dove vi portano i *(vostri)* piedi.

▶ ② **gör-meli-siniz**, *dovete vedere* (v. lezione 66, nota 15). I verbi **gitmelisiniz** (frase 3) e **yaşamalısınız** (frase 5) sono alla stessa forma.

③ **ayaklarınız nereye götürürse oraya gitmelisiniz**, lett. "se i vostri piedi vi portano dove, là dovete andare". Se usate **ne**, **nasıl**, **nereye**, **nerede(n)**, **ne zaman** ecc., seguiti da un verbo al presente generale con aggiunta del suppositivo (+ **se**), otterrete i seguenti pronomi e aggettivi indefiniti italiani: *qualsiasi cosa, in qualsiasi modo, ovunque, in qualsiasi momento* ecc. Per esempio: **ne yaparsam, kızar**, *qualsiasi cosa io faccia, si arrabbierà*; **nerede olursa, bize yazacak**, *ovunque sarà, ci scriverà*. Vi sarà utile anche l'espressione **ne olursa olsun**, *qualsiasi cosa succeda*.

4. Örneğin, bir sabah erkenden, Beyoğlu'ndan aşağı iner, Mevlevihane'ye uğradıktan sonra Galata Kulesi'ne çıkarsınız. Oradan Haliç kıyılarındaki eski İstanbul manzarasını seyredebilirsiniz.
5. Karaköy'e inerken, sıra sıra eski, cumbalı ④ evlerin bulunduğu yokuşlardan geçersiniz. Karaköy'deki kalabalığın içine girip o gürültüyü ve canlılığı yaşamalısınız.
6. Galata Köprüsü'nün ⑤ altındaki kahvelerde bir şeyler içerek dinlenir, iskelelere yanaşan ve kalkan vapurları seyredersiniz.
7. Sonra köprüden geçip Tahtakale'yi ve Rüstempaşa camisini gezer, işlek yokuşlardan çıkarak Süleymaniye'ye ⑥ varırsınız.
8. Orada eski çardaklı sokaklarda dolaşıp, ahşap evler görmek hâlâ mümkündür. Aynı zamanda esnafla ⑦ sohbet edebilirsiniz. Sizi oturtup çay kahve ikram ederler.

Note

④ **cumba** designa i "bow window", i balconi finestrati e protesi verso l'esterno tipici delle case tradizionali turche.

⑤ Prima dell'attuale ponte di Galata, c'era uno **yüzer köprü**, un *ponte galleggiante*.

⑥ Il quartiere di **Süleymaniye** corrisponde alla zona che ospita il complesso urbano fatto costruire da Solimano il Magnifico e che comporta una moschea, un hamam e delle madrase (una delle quali è diventata oggi un'importante biblioteca). ▶

4 Per esempio, una mattina di buon'ora scendete giù da Beyoğlu e, dopo essere passati al convento dei dervisci *(Mevlevi-casa)*, salite sulla torre di Galata. Da lì, potete ammirare la vista della vecchia Istanbul sulle rive del Corno d'Oro.

5 Scendendo a Karaköy, passerete per delle salite dove si trovano schiere di case antiche con i "bow window". Dovrete entrare nella folla e vivere il tumulto e il brio tipici di *(che-stanno-a)* Karaköy.

6 Vi riposerete bevendo qualcosa nei caffè che sono sotto il ponte di Galata e guarderete i battelli che attraccano *(agli-imbarchi)* e partono.

7 In seguito passate *(per)* il ponte. Passeggiate a Tahtakale e visitate la moschea di Rüstempaşa, [poi] salendo stradine *(salite)* [molto] frequentate arriverete a Süleymaniye.

8 Là è ancora possibile passeggiare in strade coperte da vecchi pergolati e vedere delle case in legno. Al tempo stesso, potrete chiacchierare con i commercianti. Vi faranno sedere e vi offriranno tè o caffè.

▶ La moschea di **Süleymaniye camii** *(Moschea di Solimano)* porta la firma di Mimar Sinan, il più grande architetto ottomano. Contemporaneo di Michelangelo, Sinan è stato per Istanbul quello che Michelangelo è stato per Roma: l'artefice di grandi capolavori che ancor oggi fanno parte dell'immaginario collettivo di queste due capitali.

⑦ **esnaf** significa *commerciante* ma anche *artigiano*.

9 Beyazıt'ta Üniversite'nin yanından geçip büyük caddeye çıkar; gölgeli ve hareketli bir semt olan Laleli'ye ⑧ kadar yürürsünüz. Denize doğru inip Kumkapı'ya vardığınızda ⑨ acıkmış olacaksınız ⑩.

10 Buranın nefis balık lokantalarında ister ızgara olsun, ister tava ⑪, balık yemek şarttır. Ya da meşhur buğulamasından yiyebilirsiniz.

11 Daha sonra, deniz tarafında bulunan çok eski mahallelerden geçerek Atmeydanı'na ⑫ varıp, Eminönü'ne kadar yürürsünüz.

12 Yokuşu inerken, caddenin tam ortasında, korunmaya alınmış çok yaşlı, kocaman bir çınarla karşılaşacaksınız.

13 Akşam üstü, Eminönü'nden Boğaz'a giden bir vapura binebilirsiniz. Vapur Boğaz'ın iki yakası arasında zigzaglar ⑬ yaparken güneşin batışını, belki de doğan ayı seyredersiniz.

Note

⑧ Nel quartiere di **Laleli** sono presenti molti alberghi, grazie alla posizione favorevole, vicino ai principali monumenti.

⑨ **vardığ-ınız-da**, *al vostro arrivo, quando arrivate*, v. nota 14 della lezione precedente.

⑩ **acıkmış olacaksınız**, *sarete (stati) affamati, avrete (avuto) fame*. Alla nota 9 della lezione precedente, avete già visto come si forma il futuro anteriore.

⑪ **ister... ister** significa *o... o* e **ister** seguito da un ottativo: *che sia... o*: **ister ızgara olsun, ister tava**, *che sia alla griglia o in padella*.

9 A Beyazıt, passate vicino all'università e sbucherete sul gran viale; camminate fino a Laleli, un quartiere ombreggiato e dinamico. Scendete verso il mare e quando arriverete a *(arrivo-vostro-in)* Kumkapı, sarete affamati.

10 Dovete assolutamente *(condizione-è)* mangiare pesce, che sia alla griglia o in padella, nei ristoranti *(eccellente di-pesce)* della zona. Oppure potete mangiare il *(suo)* celebre "buğulama".

11 Più tardi, passando per i quartieri antichissimi che si trovano in riva al mare, arriverete all'Ippodromo e camminerete fino a Eminönü.

12 Scendendo per la discesa *(salita)*, incontrerete proprio in mezzo al viale un vecchissimo ed enorme platano che viene tutelato per proteggerlo *(essere-protetto-a è-stato-preso)*.

13 Verso sera, potete salire su un battello che da Eminönü va nel Bosforo. Mentre il battello va *(fa)* a zig zag tra le due rive del Bosforo, contemplerete il tramonto e forse anche l'apparire della luna *(nascente luna-[accus.])*.

▶ ⑫ **At meydanı** significa "piazza dei cavalli", *ippodromo*; è qui che si svolgevano le gare delle bighe nell'antica Costantinopoli, e poi concorsi di tiro con l'arco e altri spettacoli equestri in epoca ottomana. Oggigiorno, questa piazza viene chiamata Atmeydanı o Sultanahmet, dal nome della grande moschea che la sovrasta, meglio conosciuta come Moschea blu. Per quanto riguarda le regole ortografiche per i nomi composti (parole attaccate o separate), v. lezione 70, § 9.

⑬ Nel Novecento, gli europei che vivevano a Istanbul chiamavano direttamente questo battello "lo zig zag".

69 14 Ve canınızın istediği yerde inebilirsiniz. Rumeli yakasındaki Ortaköy, biraz moda olmasına rağmen ⑭, gene de çok tatlı bir yer. İskele meydanı tiyatro sahnesi gibi.
15 Saatlerce küçük lokantalarından birinde rakınızı içerek "halk oyunu" ⑮. seyredebilirsiniz.
16 Anadolu yakasında ise, vapurunuz Çengelköy koyuna yaklaşırken, birbirinden güzel ahşap yalılara hayran kalacaksınız.
17 Burada da Boğaz'ın ⑯ ve asma köprünün ışıkları karşısında büyülenir, hayallere dalarsınız. ☐

Note

⑭ **biraz moda olmasına rağmen**, *nonostante sia diventato un po' alla moda* (v. lezione 64, nota 9).

⑮ **oyun**, lo sapete già, significa sia *gioco* che *spettacolo*, *recita*.

⑯ La parola **boğaz**, con la **b** minuscola, indica *la gola* di una persona e, per estensione, anche quella di un fiume o di una montagna. Inoltre significa anche *stretto* (nel senso di braccio di mare). Ed è proprio quest'ultimo senso che dà il nome allo stretto turco per antonomasia, **Boğaz** con la **b** maiuscola, il *Bosforo*, il cui nome più preciso sarebbe **Boğaziçi** (*interno dello stretto*).

14 E potrete scendere dove preferite. Sulla riva europea, Ortaköy, nonostante sia diventato un po' alla moda, [resta] comunque un luogo molto affascinante *(amabile)*. La piazza dell'imbarco è come un palcoscenico teatrale.

15 Bevendo *(il-vostro)* rakı in uno dei ristorantini, potrete ammirare per ore lo spettacolo interpretato dalla gente *(popolo spettacolo-suo)*.

16 Per quanto riguarda la riva asiatica *(Anatolia riva-sua-in se)*, quando il vostro battello si avvicinerà alla baia di Çengelköy, resterete affascinati dagli "yalı" in legno, uno più bello dell'altro.

17 E là, di fronte alle luci del Bosforo e del ponte sospeso, sarete incantati e vi immergerete nei sogni.

GALATA KULESİNE ÇIKTIĞINIZDA, BÜTÜN HALİÇ KIYILARINI SEYREDEBİLECEKSİNİZ.

1. alıştırma – Çeviriniz

❶ Beyoğlu'ndan Karaköy'e indiğinizde, büyük bir kalabalıkla karşılaşırsınız. ❷ Beyoğlu'ndan Karaköy'e inerken eski, cumbalı evler göreceksiniz. ❸ İstanbul'un tadını yudum yudum çıkarmak isterseniz, yürüyerek gezip dolaşmalısınız. ❹ Kumkapı'ya giderseniz, meşhur buğulamasından yemenizi tavsiye ederiz. ❺ Galata Kulesine çıktığınızda, bütün Haliç kıyılarını seyredebileceksiniz. ❻ Vapurlar iskelelere yanaşır yanaşmaz, yolcular inip otobüs duraklarına koşuyorlar. ❼ Güneş batınca, asma köprülerin ışıkları yanıp Boğaziçi'ni aydınlatıyor. ❽ Anadolu yakasında, Çengelköy gibi, güzel eski köyler var. Rumeli yakasında ise, Ortaköy, Arnavutköy gibi, çok canlı köyler yer alıyor.

2. alıştırma – Tamamlayınız

❶ Dovete andare laddove vi portano i vostri piedi.
.... sizi .... oraya ....

❷ Sul Bosforo, potete andare in battello ovunque desideriate.
Boğaz'da .... yere vapurla ....

❸ Contemplando la luna che sale dalle colline del Bosforo, vi immergete nei sogni.
Boğaz tepelerinden ..... ayı .... hayallere ....

Soluzioni dell'esercizio 1

❶ Quando scenderete da Beyoğlu a Karaköy, incontrerete una grande folla. ❷ Scendendo da Beyoğlu a Karaköy, vedrete delle case antiche con "bow window". ❸ Se volete assaporare passo dopo passo il fascino di Istanbul, dovete visitarla e girarla a piedi. ❹ Se andate a Kumkapı, vi consigliamo di mangiare il celebre "buğulama". ❺ Quando salirete sulla torre di Galata, potrete contemplare le rive di tutto il Corno d'Oro. ❻ Non appena i battelli attraccano agli imbarchi, i passeggeri scendono e corrono alle fermate degli autobus. ❼ Quando il sole tramonta, le luci dei ponti sospesi si accendono e illuminano il Bosforo. ❽ Sulla riva asiatica, ci sono dei bei villaggi antichi come Çengelköy. Quanto alla riva europea, ci sono dei villaggi molto animati come Ortaköy e Arnavutköy.

❹ Nonostante Ortaköy sia un po' alla moda, è comunque un luogo molto affascinante.

Ortaköy ..... moda ...., gene .. çok ..... bir ....

❺ Dovete assolutamente mangiare il celebre "buğulama" di Kumkapı.

Kumkapı .... meşhur .... yemek ....

Soluzioni dell'esercizio 2

❶ Ayaklarınız – nereye götürürse – gitmelisiniz ❷ – canınızın istediği – gidebilirsiniz ❸ – doğan – seyrederken – dalarsınız ❹ – biraz – olmasına rağmen – de – tatlı – yer ❺ – 'nın – buğulamasından – şarttır

70 Mevlevihane *era il "convento"* (**tekke**) *degli adepti di* **Mevlana** *o* **Jalāl ad-Dīn Rūmī** *(in persiano), nome con cui è conosciuto in Occidente questo grande mistico e poeta. Adesso ospita un museo di letteratura turca e di strumenti di musica classica, ma a volte si può ancora avere il privilegio di assistere alla danza rituale dei dervisci rotanti. Lì vicino si trova la Torre di Galata, antica torre di difesa genovese che successivamente ha acquisito una funzione di controllo degli incendi che hanno più volte colpito Istanbul. Dalla sua cima, si gode di una vista spettacolare sulla città e sul Corno d'Oro, che al calar del sole s'infiamma suggestivamente.*

Kumkapı *(porta di sabbia) è un quartiere di Istanbul sulle rive del mar di Marmara. La specialità dei suoi rinomati ristoranti è il* **buğulama** *(cottura al vapore), un piatto di pesce cucinato in una saporitissima salsa al pomodoro. Sul mar di Marmara si affacciano quartieri storici, con tipiche case in pietra o in legno e antiche chiese bizantine, divenute moschee.*

---

70   Yetmişinci ders

Gözden geçirme – *Ripasso*

Eccovi arrivati alla penultima tappa del vostro viaggio nella lingua turca. Ormai ne padroneggiate le basi, che si tratti di grammatica, vocabolario o espressioni idiomatiche.
Vediamo quali sono state le nuove scoperte della settimana appena passata. In effetti, non avete trovato niente di veramente nuovo, ma piuttosto sono state presentate alcune informazioni complementari all'utilizzo di forme e tempi verbali che già conoscevate.

1   Nuovi utilizzi della forma verbale *-me / -ma*

• **-mesine rağmen**: *sebbene, benché, nonostante...*
Ankara, biraz fazla yalın olmasına rağmen, Ankaralılar tarafından İstanbul'a tercih edilir, *Nonostante Ankara sia un po' troppo austera, gli ancirani (abitanti di Ankara) la preferiscono a Istanbul* (v. lezione 64, nota 9).
Ortaköy, biraz moda olmasına rağmen, gene de çok tatlı bir yer, *Nonostante Ortaköy sia diventato un po' alla moda, [resta] comunque un luogo molto affascinante* (v. lezione 69, nota 14).

> *La traduzione delle subordinate temporali in turco potrà sembrarvi inizialmente un po' problematica. Le frasi introdotte da "quando" possono infatti essere rese in diversi modi e dunque bisogna cercare di cogliere il valore esatto che la congiunzione temporale assume, a seconda del contesto, per riuscire a trovare la forma più adatta in turco.*
> *Per aiutarvi, nell'appendice grammaticale trovate uno specchietto che riassume tutti i modi di rendere le subordinate temporali in turco. Vi consigliamo di consultarlo ogni qual volta ne abbiate bisogno. Rileggete a tal proposito anche gli esempi presenti nelle lezioni e non disperate: presto queste sfumature non vi porranno più alcun problema!*

Seconda ondata: yirminci ders

Settantesima lezione   70

Attenzione: in queste due frasi, il soggetto dei due verbi è lo stesso e resta dunque al caso nominativo. Nel caso in cui il soggetto del verbo in **-mesi** differisca da quello della principale, esso va al caso genitivo. Per esempio:
Ankara'nın biraz yalın olmasına rağmen, orada oturmaya karar verdim, *Nonostante Ankara sia un po' austera, ho deciso di abitarci.*

• **-(me)mesi için**: *affinché (non)* ...
Çevrenin bozulmaması için, belediyelerin çok ciddi önlemler alması lazım, *Affinché l'ambiente non venga rovinato, i comuni devono adottare delle precauzioni molto serie* (v. lezione 65, nota 8).
Il soggetto di **bozulmaması için**, come d'altronde quello di **alması lazım**, è al genitivo.

2   Forme verbali impiegate come sostantivo o aggettivo

• La forma di base del presente generale: **-er/ar** e **-(i)r**
– con valore di **sostantivo**
gider, *spesa*, **gelir**, *reddito*, **yazar**, *autore* ecc. (v. lezione 61, nota 3).
L'espressione **yeteri kadar**, *a sufficienza*, è formata partendo da **yeter**, *basta*, o *ciò che basta, che è sufficiente*.

– con valore di **aggettivo** o **participio presente**
döner kebap, "la carne girante, che gira".
çalar saat, "la sveglia (l'orologio suonante, che suona)" (v. lezione 61, nota 3).

• Il presente generale alla forma negativa: **-(il)mez, -(ıl)maz**
– con valore di **aggettivo**:
yaşanılmaz bir yer, *un posto invivibile* (v. lezione 64, nota 10).
Si può anche dire:
işe yaramaz bir şey, *una cosa inutile*, da **yaramak**, *essere utile.*
L'aggettivo qualificativo **yaramaz**, riferito a un bambino, acquista il senso d'*insopportabile, monello*: **yaramaz bir çocuk**.

• La forma **-ecek**:
– con valore di **sostantivo**
evde yiyecek kalmadı, *a casa non è rimasto [nulla] da mangiare* (v. lezione 23, frase 2).
hiç giyeceğin kalmadı, *non ti è rimasto più niente da mettere* (v. lezione 66, nota 2).
– con valore di **aggettivo**
tamir edilecek ayakkabılar, *scarpe da riparare* (v. lezione 57, frase 21).
boyacılar parlatılacak ayakkabıların peşindedir, *i lustrascarpe sono alla ricerca di scarpe da lucidare* (v. lezione 68, frase 12).
E un'espressione corrente:
yapılacak bir şey yok, *non c'è niente da fare.*

3 L'obbligo espresso da *-(me)meli, -(ma)malı* + verbo essere

Conoscete già la forma **-meli**: **gitmeli**, *bisogna andare, deve andare*. Aggiungendo le desinenze del verbo *essere*, è possibile esprimere l'obbligo alle diverse persone:
oraya gitmelisiniz, *dovete andare là* (v. lezione 69, nota 2).
E alla forma negativa:
bunu kaçırmamalısınız, *non deve perderlo* (v. lezione 66, nota 15).

Nota bene: **-meli, -malı** possono esprimere anche la probabilità, come il verbo *dovere* in italiano:
Siz Ayşe'nin annesi olmalısınız, *Lei deve essere (voi siete probabilmente) la madre di Ayşe.*

4 Altre forme e particolarità

• **-ecek kadar**: *abbastanza per*
Bilet alacak kadar param var, *Ho abbastanza soldi per comprare un biglietto.*

• **Radice + eli/alı**: *da quando...*; è un equivalente della forma **-diğinden beri**:
Trafiğe kapatılalı, *Da quando è chiuso al traffico...* (v. lezione 66, nota 3) o **trafiğe kapatıldığından beri**.

• La particella **-ebil-** e **-abil-** può essere anteposta a tutte le desinenze verbali, tranne all'imperativo. L'avete trovata soprattutto per esprimere la possibilità al presente generale o alle forme passate con **-di** (imperfetto e passato prossimo). Per esempio:
yapabilirim, *posso fare*
konuşabilirdik, *potevamo parlare*
yetişebildiler, *sono potuti arrivare in tempo.*

La possibilità può anche essere espressa al presente attuale:
İnsan orada rahatça alış veriş yapabiliyor; *Vi si possono fare compere tranquillamente* (v. lezione 66, nota 4).
Si può anche formare l'infinito di un verbo che contenga in sé l'idea di possibilità: **yapabilmek**, *poter fare*; **gidebilmek**, *poter andare* (le forme negative sono rispettivamente **yapamamak** e **gidememek**).
La possibilità si esprime dunque aggiungendo il verbo **bilmek**, *sapere*, utilizzato come ausiliare, al gerundio di un verbo (per il gerundio, v. la fine del paragrafo).
yap-a-bil-mek; **gel-e-bil-mek**; **koş-a-bil-mek**; **gid-e-bil-mek**, *poter fare, poter venire, poter correre, poter andare*; ecc.

• **-dik + possessivo + de/da**: equivale a *"quando..."*
Hamallarla karşılaştığınızda... *Quando incontrate dei facchini...* (v. lezione 68, frase 12).
Kumkapı'ya vardığınızda... *Quando arrivate a Kumkapı* (v. lezione 69, nota 9).
O ancora:
Buraya her geldiğimde, *Ogni volta che vengo qui.*
Equivale a **Ben, buraya geldikçe...** (per quanto riguarda **-dikçe**, v. lezione 56, § 1).

70 • **Radice + (-i) + vermek**: *fare qualcosa immediatamente*.
Sünger bantlardan satanlar beyaz top çiçekler gibi bitiveriyor, *I venditori di fasce di spugna spuntano di colpo come dei grossi fiori bianchi* (v. lezione 68, frase 2).
Questa forma viene molto usata all'imperativo:
Paketi açıver, *Apri subito il pacchetto*.
Bunu alıver, *Prendi subito questo*; ecc.

• **Il gerundio in -e, -a**, ripetuto, indica il complemento di modo:
Seyyar satıcılar bağıra bağıra meyve satıyorlar, *I venditori ambulanti vendono frutta gridando* (v. lezione 68, nota 15).
Koşa koşa bana geldi, *È venuto da me correndo*.
La famosa formula di commiato **güle güle**, che ormai conoscete molto bene, è essa stessa un gerundio raddoppiato: *ridendo (ridendo)*.

5 Soppressione delle desinenze verbali della 3ª persona plurale *-ler* e *-lar*

Questa soppressione è possibile quando non vi è rischio di confusione: **Kiracılar hâlâ çıkmamış(lar)**, *Gli inquilini non sono ancora usciti* (v. lezione 65, nota 4).
Come abbiamo già avuto occasione di dirvi, il turco è parsimonioso in quanto a suffissi: se il soggetto ha già la desinenza del plurale, non serve indicarla nel verbo.

6 I tempi composti

Ne avete incontrati un bel po' nelle ultime lezioni. Facciamo un breve ripasso:
• **-miş-ti: trapassato prossimo**
Bir ev almıştım, *Avevo comprato una casa* (v. lezione 65, nota 3).
• **-miş olacak: futuro anteriore**
Acıkmış olacaksınız, *Avrete (avuto) fame, sarete (stati) affamati* (v. lezione 69, nota 10).
İstanbul'u görmüş olacağım, *Avrò visto Istanbul*.
-miş olur ha un valore pressoché equivalente e può essere tradotto in italiano con un futuro semplice o anteriore:
Kilonuzu öğrenmiş olursunuz, *Saprete (avete/avrete imparato) il vostro peso* (v. lezione 68, nota 9).
• **-ir-di** e **-mez-di** (forma negativa): **imperfetto generale**
- **ebilir-di** ed **e-mez-di** (forma negativa): stesso tempo del precedente ma con un'indicazione di possibilità o impossibilità.

-ecek-ti: *si apprestava a fare.*
-se-y-di: *ipotetica al passato* (*se avesse fatto...*); a tal proposito v. § 7.
Le forme **-irdi, -mezdi, -ebilirdi, -emezdi** e **-ecekti** sono traducibili con il modo condizionale (presente o passato) nelle proposizioni ipotetiche.

7 L'ipotetica: radice + *-se, -sa* (*gel-se, yap-sa*)

Questa forma, nuova per voi, è l'espressione dell'ipotesi allo stato puro, senza alcuna indicazione temporale.

Per esempio, **gör-se** indica una supposizione che riguarda l'azione del vedere, senza limitazione nel tempo: siamo cioè liberi di supporre che il soggetto veda adesso, vedrà o che abbia già visto. È possibile identificare questa azione solo grazie al tempo del verbo della principale e ovviamente al contesto.

Nelle ultime lezioni, ne avete trovato qualche esempio:
İnsan, belli bir mesleği olmasa da yapılacak bir iş bulabilir, *Se non si ha un mestiere determinato, si può trovare un lavoro da fare* (v. lezione 68, nota 1).

Attenzione, non bisogna confondere **ol-ma-sa** con **ol-maz-sa**, rispettivamente le forme negative di **ol-sa** e di **ol-ur-sa**; **olsa** è la forma ipotetica, mentre **olursa** è il presente generale con l'aggiunta del suffisso ipotetico **-sa**.

Bunu alsak, iyi olur, *Sarebbe bello* (buono)*, se lo comprassimo* (v. lezione 66, nota 10): si tratta di un'ipotesi possibile ma non sicura.
Usando invece **alırsak**, l'eventualità di un acquisto nell'avvenire prossimo si fa più concreta:
Bunu alırsak, iyi olur, *Sarà bello* (buono)*, se lo compriamo.*

D'altro canto, se impiegassimo nella principale l'imperfetto in **-irdi**, si insisterebbe ancor di più sul carattere improbabile dell'azione ipotizzata e dovremmo impiegare di conseguenza un condizionale:
Onu görsem, mektubu verirdim, *Se lo vedessi, [gli] darei la lettera* o *Se l'avessi visto, [gli] avrei dato la lettera.*

La scelta tra condizionale presente e passato si opera secondo il contesto. Comunque, per evitare ogni esitazione a tal proposito, in turco si può usare la forma **-se-y-di**, ma solo quando si tratta di un'ipotesi riferita al passato:
Onu görseydim, mektubu verirdim, *Se lo avessi visto, [gli] avrei dato la lettera.*

Eccovi altri esempi tratti dalle lezioni:

70 **Filiz'i bulabilseydim ona akıl danışırdım**, *Se fossi riuscita a sentire* (trovare) *Filiz, le avrei chiesto consiglio* (v. lezione 67, nota 12). **Belediye Başkanı'nı başka bir sefer çağırsaydık, bu kadar zor bir durumda kalmazdım**, *Se avessimo invitato il sindaco un'altra volta, non mi sarei trovata in una situazione così difficile* (v. lezione 67, nota 12).

La spiegazione dei diversi valori e delle sfumature che possono assumere le ipotetiche in turco può avervi lasciato alquanto perplessi. Ci tenevamo comunque a darvi un quadro generale, considerando soprattutto che certe forme verbali non hanno un'esatta corrispondenza in italiano. Questo vi permetterà di cogliere meglio il senso delle proposizioni ipotetiche che avrete occasione di sentire o leggere.

In ogni caso, cerchiamo ora di semplificare ulteriormente le cose per riuscire a formulare in turco le proposizioni condizionali senza alcuna difficoltà.

8 Le proposizioni ipotetiche

In italiano esistono tre tipi di proposizioni condizionali o ipotetiche: della realtà, della possibilità e dell'irrealtà. Attraverso alcuni esempi e uno schema, vi indichiamo quali tempi è preferibile usare in turco per ciascun tipo di frase.

• **L'ipotesi reale (primo tipo):** si tratta di un'ipotesi molto probabile, realizzabile nel presente o nel futuro prossimo:
Bir gün İstanbul'a gidersem, Galata kulesine çıkarım, *Se un giorno vado / andrò a Istanbul, salgo / salirò sulla Torre di Galata*.
Si utilizza il presente generale con l'aggiunta del suffisso ipotetico nella subordinata e il presente generale nella principale.

• **L'ipotesi possibile (secondo tipo):** si tratta di un'ipotesi possibile ma non sicura:
Bu sene İstanbul'a gitsem, Galata kulesine çıkarım, *Se quest'anno andassi a Istanbul, salirei sulla Torre di Galata*.
Si utilizza il suffisso ipotetico nella subordinata e il presente generale nella principale.

• **L'ipotesi irreale (terzo tipo):** si tratta di un'ipotesi impossibile e irrealizzabile, perché sappiamo che l'azione non ha avuto luogo.
Geçen sene İstanbul'a gitseydim, Galata kulesine çıkardım, *Se l'anno scorso fossi andato a Istanbul, sarei salito sulla Torre di Galata*.

Si utilizza il suffisso ipotetico passato **-seydi** nella subordinata e il verbo in **-irdi** nella principale.

Per la principale dell'ipotesi possibile (secondo tipo) si consiglia di usare la stessa coniugazione e consecutio temporum del verbo usata per la principale dell'ipotesi reale (primo tipo). Nonostante ciò, è possibile anche usare la coniugazione e consecutio temporum della principale dell'ipotesi irreale (terzo tipo). In tutte queste frasi, potete anche impiegare le forme **-ecek** e **-ecekti**, **-ebilir** e **-ebilirdi** così come le rispettive forme negative. Eccovi uno schema riassuntivo (A = forma affermativa; N = forma negativa):

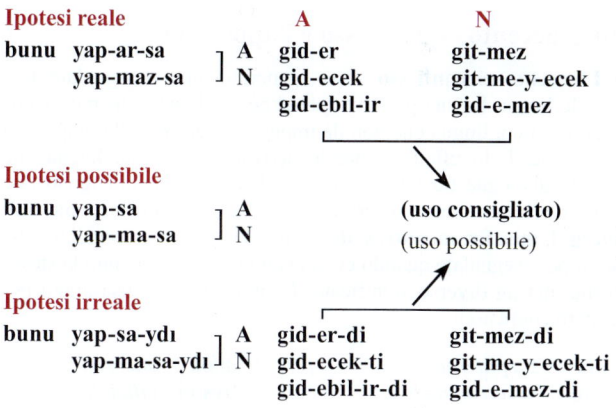

se lo fa / non lo fa, parte / non parte
se lo facesse / non lo facesse, partirebbe / non partirebbe
se l'avesse fatto / non l'avesse fatto, sarebbe partito / non sarebbe partito

9 L'ortografia dei nomi propri

Le regole sull'argomento non sono rigorosissime, ma esistono comunque. Quando un nome di persona o di luogo, composto da due parole, viene attribuito a un quartiere o a un monumento, si fonde in un unico termine: **Sultan Ahmet** è il committente della moschea **Sultanahmet** o **Sultanahmet camisi**; allo stesso modo la piazza dove si trova quest'ultima si chiama **Sultanahmet meydanı**.

70 La moschea costruita da **Rüstem Paşa** si chiama **Rüstempaşa camisi** (o **camii**), e **at meydanı** che vuol dire *ippodromo* si fonde in **Atmeydanı**, la piazza dell'Ippodromo. **Topkapı**, *la porta del cannone*, designa la porta più maestosa del serraglio (la residenza dei sultani) e, nel XIX secolo, ha dato il nome all'intero complesso palaziale.

Infine tanti piccoli villaggi sul Bosforo, così come tanti quartieri di Istanbul e di altre città, presentano nomi composti fusi in una parola unica: **Çengelköy**, *il villaggio dell'uncino* o *a forma di uncino*, **Arnavutköy**, *il villaggio degli albanesi*, **Kadıköy**, *il villaggio del Cadi (giudice di diritto musulmano)*; in questi ultimi casi, la desinenza del possessivo scompare: **kadı köy(ü)**.

10 L'accento circonflesso e l'apostrofo

• **L'accento circonflesso** serve, generalmente, a segnalare una vocale lunga. La sua presenza potrebbe sembrare alquanto incongrua in turco, lingua che non dà importanza grafica alla lunghezza delle vocali. In effetti le parole derivate dall'arabo, lingua che invece distingue tra vocali lunghe e brevi, non mantengono tale particolarità in turco e si scrivono senza segni diacritici: **aşık**, **hal**, **meşgul**, **misafir**, **memur**, **sade**, **tatil**, **merak** ecc. Le vocali lunghe sono però segnalate quando ci sono due parole che hanno la stessa forma ma un diverso significato. Il circonflesso si usa allora per evitare confusioni:

hala	*zia paterna*	**hâlâ**	*ancora*
resm-i	*la sua immagine*	**resmî**	*ufficiale*
	o *immagine* al caso accusativo		
alem	*stendardo*	**âlem**	*mondo*
kar	*neve*	**kâr**	*profitto*

L'accento circonflesso può essere utilizzato anche per segnalare la "palatalizzazione" della **k** (= **ki**): **fedakârlık**, **bekâr**, **hikâye** ecc., ma in questo caso l'accento tende a sparire nell'uso corrente della lingua scritta.

• **L'apostrofo** si usa nello scritto per aggiungere i suffissi ai nomi propri, ma non ha alcun impatto sull'orale. **Bu otobüs Taksim'e kadar gidiyor**, *Quest'autobus va fino a Taksim*; **On iki gündür Ankara'dayız**, *Siamo ad Ankara da dodici giorni*.

11 Gli omonimi

Vi presentiamo infine una **lista di omonimi**, cioè parole che hanno un doppio significato:

yüz	cento	viso
yaş	età	bagnato
kara	nero	continente
pazar	mercato	domenica
gider	(lei/lui) va	spesa
gelir	(lei/lui) viene	reddito
koy	baia	metti!
yaz	estate	scrivi!
soy	stirpe	spoglia!
gül	rosa	ridi!
kır	campagna	rompi!
in	covo	scendi!
aç	affamato	apri!
açma	apertura	ciambella
gelin	sposa; nuora	venite!
alın	fronte	prendete!
yazın	d'estate	scrivete!
koyun	pecora	mettete!
katlar	i piani	(lei/lui) piega
deniyor	(lei/lui) prova	viene detta/detto
gülle	palla di cannone	con la rosa
vardı	c'era	è arrivata/arrivato
ayı	orso	il suo mese; la sua luna

Potrete completare voi stessi questa lista, man mano che avanzerete nelle vostre scoperte linguistiche.
Finalmente potete parlare e scrivere in turco, utilizzando un linguaggio semplice ed efficace. **Buona fortuna!** *İyi şanslar!*

Seconda ondata: yirmi birinci ders

71 Yetmiş birinci ve son ders

1. Türkçe'yi artık anlıyor ve konuşuyorsunuz. İstediğiniz her şeyi anlatabilirsiniz.
2. Türkiye'de bölgelere göre şive değişir, ama aşağı yukarı ülkenin her yerinde insanlarla iletişim kurabilirsiniz.
3. Ama Türkçe'nin Türkiye'nin dışında da konuşulduğunu ve dünyada en çok konuşulan diller arasında ön sıralarda yer aldığını biliyor musunuz?
4. Zira, Türkiye'de 60 milyon, bütün dünyada ise yaklaşık 120 milyon Türk bu dili konuşmaktadır. *
5. Demek ki, Belgrat'tan Pekin'e kadar yayılan bir alanda yaşayan ve Türkçe konuşan insanlara rastlayabilirsiniz.
6. Değişik yörelere göre Türk dilleri, bazı farklılıklar göstermelerine rağmen, sizin kulağınıza yabancı gelmeyecek pek çok ortak noktaya sahiptirler.
7. Şimdi yine dönelim Türkiye Türkçesi'ne: artık insanlarla konuşabilmek için gerekli temel bilgilere sahipsiniz.
8. Mektup, hikaye ve gazete makalelerinden bazılarını okuyabilirsiniz.
9. Biz size, bu kitaptaki bütün dersleri yeniden okuduktan sonra, elinize geçen her fırsatta başka basit Türkçe metinler de okumanızı tavsiye ederiz.

Settantunesima e ultima lezione   71

1   Adesso capite e parlate il turco. Potete dire tutto ciò che volete.
2   In Turchia l'accento cambia a seconda delle regioni, ma potete comunicare con le persone praticamente ovunque nel Paese.
3   Ma sapete che il turco si parla anche fuori dalla Turchia e che si posiziona tra le lingue più parlate al mondo?
4   In effetti, 60 milioni di turchi parlano questa lingua in Turchia, e circa 120 milioni in tutto il mondo. *
5   Ciò significa che, su un territorio che si estende da Belgrado a Pechino, potete incontrare delle persone del posto che parlano turco.
6   Nonostante le lingue turche presentino qualche differenza a seconda delle diverse aree, esse possiedono molti punti in comune che vi suoneranno familiari.
7   Ora torniamo nuovamente al turco della Turchia: siete ormai in possesso delle nozioni fondamentali, indispensabili per poter parlare con le persone.
8   Potete leggere lettere, racconti e alcuni articoli di giornale.
9   Vi consigliamo, dopo aver riletto tutte le lezioni di questo libro, di leggere anche altri testi in un turco semplice ogni volta che ne avrete l'occasione.

10 Böylece, yavaş yavaş edebî kitapları ve her türlü gazete makalesini okur hale gelebilirsiniz. Şimdiden kolay gelsin!

11 Üstelik unutmayın ki Türkiye'de hem Doğu hem de Batı uygarlığı iç içe bulunmaktadır. Bu da buranın insanlarını daha iyi anlamanızı sağlayacaktır.

12 Bu kitap sayesinde, zaten, ümidediyoruz, bu ülkenin gelenek ve göreneklerini, insanlarının yaşama ve düşünme tarzını, özellikle de yabancılara karşı gösterdikleri ilgi ve nezaketi keşfetmeye başladınız.

13 Eminiz ki, bu ülkede yaşayanların misafirperverliği çok hoşunuza gidecektir. □

Parole nuove
şive, *accento*
iletişim, *comunicazione*; **iletişim kurmak**, *comunicare*
yaklaşık, *circa*
en azından, *almeno, perlomeno*
yöre, *regione, area, zona*
kulak, *orecchio*
nokta, *punto*
o halde, *in tal caso*
temel, *basilare, essenziale*
bilgi, *sapere, conoscenza, nozione*
makale, *articolo*
edebî, *letterario*; **edebiyat**, *letteratura*
metin, *testo*
zaten, *poiché, comunque*
uygarlık, *civiltà*
ümidetmek, *sperare*
gelenek, *tradizione, consuetudine*
görenek, *costume, abitudine*
tarz, *maniera, modo, genere*

10 Così, pian piano, sarete capaci di leggere libri di letteratura e ogni tipo di articolo di giornale. A partire da adesso… in bocca al lupo!
11 Inoltre, non dimenticate che in Turchia coesistono, intimamente legate, sia la cultura orientale sia quella occidentale. Anche questo vi permetterà di capire meglio le persone del posto.
12 Speriamo comunque che, grazie a questo libro, abbiate cominciato a scoprire le tradizioni e i costumi di questo Paese, i modi di vivere e di pensare dei suoi abitanti e in particolar modo l'interesse e la cortesia che dimostrano nei confronti degli stranieri.
13 Siamo sicuri che rimarrete molto affascinati dall'accoglienza degli abitanti di questo Paese.

* Oggi la Turchia raggiunge 85 milioni di abitanti e si stima che i turcofoni nel mondo siano più di 140 milioni.

▸ **nezaket**, *delicatezza, gentilezza, cortesia*, dalla stessa radice di **nazik**, *cortese, gentile*
keşfetmek, *scoprire*
misafirperverlik, *ospitalità, accoglienza*
misafirperver, *ospitale*
sağlamak, *fornire, provvedere, permettere*

Espressioni
(bu kitap) sayesinde, *attraverso, grazie a (questo libro)*, letteralmente "nella sua ombra" (ombra-sua-in)
okur hale gelmek, *diventare capace di leggere* ("arrivare allo stato di leggente")
hoşunuza gidecek, *vi piacerà*; **oyun hoşuma gitti**, *lo spettacolo mi è piaciuto*;
-a yabancı gelmemek, *non sembrare estraneo a…*
elinize geçen her fırsatta, *ogni volta che ne avrete l'occasione*;
-e sahip olmak, *possedere, essere in possesso di, avere*.

Tebrik ederiz! Complimenti! *Avete finito la **prima ondata** de **Il turco, Collana Senza Sforzo**. Ora non dimenticate di continuare e terminare la "seconda ondata", che vi permetterà di consolidare il vostro percorso raggiungendo la vera e propria assimilazione di tutti fondamenti della lingua turca.*

Seconda ondata: yirmi ikinci ders

Appendice grammaticale

Sommario

1 I casi	**507**
2 Il possessivo	**507**
3 I pronomi personali	**507**
4 I dimostrativi: *bu*, *şu*, *o* (aggettivi e pronomi)	**508**
5 Gli avverbi di luogo	**508**
6 L'ordine dei suffissi del plurale, del possessivo e dei casi	**509**
7 L'ordine dei suffissi verbali	**510**
8 I modi e i tempi verbali	**511**
9 Le proposizioni subordinate	**514**
9.1 Subordinata temporale	514
9.2 Subordinata comparativa	515
9.3 Subordinata concessiva	516
9.4 Subordinata causale	516
9.5 Subordinata finale	516
9.6 Subordinata consecutiva	516
9.7 Subordinata completiva	516
10 I pronomi interrogativi e indefiniti	**518**
11 Gli avverbi	**518**
12 Le modifiche ortografiche	**520**

1 I casi

	-i/e	-ü/e	-ı/a	-u/a
nominativo	ev	köy	bal	kol
accusativo	ev-i	köy-ü	bal-ı	kol-u
genitivo	ev-in	köy-ün	bal-ın	kol-un
dativo	ev-e	köy-e	bal-a	kol-a
locativo	ev-de	köy-de	bal-da	kol-da
ablativo	ev-den	köy-den	bal-dan	kol-dan

2 Il possessivo

	-i/e	-ü/e	-ı/a	-u/a
mio	ev-im	köy-üm	bal-ım	kol-um
tuo	ev-in	köy-ün	bal-ın	kol-un
suo *	ev-i	köy-ü	bal-ı	kol-u
nostro	ev-imiz	köy-ümüz	bal-ımız	kol-umuz
vostro	ev-iniz	köy-ünüz	bal-ınız	kol-unuz
loro	ev-leri	köy-leri	bal-ları	kol-ları

* Le forme del possessivo delle parole che terminano per vocale sono -m, -n, -s(i), -m(i)z, -n(i)z, -leri/ları.

3 I pronomi personali

	io	tu	lui/lei	noi	voi	loro
nom.	ben	sen	o	biz	siz	onlar
acc.	beni	seni	onu	bizi	sizi	onları
gen.	benim	senin	onun	bizim	sizin	onların
dat.	bana	sana	ona	bize	size	onlara
loc.	bende	sende	onda	bizde	sizde	onlarda
abl.	benden	senden	ondan	bizden	sizden	onlardan

4 I dimostrativi: *bu, şu, o* (aggettivi e pronomi)

	Singolare		
	questo	*codesto / questo*	*quello*
nom.	bu	şu	o
acc.	bunu	şunu	onu
gen.	bunun	şunun	onun
dat.	buna	şuna	ona
loc.	bunda	şunda	onda
abl.	bundan	şundan	ondan

Plurale		
bunlar *	şunlar *	onlar *

* *declinabili nei vari casi*

5 Gli avverbi di luogo

	Singolare			
	qui	*là*	*là, laggiù*	*dove?*
nom.	bura-	şura-	ora-	nere-
acc.	burayı	şurayı	orayı	nereyi
gen.	buranın	şuranın	oranın	nerenin
dat.	buraya	şuraya	oraya	nereye
loc.	burada	şurada	orada	nerede
abl.	buradan	şuradan	oradan	nereden

Possessivo alla terza persona singolare			
burası *	şurası *	orası *	neresi *

Plurale			
buralar *	şuralar *	oralar *	nereler *

* *declinabili nei vari casi*

6 L'ordine dei suffissi del plurale, del possessivo e dei casi

parola / — (= nominativo)	ev
+ caso + possessivo + possessivo + caso	ev-de ev-im ev-im-de
parola + plurale	ev-ler
plurale + caso plurale + possessivo plurale + poss. + caso	ev-ler-de ev-ler-im ev-ler-im-de

7 L'ordine dei suffissi verbali

radice verbale	base verbale (radice + suffisso verbale)			desinenze verbali dei tempi (+ desinenze della coniugazione)	
	gör- / sev-	bul-		-mek	-mak
				-er /-(i)r	-ar /-(ı)r
+ (i)l	gör-ül-	bul-un- *			-(i)yor
+ (i)ş	gör-üş-	bul-uş-			-d(i) [-t(i)]
+ (i)ş + (i)l	gör-üş-ül-	bul-uş-ul-			-m(i)ş
+ (i)ş + t(i)r + (i)l	gör-üş-tür-ül-	bul-uş-tur-ul-		-ecek	-acak
+ d(i)r	sev-dir-	bul-dur-		-se	-sa
+ d(i)r + (i)l	sev-dir-il-	bul-dur-ul-		-meli	-malı
+ (i)n	sev-in-	bul-un-		-ebilir	-abilir
+ (i)n + d(i)r	sev-in-dir-	bul-un-dur-		...	
+ (i)n + d(i)r + (i)l	sev-in-dir-il-	bul-un-dur-ul-			

Come esempio proponiamo le radici dei verbi **gör-mek**, **sev-mek** e **bul-mak**; non è detto che ogni radice verbale possa comporsi con ogni tipo di suffisso verbale. Il verbo **bulmak** si presta particolarmente a costruire verbi derivati, anche se non tutti sono di uso corrente.

* **bul-un-mak**, passivo, si confonde con **bul-un-mak**, riflessivo, a causa della **l** finale della radice. Per ovviare a questo problema, usate il suffisso **-(i)n** invece di **-(i)l**.

8 I modi e i tempi verbali

Nello schema, A segnala i tempi semplici mentre B quelli composti. La forma base, ossia la terza persona singolare, alla quale si aggiungono le desinenze della coniugazione, è in rosso.

Presente attuale	Imperfetto		Forma negativa	Impossibilità	Possibilità
I		II			
geliyor-um		geliyor-dum			
geliyor-sun		geliyor-dun			
A **geliyor**	B	geliyor-du	A **gelmiyor** (+ I)	A **gelemiyor** (+ I)	A **gelebiliyor** (+ I)
geliyor-uz		geliyor-duk	B **gelmiyor-du** (II)	B **gelemiyor-du** (II)	B **gelebiliyor-du** (II)
geliyor-sunuz		geliyor-dunuz			
geliyor-lar		geliyor-lardı			
Presente generale	Imperfetto di abitudine (o condizionale passato)		Forma negativa	Impossibilità	Possibilità
III		IV			
gelir-im		gelir-dim			
gelir-sin		gelir-din			
A **gelir**	B	gelir-di	A **gelmez** *	A **gelemez** *	A **gelebilir** (+ III)
gelir-iz		gelir-dik	B **gelmez-di** (IV)	B **gelemez-di** (IV)	B **gelebilir-di** (IV)
gelir-siniz		gelir-diniz			
gelir-ler		gelir-lerdi			

* Attenzione a questa coniugazione irregolare, soprattutto alla prima persona singolare e plurale: **gelmem**, **gelmez-sin**, **gelmez**, **gelmeyiz**, **gelmez-siniz**, **gelmez-ler**.

Futuro	Futuro nel passato (reso col condizionale passato in italiano)	Forma negativa	Impossibilità	Possibilità
V	VI			
geleceğ-im	gelecek-tim			
gelecek-sin	gelecek-tin			
A gelecek	B gelecek-ti	A gelmeyecek (+ V)	A gelemeyecek (+ V)	A gelebilecek (+ V)
geleceğ-iz	gelecek-tik	B gelmeyecek-ti (VI)	B gelemeyecek-ti (VI)	B gelebilecek-ti (VI)
gelecek-siniz	gelecek-tiniz			
gelecek-ler	gelecek-lerdi			

Passato prossimo o remoto		Forma negativa	Impossibilità	Possibilità
VII				
geldi-m				
geldi-n				
geldi		gelmedi (+ VII)	gelemedi (+ VII)	gelebildi (+ VII)
geldi-k				
geldi-niz				
geldi-ler				

beş yüz on iki • 512

Passato di un fatto appreso da terzi	Trapassato prossimo	Forma negativa	Impossibilità	Possibilità
gelmiş-im	gelmiş-tim			
gelmiş-sin	gelmiş-tin			
A gelmiş	B gelmiş-ti	A gelmemiş (+ III)	A gelememiş (+ III)	A gelebilmiş (+ III)
gelmiş-iz	gelmiş-tik	B gelmemiş-ti (VI)	B gelememiş-ti (VI)	B gelebilmiş-ti (VI)
gelmiş-siniz	gelmiş-tiniz			
gelmiş-ler	gelmiş-lerdi			
Condizionale presente	Condizionale passato	Forma negativa	Impossibilità	Possibilità
VIII	IX			
gelse-m	gelse-ydim			
gelse-n	gelse-ydin			
A gelse	B gelse-ydi	A gelmese (+ VIII)	A gelemese (+ VIII)	A gelebilse (+ VIII)
gelse-k	gelse-ydik	B gelmese-ydi (IX)	B gelemese-ydi (IX)	B gelebilse-ydi (IX)
gelse-niz	gelse-ydiniz			
gelse-ler	gelse-ydiler			

Si può dire che ci sono tre tipi di coniugazione possibili: III con le varianti **ü, ı, u** (**-um** = desinenza I, sempre dopo **-yor**), V e VII con le varianti II, IV, VI, IX.
La seconda persona singolare dell'imperativo è la base verbale.

Ottativo e Imperativo	Forma negativa
Ott.: geleyim	gelmeyeyim
Imp.: gel	gelme
Imp.: gelsin	gelmesin
Ott. / Imp.: gelelim	gelmeyelim
Imp.: gelin(iz)	gelmeyin(iz)
Imp. gelsinler	gelmesinler
Obbligo	Forma negativa
gelmeli-yim	gelmemeli-yim
gelmeli-sin	gelmemeli-sin
gelmeli	gelmemeli
gelmeli-yiz	gelmemeli-yiz
gelmeli-siniz	gelmemeli-siniz
gelmeli-ler	gelmemeli-ler

Suppositivo
A tutti i tempi semplici (A), tranne al condizionale, all'ottativo e all'imperativo, si può aggiungere la particella suppositiva **-se/-sa** (+ desinenza VIII).
Esempio: **geliyorsa, geliyorsam**…; **gelirse** (**-sem**…); **gelmezse** (**-sem**…); **gelebiliyorsa**; **gelebildiyse**; **geldiyse, gelecekse, gelmeyecekse, gelemeyecekse**…
Attenzione: al suppositivo la desinenza **-seler/-salar** è sostituita da **-lerse/-larsa**.

9 Le proposizioni subordinate

9.1 Subordinata temporale

• **-ince, -ünce, -ınca, -unca**: *quando* / gerundio.
La prima azione provoca la seconda:
Çocukları görünce, köpek havladı,
Vedendo / Quando vide i bambini, il cane abbaiò.

- **-ken**: *quando / mentre / gerundio*.
Due azioni si compiono allo stesso momento:
Ders çalışırken, müzik dinlerim,
Studiando / Quando / Mentre studio, ascolto musica.

- **-erek, -arak**: gerundio
L'azione principale si compie accompagnata dalla secondaria; quest'ultima indica non tanto il tempo, quanto il modo in cui viene compiuta l'azione principale.
Islık çalarak, çayı ateşe koyuyor,
Fischiettando, mette il tè sul fuoco.

- **-diği zaman** o **-diğinde**: *quando / nel momento in cui*.
Il verbo della subordinata indica il momento in cui si compie l'azione principale:
Sana geldiğim zaman / Sana geldiğimde, hep eğleniriz,
Quando vengo da te, ci divertiamo sempre.

- **-dikçe, -dükçe, -dıkça, -dukça** o **her -diğinde**: *ogni volta che*.
İstanbul'a geldikçe / her geldiğinde, Atatürk bu sarayda kalırdı,
Ogni volta che veniva a Istanbul, Atatürk soggiornava in questo palazzo.

- **-(i)r -mez/maz**: *non appena*.
La seconda azione segue immediatamente la prima:
Telefonu kapatır kapatmaz, kapıya koşuyor,
Non appena riattacca il telefono, corre alla porta.

- **-eli, -alı** o **-diğinden beri**: *da quando*.
Bu eve taşınalı / taşındığımdan beri, çok mutluyum,
Da quando mi son trasferito in questa casa, sono molto contento.

9.2 Subordinata comparativa

- **-diği kadar**: *per quanto*.
Mümkün olduğu kadar, erken gelin,
Per quanto possibile, venite presto.

- **-diği gibi**: *come, tale e quale*.
Bu evin olduğu gibi kalması lazım,
Questa casa deve restare tale e quale.

9.3 Subordinata concessiva

• **-diği halde** o **-mesine rağmen**: *nonostante*.
Annemiz uzak bir semtte oturduğu halde / Annemizin uzak bir semtte oturmasına rağmen, her gün ona uğruyoruz,
Nonostante nostra madre abiti in un quartiere lontano, andiamo a trovarla ogni giorno.

9.4 Subordinata causale

• **-diği için**: *poiché, dal momento che, dato che, visto che*.
Uçak pahalı olduğu için, Avrupa'ya otobüsle gitti,
Dato che l'aereo è caro, è andato in Europa in corriera.

9.5 Subordinata finale

• **-mek için, -mesi için**: *per, a, affinché*.
Buğulama yemek için, Kumkapı'ya gidelim,
Andiamo a Kumkapı a mangiare buğulama (stesso soggetto).
Türkçe öğrenmeniz için, bu kitabı hazırladım,
Ho concepito (preparato) *questo libro affinché impariate il turco* (due soggetti diversi).

• **imperativo + diye**: *affinché, perché*.
O evi alsın diye, ona para verdim,
Gli/Le ho dato dei soldi perché compri quella casa.

9.6 Subordinata consecutiva

• **o kadar … ki**: *talmente… che…*
O kadar çalıştı ki hastalandı,
Ha talmente lavorato che si è ammalato.

9.7 Subordinata completiva

• dopo un verbo che esprime un ordine, un invito, una volontà o un desiderio (chiedere di, volere che, sperare che ecc.).
-me + possessivo + accusativo
Uçakla değil, trenle gitmenizi istiyorum,
Voglio che partiate in treno e non in aereo.

- dopo un verbo che esprime una opinione (sapere, pensare ecc.)

-dik + possessivo + accusativo:

Çok yorgun olduğumu biliyor.
Sa che sono molto stanco.

- dopo un verbo che implica delle parole riferite col discorso indiretto (dire che; chiedere se, dove, come ecc.; rispondere che; pensare che; dirsi che; ecc.)

"discorso diretto" + **diye**:

diye, gerundio di **demek**, *dire*, significa *dicendo*; si mette dopo le parole riferite al discorso diretto, come fossero tra virgolette, ma prima del verbo principale.

Oraya gideceğim, diye söz verdim,
Ho promesso di andarci, lett. "laggiù-a andrò dicendo parola ho-dato".
Si può dire anche: **Oraya gideceğime söz verdim**, lett. "laggiù-a l'andare-a parola ho-dato".

Bugün çıkmamız gerek, diye düşündük,
Abbiamo pensato che dovessimo uscire oggi.
Oppure: **Bugün çıkmamız gerektiğini düşündük**.

Müdür bana izin verir mi, diye sordum,
Ho chiesto se il direttore mi avrebbe dato l'autorizzazione; lett. "Ho chiesto dicendo: il direttore mi darà l'autorizzazione?"

Ben demedim mi size Müdür izin verir diye…
Vi avevo detto io che il direttore vi avrebbe dato l'autorizzazione…, lett. "Io, non-ho-detto? voi-a direttore autorizzazione darà dicendo…".

Attenzione: non è possibile utilizzare **diye** e **demek** insieme, come invece si può fare con **diye düşünmek**, **diye sormak**, **diye cevap vermek** ecc. Se, come nella frase precedente, **demek** e **diye** compaiono insieme, il **demek** verbo principale (qui nella forma **demedim**) viene messo davanti, aggiungendo all'orale un'enfatizzazione del messaggio; **diye** invece non si può mettere prima di **demedim**. Anche **diye söylemek** sarebbe un accoppiamento da evitare se possibile…

10 I pronomi interrogativi e indefiniti

kim	*chi*	kimse	*nessuno*
hangi	*quale*	herkes	*ognuno*
kaç	*quanto*	çok	*molto*
ne kadar	*quanto*	az	*poco*
nasıl	*come*	birçok	*molti, parecchi*
niçin	*perché*	birkaç	*qualche*
neden	*perché*	herhangi	*qualunque*
nerede	*dove*	hiç	*niente, mai*
nereden	*da dove*	hiçbir	*nessuno, alcuno*
nereye	*(verso) dove*	hiçbir şey	*niente*
ne zaman	*quando*	hiçbir yer	*da nessuna parte*
acaba	*per caso...?*	bir şeyler	*qualcosa*
		bir yerler	*da qualche parte*
		hepsi	*tutto*
		bütün	*tutto*
		bazı	*nessuno, alcuno*

11 Gli avverbi

Tempo

her an	*in ogni istante*
her gün	*ogni giorno*
her zaman	*sempre*
o zaman	*allora*
uzun zaman	*da tanto tempo*
hiçbir zaman	*mai*
henüz	*or ora, appena*
hâlâ	*ancora*
şimdi	*adesso*
hemen	*subito*
yakında	*prossimamente*
erken	*presto*
geç	*tardi*
eskiden	*una volta*

Luogo

burada	*qui*
şurada	*là*
orada	*laggiù*
ortada	*in mezzo*
her yerde	*ovunque*
hiçbir yerde	*da nessuna parte*
başka yerde	*altrove*
içerde	*dentro*
dışarda	*fuori*
ilerde	*davanti*
ileri	*oltre*
arkada	*dietro*
yanda	*a fianco*
önde	*davanti*

sabahleyin	*al mattino*	uzakta	*in lontananza*
sık sık	*spesso*	yukarı	*su*
arasıra	*ogni tanto*	aşağı	*giù*
hep	*sempre*		
bugün	*oggi*	…etrafında	*intorno a*
dün	*ieri*	…arkasında	*dietro a*
yarın	*domani*	…yakınında	*vicino a*
ertesi gün	*il giorno dopo*		
daha ertesi gün	*due giorni dopo*	…altında	*sotto*
bugün yarın	*da un giorno all'altro*	…üstünde	*sopra*
		…önünde	*davanti a*
geçen gün	*l'altro giorno*		
önceki gün	*l'altro ieri*	…yanında	*presso, accanto a*
evvelsi gün	(*nella lingua parlata*) *l'altro ieri*		
öbür gün	*dopodomani*		
sonra	*poi*		
daha sonra	*più tardi*		
bundan sonra	*d'ora in poi*		
bir daha	*ancora una volta*		
	(+ neg.) *non… più*		
gittikçe	*man mano, gradualmente*		

Quantità

		## Modo	
çok	*molto, tanto*	böyle	*così*
pek çok	*parecchio*	şöyle	*così*
az	*poco*	öyle	*così*
biraz	*un po'*	çabuk	*velocemente*
daha az	*meno*	yavaş	*lentamente*
daha çok	*più*	büsbütün	*completamente*
çok fazla	*troppo*	beraber	*insieme*
çok değil	*non molto*	birdenbire	*all'improvviso*
aşağı yukarı	*circa*	mutlaka	*certamente*
hemen hemen	*quasi*	iyi	*bene*
bol bol	*moltissimo*	daha iyi	*meglio*
oldukça	*abbastanza*	en iyi	*migliore/meglio*
epeyce	*alquanto*		

12 Le modifiche ortografiche

• Davanti a un suffisso che inizia per vocale:
k diventa **ğ**: **uçak → uçağı**
p diventa **b**: **kitap → kitabı**
t diventa **d**: **dört → dördü**
ç diventa **c**: **uç → ucu**

• Dopo **p, t, k, ç, f, s, h, ş**, la **d** e la **c** dei suffissi diventano **t** e **ç**.
-de, -da e **-den, -dan → -te, -ta, -ten, -tan**: **kitapta, yemekten** ecc.
-c(i) → -ç(i): **işçi, balıkçı** ecc.
-c(i)k → -ç(i)k: **kurtçuk, Mehmetçik** ecc.

• La **t** della radice dei verbi **etmek, gitmek** e **tatmak**, diventa **d** quando è seguita da una vocale:
gitmek → gidiyor; gidilir ecc. (ma **gitmiş**)
etmek → eden; edeyim ecc. (ma **etti**)

• In alcune parole di origine araba, ma anche in alcune completamente turche, la vocale dell'ultima sillaba cade quando si aggiunge un suffisso che comincia per vocale:

akıl, *intelletto*	→ **aklım**
fikir, *pensiero*	→ **fikrin**
resim, *immagine*	→ **resmi**
vakit, *tempo*	→ **vakti**
oğul, *figlio*	→ **oğlum**
karın, *addome*	→ **karnın**
boyun, *collo*	→ **boynu**
burun, *naso*	→ **burnu** ecc.

Indice grammaticale e lessicale

Il primo numero si riferisce alla lezione, il secondo alla frase, alla nota o al paragrafo (nel caso di una lezione di ripasso); "AG" rimanda all'appendice grammaticale, "C" alla nota culturale e "T" al titolo della lezione. I numeri in grassetto evidenziano le lezioni in cui potete trovare una spiegazione più approfondita.

Ablativo: **7**,5
Accento circonflesso: **70**,**10**
Accentazione: 29
Accusativo: **21**,**1**
akıl, aklı: 41,8
alt: **42**,**2.3**
ara: **42**,**2.3**
arka: **42**,**2.3**
Apostrofo: 3,1
  soppressione dell'~: 37,1
Armonia vocalica: **14**,**1**
Articolo: **7**,**2**
Avere: **21**,**2**
Avverbi: AG,5
başka: **28**,**8**
bazı: 7,4
bey: 11,3
beden: 66,14
bir: **7**,**2**
bu: **7**,**10**; *v. anche* AG,4
bura-: AG,5
Caso: AG,1
Causa (subordinate causali): **63**,**1**; *v. anche* AG,9.4
-ce, -ca: **21**,**5**; **35**,**13**
-c(i): **14**,**3.5**
-c(i)k: **42**,**8**
Comparativi: **21**,**8**; 69,16
Comparazione (subordinate comparative): **63**,**1**; *v. anche* AG,9.2
Complemento di specificazione: **35**,**11**; **42**,**2**
  ~ di tempo: 29,13; 32,9
Completive (subordinate): 57,10; 62,11-16
Composti (tempi): **49**,**4**; **70**,**6**; *v. anche* AG,8

Concessive (subordinate): **63,1**; **70,1**; *v. anche* AG,9.3
Condizionale: **70,6**
Condizione: **42,7**; **49,3**
Conseguenza: 36,2; *v. anche* subordinate consecutive AG,9.6
ç(i): *v.* **-c(i)**
-ç(i)k: *v.* **-c(i)k**
çok: **7,4**
Data: 22, C
Dativo: **7,5**
de, **da**: **14,7**
değil: **7,7**
demek o **demek ki**: **49,6**
Desiderio: **35,5**; *v. anche* Ottativo e Imperativo
Dimostrativi: AG,4
-diği (relativa): **56,1**
-diği gibi / halde / için / kadar / zaman: **63,1**
-diği zaman: **56,1**
-diğinde: **70,4**
-diğinden beri: **63,1**
-dikçe: **56,1**
-dikten sonra: **49,1.2**; **56,1**
-d(i)r: **14,3.1**; 18,3; 48,3
-d(i)r-: *v.* Fattitivo
dış: **42,2.3**
Divieto: **28,3**; **49,5**
diye: **49,6**; *v. anche* AG,9.7
doğru: **28,8**
-ecek, -acak: relative e completive **63,1**
~ con valore di sostantivo o aggettivo: **70,2**
-ecek kadar: **70,4**
-efendim: 10,2 / **hanımefendi**: 66,6
-en, -an: **21,5**; 26,5; **28,4**
-er, -ar (valori): **70,2**
-erek, -arak: **42,5**
-er/-mez: **49,1.1**
etmek: 22,2
Essere: **14,3.1**; **21,6**
Espressioni (riepilogo): 27; **42,9**
Fattitivo: **28,6**; **63,4**
fikir, fikri: 52,7
Fine, scopo (subordinate finali): **49,6**; **70,1**; *v. anche* AG,9.5

Futuro: **28,2**; *v. anche* AG,8
Genere: **7,3**
Genitivo: **42,1**
Gerundio: **70,4**
Giorni della settimana: 22
hamam: 36, C
hanım: 11,3; 67,1
hem… hem de: **14,7**
iç: **42,2.3**
için (con pronome): **42,1**
ile *o* -(y)le, -(y)la: **14,2**
  con pronome: **42,1**
Imperativo (forma negativa: *v.* Divieto): **14,2**; **14,3.8**; **35,5**
Imperfetto: AG,8
  ~ del verbo *essere*: **21,3**
Impossibilità: **28,3**; **35,2**; *v. anche* AG,8
-(i)nce: **42,5**
Indefiniti (pronomi): AG,10
Infinito: **56,4**
Interrogativi (pronomi): AG,10
Interrogazione: **21,3**; **35,3**
-(i)p: **21,3**
-(i)ş: 44,10; **49,2.2**
-(i)ş-: 50,2
Ipotetica (forma): **70,7**
Ipotetiche (subordinate): **70,8**
kaç: 4,7
kadar: 3,11
karın, karnı: 17,11
karşı: **42,2.3**
-ken: **42,5**; *v. anche* AG,9.1
kendi: **49,7**
keyif, keyfi: 41,14
-ki: **14,6**; **49,7**
ki: 71,11-13; *v.* Conseguenza *e* **demek**
lazım: **7,7**
-le, -la: *v.* **ile**
-ler, -lar: **7,4**
  soppressione (nei sostantivi): 13,14; **14,8**
  soppressione (nei verbi): 11,10; **14,8**; **70,5**
-l(i): **14,3.4**

-l(i)k: **21,4**
Locativo: **7,5**
Materia (complemento di): 19,4
-me, -ma: *v.* Verbo sostantivato
-meden, -madan: **42,5**
  ~ önce: **49,1.3**
-mek, -mak: *v.* Infinito
-mekte: 55,3
-meli, -malı: 8,10; **70,3**
Mesi: 22
meze: 10,10; 67
m(i)?: **14,3.7**; 21,3; 24,8
-m(i)ş (passato): valori **42,4**;AG,8
Modifiche ortografiche: **14,10**; 21,10; *v. anche* AG,12
Negativa (forma): **28,3**
  ~ del presente generale: **56,3**; *v. anche* AG,8
Negazione: *v.* **değil**
nere-: **28,7**; *v. anche* AG,5
Nomi propri: **70,9**
Numeri: **7,4**; **7,11**; 15,5
o: **7,10**; *v. anche* AG,4
Obbligo: **7,7**; **70,3**
Omonimi: **70,11**
ora-: AG,5
Ora: 31,1; 48,6
Ordinali: **14,3.6**
Ordine
  ~ delle parole: **7,1**
  ~ dei suffissi (plurale, possessivo, casi): AG,6
  ~ dei suffissi verbali: AG,7
Ortografia: *v.* Modifiche ortografiche
oğul, oğlu: 17,11
ön: **42,2.3**
Ottativo: **35,4**; *v. anche* AG,8
  forma negativa: **49,5**
Palatalizzazione: *v.* introduzione (alfabeto); **70,10**
Parole di origine araba: 19,9; **70,10**
Passato prossimo e remoto: AG,8
Passivo: **35,7**
Plurale: **7,4**

Possessivo: AG,2; **28,1**
  accentazione: **14,3.3**;
  valore e impiego della terza persona: 27,8; 38,10; **42,3**; 45,9; 51,11
Posposizioni: **14,5**; **42,2.3**
Possibilità: **35,2**
Potenziale: **49,3**
Preposizioni: *v.* Posposizioni
Presente attuale: **7,7**; **14,3.2**
  ~ generale (formazione e impiego): **35,1**; *v. anche* AG,8
Pronomi indefiniti: *v.* Indefiniti
  ~ personali: AG,3
Raddoppiamento:
  di un aggettivo: 22,6
  di un gerundio: **70,4**
  di un verbo: 60,4
Reciprocità: *v.* -(i)ş-
Relative: *v.* -en, -an
  -dik: **56,1**
resim, resmi: 17,11
Riflessivo: **35,7**
-se, -sa: *v.* Suppositivo
Se: *v.* Condizione *e* Suppositivo
"Si" riflessivo: 32,6; **35,7**
Singolare: **7,4**
sonra: **21,9**
Superlativo: **21,8.2**
Suppositivo: **35,6**; **49,3**
şu: **7,10**; *v. anche* AG,4
şura-: AG,5
tane: 10,3
Tempo: AG,8; *v. anche* Composti, Complemento di
-t(i)r: *v.* -d(i)r
-t(i)r-: *v.* Fattitivo
Trapassato prossimo: AG,8
üst: **42,2.3**
vakit, vakti: 34,10
vapur: 43, C
var: 4,10; **21,2**
Verbo sostantivato:
  -me/-ma: **28,5**; **35,8**; **56,2**; **63,2**; **70,1**
  -(i)ş: **49,2**

525 • **beş yüz yirmi beş**

vermek: **70,4**
Vocali: *v.* Armonia vocalica
Volta (x volte al/alla): 19,7
ya… ya da: **14,7**
yakın: **42,2.3**
yan: **42,2.3**
yapmak: 22,2
yok: 4,10; **21,2**
yüz: **70,11**
zaman: *v.* -diği zaman

Indice dei nomi di luogo, personaggi e feste

II. Abdülhamid (sultano): 33,C
Açık Hava Tiyatrosu: 48,3
Adalar: 43,T,C; 44,11
Akdeniz: 20,12,C; 52,13; 67,C
Anadolu: 69,16
 ~ **Hisarı**: 55,11
Anıtkabir: 64, es. 1
Ankara: 4,6; 64,T; 65,2
Antalya: 29,C; 64,16
Apalaş Dağları (Appalachi): 47,C
Arnavutköy: 23,T
Arnavutluk (Albania): 23,C
Ataköy: 34,13
Atatürk: 29,C; 55,5; 64,3, 68,C
 ~ **Bulvarı**: 64,3
 ~ **Kültür Merkezi**: 48,12
Atmeydanı: 69,11
Avrupa: 24,T
Ayasofya Müzesi: 69,2
Aziz: 67,C
Bağdat Caddesi: 54,5,C
Bakırköy: 17,9
Barbaros Hayrettin Paşa: 40,C; 55,9
Bebek: 17,10
Belluno: 20,C
Berre (Paros): 40,C
Beşiktaş: 9,7; 39,C; 55,8; 60,1

II. Beyazıt (sultano): 50,C
Beyazıt:
~ **Kulesi**: 39,3
~ **Üniversitesi**: 69,9
Beyoğlu (Pera): 17,C; 50,C; 66,C; 69,4
Bin Bir Gece: 6,5
Boğaz: 5,1,C; 9,T; 55,1; 69,13
~ **Köprüsü**: 55,10
Boston: 47,T
Burgaz: 43,10
Bursa: 53,C
Büyükada: 43,C; 44,T
Büyük İskender (Alessandro Magno): 30,C
Calabria: 55,C
Cağaloğlu: 36,T
~ **hamamı**: 36,T
Cihangir: 32,T
Cumhuriyet Bayramı: 51,C
Çankaya: 64,4
Çengelköy: 69,16; **70,9**
Çiçek Pasajı: 66,3,C
Çocuk Bayramı: 51,C
Da Ponte, Lorenzo: 23,C
Deli İbrahim: 26,5
Demiryolları: 52,12
Denizyolları: 68,11
Deniz Müzesi: 55,8
Devlet Tiyatrosu: 48,6
Dolmabahçe Sarayı: 55,3
Dolomit Dağları (Dolomiti): 20,C
Donizetti, Gaetano: 66,C
Donizetti Paşa, Giuseppe: 66,C
Drake, Francis: 47,C
Ege: 20,12
Emınönü: 43,1; 68,9; 69,11
Emirgan: 9,9
Erzurum: 4,6
Eski Anadolu Medeniyetleri Müzesi: 64,7
Fatih Sultan Mehmet Köprüsü: 55,6
Fenerbahçe: 39,14
Floransa (Firenze): 50,C

Galata Köprüsü: 50,1,C; 69,6
Galatasaray (liceo): 17,3,C
 (squadra di calcio): 39,C
Girit: 40,5
Guatelli Paşa, Callisto: 66,C
Haliç (Corno d'Oro): 50,C; 69,4
Hassan Veneziano: 55,C
Herodot (Erodoto): 44,C
Hitit Müzesi: 64,7
İstanbul: 3,T; 4,T; 55,T; 64,13; 68,T; 69,T
İstiklal Caddesi: 3,C; 66,2,C
İzmir: 4,4; 64,16
Kabataş: 55,1
Kadıköy: 39,C; 48,C; 68,9
Kale: 64,4
Kapadokya: 65,T
Kapalı Çarşı: 16,C; 23,1; 66,17
Kanlıca: 55,13
Karadeniz: 5,3; 20,C; 52,9; 64,16
Karaköy:
 ~ Caracoi (Belluno): 20,C
 ~ **Karaköy / Akköy**: 20,C
Kavaklar: 55,14
Koç, Vehbi: 53,C
Korfu (Corfù): 40,C
Köprülü Kanyon: 30,5
Kumkapı: 69,9
Lâle Devri: 9,C
Laleli: 69,9
Leonardo da Vinci: 50,C
Marmara: 69,C
Mevlana: 69,C
Mevlevihane: 69,4, C
Mısır: 23,1
Mısır Çarşısı: 23,1; 50,7
Michelangelo: 50,C
Mozart, Wolfgang Amadeus: 23,C; 44,5, 46,C
III. Murad (sultano): 40,C
IV. Murad (sultano): 54,C
Münih: 24,9
Nasreddin Hoca: 8,T; 36,12; 61,11

Naum Tiyatrosu: 66,C
New York: 43,C
Nişantaşı: 54,6
Norveç (Norvegia): 50,C
Nurbanu Sultan (Cecilia Baffo): 40,C
Okmeydanı: 54,C
On İki Ada (Dodecaneso): 29,C
Ortaköy: 55,9; 69,14
Pompey (Pompeo Magno): 30,C
Ramazan Bayramı: 51,C
Roanoke: 47,C
Roma: 15,2
Rumeli: 69,14
~ **Hisarı**: 55,11
Rüstem Paşa: **70,9**
Rüstempaşa camisi: 50,4; 69,7
Salvatores, Gabriele: 67,C
Saman Pazarı: 64,6
Sarıyer: 9,3
Selge: 30,10
II. Selim (sultano): 40,C
Sicilya (Sicilia): 44,7
Side: 30,T
Sirkeci: 43,6
Sivas: 52,C

Sultan Ahmet: 70,9
Sultanahmet camisi: 69,2,12
Sumela: 52,11
I. Süleyman (sultano): 40,C
Süleymaniye: 69,7
Süreyya Operası: 48,C
Şeker Bayramı: 51,1
Tahtakale: 50,T; 69,7
Taksim: 3,4; 66,3
Topkapı Sarayı: 55,4
Trabzon (Trebisonda): 52,10,C
Tünel: 66,3
Uluç Ali Paşa (Giovan Dionigi Galeni): 55,C
Ulus: 64,4
Uluslararası İstanbul Opera Festivali: 48,C
Van: 20,12; 52,C
Vefa: 68,C
Venedik: 6,C; 40,C; 43,C; 55,C; 57,C
  ~ **Sarayı**: 3,C
Verdi, Giuseppe: 66,C
Viyana (Vienna): 43, C
Yahya Kemal Beyatlı: 64,C
Yunanistan (Grecia):
  ~ cucina: 10,C; 43,C; 67,C
Zafer Bayramı: 51,C

Bibliografia

Di seguito trovate alcuni riferimenti bibliografici che possono aiutarvi a proseguire nell'apprendimento della lingua e a completare le vostre conoscenze del mondo turco.

Grammatiche

- TANIŞ (Asım), *Corso di lingua turca moderna*, terza edizione, Libreria Editrice Cafoscarina, Venezia, 2004 (prima ed. 1975)

- TANIŞ (Asım), *Corso di lingua turca moderna. Chiave degli esercizi*, prima ed., Libreria Editrice Cafoscarina, Venezia, 2013.

Questo corso di lingua elaborato da un professore dell'Università Ca' Foscari di Venezia ha il vantaggio di presentarsi come una grammatica ragionata. Grazie agli indici dettagliati, ogni qual volta abbiate un dubbio o vogliate approfondire un determinato aspetto linguistico, il libro di Tanış si aprirà a voi come una miniera inesauribile. E a proposito di miniere, è proprio lui a suggerire in un articolo il possibile legame etimologico tra il Caracoi bellunese e i Karaköy turchi, argomento che abbiamo affrontato nella nota culturale della lezione 20!

Dizionari

- KURTBÖKE (Petek) e EDIGEO, *Turco compatto. Dizionario turco-italiano, italiano-turco*, terza edizione, Zanichelli, Bologna, 2017 (prima ed. 2003).

- TANIŞ (Asım), *Büyük Türkçe-İtalyanca Öğretici Sözlük*, İnkılap Kitap Evi, Istanbul, 2006.

Il dizionario di Kurtböke è l'opera che più si confà al livello che avete conseguito grazie a questo corso. Vi accompagnerà nelle vostre letture e vi aiuterà a mantenere e progressivamente a migliorare la vostra conoscenza del turco. Se poi la vostra voglia di turcherie (come si diceva qualche secolo fa) è insaziabile, il dizionario di Tanış, concepito per l'apprendimento dell'italiano da parte di un pubblico turcofono, è la più grande e completa opera di questo tipo disponibile sul mercato!

Storia

- MANTRAN (Robert), *Storia dell'impero ottomano*, Argo, Lecce, 2000.

Questo volume è ancora adesso il compendio più esaustivo per chi voglia conoscere questo argomento. Una cosa è certa, dopo questa lettura la storia ottomana per voi non avrà più segreti!

- ZÜRCHER (Erik Jan), *Porta d'Oriente. Una storia della Turchia dal Settecento a oggi*, Donzelli, Roma, 2016.

Il classico storiografico per chi voglia avere un affresco della storia turca dagli ultimi secoli dell'impero ottomano a oggi. L'edizione del 2016 è arricchita da aggiunte che trattano la storia recente.

- RICCI (Giovanni), *Ossessione turca. In una retrovia cristiana dell'Europa moderna*, Il Mulino, Bologna, 2002.

- RICCI (Giovanni), *I turchi alle porte*, Il Mulino, Bologna, 2008.

- RICCI (Giovanni), *Appello al turco. I confini infranti del Rinascimento*, Viella, Roma, 2011.

La trilogia storiografica di Ricci presenta in modo accessibile e a tratti divertente il ruolo che i turchi hanno avuto nella mentalità, nella politica, nella cultura e in generale nella società italiana di epoca moderna. Attraverso un sorprendente alternarsi di sentimenti di ripulsa e attrazione, scoprirete che una volta il Mediterraneo non divideva così tanto italiani e turchi, al contrario…

Arte

- CURATOLA (Giovanni), *Turchia. L'arte dai Selgiuchidi agli Ottomani*, Jaca Book, Milano, 2010.

L'arte turca non è solo ottomana, come questo libro ci ricorda. Dal periodo selgiuchide a quello ottomano, il viaggio tra Oriente e Occidente è assicurato!

Cucina

- PEDANI (Maria Pia), *La grande cucina ottomana. Una storia di gusto e di cultura*, Il Mulino, Bologna, 2012.

Come noi italiani sappiamo bene, la cultura di un popolo si esprime soprattutto in cucina! E allora non indugiate oltre e lanciatevi in questo delizioso viaggio gastronomico proposto da una grande ottomanista italiana.

Letteratura

- PAMUK (Orhan), *Istanbul*, Einaudi, Torino, 2014 (titolo originale *İstanbul: Hatıralar ve Şehir*, 2003).

Questo libro autobiografico è un inno all'*hüzün*, la malinconia collettiva da cui nessuno stambuliota può prescindere... L'Istanbul di Pamuk prende forma nei luoghi che hanno caratterizzato la sua infanzia e adolescenza. L'impegnativo confronto con il glorioso passato raffrontato a un incerto presente incombe sul quotidiano di ognuno... Un aspetto in più che accomuna italiani e turchi!

- PAMUK (Orhan), *Il mio nome è rosso*, Einaudi, Torino, 2014 (titolo originale *Benim Adım Kırmızı*, 1998).

In questo libro polifonico, ogni capitolo racconta, dal punto di vista di un personaggio sempre diverso, la storia di un delitto avvenuto allo scorcio del XVI secolo. Con un magistrale dipinto della vita in epoca ottomana, Pamuk ci fa entrare nel mondo dei miniaturisti stambulioti.

- UZUNER (Buket), *Ada d'ambra*, Sellerio, Palermo, 2003 (titolo originale *Kumral Ada. Mavi Tuna*, 1997)

In questo libro dagli aspetti kafkiani il protagonista si sveglia dovendo affrontare due notizie tanto inaspettate quanto poco credibili: è stato chiamato alle armi a causa dello scoppio di una guerra civile e il suo amore d'infanzia è accusato d'omicidio. Questo libro è considerato il primo grande romanzo di successo di una scrittrice turca.

- KARA (Yadé), *Salam Berlino*, E/O, Roma, 2005 (edizione originale 2003).

La caduta del muro di Berlino vissuta da un giovane turco figlio di emigrati in Germania. L'evento liberatorio per eccellenza che diventa l'inizio del disgregarsi di una famiglia. Il libro è stato scritto in tedesco, ma l'autrice è figlia di immigrati turchi in Germania. Chi meglio di lei può dunque introdurci ai problemi identitari e d'integrazione vissuti dai turchi in Germania?

- ÉNARD (Mathias), *Parlami di battaglie, di re e di elefanti*, Rizzoli, Milano 2013 (edizione originale 2010). L'incontro tra il Rinascimento italiano e la Istanbul ottomana. Michelangelo e Bayezid II. Il ponte di Galata. Folgorante scoperta archivistica o fiction storica ben riuscita? I dettagli alla nota culturale della lezione 50!

- WU MING, *Altai*, Einaudi, Torino, 2014 (prima edizione 2009). Avvincente romanzo storico ambientato negli anni della guerra di Cipro (1570-1573). L'Istanbul dell'epoca e la corte ottomana sono rappresentate nelle loro più intime sfumature.

Cinema

Almanya - La mia famiglia va in Germania, film del 2011 diretto da Yasemin Şamdereli.

La sposa turca, film del 2004 scritto e diretto da Fatih Akın.

Due film, il primo comico e il secondo tragico, che presentano le storie degli emigrati turchi, o dei loro figli e nipoti, in Germania. Due ottimi riferimenti per capire cosa ha rappresentato e cosa rappresenti ancora oggi tale fenomeno.

Mustang, film del 2015 scritto e diretto da Deniz Gamze Ergüven.

La storia commovente di cinque sorelle orfane che lottano per ribellarsi al potere patriarcale dello zio e alle soffocanti imposizioni della comunità del villaggio.

Il bagno turco (Hamam), film del 1996 scritto e diretto da Ferzan Özpetek.

Un architetto romano eredita da una zia un vecchio bagno turco a Istanbul. Intenzionato a venderlo, si reca sul Bosforo, ma questo viaggio gli cambierà la vita.

Harem Suare, film del 1999 scritto e diretto da Ferzan Özpetek.

L'anziana Safiye racconta alla giornalista italiana Anita il suo passato nell'harem e la sua sorprendente storia di favorita dell'ultimo sultano ottomano.

Elenco delle locuzioni ed espressioni

I numeri a fianco della traduzione corrispondono alla lezione in cui figurano per la prima volta le locuzioni o le espressioni.

Turco	Italiano	Lezione
Allah bağışlasın!	Congratulazioni!	17
Allahaısmarladik	Addio	54
Allah kolaylık versın	Che Dio dia conforto…	32
Aman Tanrım	Oh, mio Dio	32
araları açık	non vanno più d'accordo	67
Ayrılmayın…	Non metta giù…	47
az kaldı	ci è mancato poco	36
az kalsın	per poco	66
Baş üstüne	Con piacere	10
başka çarem yok	non ho altre soluzioni	67
Bayramın(ız) kutlu olsun!	Buone feste!	51
Bereket versin	Grazie a Dio	37
Bil bakalım!	Dai, indovina	12
Boş ver!	Lascia / Lasciamo perdere!	67
buyurun	prego	10
canı istemek	aver voglia di	22
canın(ız) sağ olsun	non preoccupatevi	38
cesaret (ne)	che faccia tosta	40
Çok şükür!	Grazie a Dio!	37
dört gözle beklemek	aspettare con impazienza	58
ele geçmek (fırsat)	avere un'occasione	48
Eyvah!	Ahimè!	12
zor geçinmek	avere difficoltà ad arrivare a fine mese	60
Geçmiş olsun!	Speriamo ti passi!	11
Görüşmek üzere!	Arrivederci!; A presto!	18, 45
Güle güle	Ciao ciao!	2
Hoş bulduk	Grazie (risposta a Hoş geldiniz)	10
Hoş geldiniz	Benvenuti	10
İnşallah	Lo spero	18
İyi çalışmalar!	Buon lavoro!	19
İyi yolculuklar!	Buon viaggio!	7
Iyilik sağlık	Va tutto bene	27
karnım aç	ho fame	12
kendi işine bak!	occupati degli affari tuoi!	38
Kolay gelsın	In bocca al lupo	14
kusura bakma	perdonami	12

maşallah	complimenti	17
Ne çıkar?	Che potrà mai succedere?	38
Ne mutlu size!	Beato Lei!; Beati voi!	20
Ne mutlu Türküm diyene!	Felice colui che può dirsi turco!	20
ne olur	ti prego	41
ne var ne yok?	che c'è di nuovo?	2
Ne yapalım, hayat bu	Che ci possiamo fare, questa è la vita	39
Ne yapsam acaba?	Che potrei fare?	67
o kadar önemli değil	non è poi così grave	38
rica ederim	si figuri	33
sakıncası yok	non c'è problema	46
sana akıl soran oldu mu?	Qualcuno ha chiesto il tuo parere?	38
Sofraya buyurun!	Accomodatevi a tavola!	37
tanıştığımıza memnun oldum	piacere di conoscerla	54
ya…	insomma!	36
yapılacak bir şey yok	non c'è niente da fare	70

Lessici

In questa appendice trovate le parole che sono state utilizzate in questo corso. A fianco della traduzione sono indicati i numeri delle lezioni in cui la parola compare per la prima volta o con diverso significato (altre indicazioni: APP = Appendice grammaticale; INT = Introduzione; BIB = Bibliografia). Ricordate che le traduzioni presentate nei lessici sono legate al contesto in cui compaiono nei dialoghi.

Elenco delle abbreviazioni grammaticali utilizzate nel lessico:

agg.	aggettivo	*n.*	nome
avv.	avverbio	*neg.*	forma negativa
escl.	esclamazione	*pr.*	pronome
f.	femminile	*prep.*	preposizione
intr.	intransitivo	*sing.*	singolare
irreg.	forma irregolare	*tr.*	transitivo
m.	maschile	*v.*	verbo

Lessico turco-italiano

A

abartılı	spropositato 68
abi	fratello maggiore 50
abla	sorella maggiore 50
acaba	non è che…? 4
acele	fretta, urgenza 33
acelesi olan	di fretta 34
acelesi yok	non è urgente 33
acı	spiacevole 39
acıkmak	aver fame 68
aç	affamato 12

açık	aperto 8
açık hava	all'aria aperta 48
açılış	inaugurazione 48
açılmak (-e)	dare su 29
açmak	aprire 39
açmak telefon	rispondere al telefono 45
açtırmak	far aprire 46
ada	isola 43
adam	uomo 8; tale 38
adlı	chiamato 6
affedersiniz	scusi 3
ağabey	fratello maggiore 51
ağaç	albero 30
ağaçlı	alberato 29
ağır	pesante 47, 55
ağır ağır	adagio, lentamente 55
ağız (ağzı)	bocca 45
ağlamak	piangere 21
ağrımak	dolere 11
ağustos	agosto 22
ahşap	legno (lavorato) 23
aile	famiglia 60
ailece	in famiglia, con la famiglia 29
ait (-e)	appartenente, riguardante 64
ak	bianco 20
akar su	acqua corrente, corso d'acqua 61
akıl (aklı)	mente 30; intelletto, ragione 41
akıl danışırmak	chiedere consiglio 67
akıl etmek	pensare 41
akıl sormak	chiedere il parere 38
akıllı	intelligente 41
akılsız	sciocco, stupido, irragionevole 41
akmak	scorrere 32
akraba	parente 45
aksilik	contrattempo 53
akşam	sera 5
akşam üstü	la sera 32
alabalık	trota 30

alan	territorio 71
alçak	basso 64
alem	stendardo 70
âlem	mondo 70
alıcı	destinatario 47
alın (alnı)	fronte 70
alış veriş	compere, spesa, scambio 13, 23
alış veriş yapmak	fare la spesa 13
alıştırma	esercizio 1
Allah kolaylık versin	Che Dio dia conforto 32
Allahaısmarladık	addio 54
almak	prendere 10; comprare 12
alo	pronto (al telefono) 18
alt	sotto 11
alt geçidi	sottopassaggio 68
altında	sotto 32
altışar	sei ciascuno 34
ama	ma 3
aman	ah, oh *(escl.)* 32
Aman Tanrım	Oh mio Dio 32
amca	zio paterno 60
an	momento 3
ana	principale 44
ana cadde	viale principale 44
ana dili	lingua madre 44
ana okulu	scuola materna 17
ana vatan	madrepatria 44
anahtar	chiave 36
anahtarlı	a chiave 36
ancak	solamente (comunque) 60
anda (şu ~)	in questo momento 3
Ankaralı	ancirano 64
anlamak	capire 32
anlaşmak	mettersi d'accordo 65
anlatmak	raccontare 36; dire, esprimere 71
anne	madre 12
antik	antico 29
antika	pezzo d'antiquariato 19

apartman	condominio 12
apartman görevlisi	amministratore di condominio 12
ara	traversa, via intermedia 53; momento 59
araba	macchina 19, 53
arada (bir ~)	allo stesso tempo, in un intervallo di tempo 64
aralık	dicembre 22
aramak	cercare 18; mancare, avere la nostalgia 27
Arap	arabo (nazionalità) 21
Arapça	arabo (lingua) 21
arasında	fra, tra 42
araştırma	ricerca 31
araştırmacı	ricercatore 31
arka	dietro 26
arkadaş	amico 17
Arnavut	albanese 23
arsa	terreno 64
artık	ormai 11
artık *(+ neg.)*	non… più 11
arzu	desiderio 10
arzu etmek	desiderare 10
asker	soldato 57
askerlik	servizio militare 57
aslında	in realtà 29
asma	sospeso 69
asma köprü	ponte sospeso 55
aspirin	aspirina 11
Asya	Asia 55
aşağı	giù 64
aşağı yukarı	più o meno 64
aşık	innamorato 40
aşk	amore 45
at meydanı	ippodromo 69
atasözü	proverbio 41
ateş	fuoco 39
atkı	sciarpa 32
atmak	dare, gettare 39
atölye	officina 36

Avrupa	Europa 55
ay	mese 12; luna 54
ayak	piede 32
ayakkabı	scarpa 57
aydın	luminoso 31
aydınlatmak	illuminare 69
ayı	orso 70
ayıp	scorretto, vergognoso, vergogna 67
ayırmak	riservare 15
aynı	stesso 17
ayrıca	inoltre 20, 47

B

baba	papà 12
baca	camino 65
badana	imbiancatura 46
bağ	legame 47
bağırışmak	gridare all'unisono 43
bağırmak	urlare 38, 43
bağışlamak	far dono di 17
bağlamak	legare 44
bağlantı	comunicazione, collegamento 47
bağlı (-e)	connesso, collegato, dipendente, devoto 47
bahar	primavera 66
bahçe	giardino 6
bahse girmek	scommettere 65
bahşiş	mancia 36
bakan	ministro 67
bakanlık	ministero 64
bakırçı	ramaio 57
bakkal	negozio di alimentari 23
bakmak (-e)	guardare 4; dare su 65
bakraç	brocca 57
bal	miele 54
balayı	luna di miele 54
bale	balletto 48
balık	pesce 5
balık tutmak	pescare 5

balıkçı	pescatore 5
balkon	balcone 29
bambaşka	completamente diverso 51
bana	mi *(pr.)*, a me 8
bank	panchina 38
banka	banca 19
banliyö	periferia 64
bant	fascia 68
banyo	bagno 19
barbunya	triglia 10
bardak	bicchiere 13
barış	pace 47
basit	semplice 71
baş	testa, inizio, principale 11, 55, 64
başı ağrımak	aver mal di testa 11
başka	altro 27
başkan	capo, presidente 67
başkent	capitale 64
başlamak (-e)	cominciare 6
başlık	cappello 32; titolo 39
batı	ovest 29
batış	tuffo 44
batış (güneşin ~ı)	tramonto 44
batmak	sprofondare, tuffare 44
bavul	valigia 41
bayan	signora 19
bayılmak	infatuarsi 65
bayılmak (-e)	adorare 65
bayram	festa 51
bayram yeri	giostre 51
bayramlaşmak	scambiarsi, augurare 51
bazı	alcuni 5
bebek	bimbo 21
beden	taglia 66
beğenmek	piacere, apprezzare 16
bekar (kiâ)	scapolo 17
bekarlık	celibato, nubilato 41
beklemek	aspettare 25

bekletmek	far aspettare 33
bel	fianco, rene, vita (anatom.) 25
belediye	comune *(n.)* 60
belediye başkanı	sindaco 67
belki	forse 5
belli	determinato 68
bembeyaz	completamente bianco 51
ben	io 2
bence	secondo me 64
bencil	egoista 38
bencillik	egoismo 38
benzemek	sembrare 43
beraber	insieme *(avv.)* 2
berber	barbiere 60
beri (-den)	da 11
beslemek	nutrire 27
beslenmek	essere nutrito 27
beton	cemento 65
bey	signore 8
beyaz	bianco 10
beyefendi	signore 3
bıçak	coltello 23
bıkmak (-den)	averne abbastanza 45
bırakmak	lasciare 26
bıyık	baffo 46
biber	peperone 10
biber dolması	peperone farcito 10
bildirmek	far sapere 28; comunicare 59
bile *(v. neg. + ~)*	più, addirittura 11
bilet	biglietto 26
bileyici	arrotino 68
bilgi	nozione 71
bilgisayar	informatica 60
bilmek	sapere 5
bina	edificio 29
binlerce	migliaia 39
binmek (-e)	salire 22
bir	uno 1

bir de	e, e poi, e anche 10
bir şeyler	qualcosa 12
bir süre sonra	un po' di tempo dopo 36
bir teki / biri… öbür teki / öbürü… *(genitivo)*	uno… l'altro… 41
bir türlü	per niente, assolutamente 61
bir yerler	da qualche parte 30
bira	birra 66
biraz	un po' 11
birazcık	molto poco 32
birbiri	a vicenda 51
birçok	molti 19
birdenbire	improvvisamente 39
birer	ognuno 34
biriktirmek	risparmiare 51
birkaç	qualche 13
bitirmek	finire 17
bitki	pianta 68
bitkin	esausto 36
bitmek	finire 13; germogliare 68
biz	noi 5
bluz	camicetta 66
boğaz	gola (di persona/fiume/montagna), stretto 69
Boğaz (Boğaziçi)	Bosforo 69
bol bol	tanto 22
bomboş	completamente vuoto 51
borç	debito 33
boru	tubo 41
boş	libero, vuoto 36
boşanmak	divorziare 40
boşuna	per niente, invano 67
boy	altezza, statura 44
boya	vernice 57
boyacı	lustrascarpe 68
boyamak	colorare, dipingere 57
boyatmak	far dipingere 46
boyun (boynu)	collo APP

boyunca	lungo *(prep.)* 44
bozacı	venditore di boza 68
bozmak	disfare 61; rovinare 65
bozuk	rotto, fuori servizio 33
bölge	zona 65
böyle	simile 19
böylece	così 67
bu	questo, questi 1, 6
bu sıralarda	in questo periodo 48
buçuk	e mezza 9
bugün	oggi 2
bugünkü	di oggi 36
buğulamak	cuocere al vapore 69
bulaşık	piatti, stoviglie 13
bulaşık yıkamak	lavare i piatti 13
bulmak	trovare 10
bulunmak	presenziare, trovarsi 36
buluşmak	trovarsi 48
bulvar	viale 64
bunca	tutto questo 54
burada	qui 27
buralarda	nei paraggi 3
burası	qui 45
burs	borsa di studio 31
burun (burnu)	naso APP
buyurmak	comandare 10
buyurun	prego 10
buz	ghiaccio 32
buz dolabı	frigorifero 41
büfe	buffet 43
büsbütün	completamente APP
bütün	tutto 20
büyü	fascino 69
büyük	grande 10
büyükler	anziani (gli) 51
büyülenmek	incantarsi 69
büyüleyici	incantevole 65
büyümek	crescere 38

büyütmek	ingrandire 46

C

cadde	viale 32, 35, 44
cam	vetro 41
cami	moschea 41
can	anima 38
canı istemek	avere voglia di 22
canı sıkılmak	annoiarsi 45
canım	amore (anima mia) 12
canlandırmak	immaginarsi 44
canlı	vivace 43
canlılık	brio 69
ceket	giacca 41
cenaze	funerale 36
cennet	paradiso 29
cep	tasca 41
cephe	facciata 46
cesaret	audacia 40
cesaret (ne ~)	che faccia tosta 40
cesaret etmek (-e)	osare 53
cevap	risposta 18
cevap vermek	rispondere 18
ceza	punizione 39; multa 53
ceza yazmak	fare una multa 53
ciddi	serio 65
cihan	mondo 47
cimri	avaro 32
cömert	generoso 32
cuma	venerdì 22
cumartesi	sabato 22
cumba	balcone finestrato, bow window 69
Cumhurbaşkanı	Presidente della Repubblica 67
Cumhurbaşkanlığı	Presidente della Repubblica 64
Cumhuriyet	Repubblica 55
cümle	frase 63
cüzdan	certificato, portafoglio 41

Ç

çabuk	veloce 9

çabuk olalım	sbrighiamoci 9
çağırmak	chiamare 33
çakıl	ciottolo 29
çalar saat	sveglia 61
çalı	cespuglio 44
çalınmak	suonare 12
çalışkan	studioso *(agg.)* 1
çalışmak	lavorare 2
çalışmak (-e)	provare 44
çalıştırmak	accendere (far funzionare) 53
çalkalamak	sciacquare 45
çalmak	rubare 38; suonare (uno strumento) 39; suonare (telefono) 45
çamaşır	biancheria, bucato 68
çamaşır (iç ~ı)	biancheria intima 68
çamaşır makinası	lavatrice 68
çanta	borsa 59
çarçabuk	a gran velocità 68
çardak	pergolato 43
çare	espediente 53
çarşamba	mercoledì 22
çarşı	mercato 16; via commerciale 64
çatal	forchetta 23
çay	tè 9; ruscello 30
çekmek	fare, tirare 31
çene	mascella 41
çengel	uncino 70
Çerkes	alla circassa 67
çevirmek	tradurre 1; girare 45
çevre	ambiente 65; zona 69
çevreyolu	tangenziale INT
çeyrek	quarto *(n.)* 31
çıkarmak	portare, far salire 15; tirare fuori 16
çıkmak	uscire 18; salire 32
çıldırmak	impazzire 38
çınar	platano 69
çıplak	nudo 46
çırak	garzone 60

çiçek	fiore 29
çiğ	sgargiante 66
çikolata	cioccolata 60
Çince	cinese (lingua) 20
çivi	chiodo 57
çizmek	tracciare 64
çoban	pastore 27
çocuk	bambino 6
çocukluk	infanzia 66
çoğu zaman	la maggior parte del tempo 32
çok	molto 1, 5
çokça	molti 36
çoktan beri	da molto tempo 32
çoluk çocuk	bambini, prole, famiglia, in famiglia, con la famiglia 17, 51
çorap	calzino 41
çubuk	bastone (tende) 50
çukur	in basso 68
çünkü	perché, poiché 15

D

da	anche 1
dağılmak	essere sparso 41
dağınık	disordinato 41
dağıtmak	distribuire 36
daha	ancora, più 20
daha çok sevmek	piacere di più, preferire 16
daha sonraki gün	due giorni dopo 36
dahil	incluso 15
daire	appartamento 13
dakika	minuto 33
dal	ramo 44; branca 60
dalmak	immergersi 69
damat	genero 51
damla	goccia 57
damlamak	perdere, gocciolare 57
dans etmek	ballare 29
dantel	pizzo 40
dar	stretto *(agg.)* 64

dava	processo 65
dava açmak	fare causa 65
davet	invito 18
davet etmek	invitare 18
davetli	invitato 45
dayak	bastonata 36
dayak yemek	prendere delle bastonate 36
dayı	zio materno 60
dedikodu	pettegolezzo 11, 62
dedikodu yapmak	fare dei pettegolezzi 62
dedikoducu	pettegolo 65
defa	volta 19
defter	quaderno 51
değer	valore 16
değerli	pregiato, prezioso 16
değil mi?	no? 2
değişiklik	cambiamento 46
değişmek	cambiare *(intr.)* 43
değiştirmek	cambiare *(tr.)* 46
değmek	valere, valere la pena 29
deli	pazzo 26
delikanlı	giovanotto 53
demek	dire 16
demir	ferro 46
demiryolu	ferrovia 52
denemek	provare 70
deniz	mare 2
denizci	marinaio 55
deprem	terremoto 39
dergi	rivista 41
deri	cuoio 59
deriden	in cuoio 59
derin	profondo 30
ders	lezione 1
ders çalışmak	studiare 2
dert	problema, tormento, dolore, sofferenza 52
devam etmek	continuare 54; sussequirsi 64

devamlı	senza sosta 52
devir (devri)	periodo, epoca 9
devlet	statale, nazionale 48
dış	esterno 17
dış alım satım	import-export 17
dışarda	da fuori 38
dışarı	esterno, estero, fuori 24
Dışişleri Bakanlığı	Ministero degli affari esteri 67
diğer	altro 53
dik	dritto 25; scosceso 30
dikiş dikmek	cucire 60
dikkat	attenzione 44
dikkat çekmek	notare 44
dikkat etmek	fare attenzione 44
dikmek	cucire 57
dil	lingua 25
dilek	desiderio 44
dilek tutmak	esprimere un desiderio 44
dilemek	augurare 38
dilim	fetta 67
dinlemek	ascoltare 11
dinlenmek	riposarsi 51
dinleyici	ascoltatore 38
dinmek	cessare 39
diploma	diploma 60
diploma almak	ottenere il diploma 60
disiplinsiz	senza regole 64
diskotek	discoteca 25
diş	dente 45
diş fırçası	spazzolino 45
diş macunu	dentifricio 45
doğal	naturale 65
doğan	falco 60
doğmak	nascere 45; apparire (astro) 69
doğru	esatto *(agg.)* 65
doğru (-e)	verso *(prep.)* 22
doğrusu	è vero 32; veramente 38
doğu	est 29

doğum	nascita 45
doğum günü	compleanno 45
doğumevi	maternità (reparto) 45
doğurmak	partorire 45
doğuş	alba 45
doktor	dottore 8
dokuz	nove 9
dokuzar	nove ciascuno 34
dolap	armadio 41
dolaşmak	girare 20
doldurmak	compilare 47
dolma	involtino farcito 10
dolmak	riempirsi 28
dolu	pieno 19; grandine 58
domates	pomodoro 67
domates dolması	pomodoro farcito 10
dondurmacı	gelataio 34
dost	amico 37
doyurmak	saziare 68
dökünmek	versarsi 36
dönem	ciclo, semestre 26
dönme dolaplar	ruota panoramica 51
dönmek	ritornare 5; girare 36
dönüş	ritorno 44
dörder	quattro ciascuno 34
döşeme	pavimentazione 46
duble	doppio 10
dur	stop 43
durak	fermata 34
durdurmak	fermare 53
durmak	stare 25; restare, fermarsi, tenersi 43
durum	situazione 67
duvar	parete 46
duymak	sentire 19
düğme	bottone 41
düğün	nozze 60
dükkan	negozio 16
dün	ieri 11

dünkü	di ieri 48
dünya	mondo 43
düşkün	affezionato, dipendente 60
düşkün (-e)	appassionato 60
düşmek	cadere 21; essere per, toccare a 67
düşük	cadente 41
düşünce	pensiero 38
düşüncesiz	sconsiderato 38
düşünme	il pensare 71
düşünmek	pensare 22
düşürmek	far cadere 40
düzen	organizzazione 48; ordine 64
düzenleme	sistemazione 46
düzensiz	disorganizzato 64

E

ebeveyn	genitore 51
eczane	farmacia 57
edebî	letterario 71
edebiyat	letteratura 71
efendim	signore 10
egzos	gas di scarico 44
eğer	se 42
eğilmiş	piegato in due, contorto 68
eğlence	svago 27
eğlenmek	divertirsi 54
ehliyet	patente 59
ekim	ottobre 22
ekip	volante 59
ekmek	pane 12
eksik	mancante 53
el	mano 48
el arabası	carretto 68
elbise	vestito 40
elçilik	ambasciata 64
elde etmek	ottenere 65
eldiven	guanto 32
elektrik	elettricità 32
eleştiri	critica 48

eleştirmek	criticare 48
emek	lavoro, manodopera 52
emekli	pensionato 52
emin	sicuro, certo *(agg.)* 48
emmek	assorbire, succhiare 52
en	il più 19; larghezza 66
epeyce	alquanto 47
eritmek	sciogliere 46
erkek	maschio 34, 60
erkek erkeğe	tra uomini 61
erken	in anticipo 40
erkenden	di buon'ora 69
ertesi gün	l'indomani 36
eser	monumento 69
eski	vecchio 16; antico 27
eskiden	una volta APP
eskisi kadar	di una volta 27
esnaf	artigiano, commerciante 69
eş	consorte, coniuge 18
eşarp	sciarpa 40
eşek	asino 44
eşya	oggetti 38; cose 41
et	carne 23
etek	pendio 64
etkin	attivo 48
etkinlik	attività 48
etmek	fare 2
etrafında	intorno a 36
ev	casa 13
ev kadını	casalinga 60
ev sahibi	padrone di casa 67
ev sahibi hanım	padrona di casa 67
evden taşınmak	traslocare 57
evet	sì 2, 25
evin hanımı	padrona di casa 60
evladım	figlio mio 50
evlenme	matrimonio 41
evlenme cüzdanı	stato di famiglia 41

evlenmek	sposarsi 54
evli	sposato 11
evlilik	matrimonio 40
eylül	settembre 22
eyvah	ahimè 12
ezilmek	essere schiacciato 44

F

fabrika	fabbrica 17
fakat	ma 3
fakir	povero 41
fakülte	facoltà (universitaria) 64
falan	cosa simile 37
falan filan	eccetera 37
fare	topo 38
fark	differenza 25
fark etmek	accorgersi, discernere, scorgere 25
farklı	diverso 48
farklılık	differenza 71
fatura	bolletta 47
fayton	calesse 44
fazla	troppo 16
fedakarlık	sacrificio 58
felaket	catastrofe 65
fena	cattivo 17
fıkra	barzelletta, storiella 8
fırça	spazzola 45; pennello 57
fırçalamak	lavarsi, spazzolare 45
fırıl fırıl	tutto attorno 36
fırın	forno, fornaio, panificio 50
fırsat	occasione 39, 48
figür	mossa 25
fikir (fikri)	idea, pensiero, parere, opinione 9, 52
fil	elefante 46
fildişi	avorio 46
film çekmek	filmare 55
fiyat	prezzo 15
Fransız	francese (nazionalità) 4
Fransızca	francese (lingua) 20

fren	freno 53
futbol	calcio 39
futbolcu	calciatore 60

G

gaz	acceleratore 53
gaz pedalı	pedale dell'acceleratore 53
gazete	giornale 22
gece	notte 6
gece yarısı	mezzanotte 40
gecikmek	essere in ritardo 37
geç	tardi 22
geç kalmak	essere in ritardo 22
geçe	alle … e … (ore) 48
geçen	scorso 12
geçinmek	sostentarsi, intendersi (con qualcuno) 60
geçirmek	passare, subire 27, 29, 37
geçit	passaggio 68
geçmek	transitare, passare *(intr.)* 5
geldikçe	man mano che, ogni volta che 55
gelecek	prossimo 26
gelenek	tradizione 51
geleneksel	tradizionale 68
gelin	nuora 51
gelir	reddito 61
gelmek	arrivare 3, 6
gemi	nave 52
genç	giovane *(agg. e n.)* 1
gene de	comunque 44
geniş	spazioso 29
gerçek	autentico 69
gerçekten	veramente 29
gerek	bisogno 41
gerekmek	dovere 45
getirmek	portare 10
geveze	chiacchierone 6
gevezelik	chiacchiere 45
gevezelik etmek	chiacchierare 45
gezi	escursione 43

gezinti	giro, passeggio, passeggiata 44
gezmek	girare (visitare), passeggiare 20
gibi	come 18
gibi gelmek (-e)	sembrare 23
gider	spesa 61
gidiş dönüş (bileti)	biglietto andata e ritorno 44
giriş	entrata 32
girmek (-e)	entrare 16
gişe	sportello 47
gitmek	andare 2
giyinmek	vestirsi 35
giymek	vestire, indossare 35, 40
giysi	vestito 51
gizli	nascosto 69
göbek	pancia 46
göbek taşı	pietra centrale (nell'hamam) 36
gök	azzurro 39
gökdelen	grattacielo 64
gökyüzü	cielo 39
gölge	ombra 69
gölgeli	ombreggiato 69
gömlek	camicia 41
göndermek	inviare 47; spedire 57
göndertmek	far spedire 57
göre (-e)	secondo *(prep.)* 50, 57
görenek	costume 71
görevli	responsabile 12
görkemli	splendido 55
görmek	vedere 16
görülmek	essere visto 35
görünmek	apparire, sembrare, vedersi 35
görüşme	incontro 18; telefonata, comunicazione 47
görüşmek	parlare, parlarsi, incontrarsi, consultarsi 18; vedere qualcosa, consultarsi 54
görüşmek üzere	a presto 45
gösteri	spettacolo 48
gösteriş	ostentazione, vanteria, esibizionismo 48

gösterisi (film)	proiezione (film) 48
göstermek	mostrare 16
götürmek	portare 27, 56
göz	occhio 31
göz atmak (bir ~)	dare un'occhiata 39
grev	sciopero 62
grup	compagnia 48
gül	rosa 33
güle güle	ciao ciao (in risposta al commiato di qualcuno) 2
gülistan	roseto 33
gülle	palla di cannone 70
gün	giorno 4
günaydın	buongiorno 11
güneşlenmek	prendere il sole 30
güney	sud 29
günlük	quotidiano *(agg.)* 69
gürültü	rumore 27; tumulto 69
gürültülü	rumoroso 62
güveç	stufato 10
güven	fiducia 52
güvenli	sicuro (senza pericoli) 52
güvenmek	fidarsi 52
güverte	ponte (imbarcazione) 43
güzel	bello 1
güzelce	a fondo, bene 36; bello, bene 40
güzellik	bellezza 65

H

haber	notizia, novità 24, 27
haberi olmak (bir şeyden)	essere al corrente di qualcosa 66
hadi / haydi	dai (su, forza) 2
hafif	leggero, tenue 58
hafiflemek	attenuarsi, diminuire 58
hafta	settimana 12
hafta sonu	fine settimana 54
haftaya	tra una settimana 24
hak	ragione 11
hak etmek	meritarsi 36

haklı	che ha ragione 11
hal	modo 19
hala	zia paterna 60
hâlâ *(+ v. neg.)*	non ancora 31
halı	tappeto 16
halıcı	venditore di tappeti 16
Haliç	Corno d'Oro 69
halk	gente, popolo 68
halka	anello 50
hamal	facchino 68
hamam	hammam 36
hangi	quale?, che? 10
hanım	signora 11, 18
hanımefendi	signora 18
harcamak	usare, spendere 32
harçlık	paghetta 51
hareket	movimento 25
hareket etmek	partire 43
hareketli	movimentato 43
harika	meraviglioso 30
harita	mappa 4
haşlanmış yumurta	uovo sodo 61
hasta	malato 25
hastalık	malattia 38
hastane	ospedale 47
hat	linea telefonica 47
hat düşmek	ottenere la linea telefonica 47
hatırlamak	ricordarsi 25
hatırlatmak	ricordare 68
hava	tempo 2; aria 27
havaalanı	aeroporto 38
havale	vaglia, bonifico 47
havalimanı	aeroporto 34
havlu	asciugamano 36
havuz	piscina 29; bacino 30
hayal	fantasia 44
hayal kurmak	fantasticare 44
hayat	vita 1

hayır	no 2
hayran	affascinato 69
hayranlık	ammirazione 44
hayvan	animale 27
haziran	giugno 22
hazır	pronto 15
hazırlamak	preparare 30
hazırlanmak	prepararsi 30
hele	specialmente 65
helikopter	elicottero 34
hem de (a inizio frase)	inoltre 11
hem… hem de…	sia… sia… 9
hemen	subito, immediatamente 15
hemen hemen	quasi 15
hendek	fosso 37
henüz	ancora 29
hep	sempre, continuamente, in ogni istante 20
hepsi	tutto 19
her	ogni 8
her halde	senza dubbio 8, 34
her zaman	sempre 8
herhangi	qualche 46
herkes	tutti 37
hesaplı	conveniente 66
heybe	bisaccia 61
heykel	statua 46
hırsız	ladro 8
hız	velocità 39
hızlı	forte, veloce 39; rapido 65
hiç	niente 3, 11; mai, almeno, nessuno 11; per niente 27
hiçbir	nessuno 12
hiçbir şey	niente 12; per niente 38
hikaye	racconto 6; storia 8
hisar	fortezza 55
hitit	ittita 64
hizmet etmek	servire 36

hoca	maestro 8; professore 26
hoş	piacevole 67
hoş bulduk	grazie 10
hoş geldiniz	benvenuti 10
hoşça kal (hoşça kalın)	stai/state bene, arrivederci 13
hoşlanmak	piacersi 54
hoşlanmak (-den)	essere contento di qualcosa 22
hoşuna gitmek	preferire 67
hurda	rottame 53
hurdacı	demolitore 53
hükümet	governo 31
hüner	arte 68
hüviyet	carta d'identità 41
hüzün	tristezza 68

I

ıssız	deserto *(agg.)* 68
ıssız	disabitato 68
ıslık çalmak	fischiettare 39
ısmarlamak	ordinare 57
ışık	luce 40
ızgara	alla griglia 10

İ

iç	in 29
içecek	bevanda 10
içeri	dentro 32
için	per 1
içinde	all'interno 29
içmek	bere 10
ihtiyaç	bisogno 50
ihtiyacı olmak (-e)	avere bisogno di 50
iki kişilik	per due persone 15
ikişer	due ciascuno 34
ikram etmek	offrire 51
ilaç	farmaco 25
ilave	aggiunta 67
ilave etmek	aggiungere 67
ileri	avanti 34
ilerlemek	avanzare 55

iletişim	comunicazione 71
iletmek	passare, trasmettere 34
ilgi	interesse, attenzione 47, 68
ilgilenmek (-le)	occuparsi di 54
ilgili	inerente, pertinente, che si occupa di 47
ilginç	interessante 52
ilk	primario *(agg.)* 46
ilk insan(lar)	essere umano primitivo 46
ilk okul	scuola elementare 46
ilk olarak	innanzitutto 46
ilkbahar	primavera 68
in	covo 70
inanılmaz	incredibile 64
inanmak	credere 20
inatçı	ostinato 65
ince	delicato 36
incecik	fragile 36
inci	perla 64
indirim	a poco prezzo, scontato 52
indirmek	far scendere 34
İngiliz	inglese (nazionalità) 21
İngilizce	inglese (lingua) 21
inmek	scendere 15
insan	essere umano, gente, si *(pr.)* 32
inşa edilmek	essere costruito 65
inşallah	lo spero 18
ip	corda 40
ipek	seta 19
iptal etmek	annullare 45
ipucu (ipuçları)	indizio 40
iri	grosso 36
iri yarı	grande e grosso 36
ise	quanto a, se 54; per quanto riguarda 69
isim (ismi)	nome 55
istakoz	aragosta 10
İstanbullu	stambuliota 64
istasyon	stazione 52
istemek	volere 2; chiedere (per ottenere) 6

ister... ister	o... o... 69
istiklal	indipendenza 66
iş	lavoro 17; affare 38
iş adamı	uomo d'affari 64
iş seyahati	viaggio d'affari 40
işçi	lavoratore 36
işitmek	sentire 37
iskele	molo 25
işlek	frequentato 50
işportacı	piazzista 68
işsiz	disoccupato 68
işte	ecco 19
ithalat ihracat	import-export 17
itmek	spingere 67
iyi	bravo, buono 1
iyi akşamlar	buonasera 15
iyi çalışmalar	buon lavoro 19
iyi günler	buona giornata 2
iyi ki	per fortuna che 39
iyilik sağlık	va tutto bene 27
iyilik sağlık	tutto bene 27
izin (izni)	permesso 31

J

Japonca	giapponese (lingua) 20
jeton	gettone 43

K

kabin	cabina 47
kaç	quanti 4
kaç yaşında	quanti anni ha? 54
kaçıncı	quanto (+ suffisso numeri ordinali) 14
kaçırmak	perdere 38; dirottare 39
kaçmak	scappare 39
kadar	quanto 13; tra... (durata) 45
kadar (-e)	fino a 3
kadife	velluto 59
kadı	giudice di diritto musulmano 70
kadın	donna 16
kadın kadına	tra donne 61

kadife	velluto 59
kafa	testa 44
kafes	gabbia 26
kağıt (kiâ)	carta 33
kahvaltı	colazione 15
kahvaltı yapmak/etmek	fare colazione 22
kahve	caffè 8
kahve rengi	marrone, color caffè 59
kala	alle … meno … (ore) 48
kalabalık	affollato, popoloso 13; ressa 27; folla 69
kaldırım	marciapiede 53
kaldırmak	alzare 26; svegliare 47
kale	fortezza 64
kalem	penna 51
kalıntı	scavo, resti 29
kalkan	rombo 10
kalkış	partenza 44
kalkmak	partire, mettere in moto, alzarsi 9
kalma (-den)	d'epoca 30
kalmak	restare 4
kalorifer	riscaldamento 32
kalp	cuore 39
kamera	videocamera 55
kamyon	camion 53
kamyonet	camioncino 68
kanıt	testimonianza 68
Kapadokya	Cappadocia 65
kapak	porta 57
kapalı	chiuso 8; coperto 16
kapanmak	chiudersi 57
kapatmak (~ telefon)	mettere giù il telefono 45
kapı	porta 12
kapıcı	portinaio 12
kapıyı çalmak	bussare alla porta 41
kaplatmak	ricoprire 46
kaporta	carrozzeria 53
kar	neve 39
kara	nero 22

kara kara düşünmek	deprimersi 22
karadan	via terra 64
Karadeniz	Mar Nero 5
karakol	stazione di polizia 59
karar	decisione 29
karar vermek	prendere una decisione 29
kararmak	imbrunire 40
kararsız	indeciso 61
karayolu	strada statale 39
kardeş	fratello, sorella 24
kare	quadrato 57
karı	moglie 16
karı koca	coppia (sposata) 66
karın (karnı)	pancia, stomaco, ventre 12
karışık	misto 10
karışmak (-e)	intervenire, immischiarsi 8
karıştırmak	frugare 41
karides	gamberetto 10
karne	pagella 38
karnını doyurmak	saziarsi 68
karşı	contro, verso 32
karşı(da)	di fronte 12
karşılamak	accogliere 36; incontrarsi 50
karşılaştırma	comparazione 48
kart	modulo, scheda 47
karyola	letto 41
kasa	cassa 66
kasaba	paesino 52
kasap	macellaio 23
kasım	novembre 22
kaşık	cucchiaio 23
kat	piano 11; strato 29
katı yumurta	uovo sodo 61
katılmak (-e)	partecipare 54
kavga	litigio 11
kavga etmek	litigare 11
kavun	melone 10
kavuşmak	ritrovare 58

565 • beş yüz altmış beş

kaya	roccia 65
kaybetmek	perdere 59
kaybolmak (gözden)	dileguarsi (dalla vista) 53
kayık	caicco 55
kayınvalide	suocera 12
kaymak	sbandare 37
kaza	incidente 37
kaza geçirmek	avere un incidente 37
kazak	maglione 59
kazanmak	guadagnare 38
kazı	scavo 31
kedi	gatto 38
kemer	cintura 45
kemik	osso 36
kenar	riva 46; estremità 68
kendi	proprio *(agg.)* 25
kent	città 30
keselemek	strofinare (con il guanto di crine) 36
kesinlikle	di sicuro 65
kesme şeker	zucchero in zollette 33
kesmek	tagliare 46
kestane	castagna 68
keşfetmek	scoprire 71
keşke	magari 51
keyif (keyfi)	umore 41
kez	volta 36
kılmak	compiere, fare 50
kıpkırmızı	completamente rosso 51
kır	rustico 44
kırık	rotto, rottura, frattura, brutti voti 38
kırılmak	rompersi 13; offendersi 67
kırmak	rompere 13
kırmızı	rosso 16
kırtasiye	cartolaio 57
kısa	corto 38
kısaca	insomma, in breve 38
kısaltmak	accorciare 57
kısım (kısmı)	parte 64

kıskanç	geloso 40
kış	inverno 27
kışın	d'inverno 68
kıyamamak (-e)	evitare 32
kıyı	riva, litorale 43
kız	ragazza 1
kızartmak	friggere 67
kızdırmak	far arrabbiare 67
kızmak (-e)	arrabbiarsi 22
kibrit	fiammifero 33
kilitli	chiuso a chiave 40
kilo	chilo 33
kim	chi? 12
kimse *(+ v. neg.)*	nessuno 28
kira	affitto 47
kiracı	inquilino 65
kiralamak	affittare 57
kirlenmek	sporcarsi 41
kirli	inquinato 27
kişi	persona 10
kişi başına	a persona 61
kişilik	carattere, personalità 15
kişilik (+ tek o iki)	per una o due persone 15
kitabevi	libreria 38
kitap	libro 6
kitaplık	libreria 19
kitlemek	chiudere a chiave 36
koca	marito 29
kocaman	grande 36
kokteyl	serata elegante, cocktail 19
kol	manica 41
kolay	facile 20
kolay gelsın	in bocca al lupo 14
kolaylık	agevolazione 32
koltuk	sedile 34; poltrona 67
kolye	collana 45
komiser	commissario 59
komşu	vicino *(n.)* 11

567 • **beş yüz altmış yedi**

konak	dimora, residenza nobiliare 44
konforlu	confortevole 29
kontrol etmek	controllare 53
konu	soggetto 26
konuşma	intervento 38
konuşmacı	speaker 38
konuşmak	parlare 7
korkmak	avere paura 52
korumak	tutelare, proteggere 38
korunmak	essere protetto 65
koşmak	correre 15
kovmak (-den)	licenziare, cacciare 22
koy	baia 69
koydurmak	far mettere 46
koymak	mettere 33
koyun	pecora 19
koyuncu	venditore di pecore 19
köfte	polpetta 67
kömür	carbone 32
köpek	cane APP
köprü	ponte 30
kör	cieco 14
köşe	angolo 34
köşk	padiglione, chiosco (architett.) 44
kötü	cattivo 14, 62
köy	villaggio 13
köylü	contadino, originario di un villaggio 14
kristal	cristallo 40
kriz	crisi 39
kucaklamak	abbracciare 58
kulak	orecchio 71
kule	torre 69
kullanılmak	essere utilizzato 55
kullanmak	usare 23
kullanmak (araba ~)	guidare la macchina 53
kumaş	tessuto 21
kumsal	spiaggia 29
kunduracı	calzolaio 57

kupon	scampolo 66
kurak	secco (di tempo atmosferico) 27
kurban	sacrificio 51
kurdele	fiocco 44
kurmak	fondare, installare 44; mettere 47
kurna	fontanella 36
kurs	corso 60
kurtulmak (-den)	evitare 52
kuru temizleyici	tintoria 57
kuruş	soldo, centesimo 68
kusur	mancanza 12
kutlu	benedetto 51
kutu	scatola 28
kuvvet	forza 36
kuvvetli	energico 36
kuyruk	coda 43
kuzen	cugino 60
kuzey	nord 29
kuzu	agnello, tesoro 46
küçük	piccolo 16
küçük oğul	figlio ultimogenito 60
kültür	cultura 48
kültür etkinliği	attività culturale 48
kürek	pala 50
kürk	pelliccia 19

L

lacivert	blu marino 59
lâle	tulipano 9
lamba	faro 53
lastik	pneumatico 37
lavabo	lavandino 57
lazım	bisogna 3
levrek	branzino 10
liman	porto 52
limonata	limonata 68
lira	lira 15
lise	liceo 17
lokanta	ristorante 9

Londra	Londra 19
lüks	lussuoso 64
lütfen	per favore, per piacere 6

M

maalesef	purtroppo 4
maaş	stipendio 53
maç	partita 39
macun	pasta 45
mahalle	quartiere 54
makale	articolo 71
makarna	pasta 33
makyaj	trucco 45
makyaj yapmak	truccarsi 45
mal	bene, merce 41
mal sahibi	proprietario 41
manastır	monastero 44
manav	fruttivendolo 23
mangal	barbecue 50
manto	cappotto 21
manzara	panorama 32
marangoz	falegname 57
mart	marzo 22
martı	gabbiano 43
masa	tavolo 8
masa örtüsü	tovaglia 40
masaj	massaggio 36
maşallah	bravo, complimenti, incredibile 17
masmavi	completamente blu 51
masraf	spesa 52
masrafa girmek	spendere 52
matbaa	tipografia 36
mavi	blu 16
mayıs	maggio 22
medeniyet	civiltà 64
mehtap	chiaro di luna 65
mektup	lettera 13
mektup kutusu	cassetta delle lettere 28
melek	angelo 33

memleket	Paese 52
memnun	contento 13
memnun oldum	piacere 54
memur	impiegato 22
mendil	fazzoletto 33
merak	curiosità 5
merak edecek	preoccuparsi 47
merak etmek	incuriosirsi 5; preoccuparsi 37
meraklı	curioso 4
merdiven	scala 32
merhaba	ciao 2
merkez	centro 48
mermer	marmo 19
mesela	ad esempio 50
meslek	lavoro 68
meşgul	occupato 47
meşhur	celebre 55
metin (metni)	testo 71
metre	metro 66
metre kare	metro quadrato 57
mevlevihane	convento dei dervisci 69
mevsim	stagione 65
meydan	piazza 44
meyve	frutta 23
meze	antipasto 10
mırıldanmak	mormorare 40
Mısır	Egitto 23
mısır	pannocchia 68
Mısır Çarşısı	Bazar egiziano 23
midye	cozza 10
milyon	milione 16
mimar	architetto 69
mimari	architettura, architettonico 36
mimarlık	architettura 36
minicik	minuscolo 65
misafir	ospite 12, 37
misafirperver	ospitale 71
misafirperverlik	accoglienza, ospitalità 71

misli	volta 29
mobilya	mobile 46
moda	moda 46
model	modello 19
modern	moderno 46
mola	sosta 55
mola vermek	fare una sosta 55
motor	motore 37
muhtar	sindaco 27
musluk	rubinetto 57
muslukçu	idraulico 68
mutfak	cucina 23
mutlaka	certamente 65
mutlu	contento 13
mutluluk	felicità 38
mücevher	gioiello 19
müdür	direttore 22
müdürlük	direzione (di un'azienda) 31
mühendis	ingegnere 17
mülk	proprietà immobiliare 41
mümkün	possibile 2
Münih	Monaco di Baviera 24
müşteri	cliente 16
müze	museo 19
müzik	musica 11

N

nalbur	ferramenta 57
namaz	preghiera 50
namaz kılmak	fare la preghiera (musulmana) 50
nasıl	come? 2
nasıl olsa	ad ogni modo 46
nasılsın (nasılsınız)	come stai (sta/state)? 11
nazik	gentile 3
ne	che? 2, 5
ne gibi	che tipo 46
ne kadar	quanto? 15
ne mutlu size	beato Lei 20
ne olur	che succederà? 59

ne var ne yok	che c'è di nuovo? 2
ne yapayım	che posso farci? 67
ne yapsam acaba?	che potrei fare? 67
ne zaman	quando? 5
ne… ne…	né… né… 29
nedeniyle	a causa di, per 64
nefis	eccellente 69
nerede	dove? (stato in luogo) 3
neredeyse	quasi 51
nereli	di dove? (origine) 4
nereye	dove? (moto a luogo) 7
neşeyle	allegro (con allegria) 39
neyle	come? 52
neyse	per fortuna, meno male 27
neyse ki	almeno, per fortuna, meno male 34
nezaket	cortesia 71
nihayet	alla fine 37
nisan	aprile 22
nişan	segno, contrassegno, medaglia, cerimonia di fidanzamento 60
nişan yüzüğü	anello di fidanzamento 60
nişanlı	fidanzato/a 25, 60
nişanlılık	fidanzamento (periodo) 60
niyet	intenzione 30
nokta	punto 71
normal	ordinario 47
not	voto 38
numara	numero 45
nüfus	popolazione 41
nüfus cüzdanı	carta d'identità 41

O

o	lui (egli), lei (ella) 1; questo 15
o sırada	in quel momento 6
ocak	gennaio 22
oda	camera 15; stanza 36
odun	legna (da ardere) 23
öğretim	insegnamento 17
oğul/oğlu	figlio 17

okul	scuola, università 13
okumak	leggere 6
olağanüstü	straordinario 32
olarak	in quanto a 10
oldu	d'accordo 30
olduğu gibi	tale e quale 59
oldukça	abbastanza 29
olmak	diventare, essere 9
olsun	d'accordo 47
olumlu	positivo 48
olumsuz	negativo 48
omlet	omelette 61
onar	dieci ciascuno 34
onarım	lavori di ristrutturazione 15
onarmak	ristrutturare 57
onlar	loro (essi) 1
onun için	per questo 22
orada	là (stato in luogo) 9
oradan	da là (moto da luogo) 9
oralarda	lassù 27
oraya	là (moto a luogo) 9
orkestra	orchestra 29
orta	mediamente, medio, metà 36, 55, 60
orta okul	scuola media 26
ortak	socio, comune *(agg.)* 65
ortak sahipler	comproprietari 65
ortanca oğul	figlio di mezzo 60
oruç	digiuno 50
oruçlu	digiunante 50
ot	erba 27
otel	albergo 3
otelci	albergatore 41
otobüs	autobus 3
otogar	stazione delle corriere 65
otomatik	automatico 32
oturmak	essere seduto 6; sedersi, abitare, vivere 60
oturtmak	far sedere, dare i posti 67

oynamak	essere di scena 48
oyun	spettacolo, gioco 18
oyun oynamak	giocare 60

Ö

öbür	altro 44
öbür gün	dopodomani 36
ödemek	pagare 33
ödev	compito (scolastico) 26
öfke	rabbia 40
öfkeyle	furibondo 40
öğle	mezzogiorno 29
öğleyin	a mezzogiorno 29
öğrenci	studente 1
öğrenmek	imparare 26
öğretmek	insegnare 26
öğretmen	professore, insegnante, docente 21, 26
ölçü	misura 50
öleyse	in tal caso 8
ölmek	morire 35
ölü	morto 39
ömür	vita 44
ön	anteriore 29
önce	prima 10
önceden	in anticipo 52
öncesi	prima 51
önem	importanza 12
önemli	importante 1
önlem (almak)	adottare delle precauzioni 65
önünde	davanti 34
öpmek	baciare 51
örgü örmek	lavorare a maglia 60
örneğin	ad esempio 65
örtü	coperta 40
övünmek	vantarsi 19
öyle	così 24
öyle mi?	davvero? 24, 25
özel	privato, prioritario 19, 47
özellik	particolarità 65

özellikle	specialmente 51
özetlemek	sintetizzare 38
özlemek	mancare 13
özlemek (biri ~)	mancare a qualcuno 13
özür	scusa 33
özür dilemek	chiedere scusa 33

P

paça	orlo dei pantaloni 41
padişah	sultano 26
pahalı	costoso 16
paket	confezione 33
palto	cappotto 32
panda	ghiacciolo 34
pansiyon	pensione 29
pantalon/pantolon	pantaloni 41
para	soldi 13
park	parco 68
park etmek	parcheggiare 38
parlatmak	lucidare, far brillare 57
parmak	dito, mano 26
parmaklık	cancellata, grata, ringhiera 46
pasaj	passaggio 66
pastel	pastello 46
patates	patata 67
patlamak	scoppiare 37
patlıcan	melanzana 67
patlıcan salatası	caviale di melanzane 67
pazar	domenica 22; mercato 23
pazarlık	trattativa 66
pazarlık yapmak	trattare 66
pazartesi	lunedì 22
pedal	pedale 53
pek	molto 27
peki	bene, ebbene, allora, d'accordo 2
pembe	rosa (colore) 40
pencere	finestra 8
perde	tenda 19
peri	fata 65

peron	banchina ferroviaria 46
perşembe	giovedì 22
peşinde (bir şeyin)	alla ricerca di (qualcosa) 68
peştemal	telo da bagno 36
peynir	formaggio 10
peynir (beyaz ~)	formaggio bianco, feta 10
pırıl pırıl	terso 39
pirinç	riso 33
pişirmek	cucinare 13
pişman olmak	pentirsi 66
pişmek	cucinare 13
plaj	spiaggia 29
plan	piano 69
plastik	plastica 57
plastik boya	vernice acrilica 57
polis	poliziotto 53
polis memuru	poliziotto 59
porselenci	negoziante di porcellana 13
posta	posta 28
posta kutusu	cassetta delle lettere 28
postane	ufficio postale 47
program	programma 69
pul	francobollo 47

R

radyo	radio 38
radyoevi	radio (sede della ~) 38
raf	ripiano 41
rafadan yumurta	uovo alla coque 61
rağmen (-e)	nonostante 64
rahat	rilassato 34; tranquillo 44; confortevole 52
rahat rahat	tranquillamente 44
rahatça	tranquillamente 66, 70
rakım	altitudine 41
Ramazan	Ramadan 50
rastlamak (-e)	incontrare 22, 68
reçel	marmellata 39
reçete	prescrizione 25

rehber	guida 15
rehin almak	prendere in ostaggio 39
rehine	ostaggio 39
renk	colore 46
resepsiyon	accettazione 15
resim (resmi)	immagine, foto 17, 31
resim çekmek	fare delle foto 31, 55
resmi	ufficiale, di rappresentanza 64
restoran	ristorante 10
rica etmek	figurarsi 33
rıhtım	banchina portuale 46
Roma	Roma 15
romalı	romano 30
roman	romanzo 6
ruh	spirito 38
Rus	russo 48
rüzgar	vento 5

S

saat	ora 9; orologio, sveglia, pendolo 61
saat farkı	fuso orario 47
saatlerce	per ore 52
sabah	mattina 5
sabahleyin	al mattino 30
sabırlı	paziente *(agg.)* 65
sabunlamak	insaponare 36
saç	capelli 57
saç fırçası	spazzola per capelli 57
sade	semplice, senza zucchero 36
sadece	semplicemente 62
sağ	sano 11; destra 32
sağlamak	permettere 71
sağlık	salute 27
sağol(un)	grazie 11
sahi mi?	davvero? 45
sahi	è vero 47
sahib	padrone 32
sahil	costa 29
sahip olmak (-e)	possedere 71

sahne	scena 48
sahne düzeni	scenografia 48
sakin	tranquillo 44
sakin olmak	calmarsi 59
sakınca	problema 46
sakıncası yok	non c'è problema 46
salata	insalata 10
salı	martedì 22
salıncak	altalena 51
salon	salone 41
saman	fieno 64
sana	ti *(pr.)* 8
sandal	barca 5
sandöviç	panino 29
sanki	come se 43
sanmak	credere 31
sapmak	deviare 53
sapsarı	completamente giallo 51
saray	palazzo 19, 44
sarhoş	ubriaco 46
sarı	giallo 39
sarılmak	afferrare, aggrapparsi 58
sarışın	biondo 59
sarmak	arrotolare 36
sarsılmak	sobbalzare 53
satatalık	cetriolo 67
satıcı	venditore 16
satın almak	comprare 54
satmak	vendere 16
satranç	scacchi 58
sayesinde (bir şey)	grazie a 71
sayfa	pagina 39
sayı	numero 68
sayılmak	considerarsi 64
sayın	caro, egregio 38
sayısız	innumerevole 68
saymak	considerare, rispettare, stimare 38
sebze	verdura 23

seçilmek	essere scelto 64
seçim	elezione 67
seçkin	nobiliare, distinto 46
sefer	volta 24
sehpa	tavolino 67
sekizer	otto ciascuno 34
sekreterlik	segreteria 26
selam	saluto 13
semt	quartiere 36
sen	tu 2
sene	anno 27
seneye	tra un anno, l'anno prossimo 24
sepet	cesto 33
serap	miraggio 19
sergi	mostra 48
sermek	stendere 68
servis penceresi	finestra passavivande 46
ses	voce 22
ses çıkarmamak	proferire parola 22
seslenmek	chiamare ad alta voce 47
sevgi	affetto 13
sevgili	caro 12; amato 38
sevinç	gioia 59
sevindirmek	allietare, ricompensare 26
sevinirim	con piacere 32
sevinmek	gioire 32
sevmek	amare 16
seyahat	viaggio 40
seyahat etmek	viaggiare 52
seyretmek	guardare 11; contemplare 22
seyyar	ambulante 68
sıcak	caldo 15
sık	fitto, folto 24
sık sık	spesso *(avv.)* 24
sıkmak	spremere 45
sınıf	classe 17
sıra	fila 26
sıra sıra	schiera 69

sırayla	in successione 43
sırt	schiena 68
sicim	spago 53
sigara	sigaretta 67
sigorta	assicurazione 19
sigortalı	assicurato 19
silah	arma 39
silahlı	armato 39
simsiyah	completamente nero 51
sinema	cinema 48
sinir	nervo 34
sinirlenmek	arrabbiarsi 34
sis	nebbia 39
siyah	nero 51
soba	stufa 41
sofra	tavola, tovaglia 37
soğan	cipolla 68
soğuk	freddo 10
soğutmak	far raffreddare 67
sohbet	conversazione 8
sohbet etmek	chiacchierare 8
sokak	via 32, 35
sol	sinistra 32
soluk soluğa	a perdifiato 34
son	ultimo 19; fine 38
sonbahar	autunno 68
sonra	dopo 4; poi 25
sonunda	alla fine 61
soru	domanda 6
soru sormak	chiedere (per sapere), fare domande 6
sorun	problema 32
soy	stirpe 70
soymak	rapinare 39
soyunmak	spogliarsi 25
sökülmek	essere scucito 41
sönmek	spegnersi 32
söylemek	dire 34
söylenmek	borbottare, mormorare 34

söz	parola 8, 38
söz etmek	parlare di 26
söz vermek	ripromettersi 61
sözlük	dizionario BIB
spor	sport 39
su	acqua 10
su tesisatçı	idraulico 57
sulh	pace 47
sultanlıktır	sultanato 41
suluboya	acquerello 57
susamak	avere sete 16
sünger	spugna 68
süre	periodo 36
sürekli	sempre, permanente 68
sürmek	spalmare 39; espellere 53
sürmek (araba ~)	guidare la macchina 53
sürü	gregge 27
sürücü	conducente 53
süslemek	abbellire 46
süt	latte 33
sütçü	lattaio 68

Ş

şalvar	pantalone alla turca 59
şampanya	champagne 40
şapka	cappello 59
şarap	vino 44
şart	condizione 69
şarttır (bir şey yapmak)	dover assolutamente (fare una cosa) 69
şaşırıp kalmak	restare esterrefatto 36
şaşırmak	meravigliarsi 36
şehir	città 27
şeker	zucchero 33
şekerli	zuccherato 36
şeref	onore 67
şerefe	cin cin! 67
şerefine (şerefinize)	alla tua (vostra) salute 67
şey	cosa 4; uhm… 58
şeytan	diavolo 35

şiddetli	torrenziale 68
şik	elegante 66
şikayet	lamento 25
şimdi	adesso 3
şimdiden	già da adesso 52
şirket	azienda 22
şiş	allo spiedo 10
şişe	bottiglia 33
şive	accento 71
şoför	conducente 34
şöyle	come 10; così, in tal modo 19
şu	questo, codesto 3
şubat	febbraio 22
şükür	grazie 34

T

taahhütlü	raccomandata 47
tabak	piatto 13
tabii	certo, naturalmente, naturale 11
tablo	quadro 19
tadını çıkarmak (bir şeyin ~)	approfittare 65
tahmin etmek	indovinare, fare delle previsioni 65
tahta	asse di legno, legno non lavorato 23
takılmak(-e)	prendere in giro 36; incastrarsi 53
takım	completo 66
takmak	installare 57
taksi	taxi 3
tam	completo, definitivo, esatto, preciso 29
tamam	perfetto 9
tamanlanmak	essere completato 55
tamir etmek	riparare 57
tamirci	tecnico della manutenzione 33
tane	porzione, unità 10
tanımak	riconoscere, conoscere 17, 20
tanınmış	famoso 60
tanışmak	conoscersi 54
tanıştırmak	far conoscere, far incontrare, presentare 54

Tanrı	Dio 32
taraf	parte 29
tarafından	da parte di, su ordine di 55
tarif	descrizione 59
tarif etmek	descrivere 59
tarih	data 22
tarihi	storico 26
tarla	appezzamento 65
tartı	bilancia 68
tartı aleti	bilancia pesapersone 68
tartışma	discussione 41
tartmak	pesare 47
tarz	modo 71
tas	scodella 36
tasarı	progetto 52
taş	pietra 29
taşımak	trasportare 57
taşınmak	traslocare 57
tat	gusto 69
tatil	vacanza 20
tatlı	dolce 37; dessert 51; gentile 62
tava	in padella 69
tavan	soffitto 46
tavla	backgammon 62
tavsiye elmek	consigliare 52
tavuk	pollo 67
taze	fresco (cibo) 9
tebrik etmek	complimentarsi, congratularsi 51
tebrik kartı	cartolina di auguri 51
tehlike	pericolo 32
tehlikeli	pericoloso 32
tek	singolo, unità 15
tek başına	da solo, tutto solo 61
tek kişilik	per una persona 15
tekerlek	ruota 53
tekne	scafo 5
tekrar	di nuovo 52
tekrarlamak	ripetere 63

telaş	smania 59
telaş etmek	allarmarsi, agitarsi, perdere la calma 59
telaş içinde	sconvolto 59
telaşla	di fretta 59
telaşlanmak	allarmarsi, agitarsi, perdere la calma 59
telefon	telefono 18
telefon etmek	fare una telefonata 33
televizyon	televisione 11
televizyon seyretmek	guardare la televisione 11
tellak	massaggiatore 36
tembel	scansafatiche 26
temel	fondamentale 71
temiz	pulito 9
temizlemek	lavare 57
temizlenmek	essere pulito 57
temizlik	pulizia 13, 15
temizlik yapmak	fare le pulizie 13
temmuz	luglio 22
tepe	collina 44
tepsi	teglia, vassoio 8
tercih etmek	preferire 43
terk etmek	abbandonare 55
terlik	pantofola 16
tertemiz	completamente pulito 51
terzi	sarto 66
tesis	impianto 29
teşekkür	grazie 15
teşekkür etmek	ringraziare 2
teyze	zia materna 50
tezgah	banco 68
tıkalı	bloccato, intasato 34
tıkanmak	ostruirsi 41
tıkanmış	ostruito 41
ticaret	commercio 17
tiyatro	teatro 18
top	grosso 68
Topkapı Sarayı	Palazzo Topkapı 44
toplamak	raccogliere 68

toplantı	ricevimento, riunione 19
torba	sacchetto 33
torun	nipote 51
Trabzon	Trebisonda 52
trafik	traffico 34
tramvay	tram 66
tren	treno 4
tuhafiyeci	merceria 57
tur yapmak	fare un giro 44
turist	turista 15
turistik	turistico 69
turizm	turismo 65
tutmak	prendere 5; tenere, trattenere, reggere, fermare 44
tuvalet	bagno 47
tuz	sale 21
tuzluk	saliera 21
tür	genere, specie 61
Türk	turco (nazionalità) 4
Türkçe	turco (lingua) 20
Türkiye	Turchia 20
Türkoloji	turcologia 20
türlü	genere 50
tütmek	andare in fumo 41

U

ucuz	economico 9
ucuzluk	modicità dei prezzi 21
uç	estremità 40, 64
uçak	aereo 19
uçakla	in aereo, per via aerea 56
uğramak (-e)	passare 24, 57
uğraşmak	occuparsi 17; affaccendarsi, penare 37
ulak	corriere 47
ulaşım	trasporto 64
unutmak	dimenticare 19
usta	artigiano, esperto, maestro, operaio 46
utanmak	vergognarsi 40
uyanmak	svegliarsi 39

uygarlık	civiltà 71
uygun	conveniente 48
uyku	sonno 39
uykulu	assonnato 40
uymak	coincidere, combaciare, adeguarsi 59
uyumak	dormire 11
uzak	lontano 3
uzanmak	sdraiarsi 38
uzatmak	allungare 34
uzun	lungo 4

Ü

üçer	tre ciascuno 34
ülke	Paese 64
ümidetmek	sperare 71
ümit	speranza 58
üniversite	università 17
ürün	raccolto 27
üst	sopra 30
üst geçit	passerella 68
üstelik	per di più 66; inoltre 71
üstsüz	in topless 46
üstünde	sopra 30
üşümek	avere freddo 25
üşütmek	prendere freddo 25
üzere	stare per 14; avere intenzione di, essere sul punto di 18
üzere (-mek)	stare per 13
üzmek	addolorare, rattristare 38
üzülmek	crucciarsi, dispiacersi 38
üzüntü	preoccupazione, rammarico, cruccio 38

V

v.s. = ve saire	eccetera 64
vah vah	ahia 39
vakit (vakti)	tempo 34
valiz	valigia 15
vapur	battello, vaporetto 9
var	c'è / ci sono 2
varış	arrivo 44

varlık	essere *(n.)* 58
varmak	giungere, arrivare 35, 70
vazgeçmek (-den)	rinunciare 26
ve	e 1
vefat etmek	morire 45
vermek	dare 11, 13, 25
vida	vite, bullone 53
viraj	curva 37
vitamin	vitamina 57
vitrin	vetrina 66
vurmak	colpire 35; battere, dare un colpo 53

Y

ya... ya da	o... o... 11
yabancı	straniero *(n.)* 20
yağ	burro 39; olio 61
yağda yumurta	uovo all'occhio di bue 61
yağış	precipitazione 58
yağlı boya	pittura a olio 57
yağmur	pioggia 27
yağmur yağmak	piovere 27
yaka	colletto 41; lato 55; riva 69
yakın	vicino *(avv. e prep.)* 15
yakışmak	star bene 66
yaklaşık	circa 71
yaklaşmak	avvicinarsi 55
yakmak	accendere 30; accendere la luce 40
yalan	bugia 41
yalan mı?	puoi forse dire il contrario? 41
yaldızlı	dorato 46
yalı	yalı (tipica dimora turca) 19
yalın	austero 64
yalnız	solo *(avv.)* 6, 11
yalvarmak	supplicare 41
yan	fianco 33
yanaşmak	attraccare 44, 53
yani	cioè 65
yanlış	sbagliato 25; errore 41
yanlış gelmek	sbagliare 41

yanmak	abbronzarsi, scottarsi, ardere, avvampare 30
yapay	artificiale 48
yapıştırıcı	colla 57
yapıştırmak	incollare 47
yapmak	fare 8, 13; fabbricare 22
yaprak	foglia 10
yaprak dolması	involtino farcito di foglia di vite 10
yaptırmak	far fare 25
yara	ferita 37
yaralamak	ferire 37
yaralanmak	ferirsi 37
yaralı	ferito 37
yaramaz	insopportabile, inutile 70
yaratıcı	creatore, creativo 68
yaratmak	inventare 68
yardım	aiuto 60
yardım etmek	aiutare 60
yarı	metà 40
yarım	mezzo *(agg.)* 18
yarın	domani 5
yaş	età, umido, bagnato 54
yaşama tarzı	modo di vivere 71
yaşamak	vivere 51
yaşanılmaz	invivibile 64
yaşayan	brulicante di vita 69
yaşlı	vecchio 69
yasak	vietato 31
yasaklamak	proibire 65
yat	yacht 19
yatak	letto 15
yatak odası	camera da letto 40
yataklı	vagone letto 58
yatırmak	far sdraiare 36, pagare 47
yatmak	coricarsi, andare a letto 8
yavaş	lento, lentamente 5
yavaş yavaş	piano piano 5
yavru	cucciolo 27

yaya	pedone 68
yaygı	telo impermeabile 68
yayılmak	estendersi 71
yayla	altopiano 27
yaz	estate 19
yazar	autore 70
yazı	scritto 31
yazık (ki)	peccato che, purtroppo 15
yazın	d'estate 19
yazmak	scrivere 31
yedirmek	far mangiare 25
yedişer	sette ciascuno 34
yeğen	cugino, nipote 60
yemek	mangiare, pasto, cibo, pranzo, cena 9, 36
yemek odası	sala da pranzo 46
yemek yemek *(n. + v.)*	mangiare 9
yemyeşil	completamente verde, verdeggiante 52
yeni	nuovo 11, 16
yeniden	di nuovo 61
yenilemek	rinnovare 46
yenmek	vincere, sconfiggere 35, 39
yepyeni	completamente nuovo 51
yer	posto 15
yer almak	susseguirsi 55
yerleştirmek	essere sistemato 65
yeşil	verde 39
yetenekli	valido, capace 48
yeteri kadar	a sufficienza, sufficientemente 67
yeterince	discretamente 67
yeterli	sufficiente 67
yetişmek	arrivare, giungere 30
yetiştirilmek	essere allevato 30
yetiştirmek	allevare (animali), crescere (persone) 30
yetmek	bastare 12
yine	di nuovo 22
yiyecek	da mangiare 23
yığın	cumulo 53

yıkamak	lavare 13
yıkanmak	lavarsi 36
yıkılmak	crollare 39
yıkmak	distruggere 14
yıktırmak	far abbattere 46
yıl	anno 11
yıldönümü	anniversario 40; ricorrenza 45
yırt(ıl)mak	essere strappato 41
yoğun	denso 53
yoğurt	yogurt 55
yoğurtçu	venditore di yogurt 68
yok	non c'è / non ci sono 2
yoksa	oppure 40; altrimenti 61
yoksul	povero 41
yokuş	discesa 32
yol	viaggio 4
yol vermek	cedere il passo 68
yola çıkmak	partire, viaggiare 24, 53
yolcu	passeggero 4
yolculuk	viaggio 7
yorgan	trapunta 57
yorgancı	fabbricante di trapunte 57
yorgun	stanco 3
yorgunluk	fatica 67
yormak	affaticare 41
yorucu	faticoso 57
yöre	area 71
yudum	sorso 69
yukarı	su 33; in cima 44
yumruk	pugno 39
yumurta	uovo 61
yurt	Paese, patria 47
yurt dışı	estero 47
yuva	nido, asilo nido 17
yuvarlak	rotondo 46
yük	carico 68
yüksek	alto 60
yükselmek	innalzarsi 68

yün	lana 32
yürümek	camminare 30
yürüyüş	camminata 65
yüz	faccia 39, 66
yüzlerce	centinaia 39
yüzük	anello 60
yüzyıl	secolo 36

Z

zafer	vittoria 51
zaman	tempo 5
zarar	danno 67
zarar vermek	arrecare danno 67
zaten	proprio, poiché 50
zavallı	povero 36
zayıf	debole 38
zeki	intelligente 1
zemin	piano 29
zemin kat(ı)	piano terra 29
zengin	ricco 14
zevk	gusto 66
zeytin	oliva 67
zeytin yağlı	all'olio d'oliva 67
zigzag	zig zag 69
zil	squillo 45
ziyaret	visita 51
ziyaret etmek	trovare, visitare 51
zor	difficile 20
zorlanmak	sforzarsi 53
zorunda olmak/kalmak	essere obbligato a 36
züğürt	povero 41

Lessico italiano-turco

A

a chiave	anahtarlı 36
abbandonare	terk etmek 55
abbastanza	oldukça 29
abbattere (fare ~)	yıktırmak 46
abbellire	süslemek 46
abbracciare	kucaklamak 58
abbronzarsi	yanmak 30
abitare	oturmak 60
accelerazione	gaz 53
accendere	yakmak 30
accendere (far funzionare)	çalıştırmak 53
accendere la luce	yakmak 40
accento	şive 71
accettazione	resepsiyon 15
accoglienza	misafirperverlik 71
accogliere	karşılamak 36
accorciare	kısaltmak 57
accordo (d'~)	peki 2; oldu 30; olsun 47
accorgersi	fark etmek 25
acqua	su 10
acqua corrente	akar su 61
acquerello	suluboya 57
adagio	ağır ağır 55
addio	Allahaısmarladık 54
addirittura	bile *(v. neg. + ~)* 11
addolorare	üzmek 38
adeguarsi	uymak 59
adesso	şimdi 3
adesso (già da ~)	şimdiden 52
adorare	bayılmak (-e) 65
adottare delle precauzioni	önlem (almak) 65
aerea (per via ~)	uçakla 56
aereo	uçak 19
aeroporto	havalimanı 34; havaalanı 38

593 • beş yüz doksan üç

affaccendarsi	uğraşmak 37
affamato	aç 12
affare	iş 38
affascinato	hayran 69
affaticare	yormak 41
afferrare	sarılmak 58
affetto	sevgi 13
affezionato	düşkün 60
affittare	kiralamak 57
affitto	kira 47
affollato	kalabalık 13
agevolazione	kolaylık 32
aggiungere	ilave etmek 67
aggiunta	ilave 67
aggrapparsi	sarılmak 58
agitarsi	telaş etmek, telaşlanmak 59
agnello	kuzu 46
agosto	ağustos 22
ah	aman 32
ahia	vah vah 39
ahimè	eyvah 12
aiutare	yardım etmek 60
aiuto	yardım 60
alba	doğuş 45
albanese	Arnavut 23
alberato	ağaçlı 29
albergatore	otelci 41
albergo	otel 3
albero	ağaç 30
alcuni	bazı 5
alimentari (negozio di ~)	bakkal 23
allarmarsi	telaş etmek, telaşlanmak 59
alle … e … (ore)	geçe 48
alle … meno … (ore)	kala 48
allegro	neşeyle 39
allevare (animali)	yetiştirmek 30
allevato (essere ~)	yetiştirilmek 30

allietare	sevindirmek 26
allora	peki 2
allungare	uzatmak 34
almeno	hiç 11; neyse ki 34
alquanto	epeyce 47
altalena	salıncak 51
altezza	boy 44
altitudine	rakım 41
alto	yüksek 60
altopiano	yayla 27
altrimenti	yoksa 61
altro	başka 27; öbür 44; diğer 53
alzare	kaldırmak 26
alzarsi	kalkmak 9
amare	sevmek 16
amato	sevgili 38
ambasciata	elçilik 64
ambiente	çevre 65
ambulante	seyyar 68
amico	arkadaş 17; dost 37
ammirazione	hayranlık 44
amore	aşk 45
amore (anima mia)	canım 12
anche	da 1
ancirano	Ankaralı 64
ancora	daha 20; henüz 29
ancora (non ~)	hâlâ (+ v. neg.) 31
andare contro	yanaşmak 53
andare	gitmek 2
andare a letto	yatmak 8
anello	halka 50; yüzük 60
anello di fidanzamento	nişan yüzüğü 60
angelo	melek 33
angolo	köşe 34
anima	can 38
animale	hayvan 27
anniversario	yıldönümü 40

anno	yıl 11; sene 27
anno (l'~ prossimo)	seneye 24
anno (tra un ~)	seneye 24
annoiarsi	canı sıkılmak 45
annullare	iptal etmek 45
anteriore	ön 29
anticipo (in ~)	erken 40; önceden 52
antico	eski 27; antik 29
antipasto	meze 10
antiquariato (pezzo d'~)	antika 19
aperto	açık 8
apparire	görünmek 35
apparire (astro)	doğmak 69
appartamento	daire 13
appartenente	ait (-e) 64
appassionato	düşkün (-e) 60
appezzamento	tarla 65
apprezzare	beğenmek 16
approfittare	bir şeyin tadını çıkarmak 65
aprile	nisan 22
aprire	açmak 39
aprire (far ~)	açtırmak 46
arabo (lingua)	Arapça 21
arabo (nazionalità)	Arap 21
aragosta	istakoz 10
architetto	mimar 69
architettonico	mimari 36
architettura	mimari, mimarlık 36
ardere	yanmak 30
area	yöre 71
aria	hava 27
aria aperta (all'~)	açık hava 48
arma	silah 39
armadio	dolap 41
armato	silahlı 39
arrabbiare (far ~)	kızdırmak 67
arrabbiarsi	kızmak (-e) 22; sinirlenmek 34

arrecare danno	zarar vermek 67
arrivare	gelmek 3, 6; yetişmek 30; varmak 35, 70
arrivederci	hoşça kal (hoşça kalın) 13
arrivo	varış 44
arrotino	bileyici 68
arrotolare	sarmak 36
arte	hüner 68
articolo	makale 71
artificiale	yapay 48
artigiano	usta 46; esnaf 69
asciugamano	havlu 36
ascoltare	dinlemek 11
ascoltatore	dinleyici 38
Asia	Asya 55
asilo nido	yuva 17
asino	eşek 44
aspettare	beklemek 25
aspettare (far ~)	bekletmek 33
aspirina	aspirin 11
asse di legno	tahta 23
assicurato	sigortalı 19
assicurazione	sigorta 19
assolutamente	bir türlü 61
assolutamente (dover ~ fare una cosa)	şarttır (bir şey yapmak) 69
assonnato	uykulu 40
assorbire	emmek 52
attenuarsi	hafiflemek 58
attenzione	dikkat 44; ilgi 68
attenzione (fare ~)	dikkat etmek 44
attività	etkinlik 48
attività culturale	kültür etkinliği 48
attivo	etkin 48
attorno	etrafında 36
attorno (tutto ~)	fırıl fırıl 36
attraccare	yanaşmak 44
audacia	cesaret 40

augurare	dilemek 38; bayramlaşmak 51
austero	yalın 64
autentico	gerçek 69
autobus	otobüs 3
automatica (illuminazione ~)	otomatik 32
autore	yazar 70
autunno	sonbahar 68
avanti	ileri 34
avanzare	ilerlemek 55
avaro	cimri 32
aver mal di testa	başı ağrımak 11
avere paura	korkmak 52
averne abbastanza	bıkmak (-den) 45
avorio	fildişi 46
avvampare	yanmak 30
avvicinarsi	yaklaşmak 55
azienda	şirket 22
azzurro	gök 39

B

baciare	öpmek 51
bacino	havuz 30
backgammon	tavla 62
baffo	bıyık 46
bagnato	yaş 54
bagno	banyo 19; tuvalet 47
baia	koy 69
balcone	balkon 29
balcone finestrato, bow window	cumba 69
ballare	dans etmek 29
balletto	bale 48
bambini	çoluk çocuk 17, 51
bambino	çocuk 6
banca	banka 19
banchina ferroviaria	peron 46
banchina portuale	rıhtım 46

banco	tezgah 68
barbecue	mangal 50
barbiere	berber 60
barca	sandal 5
barzelletta	fıkra 8
basso	alçak 64
basso (in ~)	çukur 68
bastare	yetmek 12
bastonata	dayak 36
bastonate (prendere delle ~)	dayak yemek 36
bastone (tende)	çubuk 50
battello	vapur 9
battere	vurmak 53
Bazar egiziano	Mısır Çarşısı 23
beato Lei	ne mutlu size 20
bellezza	güzellik 65
bello	güzel 1; güzelce 40
bene *(n.)*	mal 41
bene *(avv.)*	peki 2; güzelce 36,40
bene (stai/state ~)	hoşça kal (hoşça kalın) 13
benedetto	kutlu 51
benvenuti	hoş geldiniz 10
bere	içmek 10
bevanda	içecek 10
biancheria	çamaşır 68
biancheria intima	çamaşır (iç ~ı) 68
bianco	beyaz 10; ak 20
bianco (completamente ~)	bembeyaz 51
bicchiere	bardak 13
biglietto	bilet 26
biglietto andata e ritorno	gidiş dönüş (bileti) 44
bilancia	tartı 68
bilancia pesapersone	tartı aleti 68
bimbo	bebek 21
biondo	sarışın 59
birra	bira 66

bisaccia	heybe 61
bisogna	lazım 3
bisogno	gerek 41; ihtiyaç 50
bisogno (avere ~ di)	ihtiyacı olmak (-e) 50
bloccato	tıkalı 34
blu	mavi 16
blu (completamente ~)	masmavi 51
blu marino	lacivert 59
bocca	ağız (ağzı) 45
bocca (in ~ al lupo)	kolay gelsın 14
bolletta	fatura 47
bonifico	havale 47
borbottare	söylenmek 34
borsa	çanta 59
borsa di studio	burs 31
Bosforo	Boğaz (Boğaziçi) 69
bottiglia	şişe 33
bottone	düğme 41
boza (venditore di ~)	bozacı 68
branca	dal 60
branzino	levrek 10
bravo	iyi 1; maşallah 17
breve (in ~)	kısaca 38
brillare (far ~)	parlatmak 57
brio	canlılık 69
brocca	bakraç 57
brulicante di vita	yaşayan 69
bucato	çamaşır 68
buffet	büfe 43
bugia	yalan 41
bullone	vida 53
buon lavoro	iyi çalışmalar 19
buona giornata	iyi günler 2
buonasera	iyi akşamlar 15
buongiorno	günaydın 11
buono	iyi 1
burro	yağ 39

bussare alla porta	kapıyı çalmak 41

C

c'è / ci sono	var 2
cabina	kabin 47
cacciare	kovmak (-den) 22
cadente	düşük 41
cadere	düşmek 21, 67
cadere (far ~)	düşürmek 40
caffè	kahve 8
caffè (color ~)	kahve rengi 59
caicco	kayık 55
calciatore	futbolcu 60
calcio	futbol 39
caldo	sıcak 15
calesse	fayton 44
calma (perdere la ~)	telaş etmek, telaşlanmak 59
calmarsi	sakin olmak 59
calzino	çorap 41
calzolaio	kunduracı 57
cambiamento	değişiklik 46
cambiare	değişmek *(intr.)* 43; değiştirmek *(tr.)* 46
camera	oda 15
camera da letto	yatak odası 40
camicetta	bluz 66
camicia	gömlek 41
camino	baca 65
camion	kamyon 53
camioncino	kamyonet 68
camminare	yürümek 30
camminata	yürüyüş 65
cancellata	parmaklık 46
cane	köpek APP
capace	yetenekli 48
capelli	saç 57
capire	anlamak 32
capitale	başkent 64
capo	başkan 67

Cappadocia	Kapadokya 65
cappello	başlık 32; şapka 59
cappotto	manto 21; palto 32
carattere	kişilik 15
carbone	kömür 32
carico	yük 68
carne	et 23
caro	sevgili 12; sayın 38
carretto	el arabası 68
carrozzeria	kaporta 53
carta	kağıt (kiâ) 33
carta d'identità	nüfus cüzdanı, hüviyet 41
cartolaio	kırtasiye 57
cartolina di auguri	tebrik kartı 51
casa	ev 13
casalinga	ev kadını 60
caso (in tal ~)	öleyse 8
cassa	kasa 66
cassetta delle lettere	mektup kutusu, posta kutusu 28
castagna	kestane 68
catastrofe	felaket 65
cattivo	kötü 14, 62; fena 17
causa (a ~ di)	nedeniyle 64
causa (fare ~)	dava açmak 65
caviale di melanzane	patlıcan salatası 67
cedere il passo	yol vermek 68
celebre	meşhur 55
celibato	bekarlık 41
cemento	beton 65
cena	yemek 29
centesimo	kuruş 68
centinaia	yüzlerce 39
centro	merkez 48
cercare	aramak 18
certamente	mutlaka 65
certificato	cüzdan 41
certo *(avv.)*	tabii 11

altı yüz iki • 602

cespuglio	çalı 44
cessare	dinmek 39
cesto	sepet 33
cetriolo	satatalık 67
champagne	şampanya 40
che?	ne 2, 5; hangi 10
che c'è di nuovo?	ne var ne yok 2
che posso farci?	ne yapayım 67
che potrei fare?	ne yapsam acaba? 67
che succederà?	ne olur 59
chi?	kim 12
chiacchierare	sohbet etmek 8; gevezelik etmek 45
chiacchiere	gevezelik 45
chiacchierone	geveze 6
chiamare	çağırmak 33
chiamare ad alta voce	seslenmek 47
chiamato	adlı 6
chiaro di luna	mehtap 65
chiave	anahtar 36
chiedere (per ottenere)	istemek 6
chiedere (per sapere)	soru sormak 6
chilo	kilo 33
chiodo	çivi 57
chiosco (architett.)	köşk 44
chiudere a chiave	kitlemek 36
chiudersi	kapanmak 57
chiuso	kapalı 8
chiuso a chiave	kilitli 40
ciao	merhaba 2
ciao ciao (in risposta al commiato di qualcuno)	güle güle 2
cibo	yemek 9
ciclo	dönem 26
cieco	kör 14
cielo	gökyüzü 39
cima (in ~)	yukarı 44
cin cin!	şerefe 67

cinema	sinema 48
cinese (lingua)	Çince 20
cintura	kemer 45
cioccolata	çikolata 60
cioè	yani 65
ciottolo	çakıl 29
cipolla	soğan 68
circa	yaklaşık 71
circassa (alla ~)	Çerkes 67
città	şehir 27; kent 30
civiltà	medeniyet 64; uygarlık 71
classe	sınıf 17
cliente	müşteri 16
cocktail	kokteyl 19
coda	kuyruk 43
codesto	şu 3
coincidere	uymak 59
colazione	kahvaltı 15
colazione (fare ~)	kahvaltı yapmak/etmek 22
colla	yapıştırıcı 57
collana	kolye 45
collegamento	bağlantı 47
collegato	bağlı (-e) 47
colletto	yaka 41
collina	tepe 44
collo	boyun (boynu) APP
colorare	boyamak 57
colore	renk 46
colpire	vurmak 35
colpo (dare un ~)	vurmak 53
coltello	bıçak 23
comandare	buyurmak 10
combaciare	uymak 59
come	şöyle 10; gibi 18
come se	sanki 43
come stai (sta/state)?	nasılsın (nasılsınız) 11
come?	nasıl 2; neyle 52

cominciare	başlamak (-e) 6
commerciante	esnaf 69
commercio	ticaret 17
commissario	komiser 59
compagnia	grup 48
comparazione	karşılaştırma 48
compere	alış veriş 13
compiere	kılmak 50
compilare	doldurmak 47
compito (scolastico)	ödev 26
compleanno	doğum günü 45
completamente	büsbütün APP
completato (essere ~)	tamanlanmak 55
completo	tam 29; takım 66
complimentarsi	tebrik etmek 51
complimenti	maşallah 17
comprare	almak 12; satın almak 54
comproprietari	ortak sahipler 65
comune	belediye *(n.)* 60; ortak *(agg.)* 65
comunicare	bildirmek 59
comunicazione	görüşme, bağlantı 47; iletişim 71
comunque	gene de 44
condizione	şart 69
condominio	apartman 12
condominio (amministratore di ~)	apartman görevlisi 12
conducente	şoför 34; sürücü 53
confezione	paket 33
confortevole	konforlu 29; rahat 52
congratularsi	tebrik etmek 51
coniuge	eş 18
connesso	bağlı (-e) 47
conoscere	tanımak 20
conoscere (far ~)	tanıştırmak 54
conoscersi	tanışmak 54
considerare	saymak 38
considerarsi	sayılmak 64

consigliare	tavsiye elmek 52
consiglio (chiedere ~)	akıl danışırmak 67
consorte	eş 18
consultarsi	görüşmek 18, 54
contadino	köylü 14
contemplare	seyretmek 22
contento	mutlu, memnun 13
contento (essere ~ di qualcosa)	hoşlanmak (-den) 22
continuamente	hep 20
continuare	devam etmek 54
contorto	eğilmiş 68
contrassegno	nişan 60
contrattempo	aksilik 53
contro	karşı 32
controllare	kontrol etmek 53
conveniente	uygun 48; hesaplı 66
convento dei dervisci	mevlevihane 69
conversazione	sohbet 8
coperta	örtü 40
coperto	kapalı 16
coppia (sposata)	karı koca 66
corda	ip 40
coricarsi	yatmak 8
Corno d'Oro	Haliç 69
corrente (essere al ~ di qualcosa)	haberi olmak (bir şeyden) 66
correre	koşmak 15
corriere	ulak 47
corso	kurs 60
corso d'acqua	akar su 61
cortesia	nezaket 71
corto	kısa 38
cosa	şey 4; eşya 41
cosa simile	falan 37
così	şöyle 19; öyle 24; böylece 67
costa	sahil 29

altı yüz altı • 606

costoso *(agg.)*	pahalı 16
costruito (essere ~)	inşa edilmek 65
costume	görenek 71
covo	in 70
cozza	midye 10
creativo	yaratıcı 68
creatore	yaratıcı 68
credere	inanmak 20; sanmak 31
crescere	büyümek 38
crescere (persone)	yetiştirmek 30
crisi	kriz 39
cristallo	kristal 40
critica	eleştiri 48
criticare	eleştirmek 48
crollare	yıkılmak 39
crucciarsi	üzülmek 38
cruccio	üzüntü 38
cucchiaio	kaşık 23
cucciolo	yavru 27
cucina	mutfak 23
cucinare	pişirmek, pişmek 13
cucire	dikmek 57; dikiş dikmek 60
cugino	kuzen, yeğen 60
cultura	kültür 48
cumulo	yığın 53
cuocere al vapore	buğulamak 69
cuoio	deri 59
cuoio (in ~)	deriden 59
cuore	kalp 39
curiosità	merak 5
curioso	meraklı 4
curva	viraj 37

D

da	beri (-den) 11
dai (su, forza)	hadi / haydi 2
danno	zarar 67
dare	vermek 11, 13, 25; atmak 39

dare i posti	oturtmak 67
dare su	açılmak (-e) 29; bakmak (-e) 65
dare un'occhiata	bir göz atmak 39
data	tarih 22
davanti	önünde 34
davvero?	öyle mi? 24, 25; sahi mi? 45
debito	borç 33
debole	zayıf 38
decisione	karar 29
decisione (prendere una ~)	karar vermek 29
definitivo	tam 29
delicato	ince 36
demolitore	hurdacı 53
denso	yoğun 53
dente	diş 45
dentifricio	diş macunu 45
dentro	içeri 32
deprimersi	kara kara düşünmek 22
descrivere	tarif etmek 59
descrizione	tarif 59
deserto *(agg.)*	ıssız 68
desiderare	arzu etmek 10
desiderio	arzu 10; dilek 44
dessert	tatlı 51
destinatario	alıcı 47
destra	sağ 32
determinato	belli 68
deviare	sapmak 53
devoto	bağlı (-e) 47
di una volta	eskisi kadar 27
diavolo	şeytan 35
dicembre	aralık 22
dieci ciascuno	onar 34
dietro	arka 26
differenza	fark 25; farklılık 71
difficile	zor 20

digiunante	oruçlu 50
digiuno	oruç 50
dileguarsi (dalla vista)	kaybolmak (gözden) 53
dimenticare	unutmak 19
diminuire	hafiflemek 58
dimora	konak 44
Dio	Tanrı 32
Dio (Che ~ dia conforto)	Allah kolaylık versin 32
Dio (Oh mio ~)	Aman Tanrım 32
dipendente	bağlı (-e) 47; düşkün 60
dipingere	boyamak 57
dipingere (far ~)	boyatmak 46
diploma	diploma 60
diploma (ottenere il ~)	diploma almak 60
dire	demek 16; söylemek 34; anlatmak 71
direttore	müdür 22
direzione (di un'azienda)	müdürlük 31
dirottare	kaçırmak 39
disabitato	ıssız 68
discernere	fark etmek 25
discesa	yokuş 32
discoteca	diskotek 25
discretamente	yeterince 67
discussione	tartışma 41
disfare	bozmak 61
disoccupato	işsiz 68
disordinato	dağınık 41
disorganizzato	düzensiz 64
dispiacersi	üzülmek 38
distinto	seçkin 46
distribuire	dağıtmak 36
distruggere	yıkmak 14
dito	parmak 26
diventare	olmak 9
diverso	farklı 48
diverso (completamente ~)	bambaşka 51
divertirsi	eğlenmek 54

divorziare	boşanmak 40
dizionario	sözlük BIB
docente	öğretmen 26
dolce	tatlı 37, 51, 64
dolere	ağrımak 11
dolore	dert 52
domanda	soru 6
domani	yarın 5
domenica	pazar 22
donna	kadın 16
donne (tra ~)	kadın kadına 61
dono (far ~ di)	bağışlamak 17
dopo	sonra 4
dopodomani	öbür gün 36
doppio	duble 10
dorato	yaldızlı 46
dormire	uyumak 11
dottore	doktor 8
dove? (moto a luogo)	nereye 7
dove? (di ~) (origine)	nereli 4
dove? (stato in luogo)	nerede 3
dovere	gerekmek 45
dritto	dik 25
dubbio (senza ~)	her halde 8, 34
due ciascuno	ikişer 34

E

e	ve 1; bir de 10
e anche	bir de 10
e poi	bir de 10
ebbene	peki 2
eccellente	nefis 69
eccetera	falan filan 37; v.s. = ve saire 64
ecco	işte 19
economico	ucuz 9
edificio	bina 29
Egitto	Mısır 23
egoismo	bencillik 38

egoista	bencil 38
egregio	sayın 38
elefante	fil 46
elegante	şik 66
elettricità	elektrik 32
elezione	seçim 67
elicottero	helikopter 34
energico	kuvvetli 36
entrare	girmek (-e) 16
entrata	giriş 32
epoca	devir (devri) 9
epoca (d')	kalma (-den) 30
erba	ot 27
errore	yanlış 41
esatto	tam 29; doğru 65
esausto	bitkin 36
escursione	gezi 43
esempio (ad ~)	mesela 50; örneğin 65
esercizio	alıştırma 1
esibizionismo	gösteriş 48
espediente	çare 53
espellere	sürmek 53
esperto	usta 46
esprimere	anlatmak 71
esprimere un desiderio	dilek tutmak 44
essere	olmak 9
essere (n.)	varlık 58
essere per (qualcuno)	düşmek 67
essere umano	insan 32
essere umano primitivo	ilk insan(lar) 46
est	doğu 29
estate	yaz 19
estate (d'~)	yazın 19
estendersi	yayılmak 71
esterno	dış 17; dışarı 24
estero	dışarı 24; yurt dışı 47
esterrefatto (restare ~)	şaşırıp kalmak 36

estremità	uç 40, 64; kenar 68
età	yaş 54
Europa	Avrupa 55
evitare	kıyamamak (-e) 32; kurtulmak (-den) 52

F

fabbrica	fabrika 17
fabbricare	yapmak 22
facchino	hamal 68
faccia	yüz 39, 66
faccia tosta (che ~)	ne cesaret 40
facciata	cephe 46
facile	kolay 20
facoltà (universitaria)	fakülte 64
falco	doğan 60
falegname	marangoz 57
fame (aver ~)	acıkmak 68
famiglia	çoluk çocuk 17; aile 60
famiglia (con la ~, in ~)	ailece 29; çoluk çocuk 51
famiglia (stato di ~)	evlenme cüzdanı 41
famoso	tanınmış 60
fantasia	hayal 44
fantasticare	hayal kurmak 44
far salire	çıkarmak 15
farcito *(n. e agg.)*	dolma 10
fare	etmek 2; yapmak 8, 13; çekmek 31; kılmak 50
fare (far ~)	yaptırmak 25
fare delle domande	soru sormak 6
fare delle foto	resim çekmek 55
farmacia	eczane 57
farmaco	ilaç 25
faro	lamba 53
fascia	bant 68
fascino	büyü 69
fata	peri 65
fatica	yorgunluk 67

faticoso	yorucu 57
fazzoletto	mendil 33
febbraio	şubat 22
felicità	mutluluk 38
ferire	yaralamak 37
ferirsi	yaralanmak 37
ferita	yara 37
ferito	yaralı 37
fermare	tutmak 44; durdurmak 53
fermarsi	durmak 43
fermata	durak 34
ferramenta	nalbur 57
ferro	demir 46
ferrovia	demiryolu 52
festa	bayram 51
feta	beyaz peynir 10
fetta	dilim 67
fiammifero	kibrit 33
fianco	bel 25; yan 33
fidanzamento (cerimonia di ~)	nişan 60
fidanzamento (periodo)	nişanlılık 60
fidanzata	nişanlı 25
fidanzato	nişanlı 60
fidarsi	güvenmek 52
fiducia	güven 52
fieno	saman 64
figlio	oğul/oğlu 17
figlio di mezzo	ortanca oğul 60
figlio mio	evladım 50
figlio ultimogenito	küçük oğul 60
figurarsi	rica etmek 33
fila	sıra 26
filmare	film çekmek 55
fine	son 38
fine (alla ~)	nihayet 37; sonunda 61
fine settimana	hafta sonu 54

finestra	pencere 8
finire	bitmek 13; bitirmek 17
fino a	kadar (-e) 3
fiocco	kurdele 44
fiore	çiçek 29
fischiettare	ıslık çalmak 39
fitto	sık 24
foglia	yaprak 10
foglia di vite farcita	yaprak dolması 10
folla	kalabalık 69
folto	sık 24
fondamentale	temel 71
fondare	kurmak 44
fondo (a ~)	güzelce 36
fontanella	kurna 36
forchetta	çatal 23
formaggio	peynir 10
formaggio bianco	beyaz peynir 10
fornaio	fırın 50
forno	fırın 50
forse	belki 5
forte	hızlı 39
fortezza	hisar 55; kale 64
fortuna (per ~ che)	İyi ki 39
forza	kuvvet 36
fosso	hendek 37
foto	resim (resmi) 31
foto (fare delle ~)	resim çekmek 31
fra	arasında 42
fragile	incecik 36
francese (lingua)	Fransızca 20
francese (nazionalità)	Fransız 4
francobollo	pul 47
frase	cümle 63
fratello	kardeş 24
fratello maggiore	abi 50; ağabey 51
frattura	kırık 38

altı yüz on dört • 614

freddo	soğuk 10
freddo (avere ~)	üşümek 25
freddo (prendere ~)	üşütmek 25
freno	fren 53
frequentato	işlek 50
fresco (cibo)	taze 9
fretta	acele 33
fretta (di ~)	acelesi olan 34; telaşla 59
friggere	kızartmak 67
frigorifero	buz dolabı 41
fronte	alın (alnı) 70
fronte (di ~)	karşı(da) 12
frugare	karıştırmak 41
frutta	meyve 23
fruttivendolo	manav 23
fumo (andare in ~)	tütmek 41
funerale	cenaze 36
fuoco	ateş 39
fuori	dışarı 24
fuori (da ~)	dışarda 38
furibondo	öfkeyle 40
fuso orario	saat farkı 47

G

gabbia	kafes 26
gabbiano	martı 43
gamberetto	karides 10
garzone	çırak 60
gas di scarico	egzos 44
gatto	kedi 38
gelataio	dondurmacı 34
geloso	kıskanç 40
genere	türlü 50; tür 61
genero	damat 51
generoso	cömert 32
genitore	ebeveyn 51
gennaio	ocak 22
gente	insan 32; halk 68

gentile	nazik 3; tatlı 62
germogliare	bitmek 68
gettare	atmak 39
gettone	jeton 43
ghiaccio	buz 32
ghiacciolo	panda 34
giacca	ceket 41
giallo	sarı 39
giallo (completamente ~)	sapsarı 51
giapponese (lingua)	Japonca 20
giardino	bahçe 6
giocare	oyun oynamak 60
gioco	oyun 18
gioia	sevinç 59
gioiello	mücevher 19
gioire	sevinmek 32
giornale	gazete 22
giorni (due ~ dopo)	daha sonraki gün 36
giorno	gün 4
giostre	bayram yeri 51
giovane *(agg. e n.)*	genç 1
giovanotto	delikanlı 53
giovedì	perşembe 22
girare	dolaşmak 20; dönmek 36; çevirmek 45
girare (visitare)	gezmek 20
giro	gezinti 44
giro (fare un ~)	tur yapmak 44
giù	aşağı 64
giudice di diritto musulmano	kadı 70
giugno	haziran 22
giungere	yetişmek 30; varmak 35
goccia	damla 57
gocciolare	damlamak 57
gola (di persona / di fiume / di montagna)	boğaz 69
governo	hükümet 31

altı yüz on altı • 616

grande	büyük 10; kocaman 36
grande e grosso	iri yarı 36
grandine	dolu 58
grata	parmaklık 46
grattacielo	gökdelen 64
grazie	hoş bulduk 10; sağol(un) 11; teşekkür 15; şükür 34
grazie a	sayesinde (bir şey) 71
gregge	sürü 27
gridare all'unisono	bağırışmak 43
griglia (alla ~)	ızgara 10
grosso	iri 36; top 68
guadagnare	kazanmak 38
guanto	eldiven 32
guardare	bakmak (-e) 4; seyretmek 11
guida	rehber 15
guidare la macchina	araba kullanmak, araba sürmek 53
gusto	zevk 66; tat 69

H

hamam	hamam 36

I

idea	fikir (fikri) 9, 52
idraulico	su tesisatçı 57; muslukçu 68
ieri	dün 11
ieri (di ~)	dünkü 48
illuminare	aydınlatmak 69
imbiancatura	badana 46
imbrunire	kararmak 40
immaginarsi	canlandırmak 44
immagine	resim (resmi) 17, 31
immediatamente	hemen 15
immergersi	dalmak 69
immischiarsi	karışmak (-e) 8
imparare	öğrenmek 26
impazzire	çıldırmak 38
impianto	tesis 29
impiegato	memur 22

import-export	dış alım satım, ithalat ihracat 17
importante	önemli 1
importanza	önem 12
improvvisamente	birdenbire 39
in	iç 29
inaugurazione	açılış 48
incantarsi	büyülenmek 69
incantevole	büyüleyici 65
incastrarsi	takılmak(-e) 53
incidente	kaza 37
incidente (avere un ~)	kaza geçirmek 37
incluso	dahil 15
incollare	yapıştırmak 47
incontrare	rastlamak (-e) 22, 68
incontrare (far ~)	tanıştırmak 54
incontrarsi	görüşmek 18; karşılamak 50
incontro	görüşme 18
incredibile	maşallah 17; inanılmaz 64
incuriosirsi	merak etmek 5
indeciso	kararsız 61
indipendenza	istiklal 66
indizio	ipucu (ipuçları) 40
indomani (l'~)	ertesi gün 36
indossare	giymek 35, 40
indovinare	tahmin etmek 65
inerente	ilgili 47
infanzia	çocukluk 66
infatuarsi	bayılmak 65
informatica	bilgisayar 60
ingegnere	mühendis 17
inglese (lingua)	İngilizce 21
inglese (nazionalità)	İngiliz 21
ingrandire	büyütmek 46
inizio	baş 55
innalzarsi	yükselmek 68
innamorato	aşık 40
innanzitutto	ilk olarak 46

innumerevole	sayısız 68
inoltre	hem de (a inizio frase) 11; ayrıca 20; üstelik 71
inquilino	kiracı 65
inquinato	kirli 27
insalata	salata 10
insaponare	sabunlamak 36
insegnamento	oğretim 17
insegnante	öğretmen 26
insegnare	öğretmek 26
insieme *(avv.)*	beraber 2
insomma	kısaca 38
insopportabile	yaramaz 70
installare	kurmak 44; takmak 57
intasato	tıkalı 34
intelletto	akıl (aklı) 41
intelligente	zeki 1; akıllı 41
intendersi (con qualcuno)	geçinmek 60
intenzione	niyet 30
intenzione (avere ~ di)	üzere 18
interessante	ilginç 52
interesse	ilgi 47, 68
via intermedia	ara 53
interno (all'~)	içinde 29
intervallo (in un ~ di tempo)	bir arada 64
intervenire	karışmak (-e) 8
intervento	konuşma 38
inutile	yaramaz 70
invano	boşuna 67
inventare	yaratmak 68
inverno	kış 27
inverno (d'~)	kışın 68
inviare	göndermek 47
invitare	davet etmek 18
invitato	davetli 45
invito	davet 18
invivibile	yaşanılmaz 64

involtino	dolma 10
involtino farcito di foglia di vite	yaprak dolması 10
io	ben 2
ippodromo	at meydanı 69
irragionevole	akılsız 41
isola	ada 43
istante (in ogni ~)	hep 20
ittita	Hitit 64

K
kilim	kilim 16

L
là (moto a luogo)	oraya 9
là (stato in luogo)	orada 9
là (da ~) (moto da luogo)	oradan 9
ladro	hırsız 8
lamento	şikayet 25
lana	yün 32
larghezza	en 66
lasciare	bırakmak 26
lassù	oralarda 27
lato	yaka 55
lattaio	sütçü 68
latte	süt 33
lavandino	lavabo 57
lavare	yıkamak 13; temizlemek 57
lavarsi	yıkanmak 36; fırçalamak 45
lavatrice	çamaşır makinası 68
lavorare	çalışmak 2
lavoratore	işçi 36
lavoro	iş 17; emek 52; meslek 68
legame	bağ 47
legare	bağlamak 44
leggere	okumak 6
leggero	hafif 58
legna (da ardere)	odun 23
legno (lavorato)	ahşap 23

legno (non lavorato)	tahta 23
lei (ella)	o 1
lentamente	yavaş 5; ağır ağır 55
lento	yavaş 5
lettera	mektup 13
letterario	edebî 71
letteratura	edebiyat 71
letto	yatak 15; karyola 41
lezione	ders 1
libero	boş 36
libreria	kitaplık 19; kitabevi 38
libro	kitap 6
licenziare	kovmak (-den) 22
liceo	lise 17
limonata	limonata 68
linea (ottenere la ~ telefonica)	hat düşmek 47
linea telefonica	hat 47
lingua	dil 25
lingua madre	ana dili 44
lira	lira 15
litigare	kavga etmek 11
litigio	kavga 11
litorale	kıyı 43
Londra	Londra 19
lontano	uzak 3
loro (essi)	onlar 1
luce	ışık 40
lucidare	parlatmak 57
luglio	temmuz 22
lui (egli)	o 1
luminoso	aydın 31
luna	ay 54
luna di miele	balayı 54
lunedì	pazartesi 22
lungo	uzun 4
lungo *(prep.)*	boyunca 44

lussuoso	lüks 64
lustrascarpe	boyacı 68

M

ma	ama, fakat 3
macchina	araba 19, 53
macellaio	kasap 23
madre	anne 12
madrepatria	ana vatan 44
maestro	hoca 8; usta 46
magari	keşke 51
maggio	mayıs 22
maglia (lavorare a ~)	örgü örmek, örmek 60
maglione	kazak 59
mai	hiç 11
malato	hasta 25
malattia	hastalık 38
man mano che	geldikçe 55
mancante	eksik 53
mancanza	kusur 12
mancare	özlemek 13; aramak 27
mancare a qualcuno	biri özlemek 13
mancia	bahşiş 36
mangiare	yemek, yemek yemek 9, 36
mangiare (da ~)	yiyecek 23
mangiare (far ~)	yedirmek 25
manica	kol 41
mano	parmak 26; el 48
manodopera	emek 52
mappa	harita 4
Mar Nero	Karadeniz 5
marciapiede	kaldırım 53
mare	deniz 2
marinaio	denizci 55
marito	koca 29
marmellata	reçel 39
marmo	mermer 19
marrone	kahve rengi 59

martedì	salı 22
marzo	mart 22
mascella	çene 41
maschio	erkek 34, 60
massaggiatore	tellak 36
massaggio	masaj 36
maternità (reparto)	doğumevi 45
matrimonio	evlilik 40; evlenme 41
mattina	sabah 5
mattino (al ~)	sabahleyin 30
me (a ~)	bana 8
me (secondo ~)	bence 64
medaglia	nişan 60
mediamente	orta 36
mediamente zuccherato	orta 36
medio	orta 60
melanzana	patlıcan 67
melone	kavun 10
meno male	neyse 27; neyse ki 34 27
mente	akıl (aklı) 30
meravigliarsi	şaşırmak 36
meraviglioso	harika 30
mercato	çarşı 16; pazar 23
merce	mal 41
merceria	tuhafiyeci 57
mercoledì	çarşamba 22
meritarsi	hak etmek 36
mese	ay 12
metà	yarı 40; orta 55
metro	metre 66
metro quadrato	metre kare 57
mettere	koymak 33; kurmak 47
mettere (far ~)	koydurmak 46
mettere giù (telefono)	kapatmak telefon 45
mettere in moto	kalkmak 9
mettersi d'accordo	anlaşmak 65
mezzo *(agg.)*	yarım 18

mezza (e ~)	buçuk 9
mezzanotte	gece yarısı 40
mezzogiorno	öğle 29
mezzogiorno (a ~)	öğleyin 29
mi *(pr.)*	bana 8
miele	bal 54
migliaia	binlerce 39
milione	milyon 16
ministero	bakanlık 64
Ministero degli affari esteri	Dışişleri Bakanlığı 67
ministro	bakan 67
minuscolo	minicik 65
minuto	dakika 33
miraggio	serap 19
misto	karışık 10
misura	ölçü 50
mobile	mobilya 46
moda	moda 46
modello	model 19
moderno	modern 46
modicità dei prezzi	ucuzluk 21
modo	hal 36; tarz 71
modo (ad ogni ~)	nasıl olsa 46
modo (in tal ~)	şöyle 19
modulo	kart 47
moglie	karı 16
molo	iskele 25
molti	birçok 19; çokça 36
molto	çok 1, 5; pek 27
molto (da ~ tempo)	çoktan beri 32
momento	an 3; ara 59
momento (in quel ~)	o sırada 6
momento (in questo ~)	şu anda 3
Monaco di Baviera	Münih 24
monastero	manastır 44
mondo	dünya 43; cihan 47; âlem/alem 70
monumento	eser 69

morire	ölmek 35; vefat etmek 45
mormorare	söylenmek 34; mırıldanmak 40
morto	ölü 39
moschea	cami 41
mossa	figür 25
mostra	sergi 48
mostrare	göstermek 16
motore	motor 37
movimentato	hareketli 43
movimento	hareket 25
multa	ceza 53
multa (fare una ~)	ceza yazmak 53
museo	müze 19
musica	müzik 11

N

nascere	doğmak 45
nascita	doğum 45
nascosto	gizli 69
naso	burun (burnu) APP
naturale	tabii 11; doğal 65
naturalmente	tabii 11
nave	gemi 52
nazionale	devlet 48
né… né…	ne… ne… 29
nebbia	sis 39
negativo	olumsuz 48
negozio	dükkan 16
nero	kara 22; siyah 51
nero (completamente ~)	simsiyah 51
nervo	sinir 34
nessuno	hiç 11; hiçbir 12; kimse *(+ v. neg.)* 28
neve	kar 39
nido	yuva 17
niente	hiç 3, 11; hiçbir şey 12
niente (per ~)	hiç 27; hiçbir şey 38; bir türlü 61; boşuna 67

nipote	torun 51; yeğen 60
no	hayır 2
no?	değil mi? 2
nobiliare	seçkin 46
noi	biz 5
nome	isim (ismi) 55
non c'è / non ci sono	yok 2
non è che…?	acaba 4
non… più	artık *(+ neg.)* 11
nonostante	rağmen (-e) 64
nord	kuzey 29
nostalgia (avere la ~)	aramak 27
notare	dikkat çekmek 44
notizia	haber 24, 27
notte	gece 6
nove	dokuz 9
nove ciascuno	dokuzar 34
novembre	kasım 22
novità	haber 27
nozione	bilgi 71
nozze	düğün 60
nubilato	bekarlık 41
nudo	çıplak 46
numero	numara 45; sayı 68
nuora	gelin 51
nuovo	yeni 11, 16
nuovo (completamente ~)	yepyeni 51
nuovo (di ~)	yine 22; tekrar 52; yeniden 61
nutrire	beslemek 27
nutrito (essere ~)	beslenmek 27

O

o… o…	ya… ya da 11; ister… ister 69
obbligato a (essere ~)	zorunda olmak/kalmak 36
occasione	fırsat 39, 48
occhio	göz 31
occupa (che si ~ di)	ilgili 47
occuparsi di	uğraşmak 17, 37; ilgilenmek (-le) 54

occupato	meşgul 47
offendersi	kırılmak 67
officina	atölye 36
offrire	ikram etmek 51
oggetti	eşya 38
oggi	bugün 2
oggi (di ~)	bugünkü 36
ogni	her 8
ognuno	birer 34
oh	aman 32
olio	yağ 61
olio d'oliva (all'~)	zeytin yağlı 67
oliva	zeytin 67
ombra	gölge 69
ombreggiato	gölgeli 69
omelette	omlet 61
onore	şeref 67
operaio	usta 46
opinione	fikir (fikri) 52
oppure	yoksa 40
ora	saat 9
ora (di buon'~)	erkenden 69
orchestra	orkestra 29
ordinare	ısmarlamak 57
ordinario	normal 47
ordine	düzen 64
ordine (su ~ di)	tarafından 55
ore (per ~)	saatlerce 52
orecchio	kulak 71
organizzazione	düzen 48
orlo (dei pantaloni)	paça 41
ormai	artık 11
orologio	saat 61
orso	ayı 70
osare	cesaret etmek (-e) 53
ospedale	hastane 47
ospitale	misafirperver 71

ospitalità	misafirperverlik 71
ospite	misafir 12, 37
osso	kemik 36
ostaggio	rehine 39
ostaggio (prendere in ~)	rehin almak 39
ostentazione	gösteriş 48
ostinato	inatçı 65
ostruirsi	tıkanmak 41
ostruito	tıkanmış 41
ottenere	elde etmek 65
otto ciascuno	sekizer 34
ottobre	ekim 22
ovest	batı 29

P

pace	barış, sulh 47
padella (in ~)	tava 69
padiglione	köşk 44
padrona di casa	evin hanımı 60; ev sahibi hanım 67
padrone	sahib 32
padrone di casa	ev sahibi 67
Paese	yurt 47; memleket 52; ülke 64
paesino	kasaba 52
pagare	ödemek 33; yatırmak 47
pagella	karne 38
paghetta	harçlık 51
pagina	sayfa 39
pala	kürek 50
palazzo	saray 19, 44
Palazzo Topkapı	Topkapı Sarayı 44
palla di cannone	gülle 70
panchina	bank 38
pancia	karın (karnı) 12; göbek 46
pane	ekmek 12
panificio	fırın 50
panino	sandöviç 29
pannocchia	mısır 68
panorama	manzara 32

pantalone alla turca	şalvar 59
pantaloni	pantalon / pantolon 41
pantofola	terlik 16
papà	baba 12
paradiso	cennet 29
paraggi (nei ~)	buralarda 3
parcheggiare	park etmek 38
parco	park 68
parente	akraba 45
parere	fikir (fikri) 52
parere (chiedere il ~)	akıl sormak 38
parete	duvar 46
parlare	konuşmak 7; görüşmek 18
parlare di	söz etmek 26
parlarsi	görüşmek 18
parola	söz 8, 38
parte	taraf 29; kısım (kısmı) 64
parte (da ~ di)	tarafından 55
partecipare	katılmak (-e) 54
partenza	kalkış 44
particolarità	özellik 65
partire	kalkmak 9; yola çıkmak 24; hareket etmek 43
andare per strada	yola çıkmak 53
partita	maç 39
partorire	doğurmak 45
passaggio	pasaj 66; geçit 68
passare	geçmek 5; uğramak (-e) 24, 57; geçirmek 27, 29, 37; iletmek 34
passavivande (finestra ~)	servis penceresi 46
passeggero	yolcu 4
passeggiare	gezmek 20
passeggiata	gezinti 44
passeggio	gezinti 44
passerella	üst geçit 68
pasta	makarna 33; macun 45
pastello	pastel 46

pasto	yemek 9
pastore	çoban 27
patata	patates 67
patente	ehliyet 59
patria	yurt 47
pavimentazione	döşeme 46
paziente *(agg.)*	sabırlı 65
pazzo	deli 26
peccato che	yazık (ki) 15
pecora	koyun 19
pedale	pedal 53
pedale dell'acceleratore	gaz pedalı 53
pedone	yaya 68
pelliccia	kürk 19
penare	uğraşmak 37
pendio	etek 64
pendolo	saat 61
penna	kalem 51
pennello	fırça 57
pensare	düşünmek 22; akıl etmek 41
pensare (il ~)	düşünme 71
pensiero	düşünce 38; fikir (fikri) 52
pensionato	emekli 52
pensione	pansiyon 29
pentirsi	pişman olmak 66
peperone	biber 10
peperone farcito	biber dolması 10
per	için 1
per di più	üstelik 66
per favore	lütfen 6
per piacere	lütfen 6
per quanto riguarda	ise 69
perché	çünkü 15
perdere	kaçırmak 38; damlamak 57; kaybetmek 59
perdifiato (a ~)	soluk soluğa 34
perfetto	tamam 9

pergolato	çardak 43
pericolo	tehlike 32
pericoloso	tehlikeli 32
periferia	banliyö 64
periodo	devir (devri) 9; süre 36
periodo (in questo ~)	bu sıralarda 48
perla	inci 64
permanente	sürekli 68
permesso	izin (izni) 31
permettere	sağlamak 71
persona	kişi 10
persona (a ~)	kişi başına 61
persona (per una ~)	tek kişilik 15
personalità	kişilik 15
persone (per due ~)	iki kişilik 15
anziani (gli ~)	büyükler 51
pertinente	ilgili 47
pesante	ağır 47, 55
pesare	tartmak 47
pescare	balık tutmak 5
pescatore	balıkçı 5
pesce	balık 5
pettegolezzi (fare dei ~)	dedikodu yapmak 62
pettegolezzo	dedikodu 11, 62
pettegolo	dedikoducu 65
piacere	beğenmek 16; memnun oldum 54
piacere (con ~)	sevinirim 32
piacere di più	daha çok sevmek 16
piacersi	hoşlanmak 54
piacevole	hoş 67
piangere	ağlamak 21
piano	kat 11; zemin 29; plan 69
piano piano	yavaş yavaş 5
piano terra	zemin kat(ı) 29
pianta	bitki 68
piatti	bulaşık 13
piatti (lavare i ~)	bulaşık yıkamak 13

piatto	tabak 13
piazza	meydan 44
piazzista	işportacı 68
piccolo	küçük, ufak 16
piede	ayak 32
piegato in due	eğilmiş 68
pieno	dolu 19
pietra	taş 29
pietra centrale (nell'hamam)	göbek taşı 36
pioggia	yağmur 27
piovere	yağmur yağmak 27
piscina	havuz 29
pittura a olio	yağlı boya 57
più	bile *(v. neg. + ~)* 11; daha 20
più (il ~)	en 19
più o meno	aşağı yukarı 64
pizzo	dantel 40
plastica	plastik 57
platano	çınar 69
pneumatico	lastik 37
po' (un ~)	biraz 11
poco (molto ~)	birazcık 32
poi	ayrıca 20; sonra 25
poiché	çünkü 15; zaten 50
polizia (stazione di ~)	karakol 59
poliziotto	polis 53; polis memuru 59
pollo	tavuk 67
polpetta	köfte 67
poltrona	koltuk 67
pomodoro	domates 67
pomodoro farcito	domates dolması 10
ponte	köprü 30
ponte (imbarcazione)	güverte 43
ponte sospeso	asma köprü 55
popolazione	nüfus 41
popolo	halk 68
popoloso	kalabalık 13

porcellana (negoziante di ~)	porselenci 13
porta	kapı 12; kapak 57
portafoglio	cüzdan 41
portare	getirmek 10; çıkarmak 15; götürmek 27, 56
portinaio	kapıcı 12
porto	liman 52
porzione	tane 10
positivo	olumlu 48
possedere	sahip olmak (-e) 71
possibile	mümkün 2
posta	posta 28
postale (ufficio ~)	postane 47
posto	yer 15
povero	zavallı 36; yoksul, züğürt, fakir 41
pranzo	yemek 9
precipitazione	yağış 58
preciso	tam 29
preferire	daha çok sevmek 16; tercih etmek 43; hoşuna gitmek 67
preghiera	namaz 50
preghiera (musulmana) (fare la ~)	namaz kılmak 50
pregiato	değerli 16
prego	buyurun 10
prendere	tutmak 5; almak 10
prendere in giro	takılmak(-e) 36
preoccuparsi	merak etmek 37; merak edecek 47
preoccupazione	üzüntü 38
preparare	hazırlamak 30
prepararsi	hazırlanmak 30
prescrizione	reçete 25
presentare	tanıştırmak 54
presenziare	bulunmak 36
presidente	başkan 67
Presidente della Repubblica	Cumhurbaşkanlığı 64; Cumhurbaşkanı 67

presto (a ~)	görüşmek üzere 45
previsioni (fare delle ~)	tahmin etmek 65
prezioso	değerli 16
prezzo	fiyat 15
prezzo (a poco ~)	indirim 52
prima	önce 10; öncesi 51
primario *(agg.)*	ilk 46
primavera	bahar 66; ilkbahar 68
principale	ana 44; baş 64
prioritario	özel 47
privato	özel 19
problema	sorun 32; sakınca 46; dert 52
problema (non c'è ~)	sakıncası yok 46
processo	dava 65
proferire parola	ses çıkarmamak 22
professore	öğretmen 21, 26; hoca 26
profondo	derin 30
progetto	tasarı 52
programma	program 69
proibire	yasaklamak 65
proiezione (film)	gösterisi (film) 48
prole	çoluk çocuk 17
pronto	hazır 15; alo (al telefono) 18
proprio *(agg.)*	kendi 25
proprietà immobiliare	mülk 41
proprietario	mal sahibi 41
proprio	zaten 50
prossimo	gelecek 26
proteggere	korumak 38
protetto (essere ~)	korunmak 65
provare	çalışmak (-e) 44; denemek 70
proverbio	atasözü 41
pugno	yumruk 39
pulito	temiz 9
pulito (completamente ~)	tertemiz 51
pulito (essere ~)	temizlenmek 57
pulizia	temizlik 13, 15

pulizie (fare le ~)	temizlik yapmak 13
punizione	ceza 39
punto	nokta 71
punto (essere sul ~ di)	üzere 18
puoi forse dire il contrario?	yalan mı? 41
purtroppo	maalesef 4; yazık (ki) 15

Q

quaderno	defter 51
quadrato	kare 57
quadro	tablo 19
qualche	birkaç 13; herhangi 46
qualche parte (da ~)	bir yerler 30
qualcosa	bir şeyler 12
quale?	hangi 10
quando?	ne zaman 5
quanto (+ suffisso numeri ordinali)	kaçıncı 14
quanti	kaç 4
quanti anni ha?	kaç yaşında 54
quanto	kadar 13
quanto (in ~ a)	olarak 10
quanto a	ise 54
quanto?	ne kadar 15
quartiere	semt 36; mahalle 54
quarto (n.)	çeyrek 31
quasi	hemen hemen 15; neredeyse 51
quattro ciascuno	dörder 34
questo/quello	bu 1, 6; şu 3; o 15
questo (per ~)	onun için 22
qui	burada 27; burası 45
quotidiano	günlük 69

R

rabbia	öfke 40
raccogliere	toplamak 68
raccolto	ürün 27
raccomandata	taahhütlü 47
raccontare	anlatmak 36

racconto	hikaye 6
radio	radyo 38
radio (sede della ~)	radyoevi 38
raffreddare (far ~)	soğutmak 67
ragazza	kız 1
ragione	hak 11; akıl (aklı) 41
ragione (che ha ~)	haklı 11
ramadan	Ramazan 50
ramaio	bakırçı 57
rammarico	üzüntü 38
ramo	dal 44
rapido	hızlı 65
rapinare	soymak 39
rappresentanza (di ~)	resmi 64
rattristare	üzmek 38
realtà (in ~)	aslında 29
reddito	gelir 61
reggere	tutmak 44
regole (senza ~)	disiplinsiz 64
rene	bel 25
repubblica	Cumhuriyet 55
residenza nobiliare	konak 44
responsabile	görevli 12
ressa	kalabalık 27
restare	kalmak 4; durmak 43
resti	kalıntı 29
ricco	zengin 14
ricerca	araştırma 31
ricerca (alla ~ di qualcosa)	peşinde (bir şeyin) 68
ricercatore	araştırmacı 31
ricevimento	toplantı 19
ricompensare	sevindirmek 26
riconoscere	tanımak 17, 20
ricoprire	kaplatmak 46
ricordare	hatırlatmak 68
ricordarsi	hatırlamak 25
ricorrenza	yıldönümü 45

altı yüz otuz altı • 636

riempirsi	dolmak 28
riguardante	ait (-e) 64
rilassato	rahat 34
ringhiera	parmaklık 46
ringraziare	teşekkür etmek 2
rinnovare	yenilemek 46
rinunciare	vazgeçmek (-den) 26
riparare	tamir etmek 57
ripetere	tekrarlamak 63
ripiano	raf 41
riposarsi	dinlenmek 51
ripromettersi	söz vermek 61
riscaldamento	kalorifer 32
riservare	ayırmak 15
riso	pirinç 33
risparmiare	biriktirmek 51
rispettare	saymak 38
rispondere	cevap vermek 18
rispondere al telefono	açmak telefon 45
risposta	cevap 18
ristorante	lokanta 9; restoran 10
ristrutturare	onarmak 57
ristrutturazione (lavori di ~)	onarım 15
ritardo (essere in ~)	geç kalmak 22; gecikmek 37
ritornare	dönmek 5
ritorno	dönüş 44
ritrovare	kavuşmak 58
riunione	toplantı 19
riva	kıyı 43; kenar 46; yaka 69
rivista	dergi 41
roccia	kaya 65
Roma	Roma 15
romano	romalı 30
romanzo	roman 6
rombo	kalkan 10
rompere	kırmak 13
rompersi	kırılmak 13

rosa	gül (fiore) 33; pembe (colore) 40
roseto	gülistan 33
rosso	kırmızı 16
rosso (completamente ~)	kıpkırmızı 51
rotondo	yuvarlak 46
rottame	hurda 53
rotto	bozuk 33; kırık 38
rottura	kırık 38
rovinare	bozmak 65
rubare	çalmak 38
rubinetto	musluk 57
rumore	gürültü 27
rumoroso	gürültülü 62
ruota	tekerlek 53
ruota panoramica	dönme dolaplar 51
ruscello	çay 30
russo	Rus 48
rustico	kır 44

S

sabato	cumartesi 22
sacchetto	torba 33
sacrificio	kurban 51; fedakarlık 58
sala da pranzo	yemek odası 46
sale	tuz 21
saliera	tuzluk 21
salire	binmek (-e) 22; çıkmak 32
salone	salon 41
salute	sağlık 27
salute (alla tua/vostra ~)	şerefine (şerefinize) 67
saluto	selam 13
sano	sağ 11
sapere	bilmek 5
sapere (far ~)	bildirmek 28
sarto	terzi 66
saziare	doyurmak 68
saziarsi	karnını doyurmak 68
sbagliare	yanlış gelmek 41

sbagliato	yanlış 25
sbandare	kaymak 37
sbrighiamoci	çabuk olalım 9
scacchi	satranç 58
scafo	tekne 5
scala	merdiven 32
scambiarsi	bayramlaşmak 51
scambio	alış veriş 13
scampolo	kupon 66
scansafatiche	tembel 26
scapolo	bekar (kiâ) 17
scappare	kaçmak 39
scarpa	ayakkabı 57
scatola	kutu 28
scavo	kalıntı 29; kazı 31
scelto (essere ~)	seçilmek 64
scena	sahne 48
scena (essere di ~)	oynamak 48
scendere	inmek 15
scendere (far ~)	indirmek 34
scenografia	sahne düzeni 48
scheda	kart 47
schiacciato (essere ~)	ezilmek 44
schiena	sırt 68
schiera	sıra sıra 69
sciacquare	çalkalamak 45
sciarpa	atkı 32; eşarp 40
sciocco	akılsız 41
sciogliere	eritmek 46
sciopero	grev 62
scodella	tas 36
scommettere	bahse girmek 65
sconfiggere	yenmek 39
sconsiderato	düşüncesiz 38
scontato (di prezzo)	indirim 52
sconvolto	telaş içinde 59
scoppiare	patlamak 37

scoprire	keşfetmek 71
scorgere	fark etmek 25
scorrere	akmak 32
scorretto	ayıp 67
scorso	geçen 12
scosceso	dik 30
scottarsi	yanmak 30
scritto	yazı 31
scrivere	yazmak 31
scucito (essere ~)	sökülmek 41
scuola	okul 13
scuola elementare	ilk okul 46
scuola materna	ana okulu 17
scuola media	orta okul 26
scusa	özür 33
scusa (chiedere ~)	özür dilemek 33
scusi	affedersiniz 3
sdraiare (far ~)	yatırmak 36
sdraiarsi	uzanmak 38
se	eğer 42; ise 54
secco (di tempo atmosferico)	kurak 27
secolo	yüzyıl 36
secondo	göre (-e) 50, 57
sedere (far ~)	oturtmak 67
sedersi	oturmak 60
sedile	koltuk 34
seduto (essere ~)	oturmak 6
segno	nişan 60
segreteria	sekreterlik 26
sei ciascuno	altışar 34
sembrare	gibi gelmek (-e) 23; görünmek 35; benzemek 43
semestre	dönem 26
semplice	sade 36; basit 71
semplicemente	sadece 62
sempre	her zaman 8; hep 20; sürekli 68
sentire	duymak 19; işitmek 37

senza zucchero	sade 36
sera	akşam 5
sera (la ~)	akşam üstü 32
serata elegante	kokteyl 19
serio	ciddi 65
servire	hizmet etmek 36
servizio (fuori ~)	bozuk 33
servizio militare	asker 57
seta	ipek 19
sete (avere ~)	susamak 16
sette ciascuno	yedişer 34
settembre	eylül 22
settimana	hafta 12
settimana (tra una ~)	haftaya 24
sforzarsi	zorlanmak 53
sgargiante	çiğ 66
sì	evet 2, 25
si *(pr.)*	insan 32
o… o…	ister… ister 69
sia… sia…	hem… hem de… 9
sicuro *(agg.)*	emin (certo) 48; güvenli (senza pericoli) 52
sicuro (di ~)	kesinlikle 65
sigaretta	sigara 67
signora	hanım, hanımefendi 11, 18; bayan 19
signore	beyefendi 3; bey 8; efendim 10
simile	böyle 19
sindaco	muhtar 27; belediye başkanı 67
singolo	tek 15
sinistra	sol 32
sintetizzare	özetlemek 38
sistemato (essere ~)	yerleştirmek 65
sistemazione	düzenleme 46
situazione	durum 67
smania	telaş 59
sobbalzare	sarsılmak 53
socio	ortak 65

sofferenza	dert 52
soffitto	tavan 46
soggetto	konu 26
solamente (comunque)	ancak 60
soldato	asker 57
soldi	para 13
soldo	kuruş 68
sole (prendere il ~)	güneşlenmek 30
solo *(avv.)*	yalnız 6, 11
solo (da ~)	tek başına 61
sonno	uyku 39
sopra	üst, üstünde 30
sorella	kardeş 24
sorella maggiore	abla 50
sorso	yudum 69
sospeso	asma 69
sosta	mola 55
sosta (fare una ~)	mola vermek 55
sosta (senza ~)	devamlı 52
sostentarsi	geçinmek 60
sotto	alt 11; altında 32
sottopassaggio	alt geçidi 68
spago	sicim 53
spalmare	sürmek 39
sparso (essere ~)	dağılmak 41
spazioso	geniş 29
spazzola	fırça 45
spazzola per capelli	saç fırçası 57
spazzolare	fırçalamak 45
spazzolino	diş fırçası 45
speaker	konuşmacı 38
specialmente	özellikle 51; hele 65
specie	tür 61
spedire	göndermek 57
spedire (far ~)	göndertmek 57
spegnersi	sönmek 32
spendere	harcamak 32; masrafa girmek 52

altı yüz kırk iki • 642

speranza	ümit 58
sperare	ümidetmek 71
spero (lo ~)	İnşallah 18
spesa	alış veriş 13, 23; masraf 52; gider 61
spesa (fare la ~)	alış veriş yapmak 13
spesso *(avv.)*	sık sık 24
spettacolo	oyun 18; gösteri 48
spiacevole	acı 39
spiaggia	plaj, kumsal 29
spiedo (allo ~)	şiş 10
spingere	itmek 67
spirito	ruh 38
splendido	görkemli 55
spogliarsi	soyunmak 25
sporcarsi	kirlenmek 41
sport	spor 39
sportello	gişe 47
sposarsi	evlenmek 54
sposato	evli 11
spremere	sıkmak 45
sprofondare	batmak 44
spropositato	abartılı 68
spugna	sünger 68
squillo	zil 45
stagione	mevsim 65
stambuliota	İstanbullu 64
stanco	yorgun 3
stanza	oda 36
star bene	yakışmak 66
stare	durmak 25
stare per	üzere (-mek) 13, 14
statale	devlet 48
stato	hal 36
statua	heykel 46
statura	boy 44
stazione	istasyon 52
stazione delle corriere	otogar 65

stendardo	alem 70
stendere	sermek 68
stesso	aynı 17
stimare	saymak 38
stipendio	maaş 53
stirpe	soy 70
stomaco	karın (karnı) 12
stop	dur 43
storia	hikaye, tarih 8
storico	tarihi 26
storiella	fıkra 8
stoviglie	bulaşık 13
terra (via ~)	karadan 64
strada statale	karayolu 39
straniero *(n.)*	yabancı 20
straordinario	olağanüstü 32
strappato (essere ~)	yırt(ıl)mak 41
strato	kat 29
stretto	dar *(agg.)* 64; boğaz 69 *(n.)*
strofinare (con il guanto di crine)	keselemek 36
studente	öğrenci 1
studiare	ders çalışmak 2
studioso *(agg.)*	çalışkan 1
stufa	soba 41
stufato	güveç 10
stupido	akılsız 41
su	yukarı 33; göre 50
subire	geçirmek 37
subito	hemen 15
successione (in ~)	sırayla 43
succhiare	emmek 52
sud	güney 29
sufficiente	yeterli 67
sufficientemente	yeteri kadar 67
sufficienza (a ~)	yeteri kadar 67
sultanato	sultanlıktır 41

sultano	padişah 26
suocera	kayınvalide 12
suonare	çalınmak 12
suonare (telefono)	çalmak 45
suonare (uno strumento)	çalmak 39
supplicare	yalvarmak 41
susseguirsi	yer almak 55; devam etmek 64
svago	eğlence 27
sveglia	çalar saat, saat 61
svegliare	kaldırmak 47
svegliarsi	uyanmak 39

T

taglia	beden 66
tagliare	kesmek 46
tale	adam 38
tale e quale	olduğu gibi 59
tangenziale	çevreyolu INT
tanto	bol bol 22
tappeto	halı 16
tardi	geç 22
tasca	cep 41
tavola	sofra 37
tavolino	sehpa 67
tavolo	masa 8
taxi	taksi 3
tè	çay 9
teatro	tiyatro 18
tecnico della manutenzione	tamirci 33
teglia	tepsi 8
telefonata	görüşme 47
telefonata (fare una ~)	telefon etmek 33
telefono	telefon 18
televisione	televizyon 11
televisione (guardare la ~)	televizyon seyretmek 11
telo da bagno	peştemal 36
telo impermeabile	yaygı 68
tempo	hava 2; zaman 5; vakit (vakti) 34

tempo (allo stesso ~)	bir arada 64
tempo (la maggior parte del ~)	çoğu zaman 32
tempo (un po' di ~ dopo)	bir süre sonra 36
tenda	perde 19
tenere	tutmak 5, 44
tenersi	durmak 43
tenue	hafif 58
terremoto	deprem 39
terreno	arsa 64
territorio	alan 71
terso	pırıl pırıl 39
tesoro	kuzu 46
tessuto	kumaş 21
testa	baş 11, 55, 64; kafa 44
testimonianza	kanıt 68
testo	metin (metni) 71
ti *(pr.)*	sana 8
tintoria	kuru temizleyici 57
tipo (che ~)	ne gibi 46
tipografia	matbaa 36
tirare	çekmek 31
tirar fuori	çıkarmak 16
titolo	başlık 39
toccare a	düşmek 67
topless (in ~)	üstsüz 46
topo	fare 38
tormento	dert 52
torre	kule 69
torrenziale	şiddetli 68
tovaglia	sofra 37; masa örtüsü 40
tra	arasında 42
tra… (durata)	kadar 45
tracciare	çizmek 64
tradizionale	geleneksel 68
tradizione	gelenek 51
tradurre	çevirmek 1

altı yüz kırk altı

traffico	trafik 34
tram	tramvay 66
tramonto	güneşin batışı 44
tranquillamente	rahat rahat 44; rahatça 66, 70
tranquillo	rahat, sakin 44
transitare	geçmek 5
trapunta	yorgan 57
trapunte (fabbricante di ~)	yorgancı 57
traslocare	taşınmak, evden taşınmak 57
trasmettere	iletmek 34
trasportare	taşımak 57
trasporto	ulaşım 64
trattare	pazarlık yapmak 66
trattativa	pazarlık 66
trattenere	tutmak 44
traversa	ara 53
tre ciascuno	üçer 34
Trebisonda	Trabzon 52
treno	tren 4
triglia	barbunya 10
tristezza	hüzün 68
troppo	fazla 16
trota	alabalık 30
trovare	bulmak 10; ziyaret etmek 51
trovarsi	bulunmak 36; buluşmak 48
truccarsi	makyaj yapmak 45
trucco	makyaj 45
tu	sen 2
tubo	boru 41
tuffare	batmak 44
tuffo	batış 44
tulipano	lâle 9
tumulto	gürültü 69
Turchia	Türkiye 20
turco (lingua)	Türkçe 20
turco (nazionalità)	Türk 4
turcologia	Türkoloji 20

turismo	turizm 65
turista	turist 15
turistico	turistik 69
tutelare	korumak 38
tutti	herkes 37
tutto	hepsi 19; bütün 20
tutto bene	iyilik sağlık 27
tutto questo	bunca 54
va tutto bene	iyilik sağlık 27

U

ubriaco	sarhoş 46
ufficiale	resmi 64
uhm…	şey 58
ultimo	son 19
umido	yaş 54
umore	keyif (keyfi) 41
uncino	çengel 70
unità	tek 15
unità (una ~ di)	tane 10
università	okul 13; üniversite 17
uno	bir 1
uno… l'altro…	bir teki/biri… öbür teki/öbürü… *(genitivo)* 41
uomini (tra ~)	erkek erkeğe 61
uomo	adam 8
uomo d'affari	iş adamı 64
uovo	yumurta 61
uovo all'occhio di bue	yağda yumurta 61
uovo alla coque	rafadan yumurta 61
uovo sodo	haşlanmış yumurta, katı yumurta 61
urgente (non è ~)	acelesi yok 33
urgenza	acele 33
urlare	bağırmak 38, 43
usare	kullanmak 23; harcamak 32
uscire	çıkmak 18
utilizzato (essere ~)	kullanılmak 55

V

vacanza	tatil 20
vaglia	havale 47
vagone letto	yataklı 58
valere	değmek 29
valido	yetenekli 48
valigia	valiz 15; bavul 41
valore	değer 16
vantarsi	övünmek 19
vanteria	gösteriş 48
vaporetto	vapur 9
vassoio	tepsi 8
vecchio	eski 16; yaşlı 69
vedere	görmek 16
vedersi	görünmek 35
velluto	kadife 59
veloce	çabuk 9; hızlı 39
velocità	hız 39
velocità (a gran ~)	çarçabuk 68
vendere	satmak 16
venditore	satıcı 16
venditore di pecore	koyuncu 19
venditore di tappeti	halıcı 16
venerdì	cuma 22
vento	rüzgar 5
ventre	karın (karnı) 12
veramente	gerçekten 29; doğrusu 38
verde	yeşil 39
verde (completamente ~)	yemyeşil 52
verdeggiante	yemyeşil 52
verdura	sebze 23
vergogna	ayıp 67
vergognarsi	utanmak 40
vergognoso	ayıp 67
vernice	boya 57
vernice acrilica	plastik boya 57
vero (è ~)	doğrusu 32; sahi 47

versarsi	dökünmek 36
verso *(prep.)*	doğru (-e) 22; karşı 32
vestire	giymek 35
vestirsi	giyinmek 35
vestito	elbise 40; giysi 51
vetrina	vitrin 66
vetro	cam 41
via	sokak 32, 35
via commerciale	çarşı 64
viaggiare	seyahat etmek 52
viaggio	yol 4; yolculuk 7; seyahat 40
viaggio d'affari	iş seyahati 40
viale	cadde 32, 35, 44; bulvar 64
viale principale	ana cadde 44
vicenda (a ~)	birbiri 51
vicino	komşu *(n.)* 11; yakın *(avv. e prep.)* 15
videocamera	kamera 55
vietato	yasak 31
villaggio	köy 13
villaggio (originario di un ~)	köylü 14
vincere	yenmek 35, 39
vino	şarap 44
visita	ziyaret 51
visitare	ziyaret etmek 51
visto (essere ~)	görülmek 35
vita	hayat 1; ömür 44
vita (anatom.)	bel 25
vitamina	vitamin 57
vite	vida 53
vittoria	zafer 51
vivace	canlı 43
vivere	yaşamak 51; oturmak 60
vivere (modo di ~)	yaşama tarzı 71
voce	ses 22
voglia (avere ~ di)	canı istemek 22
volante	ekip 59

volere	istemek 2
volta	defa 19; sefer 24; misli 29; kez 36
volta (ogni ~ che)	geldikçe 55
volta (una ~)	eskiden APP
voti (brutti ~)	kırık 38
voto	not 38
vuoto	boş 36
vuoto (completamente ~)	bomboş 51

Y

yacht	yat 19
yalı (tipica dimora turca)	yalı 19
yogurt	yoğurt 55
yogurt (venditore di ~)	yoğurtçu 68

Z

zia materna	teyze 50
zia paterna	hala 60
zig zag	zigzag 69
zio materno	dayı 60
zio paterno	amca 60
zona	bölge 65; çevre 69
zuccherato	şekerli 36
zucchero	şeker 33
zucchero in zollette	kesme şeker 33

Il metodo intuitivo

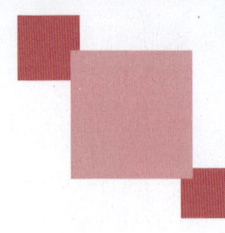

▶▶▶ **Il turco**

MISTO
Carta da fonti gestite in maniera responsabile
FSC® C006037

Questo libro rispetta le foreste!

Il turco - Collana Senza Sforzo
Stampato in Italia - maggio 2023
Stampa: Vincenzo Bona s.p.a. - Torino